编委会及主编名单

东亚儒学问题省思

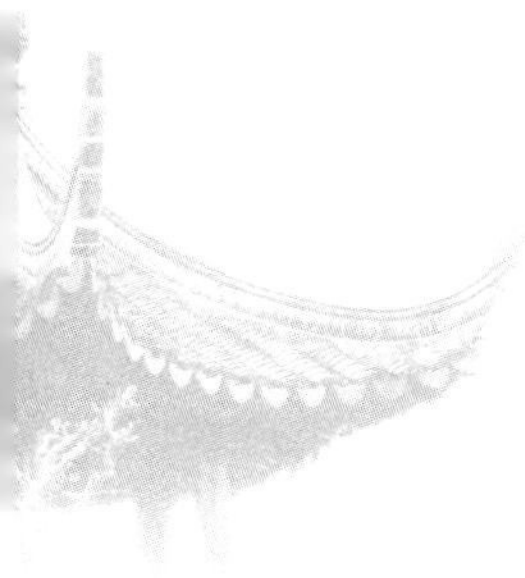

現代儒學 贰 2017年春季号

复旦大学上海儒学院 编

生活·讀書·新知 三联书店

图书在版编目(CIP)数据

东亚儒学问题省思/复旦大学上海儒学院编.—北京：生活·读书·新知三联书店，2017.9
(现代儒学)
ISBN 978-7-108-06117-1

Ⅰ.①东… Ⅱ.①复… Ⅲ.①儒学—东亚—文集
Ⅳ.①B222.05-53

中国版本图书馆 CIP 数据核字(2017)第 231668 号

责任编辑 杨柳青
封面设计 米 兰
责任印制 黄雪明
出版发行 生活·讀書·新知 三联书店
(北京市东城区美术馆东街 22 号)
邮 编 100010
印 刷 常熟文化印刷有限公司
版 次 2017 年 9 月第 1 版
2017 年 9 月第 1 次印刷
开 本 720 毫米×1020 毫米 1/16 印张 23
字 数 385 千字
定 价 69.00 元

发刊辞

殷周之际，中国文化的基石逐渐奠定；孔子祖述尧舜，而有从周之志，更确定了中国文化的基本风貌，可谓圣之时者。此后两千多年，孔子以及儒家思想对中国文化传统影响之巨，远非先秦诸子所可比拟。“天行健，君子以自强不息；地势坤，君子以厚德载物。”这已然成为中国文化传统的精神特质。然明末以来，中国开始面对西方世界的种种挑战，更有现代性的步步进逼，遂有三千年未有之大变局。孔子以及儒家思想在中国的地位，亦受到强烈冲击。面对此种变局，仁人志士前赴后继，挽狂澜于既倒，扶大厦之将倾，然传统社会的现代转型，以至于西方思想的次第引入，渐为大势所趋。

自辛亥以至人民共和，各种现代性变革持续深入，由政治继而经济、社会，终之于文化及观念诸领域。新文化运动以建立新道德、新文化为鹄的；中国革命改变了中国社会的基本结构。百年来，现代中国各派思想，皆欲将现代性进行到底，儒家面临巨大压力，然亦不绝如缕，欲以存续先王之道，其声音常在或明或暗间缭绕。

一个健全的现代社会当以传统为根，更以文化自信立基。包括儒学在内的传统思想与学术在当代中国逐步复活，自是应有之义。20 世纪 90 年代以来，越来越多的学者致力于儒学的现代复兴，成就斐然。复旦大学成立上海儒学院，其宗旨就在进一步推动儒家多元传统的研究，面向现代世界阐发儒家健朗的思想，更强调全球化时代的天下情怀。中华文明的伟大复兴，须在学术和思想上作新的奠基。故本刊之创办，欲以有此志焉。

复旦大学上海儒学院

二〇一六年八月

目　录

特稿

特辑　东亚儒学研究的视野与方法——论辩与省思

标靶论文

回应论文

特稿

中国的儒学复兴是全球资本主义话语吗?

——回应后殖民的儒学批评

陈　来

如何看待后殖民批评家对当代中国传统复兴的认知与断言?美国著名左翼学者德里克的《后革命时代的中国》为我们提供了一个难得的文本,这个文本使我们得以对这些认知与断言做出全面和严肃的回应。①

一、现代性与传统的复兴

谈到现代,就要谈到传统,德里克对儒学复兴的看法和他整体上对世界范围内传统的复兴的见解是联系在一起的。他指出:

> 在回答现代性的问题时,过去应当占有更大的权重,那么这一做法本身就是现代的一部分。被唤醒的过去是被重塑的过去,即使它看上去只是被重新发现而已;在现代性辩证法的推动下,所谓"对传统的发明"似乎重新获得了生命力。(18)

这是说,凡是主张弘扬过去传统的,其实都是现代的一部分,因为现代人们所弘扬

① 阿里夫·德里克教授(Arif Dirlik)的身份较复杂,除了左翼后殖民批评家的身份,他也被认为是马克思主义者和从事中国历史研究的汉学家。本文引用的德里克教授的本文,都来自清华大学国学研究院主编:《后革命时代的中国》,上海人民出版社,2015年。为简明起见,除特别注释外,本文引用德里克的每段引文之后的数字,即是该书的页码,此下不再注明。

的传统或过去并不是真正的过去，而只不过是被今人重新塑造的过去、重新塑造的传统。这种说法似是而非。照此说法，强调过去和强调现代，并无差别，都是现代文化现象。这就走向无差别论和不可知论。人对传统的弘扬、继承，当然包含选择、创新，但这并不能抹杀传统的过去性；而且这只是就传统复兴的今天而言可能是这样，"五四"时代保守传统和尊重过去的主张，在上面意义上说，与批判传统或反传统都是现代的一部分而无差别吗？而且，"过去"只占很少权重的现代化理论，不也是现代的一部分吗？传统和现代的争论就没有意义了吗？

> 不过，这一进程已经失去了目的论的力量，即所有想要现代化的社会都必须与它们的过去（或者现代化理论中所谓的"传统"）拉开距离，并在历史终结的这一时刻重新汇集为对现代的完美实现，这正是欧美社会的政治、文化立场所长期鼓吹的。
>
> 然而，现实情况却略有不同。事实证明，传统并没有成为现代性的外部障碍，却成了它的一个内在组成部分，从而将文化空间的问题（唐小兵所说的"人类学空间"）带入现代性批判的内部。现代性的历史化，我指的既是它的时间性也是它的空间性——不仅向未来敞开了新的图景（这一破碎的未来存在于单一现代性当中，而单一现代性则受到资本主义政治经济与文化的界定），而且为过去提出了替代性的发展路径。资本主义现代性不过是其中一种，即使它最终成为占有统治地位的模式。无论在哪方面，其结果都是现代性的去普遍化，它质疑所有界定现代性的特征。(18)

他也承认旧的现代化理论对传统的断言已经失去说服力，但他所强调的传统不一定是现代化的障碍，而可以成为现代化的内在部分，并不是真正对传统的现代意义的积极肯定。就他真正的意思来说，是指传统可以成为资本主义现代性的内在部分，这就是他看到的"现实情况"。对他来说，何为传统、何为现代并不重要，姓"传"姓"现"不重要，重要的是姓"资"姓"社"，这就是左翼学者的误区。

> 现代性的急剧扩大提出了两个重要问题。第一，对传统重新加以解释。在早先的现代化话语中，传统是落后的原因，而现在它却被全球现代性转化为现代民族身份（还有"替代性现代性"）的一项资源。这使得本无意义的现代化

> 变成了从传统迈向现代的过渡,这正是"二战"后现代化话语所信奉的具有根本意义的历史目的论。我本没有必要在这里过多斥责这种启发(并导向)了目的论的文化主义。然而,现在文化主义又带着新的伪装回归了:它在文化上对替代性现代性进行表述,因为后者同样相信文化的持久性,不过这次它却对落后与先进的区分只字不提,而是在普遍全球性的前提下,捍卫差异。(20)

传统的意义,在他看来,20 世纪 80 年代以来已经转变了。首先传统从在现代化话语中被定义为落后的原因,转变为现代民族身份的资源,并且是全球现代性将传统转变为这种资源。其次,传统被转变为替代现代性的文化资源,成为替代现代性的文化表述,而这也是源于普遍全球性的推动。但是仅就传统成为现代民族身份而言,还并不能说明传统已成为现代化的一部分,也就不能证明传统就倒向了现代化理论所预设的历史目的论。他激烈抨击文化主义,其实韦伯的理论也是文化的视角,但他并没有对韦伯提出全面的批判。

> 一种有说服力的看法是,承认现代所具有的多元性,不过是默认了普遍主义的前提。从现代性在欧洲的最初实现以来,这些前提一直是现代性的主导力量。一个更为明显的事实是,欧洲现代性(现在已经被美国化)仍然可以在别的每一种现代性里找到普世主义,而与其对抗的替代性现代性绝大多数情况下却只能引发对本土的兴趣。(20—21)

这是说,多元现代性的主张,并没有否定欧美现代性作为普遍主义的前提,仍然承认那些前提是普遍主义的主导力量;对抗欧美现代性的替代现代性多数都没有诉诸普遍主义,而是诉诸本土主义,于是成为去普遍化。这种对替代现代性的责难或刁难,并不是有力的。替代现代性虽然更多使用非西方的文化资源(这本来就是题中应有之义),也多首先在本国本地区的范围内实践,但就其声言而言,有相当多的替代现代性的主张就是普世的,并不是强调这种替代现代性只是适合其自己国家的现代化方式。

> 这里有必要指出亨廷顿论点中的两个方面:首先,他所指的文明虽然代表了长期存在的文化传统,却并非过去的遗迹,而是不断受到自身主张鼓动的现

> 代性之产物；第二，将现代西方社会的价值观强加于其他社会非但不能奏效，而且代表了一种帝国主义。(46)

他把任何当代人所说的传统、文明，都看作现代性的产物，而不是过去的遗存，这是他的一个主要观点。虽然接受了解释学的观点，但单纯地强调现代人所说的传统不是真正的传统，而是现代的产物，完全忽略现代人所说的传统的过去性，也明显是片面的。

> 这些模式并不是现代社会对传统的简单延续，而是具有鲜明的现代特征，即使它们深受特定文化前提、传统和历史经验的影响。(47)

因此他认为，替代现代性的传统并不是真正的传统，而是具有鲜明的现代特征，虽然“它们深受特定文化前提、传统和历史经验的影响”。可是既然它们深受特定文化前提、传统和历史经验的影响，就不能说它不是传统，而只说成为现代性的一部分。传统在传承中自然是带有改变的，不是原封不动的。

> 本土化的过程显示出，想要维持特定的、整体性的传统是不可能的，因为传统已经被现代性所塑形，它最终只能成为不同社会利益与不同现代性概念之间相互冲突的场所。(63)

这是认为在现代社会整体地继承传统文化是不可能的，因为在继承时传统已经被现代性所重塑。问题是，古代社会里传统的整体传承大体可能，也没有现代性问题，当然任何时代传统的传承都不会是绝对原封不动的，都是有所变化和发展的。这里还有一个取法乎上与取法乎下的区别，不提出整体性的维持，得到的实际传承就少。提出整体性继承和提出整体性批判，其结果肯定不同。所以，方针的继承与结果的维持是不同的。而真正有文化实践意义的是提出什么方针。

> 与现代化话语不同，所谓的传统已经不再意味着现代性的对立物。除了一些极端的情况，例如塔利班，传统已经不再是向过去看齐的保守主义的领地。对传统的召唤越来越多地被用于建立替代性现代性的主张(但很少是对

> 现代性真正意义上的取代)。这些主张并不是指向过去,而是经由过去,最终指向未来。它们甚至从社会主义手中接过了一项任务,为那些被资本主义现代性所压迫或抛弃的传统作辩护,并指向未来的各种不同的可能性。(244)

在现代化话语之后,继承传统并不是为了复古,而是为了建立替代现代性,即不是盲目照搬欧美的现代性,而是在这种替代现代性的追寻中吸取社会主义的探索。这样来利用传统不是很好吗?其实,在现代化理论话语产生之前和同时就已经有此种主张。以上的叙述,表面上作者是在现象地描述传统作为替代现代性的主张,但到后面我们就知道,其内心是大不以为然的。

> 在民族建设的过程中,传统被发明的部分或许跟它继承的一样多,它对民族认同的形成至关重要,是现代化的奠基石。无论政治倾向是什么,如何在民族认同的定义内合理地利用传统,是所有民族建设都需要面对的问题。在以民族主义为前提的现代性中,传统的观念一直负载着深刻的矛盾性。(245—246)

这才谈到要点。他还得承认,传统除了被发明的部分,还有和此一样多的被继承下来的部分。而且不管是继承的还是发明的,都对民族和民族国家的建设有益,对形成民族认同至关重要,并且是现代化得以开展的基石。他承认,“如何在民族认同的定义内合理地利用传统,是所有民族建设都需要面对的问题”。只要有民族,就有民族建设的问题,就有民族认同的问题,就需要传统、合理地利用传统。这和资本不资本没关系。可惜作者在这里讲完后就忘记了,总是要回到他的基本立场:传统在现代的被重视是全球资本主义的内在要求。其实,就大多数非西方国家来说,民族主义的立场才是传统复兴的根本原因。

> 更传统的“保守主义”重新获得了声望,因为它们在一些社会的政治和/或经济成就中发挥了重要作用。特别重要的便是伊斯兰复兴,它促进了 1979 年伊朗革命的成功。还有就是同一时期的儒学复兴,主张权威主义的东亚社会将其成功归结于儒学的文化遗产,而儒学复兴也从中受益匪浅。回过头来看,20 世纪 70 年代,文化民族主义取代了民族解放的观念,因为民族解放并不仅

> 仅是关于文化的，或者在文化上来说并不是最重要的。(247)

儒学复兴在他看来是使更传统的保守主义重新获得了声望。20世纪70年代以来工业东亚的成功在文化上被有些人归功于儒家伦理，这成为儒家复兴的一种助缘。这大概合于事实。他似乎认为，儒家复兴也是来源于文化民族主义的，而70年代以来的变化是文化民族主义取代了60年代的民族解放思潮。但他并没有提出20世纪70年代的儒学复兴怎样与文化民族主义相联系的证明。作为左派，他在讲这些话时都含着对文化保守主义和文化民族主义的侧目，以及对左翼思潮的失落的遗憾。

> 在容纳新的社会声音的过程中(特别是那些来自族群与国家的声音)，全球左派也发生了变化，这使得左派越来越有可能容纳先前被认为是保守主义的思想。由生物学加以认定的身份标记(例如种族、族群、社会性别，以及与这些范畴相关的文化概念)已经转移到了话语层面的最前沿，而阶级等社会范畴则几乎从政治语言中消失了。对于政治领域的文化主张，多元文化主义几乎无法否拒。同时，左派的立场又不断混淆于后现代以及后殖民主义的语言。与全球化一样，后殖民主义于20世纪90年代开始盛行。虽然后殖民主义批判对霸权问题极为敏感，但是它所讨论的问题局限于文化领域，以对欧洲中心主义或东方主义的批判取代了对帝国主义的批判。(247)

“阶级”的范畴已经被丢弃，“族群”和“文化”占据了话语的前沿。多元文化、后现代、后殖民，左派和这些话语越来越混淆在一起，这些文化研究的时髦取代了对帝国主义的批判。对于作为革命拥护者的作者，身为左派，这是多么遗憾的事情啊！只是，在这里，我们不清楚他所说的左派更多容纳了保守主义的思想，是何所指。

> 塞缪尔·亨廷顿写于1993年的这篇文章，来源于一种现代性(即我所说的“欧洲现代性”)即将瓦解的意识。那些向“西方”支配地位发起挑战的“文明”都是遥远历史的产物，但它们并非因此便成了过时历史的残留物。它们是现代的，正是它们在现代性中的成功巩固了它们关于传统(或文化认同)的主张。冲突发生于现代社会之间，每个社会都根据各自不同的文明历史而认定现代

> 性。这种情况所带来的问题是,该如何解释现代性(即资本主义现代性)全球化的动力及意义,又该如何解释与之同时发生的特殊性和“差异性”主张的迅速增加。可能正是这一根本问题,让我们将其描述为后现代性,我认为它是更广义的全球现代性的一个方面。(248)

德里克认为,在后现代性的时代,所谓文明的冲突,不是现代的西方与古老的非西方文明的冲突,因为这些所谓古老的文明已经是现代的,在现代性中成功了;所谓文明的冲突是根于不同传统的现代社会间的冲突。这就是全球现代性的现象。全球现代性就是资本主义现代性的全球化和现代性特殊性、差异性的同步增加,所谓文明冲突实际是这些有差异的现代性之间的冲突。其实,这些冲突大都源自美国对对方的主动敌对敌视,然而伊朗与美国的冲突,难道只是一般的现代社会或民族国家的冲突,没有任何文明如价值观的区别吗?至于现代化的动力来自民族国家自身的要求,正是非西方的民族国家在以自身文化与现代化结合的追求过程中,形成了我称之为“差异现代性”的现象。然而差异现代性是否就是后现代性,这恐怕就不是必然的了。德里克大概是最喜欢用“后”字作前缀的理论家了。

有关本土传统的复兴,德里克特别从革命的角度予以评论:

> 对革命历史的拒斥引发了一种文化民族主义,在20世纪90年代越发清晰起来,从而对中国人思考文化和历史产生了深远的影响。虽然我这里讨论的问题可以溯源至晚清以降中国和欧洲之间的现代碰撞,但是它们自1978年以来所取的路径是对前半个世纪的主导潮流的一次逆转。(1)

在他看来,文化民族主义的兴起是对革命历史的“拒斥”的结果,1978年以来,即我们中国所谓十一届三中全会以来的中国历史是对前半个世纪的革命史的“逆转”,对革命的逆转导致了文化民族主义的出现和出场。他的立场显然是站在革命的一边,从而对四十年来中国“逆转”革命以后的发展始终抱有批评。而一个外在于中国的人,只凭其革命思维,把革命作为唯一的目的价值,是无法理解亿万中国人民要求从“不断革命”转型到“建设发展”的内心需求的。不理解“文化大革命”给亿万中国人民带来了什么,就无法理解邓小平改革的社会基础,而只能沉溺在对“革命”的理想化怀念之中。

> 我认为这一逆转并不仅仅是拒斥革命历史的产物,而是一种新近产生的权力意识,它随着东亚/中国社会作为资本主义世界体系的另一个可替代的中心而一同成功涌现出来。一个世纪以来,历史和文化遗产被看作一种阻碍发展的窘况,而在过去四十年间却摇身一变,被想象为国家富强和权力的源泉,被当作中国身份的标记而自豪地保存,甚至在全球范围内作为世界的启迪被宣讲,比如所谓的孔子学院。(1—2)

他认为,中国的改革开放不仅逆转了革命,而且走向成为资本主义世界体系的另一个中心;中国道路与西方有所不同,对于西方是可替代的选择,但仍然是资本主义世界体系的一个中心。他带着他一贯的讽刺语调说,四十年来,传统文化不再被视为发展的阻碍,而成为国家富强的想象资源,被作为中国身份的标记自豪地保存。这些论点,若作为客观的描述自然可以成立,但作为一种讽刺,与他自己前面所讲的民族建设、民族认同的意义,就有着内在的冲突。

> 对历史和文化的评价及调用进行逆转,并不仅仅是东亚/中国社会的一种现象,而是全球意识形态转变的一部分。从儒教、印度教、伊斯兰教以及福音派基督教的文明吁求,到本土世界观的复兴,过去三十年见证了启蒙普遍主义霸权的退却,再到曾经被诬蔑为"历史垃圾桶"的各种历史叙述的开花结果。这些复兴中更为强大的部分——强大是因为它们在全球资本主义中的成功——伴随着对一种替代性现代性(alternative modernities)的主张。这正是"全球现代性"的境况,资本主义的全球化具有讽刺意味地伴随着文化的断裂和不和谐。它表明,这是理解20世纪80年代以来中国思想发展的最广泛语境。本书反对在中国和海外的中国研究中践行一种狭隘主义,而试图从方法论上提出将中国"世界化"("worlding" China):将中国纳入世界,并将世界纳入中国。(2)

他认为,历史文化传统的地位在中国四十年来的转变不是孤立的,全世界都如此,故称之为全球意识形态转变,即启蒙霸权的退却和本土世界观的复兴。欧洲启蒙的普遍主义霸权的退却是好事,不值得惋惜。而本土世界观的复兴不仅是文化民族主义的,还具有替代现代性的意义;它不是空想,而是基于它们自己的现代化成功(虽然这些现代化的成功程度不同)。作者所谓全球现代性是指一种景观,是欧美现代性、非西方文化复兴以及作为替代现代性几者之间的混杂。把中国纳入世界的历史文化版图来思考,这种“世界化”的理念固然不错,但如果只是把世界上的类似现象在表面上进行联结,把某一具体的国家和全球语境抽象地加以联结,就无法避免随意性;而离开了每个地区或国家的具体实际境况、其基于自己需求的发展,那恐怕就值得警惕了。具体而言,德里克和左翼后殖民批评家的主要方法首先是断定晚近以来的时代是全球资本主义的时代,然后把这一时期世界上某些现象和全球资本主义关联起来,说成是和全球资本主义“合谋”,这就是其结论。如阿罕默德和德里克,都认为后殖民主义“表面上批判西方实际上却与全球资本主义合谋”[①],采取的也是同一类方法。所以德里克对后殖民主义的批评和他对儒家的批评很相似,如批评后殖民主义是反革命的等。

> 是否需要将现代性从欧洲中心主义的遗产中拯救出来,并将早先受到现代化话语压制及边缘化的文明和传统的遗产重新引入现代性内部?从根本上讲,这便是全球化作为一种文化现象的意义,它为我们开辟了新的空间,以便在文化上向植根于欧洲现代性历史的普遍价值和知识发起挑战。不过,这些挑战本身也是后欧洲中心主义的,因为它们预设了欧洲和北美在历史形成中扮演的关键角色。此外,这些挑战在与全球化的资本主义文明合谋时,也表现出了局限性。(40)

非西方文明和传统的复兴对欧洲中心主义的压制是一项挑战,对这种挑战他不能不加以肯定,否则就不是任何意义的左派了。但他又说这些挑战仍预设了欧美的关键角色,所以是后欧洲中心主义的,不是反欧洲中心主义的。特别是,他认为这些文明和传统的复兴与全球化资本主义合谋,这是他不能不予以批判的。这个合谋论是他作为马克思主义者和革命拥护者对中国的改革开放的一项指控,也是对中华文化的当代复兴的一项指控。对欧洲中心主义的挑战所具有的积极意义,他只是轻描淡写地一带而过,他真正要强调的是非西方文明传统的复兴是与全球资本主义“合谋”的。指出非西方传统的复兴“姓资”,是他最重要的主张。

---

① 赵稀方:《后殖民理论》,北京大学出版社,2009年,第164页。

> 如果文明的过去再次复活，那并不仅仅是因为革命已经过时，更重要的是，当全球化已经代替了现代化而成为描述当代变迁的新范式时，对目的论的质疑也日益凸显了出来。(44)

这无异于说，告别革命不是一项错误的决策，因为革命已经过时。告别革命，传统复兴是由于全球化的时代已经代替了以前“现代化”的时代。这与前面他说的逆转革命，就不一致了。当然，他所说的全球化与一般所说的全球化有所不同，是指全球资本主义的混杂发展。

> 这里我们看到的是，本土知识吁求在全球范围内的复苏，它们甚至受到了欧洲现代性中心的重视。我们很难不做出这样的推论，在时间上同时发生的这些复兴，是同一世界语境的产物，即使不同的社会环境和意识形态主张让它们有了不同的本土形式。(44)

这是他的主要的方法论。他的一切结论都是来自这种宏观的俯视与联想，把各个不同的具体案例关联在一起，用一个全球资本主义语境去说明，而不理会各个具体的例子具有不同的历史境况。这就使得其结论对这些具体案例的国家没有说服力，只不过成为学院左派的理论上的自我满足。如，当邓小平 1992 年南巡刚刚结束，市场经济刚刚开始建立，他就迫不及待地把中国文化界对孔子的肯定看作“全球资本主义的孔夫子”，去和所谓世界语境链接。他不去深入理解当时的中国为何对孔子重新认识和肯定。这会让生活在中国具体社会中的人感到啼笑皆非。

> 虽然我们在两个时期(19 世纪末和当下)都可以感受到一种共同的全球化力量，然而存在于两个时期之间的巨大技术差异，使得全球性在广度、深度以及发展势头上截然不同。不过，我最想强调的是政治和文化差异。19 世纪后期的经济全球化过程，恰好同步于民族主义和殖民主义在全球的扩张；而当代全球化不仅是后殖民的，而且是后民族国家的。(我指的是，全球化对民族国家进行重组，并且进行更猛烈的攻击。)从文化上说，我们如果要把 19 世纪晚期描述为全球化激烈发展的一个时期，也需要注意到，这场全球化几乎就是欧美规范被全球化的代名词。并不是说彼时不存在差异，只不过差异在时间上被

等级化了,欧美的经济、政治、社会和文化规范代表了历史在目的论上的终点。尽管这些假设并没有从当下的全球性概念中消失,但它们如今却不得不应付那些替代性现代性的主张,因为后者预设了历史的不同轨迹。欧洲中心主义霸权的失势对于我们将全球化理解为一种范式是至关重要的。(52—53)

在他看来,全球现代性的特点之一,即是欧洲中心主义的失势、欧洲现代性的撤离。全球性和全球化的不同、全球性与现代性的不同,就在于抛弃了欧洲中心的现代化目的论,即那种把现代化理解为向欧洲模式目的发展的单一理论和模式。这是19世纪后期的全球化。现在的世界则出现了差异的现代性,各种不同于欧洲模式的现代化开始出现,同时出现了替代欧洲模式的现代性主张。但是若说现代世界就是后国家的,则不必然,如印度是后殖民国家,但印度的晚近发展,谁能说与民族国家没有关系?他的如下描述倒是可以参考的:19世纪的全球化是欧美模式的全球化追求,而今天的全球化则是差异模式的全球化展开。后者才是作者所理解的全球化。

文化上的自负伴随着欧洲现代性的撤离(包括其最为重要的产物之一——革命的退场),或许是一种全球的普遍境况,但这并不能消除"历史复兴"(这个词在之前的讨论中不断地出现)在不同层面、深度和意义上的显著差异。某些复兴可能比其他更为重要,因为它们对现代性的未来具有潜在影响,或者提供了某种启发;换句话说,它们可能成为新的霸权、被复制的样板和价值的资源库,它们来源于本土遗产与经验,但又不仅仅局限于此,因而可以广泛地输出。(296)

他承认,世界各地传统文化的复兴和欧洲中心主义的撤离,是全球的普遍境况,但不同的传统复兴具有不同的意义,各有差异。他没有说明,既然这些复兴都是全球资本主义的产物,为什么它们之间的意义又有如此大的差异?他特别感兴趣的是,有哪些非西方文化的传统复兴可能成为现代性未来具有启发性的样板,具有可以输出的普遍性,而成为新的权力中心或霸权。然而,在地缘政治以外,关心这种新霸权产生的意义何在?

> 请允许我简要讨论一些概念。这些概念代表了过去几十年为瓦解欧洲现代性所做的努力。但是具有讽刺意味的是，它们反而导致了资本主义在全球的胜利。资本的全球化并不能以欧洲的样式将世界同质化，相反，它导致了各种传统的复兴，这些传统曾经一度被欧洲现代性打入历史的冷宫。传统的复兴对于全球现代性来说极为重要，它代表了欧洲现代性的崩塌。不过，仍然不甚明朗的是，传统的复兴与孕育了它们的历史究竟有着怎样的关系，它们究竟指向了什么样的未来。(272)

问题是，各地传统文化的复兴本来就不是要根本瓦解或颠覆欧美现代性，这本来就不是目的，而是在学习、复制欧洲现代性的同时，修正其对非西方文化的排斥，所以这里没有什么反讽。传统的复兴有许多历史原因，如殖民主义在20世纪中期以后的彻底退场和民族国家的解放、第三世界尤其是东亚的后发展国家的现代化成功，以及冷战结束释放了东方集团国家的意识形态捆绑从而回归传统，也包括全球东西方对欧洲中心论的质疑和反对。它们的指向无疑是对西方中心论的进一步消解，使得世界多元发展的趋势更强。

二、多元现代性与替代现代性

关于“现代性”的讨论是西方文化的核心议题，多元现代性一般认为反映了人们对现代化单一认识的突破，具有积极意义。但是德里克对多元现代性有颇多不满：

> 现在，文化复兴成为“多元现代性”(multiple modernities)这一论断的基础。如果“多元现代性”这一术语(或者用一个相当的词，“替代性现代性”)通常指的是现在与未来的话，那么现代性在本质上具有多样性的看法也提出了关于过去的重要问题，即现代性或许可以被看作一种欧洲的产物，然后从欧洲向外传播，进而征服了世界，并按照欧洲的模式重塑了世界。这一关于现代性历史的看法被认为是一种欧洲中心主义目的论，在今天受到许多人的摒弃，他们更相信“将欧洲地方化”这一口号。(19—20)

由于“多元现代性”肯定了非西方的文化可以在欧洲现代性之外促成自己的现代性，这一概念自然在作为当代世界现代化现象的社会学解释的同时，成为对非西方的文化传统的复兴的支持。不能说文化复兴是多元现代性的基础，应该说非西方社会的现代化成功实践才是多元现代性观念得以提出的基础。

> “多元现代性”所引发的直接问题是，作为一种新范式，全球化在理解当代世界权力重构时取得了支配地位。全球化意味着，不论在文化上有多少种不同的立场，我们的世界总存在一些共同之处。这些共同之处体现在艾森斯塔特“原初的西方方案”这一说法之中，它继续成为全球化讨论的“参考点”，或者存在于维特罗克将现代性描述为一种“全球状态”中。全球化区别于现代性的不同之处，正在于它抛弃了欧洲中心的目的论，从而在现代性的展开过程中得以容纳不同的历史轨迹。但是这并没有回答一个问题——究竟是什么让这个世界具有了共通性，从而让共通性的主张比起过去的任何时候都显得更为有力。(57)

很明显，多元现代性的提出，并不是强调各种现代化过程的共同性，而是突出在现代化的“原初西方方案”以外其他模式作为方案的出现和成功，也就是差异现代性的出现。德里克以是否抛弃欧洲中心的目的论作为全球化与现代化的区别，他也肯定全球化抛弃欧洲中心论的积极性，肯定了现代化过程中不应排斥非西方的文化传统，而应积极容纳这些文化传统，这些都是我们所赞成的。但他质疑全球化的根本动力还是欧洲现代性，欧洲现代性是所有现代性之具有共同性的统一基础，而其他现代性只是提供了一些次要的差别。这一思想的提出，不论其本意为何(如可能是潜意识的西方中心论)，还是可供思考的。

> 人们越来越不愿意强调，当前关于现代性的讨论是发生在当代资本主义这一政治经济背景之中，恐怕是由于人们害怕思想上的简单化倾向、功能主义，或者哪怕是表面上的马克思主义(人们相信马克思主义已经不可信了)。这一语境不仅对于理解全球化的争论，而且对于我们聆听文化的差异性，都非常重要。我在此想强调“聆听”(hearing)，因为文化差异虽然一直存在，但是正是这样一种聆听的意愿让我们的时代显得与过去不同，它将文化遗产作为全

> 球现代性的条件，而非现代性的保守反响。尤其与此相关的是对资本主义欧洲中心观念的挑战，随着20世纪70年代东亚社会成为资本主义力量的新中心，这一挑战也开始涌现出来。资本主义的地理布局得以重新勾画，并且资本主义的去中心化也表明了全球资本主义的到来。从这个角度看，“多元现代性”可能意味着现代性（在多种样式上）的激增，或者现代性的普遍化。（57—58）

他始终强调现代性的讨论与当代资本主义的政治经济背景有关，这也许并非全无理由。因为20世纪70年代对于东亚儒学的肯定性关注，确实是由于肯定儒学对东亚资本主义现代化成功的助力，从而使得儒学长久以来被普遍批判的状态得以改变，为儒学确立起在（资本主义）现代化中的肯定角色。但这更多的是作为一种理论的讨论，并没有实践的功能。他认为，与20世纪50年代以前把儒学看作应对现代性挑战的保守力量不同，70年代以后，尤其是进入全球现代性时代，非西方的传统文化成为全球现代性得以成立的条件。他认为，70年代以来，世界资本主义的地理布局发生改变，东亚成为世界资本主义的新的中心，资本主义不再只有欧洲一个中心；换言之，资本主义走上了去中心化的道路，这也被他理解为全球现代性的一个特点。到底是去中心，还是多中心？既然他说日本是中心，中国也是中心，则应该是多中心。资本主义的多中心换言之就是多元现代性。至于传统成为全球现代性的条件，近于同义反复，因为他对全球现代性的定义就是全球范围根于不同传统的复数现代性的出现。当然，这是与20世纪前半期非常不同的。另外，世界资本主义的概念在今天需要用别的概念来替换，这种过分突出全球化的阶级背景的概念并不能有效应对当今世界的挑战，这恐怕也是左翼批评家自己面临的一个挑战。

> 与全球化的论调相同，“多元现代性”强调文化差异，然而，这些以空间为支柱的文化差异本身就是现代化的产物。通过国家、文化、文明和群族的边界定义“多样性”，“多元现代性”在向现代性发起挑战的同时，又承认通达现代性可以有不同的文化路径。虽然这是对较早以欧洲为中心的现代化话语的改进，但是它延续了后者的文化主义偏见。它将社会与政治差异贬入背景之中，即使它们不仅仅是历史的遗产，也是现代性的产物，并跨越了民族与文明的边界。将现代性结构于特定的文化实体中，不仅滋生了现代性最为保守的文化

主张，并且转而对其加以合法化。(58)

他总是认定，文化差异的具体表现形式，国家、文化、文明和族群的差异是现代化的产物，而不是纯粹传统的差异；这些差异与现代社会、政治的条件紧密相连，不仅仅是历史的产物。这些说法并不合理，文化、文明都不能说是现代化的产物，中国的国家和民族也不能说是现代化的产物。他反对文化主义，即只用文化来解释现代性的话语，这当然是合理的，因为既然是多元现代性，就既有多元的文化要素，也有现代性的要素。多元现代性本来就是关注通达现代性的不同文化路径，但这并不就使这个观念成为文化主义。

在不久前的一次讨论中，我提出全球现代性比模糊的全球化概念更能抓住现代性在当下阶段或形式上表现出来的问题……与此不同，全球现代性最为重要的特征即是承认(如果不是接受的话)不同社会所具有的同时代性。(59—60)

事实上，他所理解的“全球现代性”，还不如“差异现代性”的概念更能体现现代性在当下的特点，因为“全球”总是有一种单一的东西化遍全球的味道。如果想表达不同现代性的混杂，最好不用这个概念。

关于替代现代性，就是面对原发现代性在发展过程中日益暴露的问题，谋求找到替代的现代化路径。德里克认为：

不论文化研究学者(或者民族主义者)如何批判与解构，由欧洲/美国所声称和开创的现代性(即殖民现代性)，正是当下全球情境的一部分。资本的全球化同样定义了现代性的局限。社会主义和第三世界民族解放运动植根于殖民现代性的矛盾之中，在一段时间里，它们许诺了一种不同于资本现代性的现代性，却最终被资本改造世界的力量所吞噬。其结果便是全球所有的空间向资本活动敞开，这正是全球化一词所描绘的这一过程的重要意义。(21—22)

所谓矛盾应是指社会主义既反对资本主义的现代性，又主张一种不同于资本主义的现代性。这也就是这里所说的许诺了一种不同于资本主义的现代性。但为什么这些运动至少其20世纪的形式失败了？这就不能仅仅用资本力量太强来解释，而不去说明20世纪的这些运动包含了哪些内在的困难，从而失去了人民的支持和信心。资本的概念可以是中性的，作者把全球化定义为全球空间向资本的活动开放，或者作为全球化过程的重要意义，并不是不可以，但市场的全球流通，作为经济全球化的内容，是不必有意识形态色彩的。

> 尤其在像中国大陆这样的后社会主义社会里，其讨论将现代性认同于当前的资本主义社会，往往认同于资本主义社会的技术发展而非其政治-伦理成就。殖民的历史与今天，本身也是资本扩张的内在部分，它们在这一过程中被重新整合到了全球化的目的论叙述中。正是这样一种现代性，在当下成了全球追捧的对象。(22)

他认为当代中国在技术发展方面认同欧洲现代性即资本主义现代性，但在政治和伦理方面不认同这种现代性。然而技术发展的现代性即中国人所说的四个现代化，是没有“主义”性的，是超越阶级和主义的，这怎么能说成认同当前资本主义社会呢？也正是由于中国不认同当代资本主义的政治-伦理内容，所以当代中国的自我定义是“中国特色的社会主义”。殖民的历史在民族解放的论述中是罪恶的历史，但把殖民作为资本的扩张、作为全球化的进程时，殖民就被全球化美化了。

> 具有讽刺意味的是，正是资本主义和民族主义这两种势力的全球化，让替代性现代性重拾权力，从而令一些人可以对欧美统治和霸权做出挑战。然而，与早先不同的是，他们必须要参与到全球资本主义经济中(其中，欧洲和美国仍然处于其核心)，才能确立其差异性。这让他们成为后民族主义者和后资本主义者，在很多方面，他们同时是后现代的和后殖民的。(22—23)

如果“后”作为修饰语可以理解为后来者，也许可以接受这样的说法。照此说法，中国既是后社会主义，也是后殖民的，虽然中国经历的是半殖民时代。但是如果说中国也是后现代的，那也只能在是后发的、后来的现代化的参与者的意义上。但是，要知道，资本主义并不能自身带来替代现代性，民族主义也不能自身带来替代现代性。民族国家只能在参与经济全球化的过程中，经由自己的创造性努力，积极利用自己的本有文化,发现适合自己的发展道路,才能确立起其差异的现代性。

> 在历史上,民族主义既是殖民主义的产物,也是对它的一种回应。今天,替代性现代性的言论难以令人信服,因为在资本主义全球化之态势下,所谓的替代不过是全球主题的一个变异,以及欧洲(现在变得更美国化了)现代性之价值与实践的变异。而另一方面,回顾现代性的前殖民时期——彼时,差异被认为理所当然——有助于从历史的视角来安置现代性的"变异"(variations),因为它们并不起源于那些模糊的前现代性概念中,而是起源于"传统"中,尽管这些传统已经被新兴的全球现代性重塑过了。(25—26)

他对替代现代性总是充满微词乃至批评,认为替代现代性不过是欧美现代性的一种变异形式而已,在根本上没有摆脱欧美现代性,没有反抗现代性。但是欧美现代性中难道没有普遍性的东西而仅仅只有属于欧美的东西吗?如市场经济难道只是欧美文化的现代性?科技难道只是欧美的现代性?承认市场和科技就是认同欧美现代性?而且,既然欧美现代性已经出现这么多的问题,对替代现代性的寻求难道不合理吗?难道只有彻底推翻现代性才是人类当下的合理选择?这样的先例,我们只能想到柬埔寨的红色高棉。替代现代性是一种探索,正反映了人们对欧美现代性的不满意,进而谋求既符合自己国情、更符合人类要求的现代性,是合理的要求。

> 将现代历史全球化,创造了让中国历史"世界化"(worlding)的可能:它将中国史带入世界,同时将世界带入到中国史中。"世界化"是柯文(Paul A. Cohen)二十年前所提的"从内部研究中国历史"的反面。它要求我们在民族国家之外重思历史,注重跨民族和跨地方的问题,这也就为民族的历史化提供了语境。(32)

世界化只是一面,一个国家不仅要世界化,还要主体化;文化学者的观察也要在地化,才是具体的,否则只是抽象的、形式的世界化。

三、全球资本主义批判

如前所说，全球资本主义批判是左翼后殖民批评的主要焦点，在这方面，德里克是主要代表人物。他说：

> 我们需要记住的是，当下我们所看到的，不只是传统的复兴，还有全球精英对科技现代性的热情拥抱。甚至对于传统的强调，也需要经由全球资本主义才能表述。(63)

其实并不见得，伊斯兰世界对传统的强调和肯定就不是经由全球资本主义的肯定得到表述，而是来自对《古兰经》真理的坚定信仰。当代中国对儒家传统的重视来自中国特色社会主义的实践的具体需求，这和世界上其他国家的传统的复兴不是出于同一个理由。

> 我认为这一陈述非常重要，因为它提供了一种可能性来反抗这信念的全球化。现在，这一信念继续存在于多元文化主义的伪装之下，念念不忘文明作为现代性的替代性方案，从而让我们无法看清不同文化所共同面临的困境。从这一角度看来，所谓“心智的去殖民化”不应当只是靠进入一种想象的民族或族群文化来逃避欧美的文化霸权，而是应该猛烈抨击对发展的坚不可摧的信念，这一信念与全球范围内发生的事实背道而驰，伴随着资本的全球化，我们看到的是不断加剧的边缘化与不平等。(64)

对以“现代性”为基础的发展观念的质疑和批判是后殖民批评的重要特点之一。照此说法，我们不应该批判欧美的文化霸权，声张自己的文化价值，而应只去抨击“发展”的信念，其结果就是非西方世界永不发展。这就是我们经常看到的，旅行的外国人总是希望保留未发展社会和文化中的一些“落后”东西，而在地的本国人民却谋求现代的发展，以提高他们的生活水准。因为这些人民是为了自己活着，而不是为了外国来猎奇的旅行者活着。外国人没有权利批评在地人民自己的发展要求，因为他们的生活是他们自己的。

> 比如“多元现代性”的观点，它通过各种方法延续了霸权式的现代化话语。我们同样需要关注多元文化主义如何组织知识，才能将跨越不同文化的阶级、性别以及族群/种族不平等这样一些复杂问题带入“文化”概念中。(67)

说到底他认为多元现代性的话语并没有批判现代性、颠覆现代性，只有把阶级、性别这些“后学”左派理念带入“文化”中讨论，才是有意义的。事实上，多元现代性的提出对欧美现代性的霸权的一统天下就具有挑战、批判的意义。

> 1978年以来，马克思主义丧失了很大一部分号召力(甚至失去更多的是一种活力)，年轻一代转向了其他史学理论，更多的是为了与民族主义方案保持同步，以求纳入全球资本主义经济之中。(68)

民族主义有何不对？有何不可？与民族主义同步是中国的马克思主义脱魅的最必要一步。现代化有何不对？中国的马克思主义必须以追求民族的现代化来合理化自己。他总是把现代化说成全球资本主义，把发展中国家对国家现代化的追求说成对全球资本主义的寻求。不打破这个魔咒，中国的马克思主义就不能理直气壮地民族化、中国化。“资本主义”是阶级的意识形态用语，现代化或现代性是非阶级的历史用语，德里克总是习惯用意识形态的语言来谈历史。

> 具有讽刺意味的是，关于替代性现代性的主张，无论是一种殖民混杂体，还是后殖民原教旨主义，都被局限在资本主义的范围之内。与革命试图找寻资本主义现代性的替代方案不同，当前对于替代性或多元现代性的讨论，其原动力均来自于资本主义的成功，这一成功将资本主义作为其最终目标。事实上，虽然替代性现代性对于欧洲现代性最积极的产物秉持怀疑的态度，但是它很少质疑欧洲现代性最具破坏力的一面，即发展主义，其原动力正是资源积累和资源控制所导致的不断加剧的竞争。全球现代性与早先欧洲现代性的不同之处，便是本土主义传统的复兴，这些传统被欧洲中心主义的现代化话语(包括资本主义和社会主义)一度扫入了历史的垃圾堆。如今这些传统不再作为替代性现代性的障碍，而是作为其资源得以回归。具有讽刺意味的是，这些传统没有质疑发展的目的或模式，而是被转化为具有象征意义的差异性的代表，

> 从而被抽空了实质性的内容。与本土多元文化主义类似,全球多元主义的重要性,并不在于它为全球资本主义提供了任何严肃的替代方案,而是它一直在要求新的管理技术与新的消费空间。(277)

在当今这个世界,任何发展中的民族国家必须谋求发展,以发展为第一位,邓小平的"发展是硬道理"是中国二十多年来高速发展的真正基础和动力。只有作为游魂和没有民族国家感的人才会盲目要求一切国家质疑发展主义。况且,发展主义能和资本主义画等号吗?当然,目前世界的多元现代性和替代现代性的讨论绝大多数并没有完全超出资本主义的范围,但在文化上、价值理念上,替代现代性的探索难道没有积极意义吗?难道只有对资本主义进行暴力革命,实行无产阶级专政,实行单一国家所有制经济,才是真正美好的替代现代性?要知道,这一套体系在苏联和中国早就经过实践的检验了,其结果已经由历史做出了结论。在中国,替代现代性从一开始就不是来自资本主义的动力,而是来自社会主义的动力,来自中国谋求根据自己的传统和国情,在社会主义理念的范导下追求现代化的发展。至于对本土主义传统的复兴,如果是作为价值中立的客观描述,作者的有些描述是可以接受的。如"全球现代性与早先欧洲现代性的不同之处,便是本土主义传统的复兴,这些传统被欧洲中心主义的现代化话语(包括资本主义和社会主义)一度扫入了历史的垃圾堆。如今这些传统不再作为替代性现代性的障碍,而是作为其资源得以回归"。总之,欧洲现代性是排斥非西方本土文化传统的,而全球现代性则把这些文化传统作为替代现代性的资源包容起来。

> 这些便是目前我们熟悉的后现代性的主题,它们同时存在于全球化的名义之下。它们对于整体性和元叙事的拒斥,对于那些受到现代性压制的群体来说,起到了解放作用,这些群体得以发出自己的声音或者受到大家的重视。虽然后现代性是发达资本主义社会最重要的"文化逻辑",但是随着当代资本主义实践的全球化,这一逻辑也已经遍及全球。(280)

那么为什么不可以说,虽然替代现代性是全球资本主义的产物,但是随着全球现代性的普遍化,替代现代性的逻辑也应该普遍化,从而对欧美现代性的霸权起到解放的作用?

> 多元文化主义最初受到跨国公司的赞助,因为它们在寻找新的技术来管理日益增加的国际劳动力。不论这一初衷有多少自由主义的意味,不可否认的是,它所做的正是为跨国资本主义制造一种多元主义的公司文化。甚至可以说,正是这些文化妥协成为资本全球化的条件,而非其后果。同样的,作为现代性矛盾产物的全球现代性,将比全球化的目的论更好地解释这一情况。也可以这样说,"文化转向"(cultural turn)的起源正是由于文化变成了自由浮动的所指,可以被随心所欲地使用。这种情况既体现在欧洲中心主义中,也存在于民族文化带来的问题中。(281)

把多元文化主义的出现仅仅看作跨国公司需要的文化,从而认定是资本全球化的文化,这种左派的阶级分析恐怕太狭隘了。如果真的有跨国公司对多元文化主义感兴趣,那么只能说明,多元主义不仅有理论上、文化上的说服力,而且具有实践领域的可应用性,并且这种应用才是反殖民的。就这一点而言,对多元文化的抨击,其结果只能是在跨国事务中继续坚持殖民主义的态度、欧美中心的态度,难道不是这样吗?

> 多元或替代性现代性的概念,通过将传统转换成现代性的单位,使得传统也成了现代性的产物。这样一来,那些迥然相异而又极其复杂的历史也就成为现代性的遗产,资本主义现代性便被进一步普遍化了。(283)

这就是说,当我们说传统的现代意义时,就把传统转变成了现代性单位,传统和历史就变成了现代性的部分;这种说法混淆了历史和历史的应用,抹杀了传统和现代的区别。

> 在对全球化加以意识形态上的应用时,现代性的全球化不应当被理解为原发现代性(originary modernity)以一种肤浅的形式向外扩展并且影响到所有人——甚至包括那些并不受益的人。相反,更重要的是,它应当被理解为现代性主张的增殖。(283)

作者的这些描述是可以接受的,只是其内心并不是价值中立的。这种说法意味着,传统是现代性的增殖，传统被作为参与替代现代性的建构，越来越受到重视。但是，照作者自己的定义，全球现代性与现代化的全球化不同，不是原发的欧洲现代性扩散到各地，而是容纳了各种历史轨迹的多元的现代性出现。因此，全球现代性并不是现代性主张的增殖，而是路径、方式的多样化，是对全球本土文明的更多容纳。

> 欧洲中心主义的普遍性主张或许已经死亡。但是我们很难对资本主义文明下同样的结论，它在过去创造了欧洲和北美，而当前仍然统治着世界，尽管它的起源可能早已被遗忘或忽略。我们必须严肃对待那些宣称不同历史与未来的主张。这些主张正是盖埃诺所说的，现代性压迫下“历史的复兴”。但是我们同样不能忽略，使得上述主张合法化的文化遗产已经被彻底注入了资本主义社会的生产和消费的日常价值。在这些价值的发明与增殖中，欧洲和北美仍旧扮演着关键角色，即使它们已经不再是宣扬上述价值的直接代理人。（285）

这是指，一方面东亚文化传统的复兴是文化遗产被彻底注入了资本主义生产和消费；另一方面如果说东亚传统文化造成了替代现代性，那么其中欧美现代性的关键要素仍然作为关键角色保持着。所以这些替代现代性并没有改变欧美现代性统治世界的事实，并没有取代、改变资本主义。那么替代现代性和多元文化就没有意义吗？它们对现代性压迫的出离，就没有意义吗？而且我相信，随着世界历史的进一步发展，欧美扮演的关键角色将会进一步减少。

德里克所说的全球资本主义，主要是指生产的跨国化，“全球资本主义的经营者，放弃了对民族、边界、文化的控制，开始将地方归于全球，按照生产和消费的要求，进行重塑，以便创造出能够响应资本运转的生产者和消费者”[①]。所以他主要是从经济层面批判全球资本主义。而他从不批评全球资本主义的政治层面，从不批评真正自觉代表全球资本主义的政治集团（西方世界）。他批评后发达的民族国家融入世界经济体系，却从不批评西方世界对中国的各种压迫压制，特别是政治上的压制。这使我们不能不发生疑问，这样的批评抓住了全球资本主义的要

① 赵稀方：《后殖民理论》，第165页。

害吗?

对于左翼后殖民批评家，后现代主义是全球资本主义的意识形态，后殖民主义是与全球资本主义的合谋，包括儒家在内的各种非西方文化的复兴也是与全球资本主义的共谋。总之，这个时代是全球资本主义的时代，这个时代所产生的各种文化现象都可以被视作与全球资本主义的合谋。从这一立场出发，上述思想和理论都可以被看作是右翼的。[①]

四、儒学复兴

由于德里克是汉学家，所以与其他后殖民批评家不同的是，他能够用中国的近现代历史和现代文化来展开其批评。他说：

> 我们所处的是一个逆转的时代。那些被现代化话语扫进历史垃圾堆的传统和意识形态，带着复仇的使命纷至归来。受到重构的全球关系的鼓动，它们通过批判欧洲中心主义而获得了合法性。儒学在当代中国的复兴，便是一个很好的例子。(42)

在中国，传统曾经被革命横扫，而革命是现代化话语吗？在中国，前改革开放时代对传统文化的横扫力量最大，革命话语在“文化大革命”达到高峰，拨乱反正的合法性来自全民对“文化大革命”话语的全然厌恶和“文化大革命”实践的彻底失败。对传统文化的平反，不是来自全球关系的鼓动，而是革命狂热退烧后的自然要求。传统的复兴之路，在中国有自己的内在逻辑。而他把中国改革开放以来的文化状态看作是传统对革命的复仇。这种革命中心论太脱离群众了。在中国，所谓全球现代性和批判欧洲中心论，已经是 20 世纪 90 年代后期以后的事了。对我们而言，似乎可以说，国外左派的指控只是把中国的事象在表面上与其他国家的事象加以抽象的关联得出他们一厢情愿的结论而已。

---

① 赵稀方:《后殖民理论》,第 30、38 页。

在列文森之后，这一情况现在却被倒转了过来，这或许是我们时代最具反讽意味的一件事情了：孔子被从博物馆中请了出来，而革命却要被放进博物馆了。这样做的人不是孔子的封建信徒，而是那些一度否定孔子的资产阶级，以及从革命中获利并仍在掌权的共产党人。(43—44)

革命在历史上任何时期都是暂时的，革命不是目的，也不可能常态性存在，革命必须适时退场；用中国的话说，革命作为中心任务必须转变为日常建设，这得到了社会的一致欢迎。至于孔子，把他送进博物馆本来是20世纪50年代国家的一种文化政策，而事实上，孔子从来没有真正走入博物馆，正如李泽厚所说，他存活在亿万人们的内心，早已成为他们的文化心理结构。把传统与共产党对立起来，把孔夫子与共产党对立起来，并且把这种对立僵硬化，这就是我们国外的学院革命者的立场。

20世纪80年代出现了一系列令人瞩目的逆流，那些我们过去以为是全球史中最基本的潮流发生了逆转。所谓儒家的复兴便是其中之一。在长达半个世纪的时间里，研究中国的本土和海外学者将儒学扫入了历史的“垃圾堆”，无论是在资本主义还是共产主义的旗帜下，中国迈向现代性的进程让儒家这一意识形态无地自容。20世纪80年代初开始，儒学的复兴却再次成为意识形态关注的核心。近三十年，在跨越太平洋的电波中，从新加坡到华盛顿美国人文艺术及科学学院总部，都充斥着有关孔子的议论。过去十年中，孔夫子随着国家扶持建立孔子学院而走遍全球。与此同时，令人想起美国“新时代”的那些高谈阔论的通俗电视节目，则将儒学作为中国大众文化中一个模糊不清的组成部分。(99)

逆转也好，逆流也好，对于欧洲中心主义的全球史观是逆，但对非西方世界，如工业东亚和中国则是顺。颠覆现代化西方中心的话语，打破西方现代化理论等一切西方强加给非西方的枷锁，走上自己的发展道路，恢复对自己文化的自信，难道不是顺吗？20世纪80年代早期为什么儒学又受到关注？根本原因是日本和东亚四小龙的现代化发展颠覆、打破了现代化理论要求非西方国家必须放弃自己的文化才能走向现代化的迷思，这完全是历史的现实击碎了现代化理论对非西方文化的魔咒。孔子学院随着中国经济的迅速发展，作为文化自信的代表性形式，走向世界，这难道不是很合理的吗?歌德学院在全世界的存在从未受到揶揄,为什么孔子学院会受到这种侧目和揶揄,甚至在西方国家受到抵制?这就是欧美现代性对后发现代性的排斥、对社会主义中国的排斥,也是殖民主义的残余。西方的左派批评家对西方国家关于孔子学院的政治排斥和文化排斥不加批判,这不能不让人怀疑,我们的国外左派反资本主义是假,反帝国主义是假,而反儒家是真,反各地本土文化是真。

> 也许可以说,中国大陆的"改革开放"是儒学复兴的主要原因,但是复兴却是从海外华人社会开始的,其中巨大的推动力来自中国以外的学者和决策者,而复兴直至20世纪80年代末才逐渐传到中国大陆。最初的问题是儒家是否与东亚社会的发展有关,因为至20世纪70年代末,东亚社会已经成为资本主义世界经济的第三个核心(继欧洲和美国之后)。另外一个问题就是儒学对于中国或者东亚身份认同的重要性。20世纪90年代,儒学的讨论在学术上发生了转向,其高潮是儒学研究作为一门独立的学术学科在过去十年中得到重建,伴随这一过程的是儒学作为大众文化的复活。(100)

他完全忘记了,"五四"以来,中国内生的文化民族主义和文化保守主义从来都是主张对儒学的合理肯定的,与什么全球资本主义没有任何关系。蒋介石20世纪60年代的中华文化复兴运动,与全球资本主义并无任何关系。1989年江泽民参加孔子纪念会并讲话,为孔子平反,也和全球资本主义没有任何关系,不如说与中国自身的精神文明建设要求有关。其根本原因是革命的高烧热度退去,对文化的平实的认知重新成为人们的理性;东亚现代化的文化启示使人们不再限于狭隘和绝对的现代化理论,认识到东亚文化圈的现代化有另一条现实的成功路径,即积极利用传统,而不再是反传统。倒不如说,民族主义找到了复兴的现实道路和范例,而不再受"五四"必须反传统才能现代化之迷思的捆绑了。而且,他最终还是不能不承认,儒学的转向在中国有其他"原因",而非全球资本的原因,这就是对中国身份认同的重要性,这才是儒学作为大众文化复兴的主要理由。

> 而20世纪90年代以来中国大陆的复兴又为东亚发展添加了新的表现形式。如果儒学在文化与思想上都体现了一种东亚身份,尤其是中国身份,那么

> 自从20世纪80年代以来它受到了更为普遍的接纳，从而得以为“替代性现代性”的论点服务。(101)

终于，在改革开放和邓小平南方谈话决断社会主义市场经济道路之后，中国很快成为世界第二大经济体，为东亚道路的发展模式增加了强有力的证明。现代企业制度和现代市场经济并不就是资本主义，儒学如果能够参与替代现代性的探索，这难道有什么不合理吗?

> 我认为，最为贴切不过的，是将20世纪80年代以来的儒学复兴视为全球后殖民话语在东亚的一种表现形式。就我所知，参加儒学讨论的人还没有谁使用这种标识作自我描述。(101)

如果这是指中国的话，不符合事实。在中国，总体上80年代不是儒学复兴，而是儒学在不同于“文革”的新的形势下受到批判：先是把儒家作为“文革”之所以产生的封建主义的根源，然后受到韦伯理论影响把儒家视为现代化的障碍，这些都和全球后殖民话语无关。所以，这种表面化的论述完全不顾中国自己的发展逻辑。至于台湾，儒学自20世纪50—60年代以来本来就受到推崇和肯定，并不存在80年代以来复兴的问题。韩国在80年代也没有儒学的复兴，韩国驻中国的大使90年代在中国发表其著作，明确主张以现代化反对儒学。

> 比起其他本土传统的后殖民复兴(及其对欧洲中心主义发起的挑战)，儒学复兴更为有力地显示了后殖民批评所存在的意识形态陷阱，尤其揭示了意识形态可能与权力结构合谋。我在别处也曾指出，虽然引人注目的后殖民批评试图向既有的权力结构发起挑战，但它却是通过表述全球资本主义的新文化构成而得以最终完成。就儒学复兴而言，它与当代权力结构的关系是直接而且明确的，因为在当下得到复兴的正是不同社会的意识形态遗产，这些遗产在全球资本主义中占据了统治地位，并在某种程度上成为衡量全球资本主义特征的标准。(101—102)

这种分析完全是形式主义的，没有实质意义。如果这是指，在中国，对传统文化的重新肯定得到了政府的支持,那么作为经历“文革”的人,我想说,这正是政府的文化政策回归理性和常识的表现。或者政府对文化的认识有所提高,是政府向着文化领域中代表正确的看法靠近的表现,这难道不是应该鼓励和支持的吗?那种认为凡是政府支持的就要反对,凡是对政府的文化政策表示赞可的就是与权力合谋,这种左派的简单思维,除了表达其僵硬的幼稚,没有一点真正对中国社会生活的负责任意识,变成只是左派意识形态的随意运用而已。至于把伦理重建看作意识形态,就更是对中国社会生活需求的无知了。

> 那么儒学复兴表明,东方主义不仅远未消逝,而且可能在全球资本主义时代再次成为赢家。儒学复兴致力于提倡一种脱离历史或社会情境的儒学,从而得以重新制造东方主义的本质化倾向,只不过这次是“东方人”自己干的。将“儒学”表述为具有霸权地位的全球资本主义话语,便是将东方主义带入了全球权力的中心,但它不是将“东方”客体化,而是将东方的主体性吹捧为一种可以仿效的普遍模型。(102)

就儒学而言,中国只是证伪现代化理论对非西方国家现代化道路的错误指引,从来也没有让自己成为具有霸权地位的可仿效的模型。那种只讲儒学的阶级性、只讲具体历史化或情境化的儒学的论调,否认儒学具有普遍意义,说到底就是只能讲西方思想的普遍性,只认为西方思想有普遍性,而只要讲儒学中有普遍真理,就是东方主义,就是本质化,这是不折不扣的西方中心主义。儒学在历史上就早已走出中国,走进韩国、日本、越南等地而证实了其所具有的普遍性,如果儒学只是和地方历史情境捆绑在一起的东西,这又何以可能?

> 从20世纪30年代开始,他们重申儒家传统的“内在价值”,将儒学重新诠释为能够融合民主与科学的“伦理精神”价值体系。新儒家被他们的思想对手讥讽为与清末腐儒一脉相承的“保守派”。而事实上,称新儒家为“反现代主义者”更为贴切,因为他们对“科学主义”现代化的实证主义颇为怀疑,并且拒绝将现代化等同于西方化,而倡导一种中国的现代性(至20世纪30年代,他们已经不是唯一这样做的人了)。(106)

如果承认现代新儒学自30年代已经开始出现,又怎么能说顺着新儒家思想发展的80年代以后的儒学复兴只是全球化资本主义的文化表征呢?以梁漱溟为例,既然说新儒家倡导中国的现代性,又怎么能说是反现代主义?其实新儒家对科学和民主从不反对,要说拒绝将现代化等同于西方化,这种替代现代性的路向怎么会被称为反现代化主义呢?

> 20世纪80年代共产主义社会的危机有助于掩盖同时发生在资本主义社会的危机:当先前资本主义的核心陷于停滞之时(美国有明显可见的衰落征兆),强大的东亚经济崛起了,这会削弱资本主义的欧洲中心主义目的论,在20世纪80年代末导致了全球化观点的上升。如果说这些社会的经济成功进一步确认了自我的儒家身份,那么这一自我肯定之所以能够得到迅速认可,是因为资本主义自身也在经历转变,而伴随这一转变的则是一种危机感。全球资本主义在寻找一种意识形态以适应其全新的"无中心"结构,这样它便在儒家中找到一种可能性,以满足其或新或旧的种种需要。即使儒学复兴在哲学上说可能是早期儒学讨论的后裔,但其出发点却是全球形势。最初,它并不位于任何华人社会中,而是在美国起动。资本主义的问题,它的新形势和它的诸种矛盾,对于作为一种话语的儒学复兴起到了塑形作用。(109)

说到底,资本主义是历史的现象,抽象地反对资本主义,把一切联系到资本主义,然后加以批判,这是形式主义的。资本主义并不是在任何时空都只有反面的意义,何况被作者认定为资本主义的东西不见得应该如此定义。哲学上的儒学复兴,由早期新儒家到第二代新儒家甚至第三代新儒家,都和全球资本主义没有关系,而且可能是相反的。如梁漱溟就主张先接受资本主义然后走向社会主义。至于文化上的对儒学的重新肯定,更多的是来自中国现代发展的历史经验和客观要求。当然,作者所说的情况在欧洲和美国可能是有的,即把儒学作为东亚资本主义(现代化)伦理的支持,作为一种社会学的解释,参与对韦伯理论的讨论。这不是一厢情愿,是面对东亚发展的客观形势所做的一种解释,其着眼点其实不是资本主义,而是现代化和现代社会。全球资本主义并不是一个人格。这种分析在学院话语外没有意义。

> 官方主办并不一定意味着官方能够控制这些讨论会上的观点。事实上,

> 官方的动机因情况而各异。正如朴正熙的例子所示,政府领导人总的来说对儒家事业表现出一种怀疑(如果不是嘲讽)的态度。另一方面,与会者显然也不想受任何官方的限制。来自中国台湾、新加坡和韩国的学者的怀疑态度令他们引人注目,他们怀疑儒学与现代化之间的联系;即便他们承认这一联系,也通常对其后果表示怀疑。不过,这些活动代表了国家与知识分子话语合作的一个极其恶劣的案例。如果其目的在于肯定东亚/中国意识形态在当代资本主义体系中的位置,那么它已经成功地达成了这一目标。儒学复兴的内容或许可以帮助我们更好地理解这一活动的含义。充满矛盾的儒学复兴成为一座矗立的路标,表明儒学意识形态与勃兴的全球资本主义之间的切合。(114)

这些似是而非的说法俯拾皆是。其实,在80年代,官方和一般学者对儒学和现代化的关系都是怀疑的,包括儒家学者。可见,对东亚地区而言,儒学促进现代化这一命题总体上是被怀疑的,这种普遍的怀疑也表明急于把各种对儒学的肯定和全球资本主义联结在一起是缺少事实支持的。而部分儒家学者为何积极地看待这个问题呢?那是因为,这个讨论虽然并不能证明儒学普遍地促进现代化,但却证明了一点,在东亚必须反传统才能现代化,这个文化思想是错误的。这对“五四”以来一直背负着阻碍现代化的罪名的儒家,当然是好事情。

> 儒学复兴所生产的汗牛充栋的文献基本上重复着一个同样的问题:过去三十年以来,儒学与成功“现代化”的非共产主义东亚社会之间,究竟是怎样的关系。即使大多数的参与者都承认,问题事实上是资本主义而非现代化,但是坚持使用后一术语表明了对讨论中无所不在的发展问题所持的态度,它植根于将现代性认同于资本主义,并始终将资本主义作为现代化话语的前提。(115)

与左派突出自己的问题意识不同,在我看来,大多数讨论并不是刻意回避“资本主义”,而是他们对东亚地区自己的发展理念的探讨,本来就是注重“现代化”,而并没有关注资本主义。作者可以说完全说反了。左派的特色就是把一切关于“现代化”的讨论都直接等译于“资本主义”,把一切对国家现代化的追求作为对资本主义的追求。从中国的例子来看,这是明显的混淆。

> 卡恩认为，中国台湾和韩国代表了一种“英雄般”的发展（日本也包括在内，但是日本经济已经开始面临严重的制度问题）。这些社会代表了“新儒家文化与迅速涌现的超工业世界经济之间的一种特殊关系”。(116—117)

这些80年代早期归于工业东亚的讨论在社会学领域有其正当的学术意义，而左派学者则急于把学术讨论意识形态化，以便把“资本主义”或“社会主义”的标签安于其上。

> 卡恩把自己和自己的方法描述为“文化主义者”或者“新文化主义者”（“新”是因为“我们相信文化的基本适应性，以及抵制基本变革的取向”）。对于东亚社会来说，这意味着“当华语区域内不同亚文化的旧有模式被改变（而没有被完全摧毁）时，每种亚文化能够选择自己的工业化路径”。这正是第二次世界大战以来发生的事情，它“颠覆”了传统上认为中国人不能够工业化的观点，“中国人在任何和所有情形下都能够工业化”。根据卡恩的观点，“新儒家社会”能够“比其他文化取得更高的增长率”，因为“儒家道德”中嵌入了两种相互关联的特征：“创造有责任心、有动力、负责和有知识的个体，以及对义务、组织身份、忠诚于各种组织（比如‘家庭、商业公司或者政府中的一个部门’）的高度意识”。在面对平等和组织有效性等问题的现代社会中，“新儒家文化”比“新教伦理”拥有更大的优势。(117—118)

这些面对工业东亚成功的解释，都是以事实为基础的，如果韦伯对西欧资本主义的成功的文化解释是可以严肃对待的，那么像卡恩的这些工作同样应该加以严肃对待。

> 不过，伯格比卡恩走得更远，他对“西方”资本主义进行了历史化：“东亚能不能成功地产生一种非个人主义的资本主义现代性模式？如果可以的话，现代性、资本主义和个人主义的关联就不是不可避免的或者内在的；与此相反，它可以被解读为偶然历史状况的结果。”这一问题似乎有些不证自明，伯格已经“相信”“这些国家与西方比起来非常不同，我们可以称它们为资本主义现代性的‘第二种例证’”。(120)

伯格所说的非个人主义的资本主义现代性模式,就是意在指出一种替代现代性的可能。

> “后儒家假设”从一开始便暗含一个前提,“后儒家”社会至少在当时便在其文化遗产中找到了治愈发达资本主义社会病症的药方。(125)

从来没有人认为这是找到了“治愈”发达资本主义社会的病症,而是被作为部分治疗这些病症的可能方式。“发达资本主义社会”就是欧美现代性。

> 1982 年与外国儒学专家的讨论表明,一种经过深思熟虑的意识形态被称为“李光耀主义”。为什么抛弃了这一想法转而青睐儒学,我们不得而知。不过清楚的是,尽管儒学在社会与政治上具有造成分裂的潜在可能,但是它被选定为一种道德教育,以便治愈新加坡随着发展而产生的社会疾病。(128)

其实,李光耀重视儒学根本不是着眼于全球资本主义,而是国内的政治治理和伦理教育。这才是包括中国在内的东亚政府的立场。而且 80 年代后期,当韦伯理论进入中国,以现代化批判儒学成为对儒学的新批判以外,儒学研究者并没有被儒学与东亚现代化的联系所激动。让儒学研究者真正找到了辩护基点的是韦伯对价值理性的说法,这是中国儒学自我辩护、自我确证的新武器,跟全球资本主义没有任何关系。

五、中国儒家学者在 20 世纪 80—90 年代的思考

为了佐证以上我所说的论点,我不能不在以下引述我在这一时期的主要论述。抱歉的是,限于篇幅,我对其他儒家学者的论述就只能割爱了。

早在 1988 年,我在整理了工业东亚的讨论之后,就曾写下了这样一段话:

> 就我个人来说,重视这个讨论的动机并不在如何具体促进经济改革,毋宁在文化态度上。因为,即使肯定儒家伦理有助于工业东亚的发展,也不意味着

> 儒家伦理在任何文化时空中都具有这种功能。杜维明指出，不受现实政治干扰的商人能够调动儒家伦理的积极性，但官督商办的儒家企业却在现代化过程中具有消极作用；儒家伦理在自由开放的环境中能发挥积极创造精神，但与某些政治文化结合时则有消极的作用。工业东亚所提供的新的经验事实和韦伯命题的重新思考的一个直接启示乃是：认为儒家传统与现代化绝对排斥的观念是难以成立的；在中国文化熏陶下成长并通过不同方式接受儒家价值的人，在自由开放的环境中是可以创造出卓越的经济成就的，所谓批判儒学才能实现现代化，推翻传统才能现代化，这些提法虽各有其论据，但在东亚经验面前显然不具有普遍有效性。因此，重要的问题也许不在于对儒家的文化进行批判，而在于深化结构的改革，促进传统精神资源实现创造性的转化，使中国人的能力与智慧充分发挥，以加速中华民族的现代化。
>
> 以上讨论，并不表示我无保留地接受韦伯理论和肯定儒家伦理促进了东亚现代化，只是企图说明，如果我们是严肃认真地以学术研究的态度对待韦伯理论，我们就应当以同样的态度来认真研究脱胎于韦伯理论的工业东亚的讨论，特别是韦伯式的文化论观点，使我们的传统与现代化的讨论更深入一步。我更要指出，本章只是在韦伯理论的框架内提出问题，就是说，是在“功能系统”中来讨论的。换言之，仅仅是在传统文化是否对现代化(特别是经济发展)有所贡献这个狭小的范围内讨论的。而儒家伦理，作为一种人文价值，即使它并不促进也不阻碍现代化的经济发展，与现代化不相干，也并不表示儒家伦理没有价值，因为判定人文文化的价值的尺度并不是某种政治经济的功能。①

这两点明确表达了我们当时对韦伯命题讨论的基本立场，即使我们参与韦伯命题的讨论，也从未受限于这种功能的讨论，而从未忘记儒学作为人文价值的主要功能。我们的角度始终是重视其文化的意义，而并不是儒家文化是否实际地促进了工业东亚的成功。

1989 年我指出：

---

① 此文收入我的《人文主义的视界》，广西教育出版社，1997 年，第 181—182 页。《人文主义的视界》一书后来北京大学 2005 年出版了修订本《传统与现代——人文主义的视界》和 2010 年生活·读书·新知三联书店的“陈来学术论著集”本。

在中国文化中,文化与历史传统是保障价值理性的重要基础,因此,在近代化的过程中,由文化危机引发的激烈的反传统思潮势必在相当程度上导致价值失落的危机,从而破坏价值的连续性与民族的文化自信力,伤害现代化秩序建构过程本身。

当旧有的源远流长的传统的神圣性的观念破碎了,价值的危机也就不可避免了。近代历史发展的复杂性使这种危机时隐时现,这也是近代文化保守主义特别强调道德关怀的基本原因。在过去一个短时间内("文化大革命"),人们天真地相信"彻底决裂"一切传统是马克思主义世界观的本质特征,它代表了一种与传统精神资源没有任何继承性的价值系统。然而事实上人类的价值必然具有连续的、超越具体时代的普遍性。要幻想建立一种与过去的价值完全不同的价值体系,只能是自欺欺人。人类对于价值理性的需要是不会因为人为地破坏某种既定传统的权威而中断的,这种需要会借助于另一种权威(如意识形态或政治领袖的权威)展示出来。而这种价值的权威形式也依然在某种程度上以某种"圣人"和"经典"的观念为前提才能实现其功能。但是,如果这个被借用的权威同时是政治权威,那么这种借用也要付出代价,即伦理价值的权威必然会随意识形态与政治运动的变动发生剧烈的动荡和波动。无论如何,民族的精神权威应当植根于深厚的文化传统中。今天我们应该重新考虑对"过去"的态度,至少在一定程度上与过去的权威重新接续起来,这个权威不应是纯粹政治象征的权威,而是伦理-精神的权威。在这个意义上,包括恢复和维护植根于深厚文化传统并体现这种价值的"圣人"与"经典"的某种权威,非但不是提倡复古的崇拜,恰恰是基于对中国特殊历史文化的发展和对现代社会的理性检讨而确认的需要。而这不仅将为现代化过程创造一个有益的人文环境,而且还有助于提高作为现代化过程主体的人的道德-文化素质而对现代化本身做出自己的贡献。①

可见,80年代末我们对"过去"的关注,与全球资本主义没有任何关系,而是强调"基于对中国特殊历史文化的发展和对现代社会的理性检讨而确认的需要。而这不仅将为现代化过程创造一个有益的人文环境,而且还有助于提高作为现代化过程主

---

① 陈来:《人文主义的视界》,第80—81页。

体的人的道德—文化素质而对现代化本身做出自己的贡献”。其中已经包含了对现代性的检讨，而不是欢呼儒学融入现代性。我们对儒学的肯定是出于关注价值的连续性与民族的文化自信，今天儒学在中国的复兴，与我们当时所说的方向完全一致。

1992年，在讨论儒家与中国现代化时我指出：

> 应当说明，以上所说的“现代化”是顺着帕森斯以来的思路，在这个脉络下，“现代化”只是一个偏于经济功能的概念。事实上，文化的价值是不能仅据经济功能来判断的。因此，即使基督教和儒家的伦理与产生或者同化资本主义不相干，也绝不意味着基督教伦理与儒家伦理在“现代”社会中失去价值。当然，即使儒家伦理有促进经济发展的功能，也并不因此可以排除在其他方面所应接受的批判。另一方面，以上所说的儒家伦理，也多为与韦伯讨论的层次相一致，而落实在世俗儒家伦理上面，无法全面讨论作为中国文化核心的儒家价值系统。所以，“中国文化与现代化”或“中国文化传统与现代化”是一个范围远远超过经济发展问题的课题。而处于“五四”以来不断激进化的反儒思潮影响下，我更要强调的是，站在一个经过反思而更具丰富内涵的“现代化”的文化立场，关注到现代人仍需要终极关怀、价值理想、人生意义、社会交往，儒家文化价值体系的承继与转化，至少对中国文化主导的社会就仍有十分重要的意义。因此，对于人文学者来说，重要的问题不仅是要解释已经发生的现象，更要反省现实，思考未来。市场经济的转向在根本上是向工具理性意义的“理性化”发展，而工具的合理性不仅不必然地导致价值的合理性，反而会引致价值的非理性。面对转型期投机资本主义的充斥与价值理性的全面失落，旁顾发达社会的种种弊病，我们在支持市场转向和推进其理性化程度的同时，还需要从一个更高的角度来思考儒家文化传统与中国化现代化发展的问题。事实上，一切宗教传统都与现代化有冲突，都必然对现代化发展中的物欲横流、价值解体、人性异化、人际疏离、文化商业化等消极因素持批判态度。同时，我们又须承认现代化是一个不可避免的发展，在这样一种情境中，与世俗世界具有过分紧张关系的宗教，就显得不适应；而儒教这种在世俗中求神圣、注重与世界适应的、重视道德与文化的体系，可能会在同化的过程中与市场工具理性形

成比较合理的紧张。①

可见,在90年代初期,在市场经济启动时期,我们对儒家的讨论也从不限于儒家伦理与经济发展,而是更加关注儒学作为价值理性在现代社会的意义、对现代化的纠正、对工具理性的平衡,是从终极关怀、价值理想、人生意义、社会交往的方面积极肯定儒家文化价值体系的承继与转化。所以我们的立场不是参与全球资本主义,而是对冲全球资本主义。

1993年我指出:

对中国文化在21世纪的走向,必须在一个全球的经济-文化视野里加以考察,离开了这样一个大背景,我们就无法高瞻远瞩、超越浅近的功利眼界。虽然,"21世纪是中国的世纪"的预言大多数中国人还不敢领受,但"亚太世纪"的提法在当今世界已颇受瞩目。20世纪90年代亚太的发展中,中国无疑占了一个重要位置。放眼未来,亚太地区将可能成为带动世界发展的中心地带。从而,中国在亚太乃至世界的地位,将由此发生一个根本的转变。随着中国经济现代化的迅速开展,中国文化根于传统的复兴已提到了议事日程。因此,基于改革进程全方位展开的不可逆转,从上面一种认识和展望出发,比较20世纪的行程和21世纪的可能发展,就中国文化而言,也许可以这样说,20世纪是"批判和启蒙"的世纪,21世纪则将是"创造与振兴"的世纪,而世纪之交正是整个民族生命"贞下起元"的转折点。把握这一文化转型的特点是我们认识文化现象、思考文化发展的重要出发点。从世界范围来看,虽然带有西方文化特点的现代化过程还要持续相当长时间,但未来亚洲(包括东亚、东南亚、南亚)的振兴将进一步破除欧洲中心主义,西方文化霸权将逐渐解体。在全新的多元文化格局中,人们将不再主要关切西方文化的引进应用,不再把西方作为普遍性的典范,在非西方的世界,根于自己文化传统的发展将日益显示其强大的生命力。从国内的发展看,随着建立社会主义市场经济方向的确立,作为改革初期的文化动员,80年代初以来的"传统与现代"的论争在今后将不再重要。我们将面对改革不可逆转的进程中重建民族精神、重建价值体系的巨大现实课题,

① 陈来:《人文主义的视界》,第191—192页。

"振兴中华"将从科技的振兴、经济的振兴走向包括精神的振兴在内的全面的振兴。①

1993年我们已经预感到中国的地位将要发生根本改变,随着中国经济现代化的迅速开展,中国文化根于传统的复兴即将到来;我们也看到亚洲和中国的振兴对破除欧洲中心主义、西方文化霸权的作用。而我们对中国传统文化的关注,与全球资本主义无关,是为了面对改革不可逆转的进程中重建民族精神、重建价值体系的巨大现实课题和中华民族的伟大复兴。这才是中国的逻辑。

在1994年我曾指出:

东亚近代思想史的显著特征是,一方面轻视、否定自己的传统;另一方面,即使对传统有所肯定,也是在西方现代性的意义下寻找、肯定传统中值得肯定的要素,如在文化上只注意传统文化中哪些类似西方的因素可以有助于资本主义的长成或工具理性的发展。然而,以日本和"四小龙"为典范的东亚经验表明,东亚现代化有着自己的特色,或者自己的现代性,如重视群体和权威、重视教育、看重现世等,这些都与东亚的传统有关。更重要的是,面对未来,东亚应当进一步从传统的精神资源中汲取营养,以帮助解决时代的课题,建设东亚更加谐和的现代世界。

关于东亚传统价值对当今世界的意义,在晚近的讨论中,学者似乎更多的是注意东亚社会经济成功所由以共同分享的价值取向,这些当然也是东亚现代性的一部分,但这仍是在经济功能的坐标中看待价值问题。而我们则需超出工具理性的层次,面对当今世界的问题,注重未来东亚世界的整体需要。正如本杰明·史华慈(Benjamin Schwartz)所指出的,事实上,儒学的价值虽然不必是东亚国家后发现代化的障碍,但东亚现代化过程所得益于儒家伦理的观念取向,并非儒家伦理的核心本质。而要摆脱韦伯式的对现代化的工具性了解,建立合理(不仅在工具上合理,而且在价值上合理)的现代东亚文化,就必须更加关注真正代表儒学核心的文化实践、社会理想和文化取向的普遍性

① 陈来:《人文主义的视界》,第293—294页。

价值。[①]

所以,我们从来不把注意力集中在儒家与现代化经济发展上,而始终强调儒学的价值资源对解决世界问题、时代课题,对建立和谐的东亚文化的意义,关注"真正代表儒学核心的文化实践、社会理想和文化取向的普遍性价值"。强调所谓儒家伦理对东亚现代性的促进,并不是儒家伦理的核心。

近几十年来,受西方现代性的影响,东亚社会把工具理性的发展置于首位,学者所重视的是世俗化的儒家伦理在东亚经济发展中的促进功能,重视的是儒家实学思想中的经验倾向,特别排斥东西精神传统中具有普遍性的价值观念,崇尚那些经验形态的观念或具有经验指向的、具体的操作规范,从而错误地认为只有具体的、经验的东西才能与现代化相衔接,认定普遍性的价值与现代性无关,也没有现代转化的能力。这些都是"传统-现代"的对立性思维所误导的。20世纪90年代的今天,我们必须跳出这种旧的思考模式,站在更高的层次上,重新认识现代东亚社会的文化问题。[②]

一句话,我们在80—90年代从未由于工业东亚的成功和对韦伯命题的再思考而把思想集中于工具理性,而始终强调儒学作为价值理性的现代意义。

正如我在1996年所说的:

事实上,如果仔细体察20世纪处于弱势而始终不屈的维护儒学价值的呼声,便可理解,儒家伦理所以在近代社会转型后仍每每处于焦点话题乃是理有必然的,其必然性植根于现代化转型过程中"道德性"与"现代性"的分裂以及对克服此种分裂的要求。因此,20世纪历程中儒学价值的不断被肯定,本质上并不是所谓后殖民话语在中国的一种表现,更不是什么全球资本主义霸权话语或对于资本主义现代化的意识形态意义的肯定,而是理论上对多元文化价值的肯认和实践上对现代化过程的治疗,是对价值理性和精神文明深切关怀

① 陈来:《人文主义的视界》,第251—252页。
② 陈来:《人文主义的视界》,第256—257页。

> 的表达，对理想人生与理想人格锲而不舍地追求的体现；在中国还是对民族文化认同的强烈要求，同时也是对启蒙叙事的道德的人文反思。①

正是在这里，也就是在二十年前，我对1995年发表在《中国社会科学季刊》的德里克的文章《似是而非的孔夫子：全球资本主义与儒学重构》已经作了初步的回应。

> 20世纪造成有关儒学的论争的最强有力的根源，可以说始终围绕着现代社会的公民道德与伦理秩序和人生理想的问题。无论佐久间象山“东洋道德西洋艺”，或张之洞“中学治身心，西学应世事”乃至冯友兰、贺麟的思想，尽管在吸收近代民主、自由的方面强调不够，但都绝不是一种文化情感上的对传统的怀恋，而是基于对传统道德性之普遍性格的信念及对现代化经验对道德性侵害之提防。所谓文化保守主义或道德保守主义与文化激进主义的分歧并不在要不要社会改革，要不要吸收西方近代文明，而是文化激进主义和自由主义要求彻底摒弃传统以拥抱市场工商业、城市文明、个人主义、自由、民主、资本主义竞争性、功利主义等为内容的现代性；而所谓文化保守主义则始终认为科学、民主、市场经济、民主政治都不能自发产生公民道德或导致共同体的伦理秩序，不能满足人生价值的需要，并认为近代社会抑制不力的个人主义和功利主义足以危害群体生活和社会道德。现代性是现代社会之所以不同于传统社会的要素，但实存的现代社会并不能仅靠现代性而存在。近代以来主张正面理解儒学价值的呼声一致认为，现代社会中公民道德与伦理秩序的维护和贞定决不能采取反儒批孔的方式，必须守护价值传统和道德权威，从而体现为各个时期各种形式的对儒学普遍性道德价值的肯定。②

可见，中国儒学者关注的焦点是对资本主义和现代性的警觉，是对传统道德性之普遍性格的信念及对现代化经验侵害道德性之提防，是对现代性的对冲。这些都反映了当代中国社会的具体状况和具体需要，与全球资本主义并没有关系。我们强调，现代性不能自发产生公民道德或导致共同体的伦理秩序，不能满足人生价值的

---

① 陈来：《传统与现代——人文主义的视界》，北京大学出版社，2005年，第93页。
② 陈来：《传统与现代——人文主义的视界》，第95页。

需要,现代性内涵的个人主义和功利主义足以危害群体生活和社会道德。这些必须由儒学的价值加以矫治。

六、国学的回归

回到第四节末尾继续我们的讨论。德里克批评杜维明:

> 与此相似,虽然杜维明将此精神性作为资本主义精神和生态危机的解药,他的著作基本上没有对资本主义作严肃的批判,似乎资本主义的物质危机可以通过抽象的精神性加以缓解。他确实在不同的场合说过,如果不对"达尔文式弱肉强食"的资本主义加以控制的话,人本主义就不得不自杀,但是在不同的时候,他又轻易地赞美儒家价值对东亚资本主义发展所做出的有意或无意的正面贡献,将"儒家道德"的实用性作为"资本形成的替代性方式"。(135)

但杜维明也没有盲目地参与儒学与工业东亚的讨论,而是表现得极为谨慎。杜维明作为儒家学者有自己的关怀和问题,严肃批评资本主义并不是他的工作范围,左派不能用自己的工作要求儒家学者。

> 就杜维明对儒学的信奉来说,他在全球文化中给予儒学这一位置和声音,我们是完全可以理解的;但是我们必须记住,他通过儒学阐述的全球文化,自始至终都充斥着欧美的文化霸权和植根于全球资本主义的支配关系。杜维明也批判欧洲中心主义。他指出,当前时代,欧洲中心主义已经让位于发展的多线性概念。在他看来,正是这一新开放性而非资本主义的危机,促成了"西方"对于儒学的新兴趣。这不禁令他的读者感到好奇,虽然他讲过有必要对印度的氏族主义和夏威夷的本土主义阐述儒学,但是为什么他拼尽全力向资本主义的"现代"价值宣讲儒学,而在实践中却对资本主义威胁下面临灭绝的本土文化生态和价值的存续闭口不提!想一想他说的儒学对于资本主义的功用,以及他对新加坡的期望,我们再来读一读他笔下的理想的儒学国家,这肯定是一件非常有意思的事情。(136—137)

既然杜维明对欧洲中心主义进行批判，又怎么能说杜的阐述自始至终充斥着欧美的文化霸权呢？杜维明说得不错，引起世界对儒学的关注，并不是资本主义的危机（事实上他对20世纪80年代资本主义的危机的描述是没有说服力的），而是现代性对东亚文化传统的开放。

> 就我所知，没有一种讨论指出，儒学，尤其是作为一种共同话语的儒学，必然要受制于来自不同社会群体和利益的挪用和阐释，这样一来，它所表述的就不再是整体性，而是斗争。(141)

儒学有不同的诠释，这在历史上并不鲜见，至于从不同利益集团的角度加以挪用，这仍然是阶级话语，无非是说不同阶级对儒学有不同的挪用。那么请指出例子来讨论吧。历史上的学术儒学或精神儒学总体上是属于士大夫阶级群体，没有必要再做阶级分析，但现代儒学很难用阶级集团来分析。儒学内部的阶级斗争？这似乎太有想象力了！当然，对已经习惯了阶级分析的人来说，阶级斗争的解释才是他最关注的。

> “在现代，儒家伦理话语越来越多地被挪用来为非儒学问题服务。”一个更为重要的问题是，近来的这次再发明究竟是关于什么的？或者说，当前儒学被挪用，究竟是为了什么目的？我认为，20世纪80年代的儒学复兴可以被理解为对两种话语的阐述：作为正在浮现的全球资本主义之功能性组成的儒学话语，以及作为中国知识分子身份认同问题的儒学话语（先于前一种话语）。正是前者为后者提供了一种思想空间（以及推动力），并且为这一进程重新定向（如果不是将儒学完全吸收了的话）。(142)

他也承认，儒学话语作为中国知识分子的身份的表达，本来是独立于全球资本主义的、先于全球资本主义讨论的，亦即与之无关的，于是不能说20世纪80年代儒学复兴只是全球资本主义的表达。但他又强调全球资本主义为中国知识分子的身份话语开拓了空间，把儒学带往了全球资本主义的话语；其实在中国，儒学基本上和全球资本主义话语没有关系。

> 我们可以确认的是,在不承认任何过去的儒学假设的情况下,儒学已经根据当代东亚资本主义的需求进行了重构。正是基于现代化的这种儒学重述(在这一意义上来说,即资本主义现代化),成为新的儒学话语的特征。杜维明已经说得很清楚,这一重述不仅受到理论或者学术考虑的引导,也同时满足着国际贸易和商业的需求。(143—144)

他承认儒学的重述是受理论或学术考虑的引导,事实上这是儒学重构的主要推动力。但儒学的当代重构不可能与过去的儒学假设切割,完全不承认过去的儒学的人性立场、道德立场。他没有指出他说的是哪一种儒学重述,20世纪以来的儒学早已经作了重构,如所谓新儒家熊十力、梁漱溟、冯友兰等,乃至唐君毅和牟宗三,但他们没有一个是根据东亚资本主义的需求来重构的,新儒学当然并不根本反对资本主义,但资本主义与新儒家话语的特征没有任何关系。

> 对于那些替代性资本主义的宣称,这一讨论的参与者事实根本没有从理论上对韦伯做出严肃的挑战;被挑战的不过是韦伯关于中国的论断。这种挑战不过是一种韦伯化的儒学——换言之,在儒学中找到韦伯在新教中指出的那些相同特征,因而"证明"韦伯所诊断的资本主义的阻碍其实是资本主义的另一种动力。不是韦伯的诊断,而似乎是他诊断的内容受到了质疑。这一儒学"挑战"所没有触及的,或者事实上从中受益的,正是资本主义本身。从理论前提上来说,这种讨论仍然忠实于现代化理论,因为其基本前提依旧是韦伯式的。当现代化理论已经越来越无法解释世界,且这一点已经日益明显时,这一讨论事实上是对现代化理论的一种支撑。许多作者与其说对现代性进行了"传统化"(traditionalize)——他们都是如此声称的,不如说事实上他们是对传统进行了现代化。(144)

的确,新儒家并没有发展起关于替代现代性的讨论,他们的关注是在心性之学。而参与工业东亚的讨论挑战了韦伯的中国论断,对于儒家学者,这本身就是严肃的挑战,因为这涉及对于儒学的认识。这些学者关心的是对东亚现代化成功的解释,而不是挑战资本主义本身,从而他们当然就不会涉及挑战资本主义,像马克思那样。所以这种指责是没有意义的。

> 回到杜维明提出的关于权力的问题,以及福柯关于话语的论述,儒学话语是全球资本主义内部的一个权力话语,它受到“发达工业社会”衰退和不确性的围攻,从而在“后儒家社会”中找到了一个新的复兴和扩张空间。或许这并不是一种巧合,东亚在成为一种“模式”时,几乎同时出现了关于“泛太平洋”(Pacific Rim)的话语,以及对于全球资本主义的新意识。如果不是一种新的社会天堂的话,东亚模式至少也是一种社会控制和劳动力掠夺管理的新模型。以它在美国的受欢迎程度来说,作为一种“东方”文本,它宣扬的是社会人性和管理合二为一的新时代哲学。(146)

虽然,这不一定是巧合,但在20世纪80年代以来的某一个时期,不同地区的本土文化都找到了与现代化相联结的自己的方式,走上了自己的工业化道路。但是每一个地区本土文化的复兴,其具体理由都与其他国家不相同,有其自己的理由。把这笼统称之为全球资本主义的新意识,只不过是左派阶级分析形式化的一种俗套之滥用。如即使是儒家式管理思想,不仅不是劳动力掠夺的管理,且恰恰是与之相反,提供了另一种管理的态度。

> 儒学本来可以用于批判现代性,但是通过定义儒学的“核心价值”,杜维明和其他学者却有意回避彻底批判资本主义,反而将儒学呈现为资本主义疾病的“补救办法”。这样一来,儒学便被转化为“社会工程”的一个工具,它为公司和家长制家庭输送更合作(和驯良)的公民。20世纪80年代儒学话语的发展,伴随着第三世界知识分子扮演文化专家和信息供给人的角色(比如赫尔曼·卡恩),为全球资本主义的意识形态服务。(151)

儒学当然可以用来批判现代性,但是在中国这样的国家,80年代是现代化刚刚发起的时代,社会需要的不是反现代化和批判现代化,而是启动现代化的征程。到90年代初期,有了邓小平的南方谈话,市场经济才真正得以发展,我们的左派却要儒家学者在80年代批判现代化,这简直就是南辕北辙。所以,确有这样的人,着眼于资本主义的改良而重视儒学,主要是欧美学者。但中国不是,儒学在中国的重新被认识,就知识分子而言,并不是为全球资本主义意识形态服务,而是文化认同、伦理重建、价值整合,其理由是国内的、国族的、文化的。不能把欧美学者的特定意识和视角等同于中国人自己的视角,或把它普遍化想象为全球的事实。而且,没有对中国学者的儒学论述作任何研究,没有调查,只就在美国教书的杜维明的话加以断章取义,这是主观的办法。

> 相反,我关心的是,将儒学附着于资本主义发展的意识形态之上,或者附着于民族认同的总体语境中,是否会抹杀中国认同的不同方式。这一结果对于儒学或者儒学研究来说并没有益处,因为将儒学转化为东亚社会的普遍文化特征,其推动者在某种意义上完成了儒学的东方化过程。作为哲学传统和民族遗产的儒学,在与资本和国家的纠缠中便不可避免地笼上了一层阴影。(151—152)

德里克总算还承认儒学话语作为民族认同的话语的意义,其实这在今日中国看得更为清楚。不是别人,正是作者将儒学捆绑在资本主义发展的意识形态上,从而抹杀儒家复兴在中国的自我的内在理由。事实上,对儒学研究而言,把中国儒学的当代复兴解释为对全球资本主义的适应或是全球资本主义的部分,对儒学研究本身没有任何帮助,只成为左派学者文化研究的一种陈词而已。对于当代中国来说,传统的复兴,除了得益于经济起飞对人民在文化自信上的支持外,在政治层面上的理由是基于政治路线的改变、政治合法性的重构、意识形态的转型、民族精神的塑造、伦理道德的重建、中华民族复兴的需要;在社会层面是源于人民大众对心理、精神、信仰、文化的需要。中国的传统复兴,政治和社会层面的理由远远大于、强过于企业管理的理由,儒学也好,国学也好,它们的复兴都是基于同样的理由。不了解这些背景,只用"民族认同"这样的抽象范畴是无法具体理解中国的;把中国与世界其他国家的现象随意比附,更是不可能真正说明中国的。①

现在来看"国学"。德里克说:

> 虽然国学以国家来定义其认识论范围所具有的独特性(它声称这是一种"中国"的认知方式),但它所宣称的认识论上的特殊主义,绝不是独一无二的。

---

① 可参看我的《孔夫子与现代世界》一文,收入陈来:《孔夫子与现代世界》,北京大学出版社,2011年,第9—12页。

> 认识论上的本土主义(epistemological nativism),或者坚持以民族来定义认识论(ethnoepistemology),是当代全球现代性的广泛特征。(243)

全球现代性是比全球资本主义要好听一点的词语,虽然这对于作者是同义词。他把国学看作一种认识论,一种特殊主义的认识论,是不太符合中国对这个词汇的用法的。国学是一种知识体系、学术体系、文化体系,是中华民族认识世界、认识社会的结果,而不是认识本身。如果说文化的本土主义或以民族的立场来定义文化,那也是各个不同的国家有其不同的理由。最明显的就是习总书记2013年以来对中华文化的强调,也可以说是文化的本土主义或以民族的立场来定义文化,但这是着眼于中华民族的伟大复兴,和全球现代性的资本主义有何关系?

> 作为一个思想领域,国学是晚清自发民族意识的产物,而它所倡导的学问则是为了界定和保存一种中华民族认同。由于国学学者拒绝现有的、鲜活的中国认同(它本身也是一种历史的遗产),他们便担负起构建新认同的责任:在古代文献中"发现"的认同,不可避免地是在当下发明的,因为对这些文献的解读本身也是不同的,并使它们与当下发生联系的"复兴",又让它们再一次经历了转型。换言之,国学在其出现时就受到了本土主义范式的塑形,而这一范式需要蕴藏于文献及古代个体典范中的本土学术为现代国家服务,成为现代国家的基础和维护者。也正是这一本土主义范式将中国认定为汉民族。就起源而言,国学意味着与"汉民族研究"相关的东西,它强调"国"这一词的族群意义而不是国家意义。无论它如何服务了汉民族主义,这种等同对本土学问的影响并不一定都是积极的。早先独一无二的学问现在转变成众多学问中的一种,它需要保护并予以保存,因为它具有界定民族身份的作用;但出于相同的理由,它的影响力和重要性又受到民族归属性的限制。(257—258)

这段话其中有客观的描述,如国学概念起源于晚清的民族意识,为保存民族的认同,属于本土主义。但说国学学者拒绝鲜活的中国认同,则不知所谓。事实上,"认同"的概念并不能真正或完整说明国学学者和其他晚清学者的"爱国"思想,晚清国粹派提倡"保种、爱国、存学",通过"保存"中国文化,以求促进国民的爱国心。此时国学概念之提出,主要是政治取向的,国学论说是当时救国论述的一部分。所以认为晚清国学只是为汉族服务,没有国家意义,肯定是不对的。[①] 虽然革命派的国学学者主张“反满”,但更多学者主张“爱国”。辛亥革命以后更不可能只强调族群而排除国家的意义了。

> 国学以及其他社会中相似的事业,而并非“文化保守主义”,可能被更精确地描述为“文化民族主义”的例子,因为在其要求变革的过程中,它们绝不是保守的。(259)

国学学者各自的立场可能有区别,但总体上说,国学既是“文化保守主义”,也是“文化民族主义”。

> 国民党的统治为本土的秩序观念提供了温床。国民党谴责那些文化堕落的现象(假定它们是自由主义与马克思主义的产物),将之归诸外来思想的引入,并且试图在本土价值观和传统中找到一种消毒剂。由此产生的一个重要结果便是再次建立起以民族“精神”为核心的价值观。而这一精神可以在孙中山的儒家价值中找到。(261)

这个例子也说明,对传统的肯定并不能随意地和全球资本主义相挂钩,在中国,它始终和本土的文化与道德秩序有关,针对的是社会变化转型时期道德的堕落。这个逻辑有一贯性,正如80年代中国把文化堕落归于西方影响一样。而建立民族的核心价值观,是所有民族国家建设的共同需求,对有长久道德传统的中国更是如此。[②]

> 与国学相关的学术复苏说明国学已经在某种意义上摆脱了欧洲中心式的现代性霸权。然而,否认现代性中存在一个中心,这本身就代表了一种困境:我们失去了判断知识是否正当的共同标准。失去一个共同的评判标准,会使

---

① 参看我的《近代“国学”的发生和演变——以老清华国学研究院的典范意义为视角》,《清华大学学报》2011年第3期。

② 关于“国学”热的兴起,请参看我的《如何看待国学热》,《光明日报》2010年8月2日。

> 学术更易受制于意识形态，而不论这些主张是来自国家、阶级还是其他社会群体。国学应该成为新型学术研究的出发点，它研究自身的历史，也研究在全球范围内出现的民族学术。(267)

这里的逻辑是不清楚的，摆脱了欧洲中心的现代性霸权，为什么就一定意味着陷于困境？现代性可以有多个中心，这些中心仍可以有共同标准。日本、韩国是东亚现代性的代表，他们和欧洲、美国没有共同标准吗？甚至，中国和美国没有共同标准吗？作者的主张让人觉得，他的思想是现代性还是要有一个中心，最好还是欧美中心来继续扮演共同批判标准。可是，欧美现代性自身难道不是具有强烈意识形态性质的吗？以欧美现代性为中心就不会受制于意识形态？情况可能正好相反。

> 不过，相信中国的发展在某种程度上可以与所谓的中国文化联系起来的文化主义的假设一直存在，因为它迎合了中国独特性的观念。当"发展的努力"最终取得成功时，这一文化主义的观念便开始流行起来。一些审慎的中国人已经认识到，其中一个后果便是用源远流长的文化抹杀较近的历史，似乎古老的文化可以抵抗一切物质、社会与政治变迁。这一文化也轻易地将现代化归于技术与科学，并拒斥现代化的其他方面（比如那些让现代化变得有价值的政治与社会价值），因为这些价值与本土价值互相冲突，或者只能经过"中国特色"的改造，才可以被重新接纳。这体现了文化复兴具有的管制功能。(299)

这是毫无疑问的，中国的发展必然和它的文化密切关联，不管你把他叫作文化主义假设或其他什么假设。但这并不意味着，肯定传统文化就抹杀了近代文化，也不等于说就会认为传统文化可以抵制一切变迁。变迁有可取者与不可取者，传统亦有可变者与不可变者，中国当代文化十分强调批判地继承，保持了它所需要的开放性。最近的表述是"创造性转化和创新性发展"，表示它并不是抵制变迁，而是与时俱进。至于批评中国文化拒斥民主、自由恐怕更没有道理，中国文化自身没有的，并不等于说这个文化必然排斥它们，最明显的就是科学。中共十八大把这些价值都写入了"社会主义核心价值"，应该也是证明。至于说自由、民主这些政治价值和社会价值让现代化变得有价值，而却被中国所拒斥，我不知道，一个号称马克思主义者的左派学者，对"资本主义"的上层建筑如此肯定，还要说儒学没有批判性，这究竟是怎么回事。一个可能的解释就是,他所说的全球资本主义和他批评的全球资本主义只是经济的范畴,而不包括任何政治的范畴,当然也就无涉于政治的批判性了。

好了,对本书的评论,我们应该可以适可而止了,虽然其中还涉及"全球现代性"的历史叙述和后殖民批评的方法讨论,因与儒学研究没有直接关系,就不在这里讨论了。我们非常感谢德里克教授使我们的视野更加"世界化"。不过,在儒学和国学的问题上,我们有自己一贯的主张和看法,也有必要提出来作为对他的观点的回应,有利于他更多地了解中国。

(作者单位:清华大学国学院,兼任复旦大学上海儒学院院长)

特辑　东亚儒学研究的视野与方法——论辩与省思

标靶论文

“东亚儒学”的视野及其方法论问题

黄俊杰

引言

所谓“东亚儒学”，并非不证自明的名词，我们必须论证“东亚儒学”作为一个新学术领域的内涵、必要性及其研究方法。汉语学术界有关“东亚儒学”的研究，虽然可以溯及20世纪70年代以降若干单篇论文①，但较多学者参与这个领域的研究则始于2000年台湾大学推动的“东亚近世儒学中的经典诠释传统研究计划”(2000—2004)；经过几个阶段的发展，直至“东亚儒学研究计划”(2011—2016)；十余年来许多学者致力于这个领域的研究，台大出版中心持续出版中的《东亚儒学研究丛书》《东亚儒学资料丛书》《东亚文明研究丛书》等书系也出版了有关“东亚儒学”与东亚文化的专著②。日本与韩国学者也有许多从东亚视野论述儒学的著作，大陆学界也

---

① 例如余英时：《戴震与伊藤仁斋》,《食货月刊》复刊第4卷第9期(1974年12月)，第369—376页；黄俊杰：《东亚近世儒学思潮的新动向——戴东原、伊藤仁斋与丁茶山对孟学的解释》,《韩国学报》第1期(1981年4月)，后收入氏著：《儒学传统与文化创新》，东大图书公司，1983年，第77—108页。本文有韩文译本，鄭仁在譯：《東亞近世儒學思潮의 신동향——戴東原・伊藤仁斎와 다산의 孟學에 대한 해석》,《茶山學報》(茶山學研究院編)第6集(1984年)。

② 最近十年来在台大出版中心出版的《东亚儒学研究丛书》《东亚儒学资料丛书》《东亚文明研究丛书》等八大书系共出版近200册，并另选44册在上海华东师大出版社出版简体字版《儒学与东亚文明丛书》。

有以“东亚儒学”为题的专书出版①。

一、什么是“东亚儒学”?

20世纪中、日、韩各国的儒学研究都取得了可观的成绩,但各国的儒学研究多数均在国家框架内进行,基本上是一种国族论述,表现而为“中国儒学”“日本儒学”“韩国儒学”。20世纪60年代以降,前辈学者阿部吉雄(1905—1978)②、余英时(1930—)③等人,就已提倡从宏观的、比较研究的视野研究东亚儒学的发展,但相对于“中国儒学”“日本儒学”或“韩国儒学”而言,“东亚儒学”一词在学术上却不是不证自明的名词,而有待详细论述。关于“东亚儒学”的特质与内涵,可以从不同角度切入思考,其中较为有效的是以下两个角度:

1. 从“部分”与“整体”互动的角度来看,相对于中、日、韩、越各国的儒学传统而言,“东亚儒学”的提法强调在各国儒学多元多样的表现之中,仍呈现源起于古代中国,但在各地获得新生命并发展出具有东亚文化特色的思想元素。“东亚儒学”的特质可以从以下三方面来看。

首先,所谓“东亚儒学”指儒家价值理念影响所及的地区所呈现的儒家思想及其文化。这样的一个儒家思想文化圈,并不只是具有地域文化特性的东亚各国的儒学传统的拼图而已。事实上,东亚各国儒学既分享中国儒学的核心价值如“仁”“礼”“仁政”“王道”等,又通过交流互动与各地域文化互相影响与渗透,而形成一个相对于西方的“Christendom”而言的“儒家共同体”(Confuciandom)。在“儒家共同体”这个意义下,我们可以说“东亚儒学”虽然包括各国儒学的“分殊性”,但更具有“整体性”。

我在这里所说的“儒家共同体”一词很容易引起误解,使人误以为历史上中国、

---

① 例如陈来:《东亚儒学九论》,生活·读书·新知三联书店,2008年;郭齐勇主编:《东亚儒学研究论集》,岳麓书社,2011年。

② 阿部吉雄:《日鮮中三國の新儒學の発展を比較して》,《東京支那學報》第12號(1966年6月),第1—16頁;Abe Yoshio, “The Characteristics of Japanese Confucianism,” *Acta Asiatica*, 5 (Tokyo: Toho Gakkai, 1973), pp. 1–21;阿部吉雄著,龚霓馨译:《中国儒学思想对日本的影响——日本儒学的特质》,《中外文学》第8卷第6期(1979年12月),第164—177页;阿部吉雄:《日本朱子學と朝鮮》,東京大學出版會,1965年、1975年。

③ 余英时:《戴东原与伊藤仁斋》,《食货月刊》复刊第4卷第9期(1974年12月),第369—376页。

朝鲜、日本都是所谓“儒教国家”(Confucian state)。我必须在此强调的是,所谓“儒家共同体”一词,指儒家价值理念(尤其是“仁”“忠”“孝”等)为中、日、韩三国之知识分子所共享此一事实而言,并不是指中、日、韩三国的国家体制皆依儒家之思想与制度而成为“儒教国家”。事实上,中国历史上的政治传统,就不能以“儒教国家”一词简单综括。萧公权(迹园,1897—1981)先生就指出帝制时代中国政治文化的特征如下:

> (一)帝制中国开始时是一个法术之国,然而当君主体认到只赖武力与法律权威无法维系广大帝国时,乃思依赖儒家道德的稳定影响以控制臣民之心,帝制中国遂变成一部分是儒家式的;(二)在中国是官式儒教国的时代,儒家思想并非是对帝国行政独一无二的影响力,反而大都仅作为实质上源自法家思想之专制措施的辅助工具;(三)赞成儒家思想的君主是有选择性的,强调为他们的政治利益服务的箴言而接近法家,同时忽视不能与专制政体的基本目标相调和的儒家学说。因此,自秦至清,中国有一段时间仅仅部分是儒家式的,而且是在一特殊意义上的儒家。①

萧先生之说完全可以说明帝制中国的政治文化“阳儒阴法”之实相。② 再看德川时代的日本,佛教在社会上的影响力远大于儒家,是不争之事实。正如 Herman Ooms 所指出,16 世纪的日本天台宗僧人天海(慈眼大师,1536—1643)对德川幕府就颇有政治影响力。③ 就历史视野来看,日本从大和时代开始所形成的皇权衰落、贵族政治、等级制度、集团性统治都有其日本社会文化之特质。大化改新以后,日本逐渐放弃中华制度文明,所以日本不应被称为“儒教国家”。④

在东亚各国知识分子参与共建“儒家共同体”的过程中,儒家经典是重要的整合平台。20 世纪以前东亚各国儒者,都研读中国儒家经典(尤其是《四书》),并从经典出发思考,提出他们的新诠释。就在这种经典研读与新诠之中,逐渐建构起一个

---

① 萧公权:《法家思想与专制政体》,收入氏著:《迹园文录》,联经出版事业公司,1983 年,第 89 页。

② 如汉宣帝曾云:“汉家自有制度,本以霸王道杂之。”见班固撰,颜师古注:《汉书》卷九《元帝本纪》,鼎文书局,1986 年,第 277 页。

③ 参看 Herman Ooms, *Tokugawa Ideology: Early Constructs, 1570 - 1680* (Princeton: Princeton University Press, 1985), pp. 173 - 186。日译本:ヘルマン・オームス著,黒住真等訳:《徳川イデオロギ》,ぺりかん社,1990 年,第 224—236 頁。

④ 李卓:《“儒教国家”日本的实像》,北京大学出版社,2013 年,第 486 页。

声气相求、意气相通的“儒家共同体”；他们超越各自的时空条件的限制，而共享儒家传统诸多核心价值，思考共同关怀的生命课题。

但是，我想接着指出，在东亚各国儒者通过经典诠释而建构“儒家共同体”的过程中，中、日、韩各国儒者都面对三个不同层次的“诠释的权威”(interpretive authority)：第一层次的权威是先秦儒家孔孟所代表的权威。孔子(前551—479)“祖述尧舜，宪章文武”(《中庸·第三十章》)[①]，孟子(约前371—289)以孔子的私淑弟子自居(《孟子·离娄下》)[②]，深化孔学。孔孟共同奠定了东亚儒学义理的规模，异时异域的儒者凡有论述，皆必须考虑是否不违孔孟原始教义。第二层次的权威是朱子学的典范。朱子一方面遥契孔孟，远绍汉唐诸儒，近承北宋诸老先生；另一方面则以《四书章句集注》集儒学之大成，为此后七百年之儒学开宗立范。朱子学既融旧，又铸新，他所建立的新典范成为13世纪以后东亚儒者之论述必须严肃面对的权威，所以王阳明说：“平生于朱子之说，如神明蓍龟，一日一与之背驰，心诚有所未忍，故不得已而为此。”[③]以“不得已”三字说明他扬弃朱子思想典范时的心境。朝鲜朱子学大师李滉(退溪，1501—1570)，穷数十年之力，在1556年完成编纂《朱子书节要》之巨著，更显示朱子学的权威在朝鲜儒学传成过程中的重要性；第三层次的权威则是各国儒者所必须面对的本国前辈儒者的论述所建立的权威。举例言之，在朝鲜儒学史上，退溪学成为16世纪以后朝鲜儒者不可逃避的对话典范；18世纪日本的荻生徂徕(茂卿，1666—1728)提出他的论述时，也必须从对伊藤仁斋(维桢，1627—1705)的批判切入。

更进一步来说，以上所说东亚儒者形成“儒家共同体”时所必须面对的三种论述权威，虽然在时间的发生程序上可以明确区分，但是在东亚各国儒者经典诠释事业中，常常是同时出现，而且三者之间互相渗透，交互作用，并互为影响，而形成类似克利斯提娃(Julia Kristeva, 1941—)所谓的“互文性”(intertextuality)之现象。[④]

---

① 朱熹：《中庸章句》，收入氏著：《四书章句集注》，中华书局，1983年，第37页。

② 朱熹：《孟子集注》，收入《四书章句集注》，第295页。

③ 陈荣捷：《王阳明传习录详注集评》，学生书局，1983年，第253页，第176条。

④ 克利斯提娃所谓的“互文性”，并不是某一“文本”(text)作者对另一“文本”作者的影响，而是指某一“符号系统”(textual system，如小说)之移位(transposition)到另一套“符号系统”。这种“移位”通常伴随着文意解明之类的新论述而进行。参看 Julia Kristeva, ed. by Leon S. Roudiez, tr. by Thomas Gora et al., *Desire in Language: A Semiotic Approach to Literature and Art* (New York: Columbia University Press, 1980), p. 15, Leon S. Roudiez 对“互文性”这个名词的解释最为清楚。

其次，这种具有“整体性”之特质的“东亚儒学”，并不是存在于东亚各国儒学的交流与互动之上，而是存在于并发展于东亚各国儒学的交流与互动之中，并在交流与互动之中壮大。这里的关键词是“之中”，而不是“之上”。

复次，因为“东亚儒学”存在于各国的交流“之中”而不是“之上”，所以它不是源起于2600多年前中国山东半岛之后就一成不变的稳固的一套意识形态。它在近三千年东亚地区的发展过程中，与时俱进，因地制宜，各地的儒学传统既有其地域之特色，又分享源起于中国儒学的若干重要核心价值与命题。

以上所说具有“整体性”特质的“东亚儒学”，既存在于东亚各国文化思想交流与互动“之中”而不是“之上”，那么它必然是一种不断“演化的”(evolving)思想传统。这个在时间中不断“演化的”思想传统，虽然在历史上源起于先秦孔门，但随着儒学的流布，接触不同地域文化与社会之后，发展出具有各地域文化特色的儒学版本。例如在中国儒学传统中，以朱子学为主的闽学固然不同于湖湘学派；而在东亚儒学中，中国朱子学与日本朱子学或朝鲜朱子学在相似性之中潜藏着巨大的差异性，所以所谓“东亚儒学”研究，实不宜将中国儒学当作最高而唯一的标准模式，而用来检核日、韩各国儒学的发展，因而使中国儒学沦为如古希腊神话中的“普罗克鲁斯的床”(“Procrustean bed”)，我们反而应通过中国儒学与东亚各国儒学的互动与发展，而分析各国文化主体性展开及建立的过程。简言之，作为“一”的中国儒学，只有在多元的地域文化发展脉络与广袤视野之中，以及绵延的时间发展历程中，才能被塑造、被感知。① 如果我们说：中国作为儒学的原乡，中国儒学是“一”，而各地的儒学是“多”，那么，我们就可以引用20世纪德国哲学家伽达默尔(Hans-Georg Gadamer，1900—2002)的“流出”(Emanation)理论来说②，各国儒者的诠释之“多”并不减损作品中的“一”，反而丰富了“一”的内涵。

2. 从“形式”(form)与“本质”(substance)对照的脉络来看，东亚各国儒学的表现形式不一而足，多元多样，例如儒家价值的传承者在中国是“士大夫”；在德

① 我完全同意甘怀真对于这一点的理解，参考甘怀真：《从儒学在东亚到东亚儒学：东亚儒学研究计划的省思》，《东亚观念史集刊》第1期(2011年12月)，第381—400页，尤其是第393页。

② H. G. Gadamer, *Gesammelte Werke*, *Bd*. 1: *Hermeneutik I*: *Wahrheit und Methode*: *Grundzüge einer philosophischen Hermeneutik* (Tübingen: Mohr Verlag, 1990), p. 145. 伽达默尔说：“流出(Emanation)的本质在于，流出物是一种溢出物(Überfluß)。然而，那个能让他物有所流出者本身，并不会有所减少。……因为，如果始源的‘一’通过其流出的‘多’而自身并没有减少，那就表示存有变得更丰富了。”我不谙德文，承蒙“中央研究院”林维杰教授代为译出，谨敬申谢意。

川时代的日本，儒家价值的传承者则被称为“儒者”，是指传授儒家知识的一般知识分子；在朝鲜时代的朝鲜，儒者则是掌握政治权力的贵族“两班”，他们在中、日、韩三地的社会地位与政治权力都不一样。[①] 但是，中日韩的儒学传统却有异中之同，具有共同的本质，它们都在不同程度与范围内分享源自中国的儒家核心价值。

东亚各国儒学所分享的核心价值至少有以下两项。首先，东亚儒家学者都相信，“修身”是从“自我”到“家庭”“社会”“国家”以及“世界”的同心圆展开过程中，最为根本而核心的起点。东亚儒家都坚持“自我”的转化是世界转化的起点与基础。[②] 因此，东亚儒学发展出最为深刻的修身理论，东亚儒家哲学基本上是一种作为实践哲学的修身学说与家庭伦理。东亚儒学的经典诠释学，是种“实践诠释学”（praxis hermeneutics）。因为从个人到家庭、社会、国家、天下是一种连续而不是断裂的关系，所以东亚儒家实践哲学必然触及“从‘仁心’到‘仁政’如何可能”这个政治哲学的问题。这个政治哲学的核心哲学问题又在于“‘主体性的客观化’（the objectification of the subjectivity）如何可能”这个问题。

其次，东亚各国儒学分享的核心价值甚多，如“忠”“孝”“仁”“礼”等皆是，但最重要的是“仁”。“仁”字在《论语》全书58章中共105见，以“仁”为核心价值所建构的世界，无疑正是孔门师生魂牵梦萦的理想国。汉唐儒者继先秦孔门之旧轨，如董仲舒（约前179—前104）云：“仁之法在爱人，不在爱我。”[③]韩愈（退之，768—824）云：“博爱之谓仁。”[④]均以爱言仁。北宋张载（横渠，1020—1077）撰《西铭》[⑤]与朱子（晦庵，1130—1200）的《仁说》皆将“仁”提到宇宙论的高度。但是，朱子的仁学论述东传

---

① Hiroshi Watanabe, “Jusha, Literati and Yangban: Confucianist in Japan, China and Korea,” in Tadao Umesao, Catherine C. Lewis and Yasuyuki Kurita, eds., *Japanese Civilization in Modern World V: Culturedness* (Senri Ethnological Studies 28) (Osaka: National Museum of Ethnology, 1990), pp. 13 - 30.

② 这是劳思光（1927—2012）先生的创见，参看劳思光：《新编中国哲学史》（三下），三民书局，1981年，第894—895页；Lao Sze-kwang, “On Understanding Chinese Philosophy: An Inquiry and a Proposal,” in Robert A. Allinson ed., *Understanding the Chinese Mind: The Philosophical Roots* (Hong Kong: Oxford University Press, 1989), pp. 265 - 293；劳思光：《对于如何理解中国哲学之探讨及建议》，《中国文哲研究集刊》创刊号（1991年3月），第89—116页。

③ 苏舆著，钟哲点校：《春秋繁露义证·仁义法第二十九》，中华书局，1996年，第250页。

④ 韩愈：《原道》，见童第德著：《韩集校诠》，上册卷十一，中华书局，1986年，第400页。

⑤ 张载：《西铭》，收入冈田武彦主编：《周张全书》，《和刻影印近世汉籍丛刊》册1，广文书局、中文出版社，1972年，第261—274页。

日本之后，激起大量的正反两面的回应言论，而以批判意见居多。伊藤仁斋（1627—1705）[①]、大田锦城（1765—1825）[②]、丰岛丰洲（1737—1814）[③]、浅见絅斋（1652—1711）[④]都有专文论辩朱子“仁”学的内涵。不仅德川时代的日本儒者高度关心“仁”这个儒家核心价值，朝鲜时代（1392—1910）[⑤]朝鲜君臣常常讨论的也是“仁政”的相关问题。诚如杨儒宾（1956— ）所说：“‘仁’概念的发展恰似一组英雄征战的伟大史诗”[⑥]，东亚各国儒者都是这部伟大史诗的吟唱者。我们可以说，中国文化的博大精深，儒学核心价值（如“仁”）的普世性与普适性，只有放在东亚视野或全球视野中，才能清晰呈现。

总之，从17世纪以后东亚各国儒者共享儒家核心价值这个现象观之，我们可以说，一个“东亚儒家共同体”已隐然形成。这种儒家共同体意识，不仅具体地表现在1600年江户初期朱子学者藤原惺窝（名肃，字敛夫，1561—1619）着儒服见德川家康（1543—1616，在位于1603—1605）这件划时代的历史事件之上；也表现在17世纪日本古学派大师伊藤仁斋推崇《论语》为“最上至极宇宙第一书”[⑦]之上；也表现在16世纪朝鲜朱子学者李滉以毕生之力选编《朱子书节要》之上；更表现在19世纪日本社会经历所谓“教育爆发”[⑧]之后，各地私塾大量增加，许多民间学者致力于讲解《论语》这项事实之上。

---

① 伊藤仁斎：《仁説》，《古學先生詩文集》卷三，收入《近世儒家文集集成》第1册，ぺりかん社，1985年，第60—61頁。

② 大田錦城：《洙泗仁説》，收入《日本倫理彙編》卷九《折衷學派の部》，育成會，1901年，第456—472頁。

③ 豐島豐洲：《仁説》，收入関儀一郎編：《日本儒林叢書》卷六，鳳出版，1978年，第5—6頁。

④ 淺見絅斎：《記仁説》，收入《絅斎先生文集》卷六，收入《近世儒家文集集成》第2册，ぺりかん社，1987年，第124—125頁。

⑤ 朝鲜王朝于1897年改国号为“大韩帝国”，1910年被日本合并，朝鲜王朝告终。朝鲜时代的结束年代或作1897年，或作1910年。

⑥ 杨儒宾：《“仁”与〈论语〉的东亚世界》，《台湾东亚文明研究学刊》第5卷第1期（2008年6月），第253—256页，引文见第255页。

⑦ 伊藤仁斎：《論語古義》，收入関儀一郎編：《日本名家四書注釋全書》第三卷《論語部一》，鳳出版，1973年；亦见于伊藤仁斎：《童子問》，收入家永三郎等校注：《近世思想家文集》卷上第五章，岩波書店，1966年，第204頁。

⑧ 参考辻本雅史：《近世教育思想史の研究》，思文閣，1992年，第V頁。

二、"东亚儒学"何以必要?

现在,我们可以考虑"'东亚儒学'研究何以必要"这个问题。这个问题可以从两个方面讨论:

1. 作为21世纪学术研究的新愿景之"东亚儒学"的提法,首先是针对20世纪东亚各国人文学术界的儒学研究的反思。20世纪中国新儒家学者从国族命脉不绝如缕的历史变局之中奋起,在方法论上批判"科学主义"(scientism)与清代考据学,在文化立场上坚守文化民族主义立场,致力于以儒学研究唤醒国魂的事业。当代新儒家以中国文化之复兴自任,展现了徐复观(1903—1982)先生的诗所说"岂意微阳动寒谷,顿教寸木托岑楼"[①]的气概。20世纪中国新儒家以弘扬儒学作为安身立命的精神资源,并将这种精神资源转化成诸多体大思精的著作,在20世纪世局板荡、花果飘零的时代里,确实贡献卓著。但是,因为受到民族主义框架的局限[②],20世纪中国儒学研究基本是一种国族论述。其实,日本的儒学研究也深深地浸润在文化民族主义的氛围之中。吉川幸次郎(1904—1980)早已指出,德川时代(1603—1867)日本儒者所努力的基本上也是将中国儒学"日本化"的学术事业,是一种民族主义色彩很强烈的学问。[③] 在20世纪30年代第二次世界大战期间甚至出现以"日本魂"重新解释《论语》的著作,将《学而》篇解释成为天皇的教育敕语而背书,极具扭曲之能事。[④] 20世纪韩国儒学的研究,也是在韩国的国家框架中进行的。

"东亚儒学"的提出,就是有心于使儒学研究挣脱各国民族主义的牢笼,不再受困于日语所谓"一国史"(いっこくし)的格局之中,使儒家"致广大而尽精微,极高明

---

① 徐复观:《悼念萧一山、彭醇士两先生》,收入氏著:《徐复观杂文·忆往事》,时报文化出版公司,1981年,第202页。

② 但我必须强调:20世纪中国儒家学者所持的"民族主义"注重的是内在世界的建构,近于史密斯(Anthony D. Smith)所谓作为"历史的民族象征主义"(Historical ethno-symbolism)的民族主义类型,在帝国主义国家侵略中国的苦难时代,撑起中华民族的心魂。20世纪中国儒者的民族主义是一种拯救国族命脉于危亡之际的论述,它与近代西方以侵略他国为目标的攻击性的民族主义完全不可同日而语,不能混为一谈。我曾以钱穆(宾四,1895—1990)史学中的"国史"观为例,阐释这项论点,见黄俊杰:《儒家思想与中国历史思维》第7章,台大出版中心,2014年,第224—268页。参考 Anthony D. Smith, *Nationalism: Theory, Ideology, History* (Cambridge: Polity Press, 2010), pp. 60-63。

③ 吉川幸次郎著,钱婉约译:《我的留学记》,光明日报出版社,1999年,第4页。

④ 伊藤太郎:《日本魂による論語解釋學而第一》,論語研究會,1935年,第34与35页之间的附表。

而道中庸”(《中庸·第二十七章》)[①]的人文精神传统,更弘扬于21世纪全球化新时代的东亚思想界,使儒学研究贡献于世界的和平。

从20世纪东亚各国民族主义挣脱出来之后,“东亚儒学”研究就能够免于为单一国家而背书,而且较能宏观地分析儒学与东亚各地域社会文化的互动与融合,将东亚各国儒学的发展视为儒学的普遍性价值与东亚各地域之社会、经济、政治与文化特殊条件互动之表现,并分析各国文化主体性在与儒学互动中的发展与融合。

2. “东亚儒学”的提法之所以必要,乃是针对20世纪东亚各国学术界所采取的“以西摄中”的研究进路的反思,而有心于在21世纪重访并弘扬作为东亚文化主流的儒家核心价值,以作为全球化时代新人文精神的重要基础。

随着全球化趋势的发展以及亚洲的崛起,知识界许多有识之士愈来愈感到建立在18世纪以降欧洲启蒙文明的人文精神(humanism),由于具有强烈的欧洲中心论色彩,已不足以因应21世纪全球化时代的需求,所以,必须重视并开发非欧洲文化传统(尤其是中国文化传统)所蕴蓄的人文精神资源。[②] 在迈向文明对话时代新人文精神建构的过程中,对东亚儒家文化中所潜藏的丰沛的人文精神传统的重探与诠释,是一项值得努力以赴的学术事业。

论述至此,读者不免滋生疑问:对“东亚儒学”研究的提倡,如果只是为了21世纪东亚的和平与全球化时代新人文精神的建构,那么,我们所重视的岂非仅着眼于“东亚儒学”的边际效用而不是它的“内在价值”(intrinsic value)?正如涩泽荣一(1840—1931)撰写《论语与算盘》一书[③],提倡“义”“利”并行,所着重的是《论语》在现代资本主义社会的工具性价值一样。果如是,“东亚儒学”的提倡,在21世纪也就不能免于被工具化的危机。

针对上述疑虑,我想强调的是,我们之所以提倡“东亚儒学”研究,不仅是因为重视儒学所能产生的效用,更是重视儒学的内在价值内涵。东亚儒学源远流长,发

---

① 朱熹:《中庸章句》,收入氏著:《四书章句集注》,第35页。

② 从2009年开始,德国的余森(Jörn Rüsen)教授、Sorin Antohi与我结合各国学者,编辑出版《全球化时代人文精神丛书》(*Humanism in the Era of Globalization*)(Bielefeld: Transcript Verlag, 2009),2012年起又编辑《人文精神思考丛书》(*Reflections on (In) Humanity*)(Göttingen and Taipei: V & R Unipress and National Taiwan University Press, 2012)。

③ 澀沢榮一:《論語と算盤》,國書刊行會,1985年,2001年。本书有中译本,洪墩谟译:《论语与算盘》,正中书局,1988年。

展出一套“建诸天地而不悖，质诸鬼神而无疑，百世以俟圣人而不惑”(《中庸·第二十九章》)[1]的道德价值理念。这一套价值系统，将修己与治人熔于一炉而治之，“成己”“成人”不断为两橛，“内圣”修为不遗“外王”事业。这一套所谓“儒家整体规划”(the Confucian project)[2]以“修身”为核心，始于家庭伦理，而延伸于政治伦理、环境伦理与宗教伦理。

如果说作为价值意义的“东亚儒学”是“内在范畴”(inner realm)，那么，作为效用意义的“东亚儒学”就可以说是属于它的“外在范畴”(outer realm)。两者对照而言，价值义的“东亚儒学”是“体”，效用义的“东亚儒学”是“用”，前者是后者的基础；由“用”以显“体”，在“体”以摄“用”，体用不二，内外一如。因此，“东亚儒学”研究首先应聚焦于东亚儒学传统中之核心价值尤其是“仁”学的溯源、重建与新诠。东亚儒家“仁”学所潜藏的人文精神才能获得梳理与弘扬，儒学之贡献于21世纪才能水到渠成。

三、如何研究“东亚儒学”？

现在，我们探讨如何研究“东亚儒学”这个新的研究领域，我想提出两点有关研究方法的建议：

1. 从东亚儒学中的重要命题或核心概念的发展史来看，许多重要的论述确实是由中国儒者首先提出，然后层层推扩周边地区，类似同心圆的展开过程。举例言之，朱子(晦庵，1130—1200)在南宋孝宗乾道九年(1173)撰写《仁说》[3]，这篇重要而深刻的哲学论文将人之存在提高到宇宙论与形而上学的层次，为儒家核心价值

---

① 朱熹：《中庸章句》，收入氏著：《四书章句集注》，第37页。

② 余英时：《试说儒家的整体规划》，收入氏著：《宋明理学与政治文化》，允晨文化事业公司，2004年，第388—407页，引文见第400页。

③ 陈荣捷主张《仁说》撰成于1171年，见陈荣捷：《论朱子之仁说》，收入氏著：《朱学论集》，学生书局，1982年，第40—42页；Wing-tsit Chan, “Chu Hsi's ‘Jen-shuo’ (Treatise on Humanity),” in his *Chu Hsi: New Studies* (Honolulu: University of Hawaii Press, 1989), pp. 155 - 157。但刘述先与束景南主张应为1173年，见刘述先：《朱子哲学思想的发展与完成》，学生书局，1982年，第139—146页；束景南：《朱熹年谱长编》卷上，华东师范大学出版社，2001年，第506页。李明辉从思想内涵认定为1173年较为可信，见李明辉：《四端与七情：关于道德情感的比较哲学探讨》，台大出版中心，2005年，第80页。我采取1173年之说。

“仁”之论述建立一个新的典范之后，朝鲜儒者与日本儒者的“仁”学论述，都环绕着朱子的解释典范而展开；日韩儒者可以羽翼朱子或批驳朱子，但绝不能绕过朱子。德川时代日本儒者伊藤仁斋（1627—1705）早年长期浸润于朱子学中，在32岁时撰有《仁说》一文[①]，基本上循朱子思路而发挥。18世纪日本儒者丰岛丰洲（1737—1814）以《仁说》为题撰文批判朱子学的“伦理二元论”的哲学立场。[②] 浅见絅斋（1652—1711）也撰《记仁说》一文，强调体用一贯，不可分割。[③] 大田锦城（名元贞，1765—1825）更撰有《仁说三书》，其中《洙泗仁说》一文取以爱言仁之立场。[④]

从上述东亚儒者“仁”学论述的展开来看，我们研究“东亚儒学”确实首先必须对作为问题意识之起点的中国儒学有所掌握，才能对同一个概念或命题在日、韩、越各地之展开与争辩有切实的了解。我们可以再举一例阐释上述研究方法的建议。在朝鲜儒学史上出现极为重要的“四七之辩”[⑤]，其中“四端”一词出自《孟子》，“七情”一词出自《礼记》，均可见中国儒学中的核心价值理念确实是韩儒“四七之辩”的源头。朱子诗：“问渠那得清如许？为有源头活水来”[⑥]，东亚儒学之所以生生不息，日新又新，与中国儒学之源头活水实密不可分。

但是，上述研究方法的提议，也不能持之太过，而以中国儒学为唯一而最高的范本，并取之以检核周边地域之儒学，距离此一最高范本尚有多远。如果采取这样极端的一元论研究进路，我们就很可能忽略儒学传统在与各地域文化互动之后的多元发展，从而忽视儒学与时俱进、因地制宜、生机勃勃的伟大生命力，使彩色的东亚儒学图像，被简化为单色的中国儒学的不同版本。因为忽略“一”存在于“多”之中，从而未能正确理解潜藏在“一”之中的丰富的思想内涵与活泼的生命动力，所得实不能偿其所失。上述论点引导我们进入第二个研究方法的提议。

2. “东亚儒学”的研究可以聚焦于儒学的核心价值或命题，与各地域文化或特殊政治经济社会条件之互动与融合，一方面观察源起于中国儒学的核心价值或命

---

① 伊藤仁斋：《仁説》，《古學先生詩文集》卷三，收入《近世儒家文集集成》第1册，第60—61頁。

② 豐島豐洲：《仁説》，收入《日本儒林叢書》卷六，第5頁。

③ 淺見絅斎：《記仁説》，收入《絅斎先生文集》卷六，收入《近世儒家文集集成》第2册，第124—125頁。

④ 大田錦城：《洙泗仁説》，收入《日本倫理彙編》卷九《折衷學派の部》，第456—472頁；以爱言仁之文字见第460页。

⑤ 李明辉所著《四端与七情：关于道德情感的比较哲学探讨》对于这个问题分析得最为精审。

⑥ 朱熹：《观书有感二首》，《晦庵先生朱公文集》第1册卷二，收入朱杰人等主编：《朱子全集》第20册，第286页。

题在异域所开展的新生命；另一方面也可以观察各地域文化与思想的主体性之形成、建立与发展之过程。

举例言之，当中国战国时代(前480—前222)孟子提出“仁政”这个政治理念时，“仁政”一方面是战国纷扰世局中一种充满理想主义的针对战国时代“争地以战，杀人盈野；争城以战，杀人盈城”(《孟子·离娄上》)[①]的政治现实的“反事实性”(counter-factuality)的论述；另一方面从“仁政”源自“仁心”而言，“仁政”论述又展现了“观念论”(idealism)的哲学立场。这种哲学立场虽然是儒家的主流思想，但是17世纪以后日本与朝鲜近世儒者论“仁政”，所强调的是“政术”而不是“政理”；日韩儒者判断“仁政”与“仁者”时，所采取的是“功效伦理学”远过于“存心伦理学”的立场[②]，他们所重视的是“功利伦理”(utilitarian ethic)而不是“道义伦理”(deontological ethic)。[③] 凡此皆与东亚近世实学思潮之发展密不可分。[④] 因此，我们在研究东亚儒学中的“仁政”概念之发展时，如果只以孟子的“仁政”理论作为唯一典范，就很可能未能正确掌握日韩儒者所处的实学思想氛围与语境。

3. “东亚儒学”的研究，除了以上所说两类有关“核心价值理念”研究的工作之外，也可以从社会史、经济史或政治史角度进行研究。举例言之，社会史的东亚儒学研究，可以对东亚书院组织或东亚礼仪制度等进行比较研究，也可以进行东亚读经方法、三教合流现象或《易经》理念的风水学等的比较研究。政治史的东亚儒学研究，可以进行东亚儒家政治思想与王权秩序或天下体制之关系的比较研究。经济史的东亚儒学研究，可以研究东亚儒者对各国经济问题的论述等。这种类型的研究，聚焦于东亚儒学与社会、经济、政治史的交光互影之处，确实值得努力以赴。

总而言之，“东亚儒学”这个思想传统，所呈现的是宋代诗人杨万里(1127—1206)的诗所刻画的“万山不许一溪奔，拦得溪声日夜喧”[⑤]的图像。如果说中国儒

---

① 朱熹：《孟子集注》，收入氏著：《四书章句集注》，第283页。

② 另详拙作《从东亚视域论德川日本儒者的伦理学立场》，收入黄俊杰：《思想史视野中的东亚》第5章，台大出版中心，2016年，第79—100页。

③ 我采取李明辉的定义：“功效伦理学主张：一个行为的道德价值之最后判准在于该行为所产生或可能产生的后果；反之，存心伦理学则坚持：我们判定一个行为之道德意义时所根据的主要判准，并非该行为所产生或可能产生的后果，而是行为主体之存心。”见李明辉：《孟子王霸之辨重探》，收入氏著：《孟子重探》，联经出版事业公司，2001年，第47页。

④ 源了圆(1920—　)先生曾说德川日本的“实学”包括“实践的”与“实证的”两个面向，其说甚是。参考源了圆：《近世初期實學思想の研究》，創文社，1980年，第64—65頁。

⑤ 杨万里：《桂源铺》，《诚斋集》第1册卷十五，台湾商务印书馆，1965年影印四部丛刊初编缩本，第139页。

学是“一”,而日韩等各地域的儒学是“多”,那么,我们研究东亚儒学必须“一”与“多”兼容并蓄,并且深刻体认:“一”正是在“多”之中才能开发其潜能,壮大其生命;各地域儒学的多元诠释,不但不减损中国儒学的“一”,反而经由“多”的孳乳浸润而繁衍丰富“一”的意涵。因此,“东亚儒学”的研究,既必须追溯其中国儒学的源头,从“多”观“一”,体察中国儒学日新又新的生命力量,但又必须从“一”观“多”,以厘定各地文化主体性之发展,庶几通观全局而得其肯綮焉。

四、儒学能否超越东亚的疆界?

“东亚儒学”由“东亚”与“儒学”这两个名词组成,但是当“东亚”与“儒学”结合以后,就衍生出两个问题:第一,20 世纪的东亚人民在帝国主义国家的侵凌之中以血和泪写作东亚现代史,“东亚儒学”中的“东亚”一词确实承载了太多 20 世纪“帝国的记忆”,尤其是日本帝国在 1943 年发表《大东亚共同宣言》[①],宣告构筑“大东亚共荣圈”的野心。日本帝国的侵略战争,为亚洲各国(尤其是中国)人民带来刻骨铭心的伤痛,至今难以抹去,因此,直至今日在东亚各国人文学术界中,“東亜”一词仍有深沉的历史负担,所以战后许多日本学者另创“东アジア”,而避免使用日文汉字“东亜”二字。进入 21 世纪以后,随着中国的崛起,历史上中国的“帝国的记忆”再度获得国际知识界的瞩目[②],“东亚儒学”源起于二千五百多年前中国山东半岛这项历史事实,又引起部分日本学者疑忌中国可能成为 21 世纪的霸权国家,怀疑“东亚儒学”的提法有为 21 世纪新兴的中国背书之嫌,因此,主张“东亚儒学”中的“东亚”应作为方法而不应作为实体,才能避免成为 21 世纪新帝国的霸权论述。[③] 第二,我们所提出的“东亚儒学”一词似已预设儒学以东亚这个地理范围为框架,那么,儒学能否超越东亚的框架而成为全球化时代的普世价值呢?

---

① 《大東亜共同宣言》,新紀元社,1946 年。

② Charles Horner, *Rising China and Its Postmodern Fate: Memories of Empire in a New Global Context* (Athens: University of Georgia Press, 2009).

③ 子安宣邦著,陈玮芬译:《东亚儒学:批判与方法》,台大出版中心,2003 年,第 17—18 页。吴震指出:所谓“作为方法的东亚”,就是反对将“东亚”实体化与同质化,而将“东亚”加以“他者”化、“方法”化。其说甚是。见吴震:《试说“东亚儒学”何以必要》,《台湾东亚文明研究学刊》第 8 卷第 1 期(2011 年 6 月),第 301—320 页,尤其是第 306 页。

以上这两个问题既涉及东亚各国儒者的政治认同与文化认同问题，又涉及儒学作为东亚各国文化主体性之表现与作为普遍性价值之载体问题，都值得深入讨论。我们先从第一个问题开始讨论。

第一个问题的核心在于“儒学研究者能否超越国家的藩篱”。这个问题的答案可以一分为二：从“政治认同”与“文化认同”的互动与张力这个角度来看，就儒者的“政治认同”而言，从17世纪以降东亚各国的国家主体性茁壮以后，东亚各国的儒家学者确实难以跳脱国家的框架。从17世纪山崎闇斋(1618—1682)对弟子提出的如果孔子与孟子“牵数万骑来攻我邦”的假设性问题开始[①]，一直到山鹿素行(1622—1685)、浅见絅斋(1652—1711)、上月专庵(1704—1752)、佐久间太华(？—1783)、佐藤一斋(1772—1859)等儒者之努力于解构“中国”一词的政治含义[②]，都可以显示作为东亚近世各国儒者之“政治认同”的国家框架，确实难以超越。

我想以近世东亚儒者对儒家经典中的“中国”一词的解释，进一步详细阐释儒者难以超越国家框架这项论点。在近代以前，东亚世界有关“中国”的各种论述之中，主要以两种“中国”论述的对抗为其主流。第一种“中国”论述是中国自远古以来源远流长的以中国为中心的世界秩序观，最为完整的论述可以以11世纪上半叶北宋的石介(字守道、公操，学者称徂徕先生，1005—1045)所撰的《中国论》为其代表。石介的《中国论》是自古以来“第一篇以‘中国’为题的著名政治论文”[③]。第二种论述，则从16世纪开始已见于日本与朝鲜知识分子的言论之中，而以17世纪下半叶号称“崎门三杰”之一的日本儒者浅见絅斋(名安正，别号望楠轩，通称重次郎，1652—1711)的《中国辨》为其代表。

我最近曾撰文比较石介与浅见絅斋的“中国”论述，现在仅综述其要义。在石介的中国论述中，作为“中心”的“中国”，是天造地设、固定不变的，“中国”与“边陲”的疆界有其不可逾越性；“中国”不仅是东亚国际秩序中唯一的“中心”，而且是宇宙的“中心”。在石介看来，“中国”与“四夷”是“内”与“外”的关系，宇宙的“本然”(to be)就是世界的“应然”(ought to be)。在石介的世界观中，“所以然”与“所当然”绾合为一。

---

① 原念斋：《先哲叢談》第三卷，慶元堂、擁萬堂，1816年，第4—5頁。

② 参看黄俊杰：《东亚文化交流中的儒家经典与理念：互动、转化与融合》第4章“论中国经典中‘中国’概念的涵义及其在近世日本与现代台湾的转化”，台大出版中心，2010年，第85—98页。

③ 葛兆光：《宅兹中国：重建有关“中国”的历史论述》，联经出版事业公司，2011年，第41页。

石介的中国论述建立在二元对立(binary)的理论基础之上,“中国”与“四夷”、“内”与“外”互为光谱之两端,界限分明,绝不混淆。再从二元对立之中,引申出“伦理的二元性”(ethical duality)或“道德的二元性”(moral duality)的预设,“中国”居于道德的发源地与最高点,“四夷”则道德低下。

相对于石介的中国论述,浅见絅斋的中国论述中未经明言的理论预设就是,世界以及宇宙的“中心”并不是固定不动或一成不变的。“中心”与时俱进,所谓“华夷之辨”不在固定的空间或地理界限,而在流动的时间中文化的发展,凡是文化发展或“道”流行之地就是“中心”,就可以以“中国”自居。

其实,这种世界观是近世日本与朝鲜知识分子的共识。17 世纪的山鹿素行认为日本风土优越、人才辈出,日本才是“中国”。① 与浅见絅斋同时代的佐久间太华(? —1783)更明言日本“得其中”,政治安定,所以应称为“中国”。② 事实上,不仅日本知识分子提出这种世界观,18 世纪朝鲜的洪大容(湛轩,1731—1783)在《医山问答》一文中,也借实翁之口说:“使孔子浮于海,居九夷,用夏变夷,兴周道于域外,则内外之分、尊攘之义,自当有域外《春秋》,此孔子之所以为圣人也。”③又说:“中国之人,以中国为正界,以西洋为倒界;西洋之人,以西洋为正界,以中国为倒界。其实戴天履地,随界皆然,无横无倒,均是正界。”④晚于浅见絅斋约一百年的 18 世纪朝鲜儒者丁若镛(茶山,1762—1836),也强有力地宣称:在世界上“无往而非中国”!⑤

从石介与浅见絅斋的“中国”论述之形同水火,我们可以推论:从儒者的“政治认同”来看,儒学研究确实不易超越国家框架。⑥

以上对本节所提出的第一个问题“儒学研究者能否超越国家的藩篱”的分析,是从儒者作为国家的公民这个角度切入。本节所提出的第二个问题,则是从儒学作为一套价值系统来看。从儒家作为人类普遍性价值的一套论述观之,我们可以

---

① 山鹿素行:《中朝事實》上册,收入広瀬豐編:《山鹿素行全集》第十三卷,岩波書店,1942 年,第 234 頁。

② 佐久間太華:《和漢明辨》,論辨部《序》,收入《日本儒林叢書》卷四,第 1 頁。

③ 洪大容:《醫山問答》,見《湛軒先生文集》第 1 册,收入韓國文集編纂委員會編:《韓國歷代文集叢書》第 2602 册,景仁文化社,1999 年,第 351 頁。

④ 洪大容:《醫山問答》,見《湛軒先生文集》第 1 册,第 382 頁。

⑤ 丁若鏞:《序·送韓校理使燕序》,見《文集》第 2 册,卷十三,收入茶山學術文化財團編:《(校勘·標點)定本與猶堂全書》第 3 册,茶山學術文化財團,2012 年,第 45 頁。

⑥ 以上仅略论这两种“中国”观的对比,详细讨论另详拙作:《石介与浅见絅斋的中国论述及其理论基础》,收入黄俊杰:《思想史视野中的东亚》第 6 章,第 101—124 页。

说：儒学首先是一种自我修身理论，展现一套所谓“儒家整体规划”[1]，再从“个人”“家庭”“社会”“国家”到“天下”，层层推扩，是一套内外交辉、人己一贯的价值理念。在这个意义上，儒学可以超越东亚各国的国家之藩篱。中国儒家所提出的“仁心”与“仁政”的理念，都是周边国家儒者魂牵梦萦的精神原乡。儒学精神原乡曾使朝鲜朱子学大师李退溪穷数十年之力编纂《朱子书节要》；也使山田方谷（1805—1877）在29岁时（1833年，日本天宝四年癸巳）读王阳明（1472—1528）《传习录》而为之感动不已，他以“犹空水明月相映于无间”一语，形容他所受到的阳明精神的感召。[2]进入21世纪以后的东亚各国，随着战争苦难记忆的远离、战后东亚各国经济发展所带来的自信心，以及近年来东海与南海岛屿主权之争，各国的民族主义氛围甚嚣尘上，东亚的天空战云密布，令人忧心。在这样的现实背景中，作为“文化认同”的“东亚儒学”，就取得了新的高度与新的重要性。

关于“东亚儒学”这个名词中的“东亚”一词的疑虑，主要是由于日本的侵略历史所带来的负担。在这个问题上，我完全同意吴震的意见。他说：“帝国日本的‘东亚论’的历史清算，应当是日本学者自觉努力的一项任务，而不宜与中国学者从事东亚儒学研究的学术趣向混为一谈。当然也须承认，作为日本学者的这种时代忧患意识以及历史批判意识是值得重视的，他们对‘东亚’问题的批判性建议也应当引起我们深思。”[3]

那么，进一步的问题是，儒学可以超越所谓“东亚”的框架，而提供全球化时代人类共同接受的价值理念吗？我认为这个问题的答案是肯定的。现在所谓“普世价值”如“民主”“自由”“人权”等，都是源起于近二百多年来的西欧与北美，随着近代西方霸权支配亚非拉等地区与人民，而发展成为全球“普世价值”。源起于中国而普及于东亚文化圈的儒学，以其高度、广度与深度，当然也可以经由“解释的”

---

① 见马丁·贾克著，李隆生译：《当中国统治世界》，联经出版事业公司，2010年，第28页。

② 山田方谷：《傳習録拔萃序》，收入《山田方谷全集》第1册，山田方谷全集刊行會，1951年，第178—179頁，引文见第178頁；参看 Chun-Chieh Huang，*East Asian Confucianisms: Texts in Contexts* (Göttingen and Taipei: V & R Unipress and National Taiwan University Press, 2015), Chapter 11, pp. 199－214。

③ 吴震：《关于“东亚儒学”的若干问题》，《儒家文化研究》第6辑，生活·读书·新知三联书店，2013年，引文见第442页。

(interpretive)、"桥接的"(bridging)、"规范的"(normative)①途径或其他途径,而成为21世纪全球化时代的普遍性价值,尤其是"仁""修身""王道"等核心价值,在文明对话的新时代里,更具有新启示与新意义。

总而言之,东亚各国儒者的"政治认同",固然难以完全除却国家框架的局限,但是儒家思想世界更是一种"文化认同"的精神原乡。在21世纪全球化时代,源自东亚的儒学及其核心价值,具有极大潜力可以成为新世纪文明对话的共同平台。

五、结论

本文探讨"东亚儒学"这个学术领域的"是什么""为什么"以及"应如何"等三个问题。根据我们的分析,作为一个学术领域的"东亚儒学"确实是落英缤纷,芳草鲜美,值得我们策马入林,探骊得珠。儒学的核心概念或重要命题,如果置于东亚广袤的视域分析,将为之"显题化"(epitomize),其意义与价值也更获彰显。但是,过去百年间不论是中国、韩国或日本的儒学研究,主要是在民族国家(nation-state)的框架之内进行,其优点是以儒学作为国族论述,成为振兴国魂的精神资源;其局限则使儒学研究终难以挣脱国家视野的限制,而儒学的核心价值之普适性与普世性未能获得充分弘扬。将中、日、韩各国儒学的发展兼容并观的"东亚儒学"研究,仍是山阿寂寥,千载谁赏。

展望未来,在东亚崛起并参与文明对话的新时代里,在东亚宏观视野中重访并发扬东亚儒学的核心价值,是一项极具学术价值与现实意义的工作。

(作者单位:台湾大学人文社会高等研究院)

① 南乐山曾说当前西方学术界研究中国哲学与儒学的学者,可以归纳为以上三个途径,参考 Robert Cummings Neville, *Boston Confucianism: Portable Tradition in the Late-Modern World* (Albany: State University of New York Press, 2000), p. 43。

试说“东亚儒学”何以必要

——从子安宣邦、黄俊杰的相关论述说起

吴　震

此前，笔者撰文《“东亚儒学”刍议——就普遍性与特殊性的问题为核心》(未刊稿)，在2010年6月国际中国哲学会(ISCP)、武汉大学哲学院主办的“近三十年来中国哲学的发展：回顾与展望”国际学术研讨会上宣读，得到了点评人陈来教授及与会学者诸多有益的批评，使我意识到尚需深入讨论的问题还有许多，特别是其中提到的两个问题，即“东亚儒学”如何可能以及何以必要的问题。由于篇幅的限制，上述未刊稿仅就第一个问题略有详细的叙述，而未能就第二个问题展开讨论。本文仍沿着未刊稿的问题意识而作，但由于议题的相关性，不免与未刊稿会有一些内容重复，这是要预先说明的。

根据论述上的逻辑需要，本文准备分三步走：第一，着重介绍日本思想史专家子安宣邦对当今台湾的东亚儒学研究之批评，以便了解作为“他者”的视野对于我们反省东亚儒学如何可能之问题非常重要；第二，透过台湾学者黄俊杰对有关东亚儒学如何可能等问题的论述，以便了解当今台湾的东亚儒学研究在方法论上的一些主要观点及其特色；第三，通过以上对近年来东亚儒学研究的回顾与反省，进而对当今学界努力开拓“东亚儒学”这一研究领域何以必要的问题，提出笔者若干展望性的看法，以就正于学界同仁。

一

子安宣邦曾撰文《“东亚”概念と儒学》(以下简称子安论文)[①],对“东亚儒学”特别是对“东亚”这一概念的问题提出了独到的看法。子安论文有着强烈的问题意识和反省意识,他对“东亚”问题的思考,可以归结为这样一点,亦即通过对现代日本知识界“亚洲问题”之认识的反省,对于当今的“东亚论述”(包括东亚儒学)如何可能的问题才能提出积极的建议。他指出应该努力克服“中华文化一元论”的倾向,由“实体的‘东亚’转向方法的‘东亚’”。以下我们就对子安论文的主要观点进行必要的梳理。

该文的撰述有一重要背景,值得注意。2001 年 10 月,子安宣邦接到台湾大学和“国立”历史博物馆共同主办“东亚文化圈的形成与发展”学术研讨会的邀请函(会议召开则在次年 6 月),该会“缘起与背景说明”一文(由高明士执笔,以下简称“背景说明”)引起了他对该会之旨意的注意以及质疑。在他看来,该文以对东亚文化圈形成的历史过程的叙述“代替了对‘东亚文化圈的形成与发展’研讨会缘起和主题设定的相关说明”,这是说“背景说明”以回顾“东亚文化圈”之形成过程的历史性话语“取代了其会议主旨的说明”。[②] 这就使得子安敏感地意识到这一“背景说明”的用意很有问题,因为这意味着在“台湾地位日益变得重要”的今天,要由台湾来重新组合“东亚文化圈”形成的历史性话语。这样一来,所谓“东亚文化圈”不过是包括了韩日中三国的一元化的“中国文化圈”的“代名词而已”。更为严重的是,还可从中清楚地看出会议主办者的企图在于重构“传统的‘中华帝国’话语”,而且“‘中华帝国’的话语,现在要由台湾于‘东亚文化圈’这一新主题之下加以再生和重组了”。不得不说,子安的批评之尖刻、语词之锋利,令人震撼。在《“东亚”概念と儒

① 子安宣邦:《“アジア”はどう語られてきたか——近代日本のオリエンタリズム》(《“亚洲”是如何被言说的——近代日本的东方主义》),藤原書店,2004 年,第 172—198 頁。原载《環》vol. 10(2002 年夏號),藤原書店。中文译本有二:童长义译,载子安宣邦著,陈玮芬等译:《东亚儒学:批判与方法》第 1 章,喜玛拉雅研究发展基金会,2003 年;赵京华译,载子安宣邦著,赵京华编译:《东亚论:日本现代思想批判》,吉林人民出版社,2004 年。按,子安论文是为参加 2002 年 6 月台湾大学“东亚文化圈的形成与发展”国际研讨会而撰写,同名会议论文集于 2005 年由台大出版中心出版,2008 年华东师范大学出版社出版了简体字版,所收均为童译本。本文据日语原文翻译。

② 《“亚洲”是如何被言说的——近代日本的东方主义》,第 176 页。按,以下凡引该文,不再注明页码。

学》的前言末尾，子安郑重声明他撰述这篇文章是“对‘东亚文化圈’研讨会的批判性报告”。① 可以想见，台湾学界不期然地迎来了一位重要的批评者。在我看来，这对台湾学界而言，未必是坏事，子安之敢于直言，正表明他对台湾学界的看重。

很显然，子安的上述批评有其自身的问题意识为背景，关于这一点，我们稍后再说。事实上，会议主办者的“背景说明”已经说得很清楚，它开宗明义地表明：“所谓‘东亚文化圈’，是指近代以前的东亚文化世界而言。”所以整篇有关“东亚文化圈”的说明是有时代下限之设定的，是对近代以前——主要是指隋唐中国时期——所形成的“中华文化圈”所做的相关说明。细读全文，可以看到这篇文字无非是对隋唐以来“中华文化圈”的构成要素、历史过程所做的一个史学性的描述，当然也就没有涉及近代日本的“东亚”论述。因此在我看来，会议主办者并没有这样的企图：意在当今台湾“再生和重组”作为“传统的‘中华帝国’话语”的“中华文化圈”。不得不说，子安论文是有意的“误读”（从诠释学而非历史学的角度讲，这并非是贬义）。那么，为什么会发生这样的“误读”呢？这就需要从子安自身的“东亚”论述说起。

子安论文的第一节标题为“‘东亚’概念与日本”，一上来，他就表明“东亚”并不是不证自明的概念，并提出了两个问题：当今为何要谈“东亚”？为何要将“东亚”和“儒学”联系在一起？可以看出，子安的问题意识在于，他首先要追问“东亚”论述的历史渊源，进而要追问何谓“东亚儒学”。从该文的核心旨意来看，他要告诉我们：“东亚”是“于20世纪20年代的帝国日本作为文化的地域概念被建立起来的”；在此后的三四十年代，“东亚”则变成了“一个具有强烈政治意味的地缘政治学色彩的概念”。基于这一点，所以他自始至终强调，在对“东亚”概念未做出彻底的历史清算之前，便口口声声地谈论“东亚”，仿佛“东亚”已是一个自明的前提，这是缺乏反省和批判意识的不负责任的表现。不难发现，子安的话外之音是，台湾的东亚儒学研究团队还没有对“东亚”问题做出必要的反省，就在谈论“东亚”，这在子安看来，问题就相当严重。

所以，子安论文的整篇基调是对“东亚”论述进行历史清算，他的工作基本上属于批判性的解构，他要努力解构上世纪初以来作为帝国日本的那套“东亚”论述以

① 按，以上所引皆在子安宣邦《“東亜”概念と儒學》一文的“前言”中。按，这篇“前言”未见于此后出版的同名会议论文集，而上引赵京华译本则据《環》vol. 10（2002年夏號）译出。我推测该“前言”是子安在参加会议后，向《環》投稿之际，新撰的一段文字，故不存在同名会议论文集所收童译本删除这篇“前言”的可能。

及批判现代日本知识界对此论述的缺乏反省的冷漠态度。在他看来，这一时期的“东亚”论述有一个非常明显的特征，也是非常危险的倾向：这就是“东亚”成了一个“一体性”的、“实体化”的东亚，而“绝不是一个多元的世界”。那么，为什么说这是一个非常危险的倾向呢？因为帝国日本鼓吹的所谓“大东亚共荣圈”，便是企图要建立这样一种一体化的、实体化的以日本为盟主的东亚世界。为了不让帝国日本“亡灵一般的言说”死灰复燃，就有必要将这种实体性的“东亚”观念彻底解构。无疑地，子安的这种批判精神十分难得，也令人同情。

也正由此，所以我曾指出，一方面，子安担忧当今台湾的东亚儒学研究有可能是要重现“帝国”的亚洲主义论述，虽然有杞人忧天之嫌，“但他批评台湾学者的东亚论述缺乏历史性批判却未必是无的放矢”；另一方面，作为日本学者，他对“东亚”问题的反省批判十分重要，其心情固然可以理解，但是中国学者（包括台湾学者）在探讨东亚儒学问题时，“有关近代日本的东亚论述批判并不应当是东亚儒学这一问题设定的学理前提”（参见上引未刊稿）。

值得一提的是，子安除了有非常清醒的历史批判意识以外，他还非常注重方法论问题，这在日本思想史学界并不多见。子安论文除了企图对近代日本的东亚论述进行解构以外，还有一个重要提议，亦即该文最后一节所设定的标题：“从实体的‘东亚’转向方法的‘东亚’”。所谓“实体的东亚”，已如上述，其意是指无视东亚文化的多元性而将东亚视作同质性的存在体，说白了，也就是仿佛日本就是中国，中国就是日本，彼此之间已无差异可言；于是，“东亚共同体”[①]所指向的便是作为实体存在的一体性的东亚，使人误以为由此便可从欧美的西方霸权（包括话语霸权以及武力霸权）中解放出来，想当年，帝国日本自诩其对东南亚的侵略，就是为了从西方殖民主义之下解放亚洲。显然，这种怪论的一个观念基础便是“东亚”的实体化论述，因此必须对此加以彻底的批判。

为了实现这一点，子安极力主张有必要建构“方法的东亚”。但是，“从实体的‘东亚’转向方法的‘东亚’”一节只有短短两段文字，其中并没有清楚地阐明“方法的东亚”的具体设想。子安反复强调的是，东亚这个概念“应该是方法论上的一个

---

① 参见子安论文：《昭和日本と“東亜”概念》第 3 節“‘東亜協同體’の理念”及第 4 節“‘東亜’から‘大東亜’へ”，載《“アジア”はどう語られてきたか——近代日本のオリエンタリズム》，第 92—101 頁。按，原载《環》vol. 10（2002 年夏號），该文是作者于 2000 年 11 月为参加韩国首尔成均馆大学“东亚学国际学术会议”而写。

概念”，“所谓方法论上的，乃是指对立于‘东亚’的实质性的或实体性的重生而将‘东亚’重新组合成作为思想的、方法的概念”，这后面一句看似是解释，其实还是没有解释清楚究竟什么是“方法的东亚”。他的用意在于从根本上推翻“东亚”是一种实体存在的观念论述，这一点不难了解。然而由此推论，所以“东亚”必然可以作为一种方法论建构起来，这个说法却有深入思考的余地。

所谓“方法的东亚”这个说法，从其观念模式来看，其实与竹内好（1910—1977）的“作为方法的亚洲”以及沟口雄三（1932—2010）的“作为方法的中国”是互相呼应的，子安自己则有“作为方法的江户”之说。[①] 可见，“作为方法的……”这一表述原是现代日本思想学界非常喜欢使用的一种套语，当然，竹内、沟口、子安他们三人之间的研究取向及立场各有不同，这里就不便展开讨论了。表面看来，这一表述方式不太符合中文的表述习惯，其实也并非那么难解，也就是要将研究对象“他者”化、“方法”化，反对将研究对象的“中国”“亚洲”或“江户”“东亚”实体化、同质化；同时，这种方法论也是对第二次世界大战之前以及战后仍然流行一时的以西方中心主义的视野来研究亚洲、中国包括日本的一种批判，强调不能以西方或中国的视野作为评判标准来思考，而应当反过来，应当从“自我”的视野进行内在的思考。因此，在“作为方法的……”的表述中，重要的是要阐明对于历史现象及其相关论述的一种重新审视的立场和观念。因此“方法的东亚”这个观点所指向的是对“实体的东亚”的批判和解构，就此而言，这个说法具有一定的理论意义，不过至于这个“方法”如何建构，却是另一层面的问题。不得不说，这种方法论的探讨留给人们很多想象的空间，然而这种“方法”对于我们审视东亚有何种理论效应，则应当取决于对“东亚”历史的具体研究，不用说，东亚儒学研究也应当是其中之一。

二

当然，对于21世纪台湾的东亚儒学研究，特别是对2000年以降台湾大学推动

---

① 参见子安宣邦：《方法としての江戸》，ぺりかん社，2000年。按，2002年2月22日，子安在台湾大学所做的一场报告中，对于所谓“作为方法的江户”也有简要的叙述，参见《东亚儒学：批判与方法》第4章《作为“事件”的徂徕学——思想史方法的再思考》，第58—59页。

的东亚儒学研究的系列计划，子安宣邦原本是充满期待的，而且他对黄俊杰的东亚研究也曾给予很高评价。① 另一方面，黄俊杰对子安宣邦的"东亚"研究也非常重视，他曾亲自为子安的《东亚儒学：批判与方法》一书撰写了长篇"跋文"，颇多赞誉肯定之词。② 同时，上述子安对"东亚"论述的批评也引起了黄俊杰的关注，他也意识到问题的严重性，故有《"东亚儒学"如何可能》③（以下简称黄文）之作，试图从学理上来建构"东亚儒学"这一概念，并从方法论上解答"东亚儒学"何以可能的问题。

黄文首先同意子安的观点，认为"东亚儒学"并不是不证自明的概念。黄文进而指出"东亚儒学"受到"东亚"与"儒学"这两个概念的互相规范或限制，所以一方面，"东亚儒学"的研究对象受到中国大陆、台湾、韩国、日本、越南这些被称为"东亚"的地理概念的限制；另一方面，"东亚"又被"儒学"所界定，亦即"东亚儒学"中的"东亚"是以受到儒学传统所浸润的东亚地域为其范围。前者从研究对象的角度来解答什么是"东亚儒学"，后者从文化传统的角度（儒学传统）来解答什么是"东亚"。这个说法非常平稳，是容易为人所接受的。不过，黄文对"东亚"论述的历史渊源及其日本因素并没有展开正面的讨论，这就使得在他人的眼里看来，黄文对"东亚"的理解缺乏批判。

的确，从历史上看，在东亚论述中有两种背景因素：一是在传统"中华帝国"的"华夷秩序"意义上的所谓"东亚"，一是在近代日本帝国的"东亚共同体"意义上的所谓"东亚"。不妨称之为"二种东亚论"。诚然，对于前一种东亚论，中国学者应当有自觉的反省和批判，而对于后一种东亚论，则是日本学者首先应该努力解构和批判的对象；重要的是，这两种批判应当建立起必要的联系，甚至可以形成互相批判。对于"二种东亚论"，黄文没有从正面探讨，应该说这是黄文的一个不足之处。不

① 参见子安宣邦撰于2000年的《昭和日本と"東亜"概念》，载《"アジア"はどう語られてきたか——近代日本のオリエンタリズム》，第91、105頁注9等。按，这条文献线索是黄俊杰向笔者提供的。根据我的观察，早在1997年4月，子安宣邦参加台湾成功大学举办的"第一届台湾儒学国际学术研讨会"之际，便对黄俊杰《战后台湾儒学的保守化倾向——以〈孔孟月刊〉为中心》所表明的反对儒教文化一元论的立场赞赏有加，他指出黄文对于《孔孟月刊》坚持的"儒学主义"及其"文化一元论"所进行的"严厉批评"，向我们展示了"台湾儒学"的一种"开放的新的言说地平"。参见子安宣邦：《儒教文化の多元性》，收入氏著：《方法としての江戸》，第83—84頁。另按，上引黄俊杰论文，后经修改，收入氏著：《台湾意识与台湾文化》，台大出版中心，2009年初版三刷，第235—266页。

② 参见子安宣邦著，陈玮芬等译：《东亚儒学：批判与方法》，第203—218页。

③ 原载"台湾清华大学"《清华学报》新32卷第2期，2003年12月；收入黄俊杰：《东亚儒学：经典与诠释的辩证》，台大出版中心，2008年，第29—56页。

过，这并不意味着黄文探讨东亚儒学问题之目的在于重构“中华帝国”的“话语”。对于黄文的这种批评显然是风马牛不相及的。归根结蒂，将“中国”乃至“东亚”他者化、方法化，这是作为日本学者子安宣邦所能直言的，但能否将此观点上升为普遍之共法，则尚有探讨之余地。根据我目前的初步了解，台湾学界之所以自20世纪90年代末重提东亚儒学研究，自有其自身的“东亚意识”以及“台湾意识”为背景，只是这一背景问题所涉台湾社会的政治文化等因素十分复杂，笔者一时尚未理清，容当别论。[①] 重要的是，对“东亚”的历史论述进行批判固然是东亚儒学研究的一个必要前提，但是反过来，东亚儒学之研究也必将推动我们对“东亚”论述进行深刻的反思，也正由此，所以东亚儒学研究具有批判和建构的双重意义。就此而言，21世纪台湾东亚儒学研究具有重要的开创性意义，这是毋庸置疑的事实。

那么，何谓“东亚儒学”呢？关于这一问题，黄俊杰在《东亚儒学：经典与诠释的辩证》“自序”中提出了一个较为明确清晰的定义，大致有三层意思：1.作为空间概念的“东亚儒学”，是指儒学思想及其价值理念在东亚地区的发展及其内涵；2.作为时间概念的“东亚儒学”，是指在东亚各国儒者的思想互动之中应时而变、与时俱进，而不是一个抽离于各国儒学传统之上的一套僵硬不变的意识形态；3.因此，“东亚儒学”本身就是一个多元性的学术领域，在这个领域里面并不存在前近代式的“一元论”的预设。我觉得黄俊杰有关“东亚儒学”的上述定义大致是不

① 黄俊杰对“台湾意识”的历史变迁有一较清晰的梳理，他指出“台湾意识”萌发于1895年台湾割让给日本之后，在此之前，台湾人只有“漳泉意识”及“客家意识”；割台后，台湾人面对日本的殖民统治，“才共识到‘台湾意识’”，这是一种台湾人抗拒日本殖民统治的中国文化意识。1945年光复之后，由于国民党统治台湾的专制手法，于是台湾人产生了区分“本省人与外省人”的省籍性台湾意识。及至80年代末以及后“解严”时代，随着外省人与本省人的统治地位发生变异，于是又出现了一种“新台湾人意识”，“其目的在于愈合由于权力重组所带来的社会族群关系的紧张”，但是现阶段的这种“新台湾人意识”其实是一个“空白主体”，缺乏“具体思想内涵”，“常被不同立场的人注入不同内容”。在上述概念史的梳理基础上，黄俊杰进而指出只有将历史上台湾意识的“抗争论述”转化为“文化论述”——意谓在海峡两岸互动的脉络中，求得“文化认同”与“政治认同”保持一个动态的平衡——才是未来应有的积极方向。参见黄俊杰：《论“台湾意识”的发展及其特质》，《台湾意识与台湾文化》，正中书局，2000年初版；台大出版中心，2007年第2版，第3—38页。这里提到的两种“认同”的动态平衡问题，的确值得深思，不过，笔者倒是觉得潘朝阳对于“台湾意识”的文化本质问题的追问更值得关注，他一针见血地指出：“台湾意识的本质性内容，实则是汉族移民将大陆原乡熟习的生活方式带到台湾建立新天地之后的乡土文化意识”，而这种“台湾的乡土文化意识，根本就是汉文化或中国文化中的区域小传统，本质上，是中国文化的台湾意识”。（潘朝阳：《从原乡生活方式到中华文化主体性——台湾的文化原则和方向》，载《台湾研究集刊》总第87期，厦门大学台湾研究院，2005年1月。见氏著：《台湾儒学的传统与现代》，台大出版中心，2008年，第246—247页。）

错的。

关于“东亚儒学”之研究立场的问题，黄俊杰也有一个较为明确的观点：“所谓‘东亚儒学’在21世纪台湾的提法，正是预设了一个文化多元性的立场，承认儒学传统在东亚如中国大陆、台湾、韩国、日本、越南等地，各自展开其多彩多姿、多元多样的面貌与内涵，但却又异中有同。”因此质言之，“‘东亚儒学’的特质在于‘寓一于多’，在儒学传统的大框架中展现东亚文化的多元性”①。这是说东亚儒学并不是文化一元论，它具有“文化多元性”之特质，呈现为“异中有同”“寓一于多”的特性。②也就是说，东亚儒学既有多元性，又有同一性。然而，异与同、一与多的结构关系正表明东亚儒学存在着一种内部张力，用黄俊杰的话说，也就是“中国儒学价值理念与东亚地域特性之间的张力”③；按照我们的理解，也就是东亚文化的普遍性与东亚各地域文化的特殊性之间的张力，关于这一点，上述未刊稿已有较详细的讨论，这里也就不再赘述了。要之，黄俊杰主张“东亚儒学”所预设的是一文化多元性的学术立场，这与子安宣邦主张东亚儒学研究不应指向重建中华文化一元论的立场是一致的。

平心而论，子安批判近代以来日本的东亚论述，这一点值得肯定，而黄俊杰则以“多元文化”④作为自己的学术立场，强调东亚儒学并不是以中国为绝对的中心，

---

① 黄俊杰：《东亚儒学：经典与诠释的辩证》，台大出版中心，2008年，第43—44页。

② “寓一于多”之说，是黄俊杰东亚研究的一个重要立场。有趣的是，京都大学教授山室信一也有与此相似的“多而合一”说，参见山室信一：《“多而合一”的秩序原理与亚洲价值论》，载吴志攀、李玉主编，包茂红副主编：《东亚的价值》，北京大学出版社，2010年，第311—325页。按，另可参看山室信一：《思想課題としてのアジア——基軸・連鎖・投企》，岩波書店，2001年。

③ 黄俊杰：《东亚儒学：经典与诠释的辩证》，第49页。

④ 按，关于“多元文化”论，可参1984年余英时的论文《从价值系统看中国文化的现代意义》，余英时基于法国启蒙主义历史哲学家维柯(Giovanni Battista Vico，1668—1744)以及18世纪德国历史哲学家赫尔德(Johann Gottfried Herder，1744—1803)提出的“多元文化”论，强调指出“所谓多元文化即以为每一民族都有它自己的独特文化；各民族的文化并非出于一源，尤不能以欧洲文化为衡量其他文化的普遍准则”。见《余英时文集》第3卷，广西师范大学出版社，2004年，第2页。韩国学者宋荣培在1993年发表的一篇文章中则指出：“70年代在欧美学术界重新提起的文化多元论，使中国的新儒家受到很大的鼓舞。他们以此为契机，批判并克服由西方中心、西方本位文化发展史观刻画出的‘现代化 = 西欧化’的观点。”见氏著：《东西哲学的交汇与思维方式的差异》补论第1章《与西方方式不同的儒家式现代化是否可能?》(河北人民出版社，2006年，第239页)。由此可见，“多元文化”论的出现甚早，然而在当代引起学者的普遍关注则在20世纪70年代以后，它的一个重要学术背景却是对西方中心论以及“现代性”问题的反思。而当代新儒家之所以对此观点引起重视，其因在于“多元文化”的思考方法正可用来反拨西方中心论。

也不预设“中心对边缘”的结构关系。① 这就为解答“东亚儒学”何以可能提供了重要的理论前提，质言之，这是以文化多元论来反对文化一元论。由此出发，21 世纪台湾学界提倡东亚儒学研究便在文化多元立场上成为可能，具体地说，东亚儒学研究既能“建构深具各地民族特色的地域性儒学传统”，同时又能“在儒学传统的大框架中展现东亚文化的多元性”。② 毫无疑问，黄俊杰对东亚儒学如何可能之问题所做的上述回答有其自身多年来东亚儒学研究实践作为背景。的确，我们唯有通过对前近代的一元论思维模式的克服，从多元文化的立场出发，才能真正建立起东亚儒学的研究领域。

然而对于黄文的观点，子安并没有做正面的回应。值得注意的是，在 2008 年特别是 2010 年，子安多次赴台参与学术会议，话题仍然主要围绕东亚问题而展开。③尤当一提的是其中的一场报告：《再论“作为方法的东亚”》(2010 年 3 月 26 日于成功大学)。子安在报告中回顾了多年来参与台湾东亚研究之过程，特别提到 2002 年 6 月的那场“东亚文化圈的形成与发展”国际研讨会，表明当他读到“研讨会缘起与背景”的主旨说明之后，便对“这场研讨会所抱持的态度不禁由期待转为警戒”。为什么呢？因为在子安看来，“这篇文章像在陈述历史事实的同时极具政治意涵。‘东亚’这个概念，并不是地图上有的地域概念，而是政治地理概念，是与政治支配、文化支配的欲望共存而成立的概念”。所以在子安的眼里，这场会议的性质是“以实体的中国文化圈作为东亚文化圈，为探究其形成与发展而举行的学术研讨会”。这是子安由其“作为方法的东亚”之立场出发而断然不能接受的。所谓“政治地理概念”“政治支配、文化支配”以及“实体”性的中国文化圈之概念，正是子安的东亚论述中所欲竭力解构的对象。至此，我们终于明了子安对于以黄俊杰为代表的台

① “中心”是指以中华文化为中心的文化秩序，“边缘”(又称“周边”或“边陲”)是指处于中华文化中心的边缘地区；而“中心对边缘”的结构则表明，东亚文化的秩序展现为作为中心的中华文化向其“边缘”地域不断扩展而形成覆盖性之影响的一种形式。这种结构形式与传统中国的“华夷秩序”观非常相似，作为“边缘”的文化主体永远只是被动地接受“中心”的文化影响，从而建构起覆盖东亚地域的中华文化一元论。关于这一点，子安宣邦有强烈的批判，参见子安宣邦：《东亚儒学：批判与方法》“序”，第 6 页；黄俊杰对此也深表赞同，参见黄俊杰：《东亚儒学：经典与诠释的辩证》，第 42 页。

② 黄俊杰：《东亚儒学：经典与诠释的辩证》，第 44 页。

③ 2008 年 4 月，子安宣邦在“台湾交通大学”做了《战后日本论：从冲绳来看》的讲演；同年 11 月在台湾清华大学做了《近代日本与两种伦理学》的讲演。2010 年 3 月，子安又分别在台湾的“交通大学”、“清华大学”、成功大学做了三场报告，题目依次是《现今，询问伦理的意涵》《“伦理”语汇的死亡与再生》《再论“作为方法的东亚”》。这里要感谢“台湾清华大学”祝平次教授惠赠以上各篇讲演稿的中文译本。

湾大学东亚文化研究计划是否意在建构“实体性”的中华文化秩序始终不能释怀，这是导致子安对台湾东亚儒学研究由期待转向不满的主要原因之一。

行文至此，不由得使我联想起王汎森的一个看似无奈却又严肃的说法：“近代中国与日本的爱恨情结，使得任何有关这个问题（引者按：指戊戌前后中国思想中的日本因素问题）的研究都难以下笔，而且不容易被平情看待，总觉得在字面之后，应该还有潜在的动机。这种情形当然不是全然子虚乌有。”[①]如今，我们仿佛看到台湾的东亚研究正被人怀疑另有“潜在的动机”。其实，据我近几年对台湾学界的观察，台湾的东亚儒学研究是否想把“东亚”纳入“地政学”范围来定义？是否想用实体的中国文化圈来覆盖东亚并进而将“东亚”实体化？答案是否定的。值得一提的是，杨儒宾曾在与子安宣邦的一场对话中坦率地指出，尽管“东亚”一词很容易使人想起“大东亚共荣圈”，“但就在台湾成长的这一辈学者（引者按：指杨儒宾这一辈）的印象，这样的负面意象却是不太有的，至少我是没有的。所以我们很容易使用‘东亚’这个很中性化的语言”[②]。“中性化”这个说法很引人注目，意谓当今台湾所说的“东亚”首先是一个地理概念，而不再含有20世纪帝国日本的那种将东亚“实体化”的含义。这个说法看似平实，然而从中反映出战后台湾人对“日本”的基本认知。所以我想在20世纪90年代末，台湾之所以会有一股“东亚热”，或许正是以台湾社会对“东亚”乃至“日本”的这种认同态度为基础的。不过以我之见，严格说来，东亚既是一个地理概念，同时又是一个文化概念；合而言之，东亚是一个文化地理概念，这一点也是不能否认的。我们将在下一节，对此问题稍作详细的探讨。这里唯须指出，批评台湾学者将东亚理解为“地政学”意义上的东亚，显然言过其实。

那么，21世纪台湾重提东亚儒学又有何背景因素呢？澳大利亚国立大学梅约翰（John Makeham）教授在上面提到的武大会议以后，特意提供给笔者一篇论文。他指出近年来台湾之所以兴起东亚研究，乃是一部分学者为了应对“去中国化”的新形势而采取的一种“策略”。[③] 这个分析虽是外缘性的，但作为第三者的一种审视

---

① 王汎森：《戊戌前后思想资源的变化：以日本因素为例》，载香港中文大学《二十一世纪》网络版，2002年9月号，总第6期。

②《子安宣邦思想论坛·东亚世界与儒学》，载《文化研究》第6期，2008年夏季号，远流文化，第93—94页。感谢“台湾清华大学”祝平次教授惠赠该期刊物。

③ 梅约翰：《东亚儒学与中华文化民族主义：一种来自边缘的观点》，载复旦大学文史研究院编：《从周边看中国》，中华书局，2009年，第122页。

观点,值得引起重视。因为显而易见的事实是,“中国大陆”与“台湾”可以同时被置入“东亚”而显得堂堂正正。然须指出,早在20世纪80年代初,台湾东亚儒学的研究已经受到关注。[①] 根据李明辉提供的一份资料表明,1992年9月,“台湾清华大学”与日本大阪大学合作举办了“东亚儒学与近代国际研讨会”[②],这或许是以“东亚儒学”命名的国际会议在台湾的滥觞。次年1993年,“台湾中研院中国文哲所”制定了“当代儒学研究主题计划”,由戴琏璋、刘述先主持,黄俊杰亦一同参与,其背景之一在于扭转“中研院”自成立以来对于儒学研究一贯轻视之偏向以及应对80年代末中国大陆推动的“现代新儒家思潮研究课题”;三年后的1996年,为继续推进该项“主题计划”,制定了该项目的第二期计划,揭示了“儒家思想在近代东亚的发展及其现代意义”这一新主题,目的之一在于反思历来在儒学研究中隐然存在的“中国中心论”之偏向,并明确了该项研究的旨趣在于:“由于各自不同的历史背景,儒家思想也以极为不同的方式在这些地区(引者按:指东亚)发生作用,而各自形成同中有异的传统。因此,我们不但有必要将东亚视为一个整体,来考察儒家思想的影响,也有必要就这些地区的不同历史、文化背景来探讨儒家思想在其中所呈现的殊异性。”[③]显而易见,这一立场也反映在2000年以后台湾大学推动的各项“东亚儒学”研究计划之中。当然,21世纪台湾东亚儒学研究迅猛发展的社会背景及其学术背景还有待从20世纪80年代末台湾民主化运动直至今日仍在动荡变化的东亚社会大背景中来加以观察,至少可以说,后“解严”时代的台湾民主化运动对于“东亚儒学”乃至“台湾儒学”的研究是有推动作用的。重要的是,对于学术背景的观察之目的在于探寻东亚研究中学术与社会的积极互动关系,摆脱意

---

① 黄俊杰发表的第一篇东亚儒学领域的论文则相当早,见氏著:《东亚近世儒学思潮的新动向——戴东原、伊藤仁斋与丁茶山对孟学的解释》,原载《韩国学报》第1期,1981年4月;后收入氏著:《儒学传统与文化创新》,东大图书公司,1983年、1986年。

② 李明辉:《“中央研究院”“当代儒学主题研究计划”概述》,载《汉学研究通讯》19:4,汉学研究中心,2000年11月,第567页。按,该会由时任大阪大学教授的子安宣邦提议,会议简讯见《汉学研究通讯》11:4(1992.12),几篇主要的会议论文日文版见《季刊日本思想史》41號(ぺりかん社,1993年5月)。须注意的是,该会议的日文表述为“東アジアの儒教と近代”,参见子安宣邦:《儒教文化の多元性》,載《方法としての江戸》,第91頁注3。可见在日本,“东亚儒学”一词首先在概念使用上就存在十分棘手的难题:“东亚”作为“死语”是否可作为学术用语在当今学界复活?子安的立场是断然反对的(参见下文注子安对大沼保昭编著的批评)。所以,今后在中日学术交流中或许仍将不断遭遇“东亚”一词如何“一词双表”的尴尬局面。

③ 参见上引李明辉《概述》一文,第564—571页;这里的引文则见第567页。

识形态操作下的“台湾本土化”口号对学术研究的干扰①,进而展望儒学在东亚社会中的未来走向。

通过上述回顾可以看出,在“东亚儒学”隐然成为当今学界一种新的学术研究领域的过程中,不断出现何谓“东亚儒学”以及何谓“东亚”这类问题。子安宣邦对帝国日本的“东亚”论述的历史批判发人深省,黄俊杰对“东亚儒学”何以可能等学理性问题的深入阐发亦极具启发意义。接下来,我要谈一些有关东亚儒学问题的个人意见。在我看来,所谓“东亚儒学”,指的是儒学在东亚,这是一种历史现象学的描述;其意是说,儒学在历史时间上曾经存在于东亚这个地域空间,也就是说“东亚儒学”所内含的时间与空间的概念,是一个史学概念,是在历史的构架中所存在的。然而问题的复杂性在于:在“东亚儒学”这一概念构架中的所谓“东亚”到底只是一个地理概念,还是一个含有价值内涵的文化概念?抑或是地域与文化两者兼而有之的文化地理概念?能否说由于“东亚”概念创立之初便烙上了帝国日本的意识形态的影子,其中已含有文化地域的含义②,因此我们就应该弃若敝屣?我以为东亚首先是一个地理概念,这一点是毋庸置疑的,但是当我们从“儒学”思考“东亚”或者从“东亚”思考“儒学”,那么所谓“东亚”无疑是一复合型概念,而非单纯的地理概念。在这个意义上,我们有理由提出“文化东亚”这一概念。

其意何在呢?其实,从“儒学”所看到的“东亚”,已然不是纬度和经度都十分清晰的自然地理学的概念,而是一人文地理学意义上的概念。按照人文地理学的基

① 例如后“解严”时代的“台独运动”所高扬的所谓“台湾意识”或“台湾本土化”成了反中国文化的口号,潘朝阳尖锐地指出:这种所谓的台湾本土化,已经“变成了‘反台湾本土性’的异化性台湾本土化”(《台湾儒学的传统与现代》,第250页),故其本质“只是虚构的”(同上书,第252頁)。

② 关于内含文化地域之含义的“东亚”概念形成于20世纪20年代的帝国日本,这一点已如上述。这里顺便介绍子安宣邦特意列举大沼保昭编著的《東亜の構想——二十一世紀東アジアの規範秩序》(築摩書房,2000年),指出该书以“东亚”作为书名的做法非常“怪异”。尽管该书的编者预先声明所谓“东亚”,仅指“包含东北亚细亚和东南亚细亚在内的东亚细亚这一地理的概念”(子安宣邦:《昭和日本と“東亜”概念》,載《“アジア”はどう語られてきたか——近代日本のオリエンタリズム》,第86頁),然而子安尖锐地指出,在《東亜の構想》一书中的各篇论文的执笔者却都采用“東アジア”而没有人采用“東亜”一词(同上书,第104頁注4)。不管怎么说,由此可见在当代日本,也有学者欲将“东亚”仅仅作为地理概念来看待而并不认同(或者极力回避)这一概念的文化历史含义。当然,由子安对“东亚”论述的历史批判之立场出发,这种态度断不可取,他严肃地批评道:抽离“东亚”概念的历史含义而将此视作与“東亜細亜”(東アジア)可以“互換”的概念,这一做法正反映出“在当今日本,人们对亚洲问题的暧昧态度,以及日本人对历史上的亚洲问题的暧昧态度”。他强调指出,“东亚”是一个“历史的、政治的概念,绝不是单纯的地理概念”(同上书,第87—88頁),所以有必要对“作为文化史的‘东亚’”(同上书,第89—92頁)这一历史问题进行深刻的反省。我以为子安此说值得倾听。

本规定来说，东亚就是指含东亚地域各种社会、政治、经济和文化现象的人文地理。若将历史的因素考虑在内，那么可以说，“东亚儒学”中的“东亚”乃是一历史人文地理之概念。因为事实上，儒学之在“东亚”，既不能脱离历史的时间，也不能脱离人文的空间；也就是说，作为中国这一地域文化之产物的儒学在向“东亚”进行传播之时，既有一个历史的过程，同时又有与“东亚”其他地域的文化历史发生冲撞、摩擦、糅合的过程。反过来说，例如作为“东亚”地域之一的日本，他们在接受儒学之际，自身绝不是文化上的一片空白而可以任由儒学一统天下。历史表明，日本自身的文化对于外来儒学的传播有一个吸收、容纳乃至反拨等等复杂的过程；要之，儒学之在日本有一个“本土化”过程，从而构成了不同于中国理论形态的日本儒学。可见，“东亚”乃是一个具有特定历史内涵的文化地理概念。若从“文化交涉”[①]的角度看，东亚所构成的正是一种多元文化体系。这种多元性不仅是不同地域之间的表现，而且在同一地域的内部也有多元性文化表现，即如台湾本土而言，自有文献记载的明郑时期（1662—1683）以来，历经清朝领台时期（1683—1895）、日据时期（1895—1945）及至光复以后至解严以前（1945—1987），台湾社会所呈现的便是一个多元并存、多元融合的文化融合体。因此，儒学之在台湾，就不得不与“台湾意识”发生关联，表现出其不同于大陆儒学的发展形态。例如20世纪50年代以降台湾学院派“当代新儒学”不仅是对大陆传统儒学的一个新发展，在我看来更是构成了当今“台湾儒学”运动的一部分；当然就其本质而言，“当代新儒学”既是“台湾底儒学”，更是“中国底儒学”，因为它仍然是以“中国儒家道德慧命为根柢”的。[②]

---

① 关于“文化交涉”一词的含义，藤田高夫：《東アジア文化交渉學の構築にむけて》（載関西大學文化交涉學教育研究基地：《東アジア文化交涉學研究》創刊號，関西大學，2008年，第3—7頁）有详细说明。大意说，所谓“交涉”不同于单向的“传播”，而是指不同文化之间的动态交往，因此作为“文化交涉学”具体而言是要超越国家和民族等分析单位，设定一个具有一定关联性的文化复合体，并在关注其内部的文化形成、传播、接触及变迁的同时，以多维性和综合性的视角来全面剖析文化交涉的各个方面，为此需要双重超越：一是超越以往人文学科各个学术领域的研究框架，一是超越国家民族意义上的研究框架。2008年，余英时在关西大学“东亚文化交涉学中心”的成立仪式上，发表演讲表示赞同文化交涉学这一研究计划之同时，进而指出在把研究视角关注于“各大文明之间的交涉上面”这一意义上，“Toynbee（汤因比）无疑是‘文化交涉学’的一位重要的先驱”（余英時：《中日文化交涉學的初步観察》，載関西大學文化交涉學教育研究基地：《東アジア文化交涉學研究》別册1，関西大學，2008年，第4頁）。

② 参见潘朝阳：《台湾儒学的传统与现代》“自序”，第2页。按，“台湾儒学”一词首见于陈昭瑛1995年在“台湾中央研究院”“当代儒学”计划的第三次研讨会上提交的论文：《当代儒学与台湾本土化运动》（收入《台湾文学与本土化运动》，正中书局，1998年）。旋即便引发了一场极其激烈的“论战”，据称受到“独派学者围剿”（陈昭瑛：《台湾儒学：起源、发展与转化》“初版自序”，台大出版中心，（转下页）

那么，为什么强调“文化东亚”这一点很重要？关于这个问题，我们可以从两个方面来谈。首先，从文化传播的“本土化”这一审视角度看，任何一种文化向其他地域进行传播之际，都有一个与当地文化如何磨合的过程，这个过程就是“本土化”过程。因为文化传播绝不像出口商品那样，进口国只能被动接受，而是一种文化与另一种文化的对话过程，在这个过程中，文化传播就有了“文化交涉”的性质。在这个意义上，我们说东亚既是一个地理概念，同时又是一个文化概念。如果我们片面地强调东亚只是一个地理概念，那么东亚儒学之概念的提出就含有了这样一种意味，亦即意味着主张由于东亚本身并没有文化的内涵，所以儒学之在东亚只是单向传播而没有与本土文化如何交涉的过程。这个观点就将导致十分严重的一个后果，儒学成了一个覆盖东亚地域的宰制性概念，因为东亚本身只是白板一块的缺乏文化的地理存在。如此一来，东亚儒学就必然成为一种“中华文化一元论”或“中国中心论”的变相说法，显然在当今世界文化日趋多元的格局中，这是亟应克服的偏见，否则的话，真会被人怀疑是否有“潜在的动机”。

其次，我们强调指出“东亚”是一个文化地理概念的原因还在于，我们要注意另一种理解，亦即将东亚理解成政治秩序或地理政治的概念。在20世纪20年代，“东亚”概念盛行于日本之际便蒙上了“地政学”的浓厚色彩，比如大家耳熟能详的并有沉痛记忆的“大东亚共荣圈”就是一种地政学概念，其中含有强烈的帝国主义、殖民主义的意味，这一概念随着第二次世界大战终结已经成为“死语”，只要是正直的知识分子是不会希望它复活的。我们强调作为文化地理概念的东亚，就是为了杜绝这种作为地政学概念的“东亚”死灰复燃。将东亚视为一种具有文化内涵的地理存在，既可以使我们注意到东亚本身构成的一个意义世界，同时又可突破史学研究中传统民族国家(Nation-state)概念带来的困扰，以更为明确的多元视角来重新审视中国的儒学在东亚区域文化中的历史问题。

(接上页)2008年，第3页)。至于陈昭瑛出于其个人“内心深处的台湾情感和中国情感如何安顿”的问题意识而提出“台湾儒学”这一“新的领域”(同上书，第4页)如何建构的问题，台湾学界已有相当的学术累积，足以构成今后东亚儒学之研究的有机部分。据潘朝阳：《战后台湾儒家研究的几个侧面：问题及其意义》(收入黄俊杰主编：《东亚儒学研究的回顾与展望》，台大出版中心，2005年)，与台湾儒学相关的研究专著及会议论文集计有10部。

三

最后，我们要尝试回答本文所设定的东亚儒学何以必要的问题。在解答这一问题之前，有必要对"东亚儒学"的研究性质和对象及其研究途径等问题提出几点初步看法。质言之，大致有这样几层意思：

其一，东亚儒学乃是东亚文化或东亚思想的一个分支，因此东亚儒学研究在性质上属于跨文化比较研究。由于东亚文化本身具有多元性之根本特征，所以东亚儒学也不可能有什么结构上的"整体性"或历史上的"同一性"，这是跨文化比较研究得以成立的前提。其二，发源于中国的儒学在东亚地域的展开必然呈现出历史时间上及地域空间上的殊异性，而这一展开过程也必然表现为"本土化"的过程。因此中国的儒学以及日本或韩国的儒学在构造形态及义理阐发上就表现为多元多样，正是在这个意义上，所以说东亚儒学是一多元性的学术研究领域。[①] 其三，因其多元，故而彼此互为他者而又互为主体，例如对日本而言，中国是一种他者的存在，但这并不意味着日本就是绝对性、普遍性在东亚的代表，同时通过对中国的他者化亦可确认日本自身的主体性。这一点对于中国或其他东亚国家来说都是一样的，可以称之为互为他者性或互为主体性。如果仅仅单方面地强调"他者"或"主体"，那么这种所谓的"他者"或"主体"就具有排他性，容易陷入"他者/非他者"二元对立的窠臼之中。其四，重要的是，如同在当今全球化的浪潮之下，文化上的不同、差异、他者不是被泯灭或消除；相反在多元文化的认同意识日趋明显的当今社会，各种文化之间的不同、差异、他者是可以彼此沟通、互相认同的，而古老中国的智慧"和而不同，同则不继"正可为当今世界不同文明之间的文化认同提供一种观念基础。其五，东亚儒学的研究既然是一种跨文化研究，因此从根本上说，这种研究就是不同文化之间的对话，而这种对话又是构成当今世界"文明对话"的要素之一。从本质上说，对话不是要求征服对方，不是将自己的观点强加给对方，而是为了增进互相了解，其前提当然是对"他者"的尊重。

关于东亚儒学何以必要的问题，大致可以归结为以下四个方面。需说明的是，

① 关于这一点，上引黄俊杰《"东亚儒学"如何可能》一文已经指明，可以参看。

笔者所能提出的还只是一种展望性的看法，需要今后有更多的学者来参与有关这一问题的探讨和论证。这四个方面是：

1. 就学术研究而言，东亚儒学作为一种跨文化研究，对于中国自身的儒学传统的再认识、再评价具有积极的意义。举例来说，比如我们通过对日本儒学及韩国儒学的研究，就可以更为深入地了解中国儒学所包含的逻辑发展的可能性以及中国儒学多元发展的可能性；相反，如果仅就中国儒学来审视中国儒学而缺乏一种“他者”的眼光，就有可能助长一种“自我中心论”的情绪，而不能了解中国儒学在东亚的区域文化中被挑战的可能性。① 若从跨文化比较的视域出发，将儒学看作具有“区域史”(regional history)②之特性的“东亚儒学”而非作为“一国史”的儒学，那么可以说如果不了解中国的儒学，同样也不能真正了解日韩儒学之所以不同于中国儒学的独特性及其作为东亚儒学的发展可能性。所以说，正是为了更好地认识中国的儒学传统，故东亚儒学研究就显得非常必要。

2. 通过东亚儒学的研究，对于我们从历史上客观地了解“文化东亚”的特质、把握“文化东亚”的多元形态具有重要的促进作用。积极地看，这种作用还将产生增进东亚地域不同文化之间的相互了解的效应，以避免“中华文化一元论”意义上的所谓“儒学价值观”对东亚地域文化的宰制性，从而进一步认识到儒学的价值观、普遍性必然落实在东亚文化中而展现为多元性、具体性、地域性；与此同时，也可促使我们对20世纪二三十年代作为帝国日本的东亚论述而出现的以日本为盟主的所谓“大东亚共荣圈”“东亚共同体”等言论做出深刻的反省和批判。也就是说，在对帝国主义论述的东亚观(包括“中华帝国”、日本帝国时期)进行历史清算的意义上，东亚儒学研究也是完全有必要的。

3. 必须指出近现代东亚中日韩三国的历史进程充满崎岖曲折，至今仍然有诸多令人不快的因素未能消除，有时甚至有一些情绪化的因素渗入或干扰学术研究。

---

① 这里所说的中国儒学所面临的发展可能性以及被挑战的可能性等问题，采自陈来：《东亚儒学九论·前言》，生活·读书·新知三联书店，2008年，第3—4页。陈来还指出，如果只了解中国的儒学而不了解日韩的儒学，就“难以真正认识中国儒学的特质”(同上书，第3页)。对此笔者深表赞同。

② 关于“区域史”研究领域，黄俊杰指出，“区域史”研究有两种不同类型：一是“区域史”介于“国别史”与“地方史”之间，一是“区域史”介于“国别史”与“全球史”之间。前者是国家之内不同区域的历史，如江南史；后者则是跨国界的区域的历史，如东亚史。(参见黄俊杰：《作为区域史的东亚文化交流史——问题意识与研究主题》，载《台大历史学报》第43期，2009年6月，第191页)此说值得参考。所谓作为“区域史”的东亚儒学，大致相当于这里的第二层意思。

故而近来有一种呼声，要求三国学者从学术良知出发，联起手来对近现代三国的历史进行反省和总结，以推进彼此的互相了解。众所周知，目前已经成立了“中日历史共同研究委员会”和“日韩历史共同研究委员会”，正在着手开展三国的近现代史的共同研究。但是这些研究在目前还处在对重大历史事件逐步寻找共识的阶段，奇怪的是，一旦涉入思想文化领域则人人不免噤若寒蝉或者欲言又止。① 我以为，对作为一种思想文化之研究的东亚儒学研究领域的深入拓展反过来对于深入了解东亚的近现代史也有重要的意义，至少对于我们重新认识近代以来东亚的政治-文化历史、社会-文化历史可以提供重要的补充。

4. 不用说，当今的时代已是“全球化”(globalization)的时代，经济、信息以及人员的往来交流等等方面已日益呈现出全球一体化之趋向，然而“全球化”也必然带来“本土化”的问题，亦即在全球化的趋势之下，如何面对世界上各种不同民族的文化特性的问题，是否可以说全球化必将取消本土化？答案是否定的。有学者从当今全球“文明对话”的角度指出，全球化不同于以往呈现为向西方看齐的所谓“西化”或“现代化”，它所追求的是一种持久发展的多元文化模式。那种以为现代化会导致消除各种文化差异，从而形成一个统一的现代社会的所谓现代化观点已不再有任何说服力，因为全球化在产生同质化的同时，也产生地方化(localization)和本土化(indigenization)，结果必然是各种文化传统仍然是全球化的组成部分。② 我觉得这个观点对于我们从事东亚儒学研究有重要的启发意义，换言之，正是在当今全球化的趋势之下，对于本土文化、传统价值的研究显得更为重要。所以对我们来说，有必要将传统儒学置于“文明对话”的视野，而要做到这一点，显然有必要对于构成文化东亚传统之重要内核的儒学思想展开深入具体的研究，进而为儒学走向

---

① 须指出，与这两个带有半官方色彩的组织不同，2008 年 10 月，日本关西大学发起成立的“东亚文化交涉学会”则纯属学术组织。同年，关西大学召开了“关西大学文化交涉学教育研究基地”(ICIS)第一届国际研讨会。今年 5 月，台湾大学召开了“东亚文化交涉学会第二届年会”。随着这一学会活动的深入开展，可以渐渐整合东亚地区乃至世界其他地区有关东亚研究的学术力量。我相信这不仅对于推动“东亚儒学”的国际性研究，而且对于加深世界对“文化东亚”之了解必将起到积极的作用。

② 杜维明：《相互学习：社会发展的一项议程》，杜维明著，彭国翔编译：《儒家传统与文明对话》，河北人民出版社，2010 年，第 71—72 页。另参杜维明为联合国 2001 年《文明对话宣言》撰写的《全球化与多样性》一文，见哈佛燕京学社编：《全球化与文明对话》，江苏教育出版社，2004 年，第 75—105 页。黄俊杰在其新著《东亚文化交流中的儒家经典与理念：互动、转化与融合》(台大出版中心，2010 年 8 月)的“导论”中则强调在对外参与同其他文明对话之同时，更应关注“回归并重访”亚洲文化传统(第 35 页)，这也是对东亚儒学何以必要之问题的一种回答。

世界奠定基础，同时也能使儒学为如何应对全球化问题提供某些有益的思想资源。总之，东亚儒学研究对于在多元文化论的前提下重建“文化东亚”无疑是一项重要且有意义的工作。

（作者单位：复旦大学哲学学院）

儒学复兴中知识分子对“东亚儒学”的思考之探讨

张昆将

一、前言

20世纪末期世界政经板块逐渐由西向东移转，东亚国家的知识分子开始比较全面地反省过去“全盘西化”的种种问题，努力找回传统失落的文化价值观或其赋予新时代的意义，其中儒学（或儒教）的复兴似乎成为东亚区域的一种现象。不过，由于“儒学”的母体渊源来自中国，谈“复兴”这一课题，不免涉及“中心”与“周边”关系的辩证性思考，也牵涉东亚各国历史文化发展的不同脉络，所以中国大陆、台湾、日本、韩国等地的知识分子对所谓“儒学复兴”的看法与态度各有不同，值得进一步比较与观察。当代东亚区域的儒学复兴中，尤可注意者是有关台湾近二十余年来对“东亚儒学”的提倡，形成中国、日本、韩国等知识分子注目的课题。

“东亚儒学”在台湾作为学术会议议题，滥觞于1992年9月由清华大学与日本大阪大学合作举办的“东亚儒学与近代国际研讨会”，此后有关跨文化视野的儒学研究计划由“中央研究院”文哲研究所（当时为筹备处）及台湾大学合作展开或分别推动。1998年更是时机成熟，以“东亚儒学”为课题，而且提出大型研究计划，开启此一领域的研究风潮者，当属台湾大学黄俊杰教授领导的学术团队及“中央研究院”文哲所的多项研究计划，十余年来成果斐然。自从1998年起由台湾大学推动“中国文化的经典诠释传统研究计划”（1998—2000）、“东亚近世儒学中的经典诠释传统研究计划”（2000—2004）、“东亚文明研究中心计划”（2002—2005），并在2006年开始由台湾大学人文社会高等研究院推行“东亚经典与文化研究计划”（2006—

2010)以及“东亚儒学研究计划”(2011—2016),结合校内外、国内外许多学者专家进行研究,迄今已超过16年。终得累积丰硕之成果,陆续由台湾大学出版中心印行,共出版专书近两百部,依性质分为《东亚文明研究丛书》《东亚儒学研究资料丛书》《东亚儒学研究丛书》等书系。这项有关“东亚儒学”的研究计划,主要系以东亚为研究之视野,以经典为研究之核心,以文化为研究之脉络,既宏观东西文化交流,又聚焦东亚各地文化之互动;显然以“东亚区域”“儒家经典”“东亚文化”三大主轴作为研究核心,聚焦“东亚儒学”的研究。

也许是巧合,或是趋势,自从1998年“东亚儒学”的提法出现以后,不仅台湾学术界陆续出现很多有关“东亚XX”的国际学术研讨会,有“东亚近代历史”“东亚共同体”“东亚共同知”等议题不一而足,大陆学界、韩国学界也都有类似以“东亚”区域为主的政经、思想、文化等国际学术研讨会。在诸多有关“东亚”的提法中,倒是“东亚儒学”因涉及价值体系与是否有中国本位之嫌的问题,经常被质疑甚至误会,这种质疑或误会常牵涉诸多历史纠葛与中日关系因素乃至西方因素。大陆学者有一种批评声音,即“东亚儒学”的提法有稀释中国儒学的意味,其背景是2000年以后民进党执政,台湾本土意识高涨;他们怀疑“东亚儒学”可能出现“去中国化”之问题,这类批评者往往抱有中国本位中心主义的意识形态。而日本学者检视“东亚儒学”的提法,因儒学源起于中国,所以其研究仍多以中华文化为中心,极少数日本学者因此怀疑“东亚儒学”可能为新兴的中国背书。以上两种意见显然矛盾,却耐人寻味。前者强化意识形态,怀疑“东亚儒学”目的在于去中国化;后者则防堵中国意识形态,怀疑“东亚儒学”的提法是为21世纪中国助威。本文希望能够阐明并比较当代东亚地区知识分子对“东亚儒学”的评价或态度,分析其异同,并探索“东亚儒学”对于当代儒学复兴的意义。

二、目前学术界有关“东亚儒学”概念的五种类型

揆诸目前学界使用“东亚儒学”的话语时,其概念或提法,若不经拣择,可能引起不必要的质疑或疑虑,甚至泛滥成灾。约而言之,目前学界所用“东亚儒学”一词大约有五种类型:第一是“与其他文明对话的东亚儒学”,这个议题最早应该从亚洲四小龙的经济兴起与儒家资本主义课题研究的年代开始算起;其把“东亚儒学”当

作一个区域整体来看，并多能与现代性及全球化下的议题互相对话，可以杜维明为代表。① 其次是“没有东亚的本国儒学”，也就是过去中国、韩国、日本学者谈“东亚儒学”，思想内涵只有单一的中国儒学、韩国儒学、日本儒学，顺势而推“东亚儒学”应该如何如何；因儒学母体渊源自中国，故这类型的中国学者比较多，而且往往带有“文化中心论”或“中国中心论”。第三是“自他理解中的东亚儒学”，亦即借着“他者儒学”来理解“自我儒学”从而有所谓的“东亚儒学”，如学者以关心中国儒学发展，而研究日本儒学、韩国儒学，透过“他者儒学”来更理解“自我儒学”，本文拟以北京清华大学陈来教授的《东亚儒学九论》一书为代表。第四则是“批判方法的东亚儒学”，这是因应过去的东亚历史中“不光彩”的“东亚”，如以帝国为中心的“中华帝国”、第二次世界大战期间日本帝国的“大东亚共荣圈”，所以“东亚”须先经过一番“批判”之后，才能论述所谓的“东亚儒学”；他们担心不经这番对“东亚”的批判，而谈“东亚儒学”“东亚佛教”“东亚女性主义”等等，都难免掉入过去一元中心论的帝国论述，这类型以子安宣邦的《东亚儒学：批判与方法》一书为代表。第五则是以黄俊杰教授为代表的“经典诠释的东亚儒学”。如前所言，黄俊杰从 1998 年起在台湾大学推动“中国文化的经典诠释传统研究计划”（1998—2000）及“东亚近世儒学中的经典诠释传统研究计划”（2000—2004），迄今东亚儒家经典诠释的研究计划仍在台大高研院进行，出版成果相当丰硕，企图建立一个有别于西方的“东亚儒家诠释学”。

若以“中心”与“边缘”的关系角度来思考的话，由于中国是儒学的发源地，又长期是东亚政治、文化的中心，所以本文所谓的“中心”指的就是中国。因此，第二类型的“没有东亚的本国儒学”，其东亚儒学的论述中，缺乏与周边国家的互动关系，是一种“顺中心”的东亚儒学立场。第三类型虽也是顺中心的思维，但由于深入接触过“他者儒学”（日本儒学、韩国儒学），并以此为了解“自我儒学”（中国儒学）的手段，故是一种比较不具本位主义的顺中心之东亚儒学立场。第四类型的“批判性的东亚儒学”，可说是一种“去中心”的东亚儒学立场，是将中国作为“他者”，抱持完全

① 如 Wei-ming Tu，“Multiple Modernities：Implications of the Rise of ‘Confucian’ East Asia”一文中指出儒学在东方的兴起，可以协助我们厘清三个问题：（1）传统现代化的过程；（2）非西方文明与现代西方对自我解释的关联；（3）地方知识的全球意义。并指出东亚现代性在儒学传统的影响下，有六个突出的特征：（1）政府领导在经济市场，不只必要且被期待；（2）社会稳定力量来自于人的互动礼仪；（3）家庭是社会的基础单位；（4）市民社会不取决于对家庭和国家的超越，而在于家庭与国家的相互作用；（5）教育成为社会的市民宗教；（6）自我修养植根于家庭规范、国家政府与敬天的和谐。收入高明士主编：《东亚文化圈的形成与发展：儒家思想篇》，台大出版中心，2005 年，第 1—13 页。

客观的文化立场。第五类型的“东亚儒家诠释学”则可有两种立场，一是倾向“逆中心”的东亚儒学立场，中国并非作为完全他者，而是“部分他者”，处处扮演对中心刺激反应的作用，这方面可以韩国儒学为代表；一是倾向“超中心”的东亚儒学立场，亦即超越“中心-边陲”的思维，超越文化一元论，在承认儒学作为东亚文化共同核心的基础上，强调各国文化脉络的多元性、包容性，展现一种可以同时既是中心也是边陲，却又同时可以不是中心也不是边陲的流动关系，这方面可以台湾黄俊杰的“东亚儒学”立场为主。

由于第二类型“没有东亚的本国儒学”带有强烈的本位主义，也缺乏对东亚儒学的研究，故较不具讨论的价值，并不在本文讨论之列。而第一类型的“与其他文明对话的东亚儒学”主张与全球宗教、多元文明对话，并无中心与本位的问题；他们常与世界宗教家、思想家展开东西方文明的对话，杜维明也扮演儒学的镖客，可称之为“文明对话的儒学”。本文以东亚内部“中心”与“边缘”的互动模式为主，故暂不处理这类型的儒学。以下聚焦“中心”与“边陲”的儒学互动过程中，集中讨论上述提及的“顺中心”“去中心”“逆中心”及“超中心”四种东亚儒学之代表立场。

三、“顺中心”的东亚儒学：中国作为“自我”

本节所称东亚儒学作为一种“顺中心”的互动影响模式，指的是将中国儒学当作“自我”，也从关心中国儒学出发，从而研究中国域外的韩国儒学、日本儒学与越南儒学，企图借着透过了解“他者”而了解“自我”，也透过“自我”了解“他者”。因此，有一些题为“东亚儒学”的论著，却没有研究中国域外的儒学的“东亚儒学”论，并不在本节讨论范围内。本节以陈来的“东亚儒学”论作为探讨核心，试窥其“顺中心”的互动影响模式之特色。

陈来于2008年出版《东亚儒学九论》一书，累积了他十多年来的研究成果，书中或是演讲稿，或是应邀到韩国、日本参会后发表所汇整的九篇论文。从结构来说，这本书比较偏重韩国朱子理学的研究，因日本朱子学仅有与林罗山相关的一篇论文，加上附录有一篇对 Robert Bellah 的名著《德川宗教》之读后评论。由于书名用“东亚儒学”，引起笔者好奇想追问这部书的“东亚儒学”的用法到底有什么意涵，但是检视通书所论，全然没有针对“东亚儒学”概念做过解释，似乎“东亚儒学”是一个不具争议性的概念。故表面看来其用“东亚儒学”一语，纯粹系就区域概念而言，即涉及韩国儒学、日本儒学，但在书中亦多潜藏着他所关心的儒学在东亚的共同性，特别是朱子理学在日、韩展开的“新儒学”。①

陈来关注中国以外的韩国儒学、日本儒学乃至越南儒学，既承认日韩越的儒学有其各自的不同发展，但也毫不讳言地提到儒学在东亚的“共通性”。他说：

> 今天谈谈东亚各国儒学的历史文化特色，是因为儒学如果从一个更大的视野来看，不仅仅是中国人的文化，从世界的角度看，至少是东亚（中日韩以及越南）一个重要的历史文化传统。当然，中日韩的历史文化传统不仅仅是儒家或者儒学，如果从整个东亚共同性的范围看，佛教也是一个很重要的传统，还有一些本地的传统。但是能够作为共通的东亚传统，学术界、文化界对儒学对东亚社会的塑造作用以及对东亚价值观的形成更为重视。因此儒学不仅仅是中国的文化，更是一个东亚共同的文化。②

陈来更强调这种儒学的“共同的文化”在结合当地特殊的“文化精神”或“精神气质”后，形成了儒学在各国发展的偏重之不同。中国偏向于强调像“仁爱”“仁义礼智”“己所不欲，勿施于人”“仁者与天地万物为一体”等普遍主义的儒家道德精神；而日本因武士阶级的因素则发展出特重忠、敬、勇、武、刚、毅的国家道德精神；朝鲜则因士祸与外患严重，故特重“忠义”“道义”的理想精神。

在承认东亚儒学在各国的发展之“同”与“异”时，陈来在本书的《前言》中说明

---

① 陈来特别用“新儒学”而不用“宋明理学”来称呼德川、朝鲜的儒学，认为“朝鲜时代和德川时代的朱子学和阳明学，在广义上可以称为理学，或新儒学，却不能称为宋明理学”。并纠正中国学者往往不自觉地把“宋明理学”等同于“新儒学”，这放在韩国和日本的儒学发展中并不适用。参氏著：《东亚儒学九论·前言》，生活·读书·新知三联书店，2008 年，第 2—3 页。

② 陈来：《中日韩三国儒学的历史文化特色》，《东亚儒学九论》，第 182—183 页。另外在本书的《林罗山的理学思想》一文中陈来也表达了类似“东亚儒学”的共同性看法：“如同其他朝鲜时代的韩国朱子学和德川时代的日本儒学一样，林罗山的论述和思想表明，这一时期的东亚儒学使用共同的学术概念，具有共同的问题意识，认同共同的学术渊源，共同构成了这一时代的理学思考、讨论与对话。因此，这个时期的儒学已经自然地成为在东亚儒学意义上的大儒学概念，而其中主要的内涵即东亚的朱子学和东亚的阳明学。中、韩、日的儒者虽然生活语言不同，文化传统有异，但他们都使用汉字为共同学术语言，以汉文儒家经典为经典，用语文本和古人进行精神交流，并产生了一些相互的交流。他们各自在不同的环境、从不同的角度积极展开自己的思考，对东亚儒学做出了自己的贡献。”（第 176—177 页）

他研究域外儒学之初衷：

> 研究日本儒学和韩国儒学，而不充分了解中国儒学，就不能了解——相对于中国的儒学——日本、韩国的儒学真正的特点和发展。同样，只了解中国的儒学而不了解日韩的儒学，也难以真正认识中国儒学的特质。例如，不全面了解朱子哲学的各个方面，而只就李退溪研究李退溪，就无法了解李退溪的著作中，哪些是朱子讲过而退溪复述的，哪些是退溪对朱子思想的发展。①

由此可知，陈来的关注点在于“域外儒学”与“中国儒学”之间存有完整性的互为理解与认识的作用，故在此“东亚儒学”所展开的意义，是以“儒学”作为公分母，透过了解“他者儒学”来理解“自我儒学”，也相对地透过了解“自我儒学”来理解“他者儒学”。“自我”与“他者”透过这样不断循环的互动与多元的比较，将呈现一个比较完整的东亚儒学之认识。例如陈来在评述李退溪的朱子理学时有一段叙述：“从东亚文化圈的视点来看，朱子学及其重心有一个东移的过程，明中期后，朱学在中国大陆再没有产生出有生命力的哲学家，虽然朱学从明中至清代仍然维持着正统哲学的地位，作为有生命力的哲学形态在中国已日趋衰弱。……退溪哲学的出现，一方面表明朝鲜理学的完全成熟，一方面表明朱子学重心已移到朝鲜而获得新的生命，为此后在东亚进一步扩大影响准备了条件。”②上述“朱学东移”之论的关怀，也一样用在陈来对林罗山的研究上。③ 陈来是透过“他者儒学”再次看到朱子学东移的哲学生命力，其在朝鲜、日本德川开花结果，如果没有透过这样的“他者儒学”的理解，又岂能掌握朱子学哲学的完整面貌呢？

由此，我们再来检视上述陈来的“朱学东移”论，其实均带有一种“顺中心”的互动模式。从篇名的“继承与发展”到多以“朱子学”为研究核心，约可看出这种“顺中心”的思维模式，亦即环绕朱子学为中心，看到“他者”朱子学的特色，再回过头来看到朱子学在同时代中国的疲惫。这算是对“中心”的继承与发展，陈来比较强调的

① 陈来：《东亚儒学九论·前言》，第 3 页。

② 陈来：《李退溪对朱子的继承和发展》，《东亚儒学九论》，第 20 页。

③ 陈来研究林罗山的理学思想后，也如是表达“朱学东移”论的评述：“从朱子学来看，如果说，李退溪的思想体现了朱子学的中心在 16 世纪已移转到韩国，那么可以说，林罗山的出现，标志着 17 世纪以后的朱子学中心开始向日本转移。”氏著：《林罗山的理学思想》，《东亚儒学九论》，第 177 页。

是这一个面向。至于东亚儒学中的“非朱子学”“非阳明学”的哲学思想，属“逆中心”的挑战与响应，陈来书中比较不突显这个面向。

四、“逆中心”的东亚儒学：中国作为“部分他者”

有关“逆中心”与前一“顺中心”相对，有努力折返的意味。只是这个折返，如鲑鱼一般是用“逆流游泳返回文化中心”之模式，故所谓“逆”，并非“去”或“反逆”之意，而是有“逆返”之意，类似孟子所说的“以意逆志”之“逆”，仍有向中心迎求之意，故不能与“去中心”相提并论。

职是之故，“逆中心”论点仍然承认有一文化中心或文化核心，这个文化核心当然指的是儒家文化。之所以在中国周边出现“逆中心”的互动模式，是因为中国周边国家认为核心文化“转移”到了周边。过去17世纪中期清人入关以后，儒教立国的朝鲜王朝出现强烈的“小中华意识”①；而儒家文化在近现代中国被马克思主义取代，在中国反成了边缘的文化，现在透过周边国家的文化力量，刻意强调自己本身儒学的文化核心及特色，从而逆返影响中国，重新找回属于东亚共同文化的核心价值。韩国的儒学研究当属这类“逆中心”的互动模式。

韩国研究儒学者，并不轻易用“东亚儒学”，尽管儒学与资本主义、民主主义、现代化等议题在韩国学界有诸多不同的意见，但即便赞成儒学的现代论者，几乎无人使用或提倡“东亚儒学”。相对于此，从20世纪90年代起“东亚论”“东亚共同体”“儒教复兴”的提倡者日渐增多，我们或可从韩国学者谈“儒学”与“东亚论”的相关课题中，找到他们对“东亚儒学”的大致看法，以下以成均馆大学的崔英辰教授及延世大学的白永瑞教授为代表讨论之。

崔英辰在一篇《东亚论与儒教的现代化问题》中不讳言地指出：“从文化角度来看，它（东亚文化）是与西方文化相对比的，具有东亚自身特征的，其内容主要是儒教的价值观和规范。也可以认为，东亚文化与思想的实体是儒教。”②崔英辰甚

---

① 有关朝鲜时代的小中华意识的分析，可参拙著：《朝鲜儒者“小中华”意识中的自我情感因素》，《国际版儒教文化研究》20(2013.9)：183—205。

② 崔英辰：《东亚论与儒教的现代化问题》，收入氏著：《韩国儒学思想研究》，邢丽菊译，东方出版社，2008年，第352页。

至说：

> 从东亚论产生的背景以及被视为韩国30年经济发展的文化因素和经济危机主犯的亚洲价值中，我们很难找到道教或佛教等其他儒教以外的因素。从文化论以及思想的观点来看，东亚论以及亚洲价值的论争不过是儒教论的外壳而已。[①]

上述之论显示崔英辰认为亚洲如果有共同价值，那就是儒教价值，在佛教、道教中找不到经济因素或文化因素中的亚洲共同价值。纵然崔英辰这种论点有点护教性质，但至少承认儒教理念是东亚的共同价值。按理“东亚儒学”此一提法应与其理念契合，因“东亚儒学”也是强调儒学是“东亚”的共同文化现象与价值，但对崔英辰而言，突显“韩国儒学”比强调“东亚儒学”来得急切，而且更显出韩国儒教的独特性。这种“独特性”甚至可以面向“中国儒学”而自豪，因其并不亚于甚至超越“中国儒学”。崔英辰认为“韩国是东亚汉字文化圈中最好地保存了儒教传统的国家，以家族主义为核心的儒家思想的德目规范，至今在韩国社会中发挥着重要的作用，并成为人们现实生活的行为规范。几乎所有的韩国人都很遵守孝这一规范”[②]。了解韩国历史与文化者，应该都认同上述崔英辰之论，单就“历史上”的朝鲜儒教鼎盛时期而言，李退溪（1501—1570）、李栗谷（1536—1584）、丁茶山（1762—1836）等大思想家的思想深度，都不亚于中国儒者。即便“现在”，儒教虽经历了20世纪初期的西方思潮冲击，韩国仍是东亚国家中保存儒教最好的国家，因韩国没有中国“文化大革命”，也没有曾服膺于日本帝国主义的儒学；中国恢复祭孔典礼时，还须“礼失求诸野”向韩国取经。在韩国的儒学研究群中，也许突显“韩国儒学”比阐扬“东亚儒学”更来得迫切与需要。如是，韩国儒学研究群中类似崔英辰这般刻意突显“韩国儒学”的学者，对“东亚”的儒学复兴现象而言，当属于“逆中心”的互动传播模式。

以上崔英辰之于中国的“逆中心”互动模式，也可以在非以儒学研究为中心的白永瑞身上窥出端倪。白永瑞多年来致力于提倡“东亚共同体”，所著《思想东亚：韩半岛视角的历史与实践》在中国大陆、台湾、日本等地引起学者的注意与讨论。

---

① 崔英辰：《东亚论与儒教的现代化问题》，前揭，第354页。
② 崔英辰：《韩国儒学思想研究》之《自序》，第2页。

白永瑞注意到一个问题，日、韩学者多积极讨论“东亚共同体”“东亚细亚”，但中国学者却兴趣阙如；也曾在1999年就“在中国有亚洲吗”的问题询问过中国学者，目的在于刺激中国向来缺乏的对周边（东亚）国家等质的关心。白永瑞也提到几年后中国文人韩少功对此有一个深刻的回应，即：“万一中国也萌生了亚细亚主义，那么试想这种亚细亚主义又会以什么样子出现呢？”韩少功预言并提醒“在不久的将来中国就会有亚细亚意识……是否会具有一种霸权形式还值得深思”①。韩少功的响应确实敏锐，2015年由大陆主推的“亚洲基础设施投资银行”（“亚投行”）之成立及“一带一路”计划的气魄，正印证了中国大陆已逐步形成亚洲意识，甚至欲扭转“欧美”的旧格局，而将“欧亚”或“亚欧”连成一气，但“亚投行”或“一带一路”也引起周边国家对中国“霸权”的疑虑。在过去帝制下的中国不需提“亚细亚”或“东亚”，因为朝贡体制的关系，中国自然就是东亚世界的中心。不过，21世纪中国再度经济崛起，东亚国家无法脱离中华经济圈也是事实。今日虽无朝贡，但民间与政府同中国的经贸往来，“朝贡”的规模与迫切程度，比起过去恐怕有过之而无不及，这形成外围地域对“霸权”的疑虑。

值得注意的是，白永瑞在近期发表的一篇文章中提到“从周边影响中国”论，颇有与上海复旦大学文史研究院的葛兆光教授于2007年所组织的国际会议中所提倡的“从周边看中国”争锋的意味。从字面来理解，“影响”与“看”两者促发了笔者的联想。白永瑞在2014年1月台湾政治大学社会科学数据中心的“东亚共同知与近代东亚的再建构”国际会议上发表的《“中国特色”的普遍主义的未来：重思儒学与公共性》一文中，提到以下论点：

> 如果把在各自“场所”里发生的问题当成思想课题，并探索其真正解决方案的话；在这个过程中，如果台湾、日本及韩国能够影响到中国大陆，并能够以此形式为使中心与周边互相借鉴、不断反省、共同变化的契机的话，那么我们的努力可以在“中国特色的”普遍主义成为“普遍的（即全球性）普遍主义”的过程中发挥催化剂的作用。我想，现在已经到了追问“我们于中国意味着什么”的时候，而不仅仅是追问“中国于我们意味着什么”。

① 白永瑞：《思想东亚：韩半岛视角的历史与实践》，台湾社会研究杂志社，2009年，第24—25页。

白永瑞长期关注“小国主义”的思想动力[①]，即他所说的“场所”理论，例如冲绳的自治权问题刺激着日本国家的改革，台湾、香港的民主化运动刺激着中国的改革等等。这种提炼各周边“场所”思想动力，从而由此影响与刺激大国进行改革的论点，笔者将其收摄为“从周边影响中国”，颇逆向于“从中国影响周边”的看法。

众所周知，向来讨论中国与周边的关系时，中国学者常用“中国影响周边”，而比较不会有“周边影响中国”的思维，因为中国一直以来是中心主体，周边只能是被影响的客体。[②] 如今白永瑞要逆向用“周边影响中国”，至少与“中国影响周边”有以下两种逆向思维：其一是主动主体与被动客体的易位，意即“从周边影响中国”会逼使“中国”作为“被影响的客体”，“周边”成为“影响的主体”。这样一来，“从周边影响中国”相较于“从周边看中国”，若就“周边”作为主体而言，能够影响客体的“中国”比较具有动态的意义；至于后者的“看”，看似动态，但仅停留于“观看”，比较属于静态，谈不上进一步的互动“影响”。其二是多元取代一元中心论，由于“周边”本身是多元且多数，所以不存在有所谓的单元或中心的问题，如此可免长期以来令人担忧“中国中心主义”的问题。

就近代东亚的历史发展而言，其实不乏白永瑞所说的“从周边影响中国”。甲午战争后，多少中国留学生留学日本，向日本学习富国强兵之道；这些留日者在回国后“逆向输入”许多中国本没有的东西，中国成为“被影响者”而不是“影响者”。即便在近代以前，周边影响中国的例子也不少，例如“华夷秩序”的课题，所谓“夷狄入中国而中国之”，历史上出现多少“夷狄入中国”，不仅中国改变了“夷狄”，“夷狄”也改变了中国；特别是清人入关后，中国的版图及夷夏之防被彻底改变。

韩国虽处于中国边陲，但因其本身“韩国儒学”资本的雄厚，所以可以在东亚儒学复兴的现象中独树一帜，标榜所谓“韩国儒学”。由上述“从周边影响中国”论来看“东亚儒学”这样的课题时，便会觉得这样的思维是一种“逆中心”互动模式的思维，与崔英辰所突显的“韩国儒学”都企图“从周边影响中国”，以“儒学文化”作为主

---

① 这种动力来源也可追溯到中国的古典文献《左传》及《孟子》。白永瑞引用的是《左传》：“礼也者，小事大，大字小之谓”；《孟子·梁惠王下》篇：“惟仁者为能以大事小，是故汤事葛，文王事昆夷。惟智者为能以小事大，故大王事獯鬻，勾践事吴。以大事小者，乐天者也；以小事大者，畏天者也。乐天者，保天下；畏天者，保其国。”

② 这种“中国影响周边”的著作不少，着重“源流”的发展与影响，例如朱云影著有《中国文化对日韩越的影响》，黎明文化事业公司，1981 年。

动主体，改变作为客体的“中国”。

五、“去中心”的东亚儒学：中国作为“完全他者”

由于“东亚”概念有其近代的实体意涵，因此日本战后的东亚论曾经消沉了一阵子，后又零星出现在如竹内好（1910—1977）对近代课题的批判与反省中。直至20世纪90年代韩国与日本开始有股讨论东亚的热潮，以“东亚”为名的学术著作与会议渐多。日本学者用“东亚”一词多回避过去东亚历史的不良印记，韩国学者则喜用“东亚细亚”，以区隔第二次世界大战之前以日本为号召的“大东亚”之“东亚”概念。如子安宣邦曾指出的，当初战前日本学者在用“东亚文明”一词之际，背后是有取代中华文明的用意，“东亚文明”成为取代“中华文明”的代称。[①]

子安宣邦多年来即关切“台湾儒学”与“东亚儒学”的提法之发展与变化，自1997年他参加在台南成功大学所举办的“第一届台湾儒学研究国际学术研讨会”，即发表《儒教文化的多元性》。子安宣邦所谓的“多元”常反映出“多元”是经过“批判一元”而来，所以他强调“台湾儒学”的观点和“中国儒学史”的文化一元论两者之间可以呈现所谓“批判性的观点”。[②] 至于对台湾学界所提倡的“东亚儒学”之看法，子安也以其一贯的立场，以“批判”的方法论，而有如下之发论：

> 我的关心来自于“这个以‘东亚儒学’为名的研究计划，是从中国文化、汉语圈内部所产生的”一事上。这件事之所以可能，大概是因为这个计划的舞台是位于“中国”之边陲台湾。如果站在中国中心的观点，大概不容易产生出所谓“东亚儒学”这样的构想。因为“东亚”儒学的前提是，儒学在东亚细亚各地有多元文化的展开。这个多元性的观点，本身就和“文化一元论”的观点背道而驰。所谓的文化一元论是指：以中国儒学史和其影响史为前提论述的儒学史。因此，如果“东亚儒学史”系列研究计划对其多元性的观点具备足够自觉，

① 子安宣邦：《昭和时期的日本与“东亚”概念》，收入氏著：《东亚儒学：批判与方法》，陈玮芬等译，喜玛拉雅基金会，2003年，第147—149页。

② 参见子安宣邦在台南成功大学所发表的《儒教文化的多元性》，收入氏著：《方法としての江戸》，ぺりかん社，2000年。

要实现这个课题，就应该透过思想上的、方法上的革新才行。①

子安上述对“东亚儒学”的诤言，一方面敏锐地看出“东亚儒学”的提法出现在作为中国边陲之地台湾的特色，是与“中国中心论”有所区隔，可以呈现“多元性”的观点；但是一方面子安又预设前提，“文化多元性”必与“文化一元论”的观点“背道而驰”。当然，子安所谓的“背道而驰”，指的是站在“批判文化一元论”的方法观点的立场上，而其对“文化一元论”的定义是“以中国儒学史和其影响史为前提论述的儒学史”。笔者称这种拒斥中国儒学史作为文化一元论的批判模式为“去中心”的互动模式。

子安对黄俊杰所提倡的“东亚儒学”本抱有相当的期待，但经其多方观察与参与和台湾有关的东亚儒学会议后，主要还是担心黄俊杰的“东亚儒学”会流于“文化一元论”，故存有保留性的看法。② 子安的批判论点开始发酵，澳大利亚的梅约翰(John Makeham)也表达了对“东亚儒学”的疑虑，他在2007年参加复旦大学“从周边看中国”的国际会议中发表《东亚儒学与中华文化民族主义：一种来自边缘的观点》，在考察了一些中国学者(马振华、徐远和及郑家栋)所说的“东亚儒学”之内涵后，说：“一旦有关东亚儒学的主张带有了推进文化民族主义目标的倾向，问题便复杂了起来。……问题在于，从这些表述中，可以感到一种‘中心-边缘’论或中国中心观的话语模式。显然，这种话语实际上已构成了这群学者研究进路的潜在参照系——他们的书以‘儒家文明’为题，却未涉及中国以外的国家，而他们的解释是，中国本身即是最典型的儒家文明。”③梅约翰上述批评中的中国学者所谈的“东亚儒学”，显然是一种本文在前言所说的“没有东亚的本国儒学”，实则是一种“中国中心的儒学”。另外，梅约翰也观察到台湾黄俊杰所推动的“东亚儒学”，虽然尽力避免“中国中心论”，也多方突显日本、韩国、越南的儒学特色，甚至提出“东亚儒学诠释学”，但他还是疑虑重重，主要还是由于“东亚”这个概念本身。他呼应了子安宣邦的忧虑，即“东亚儒学”此一概念：“因其内含的‘中心-边缘’一元论中的‘中心’，象征

① 子安宣邦：《“东亚”概念与儒学》，收入前引《东亚儒学：批判与方法》，第15—16页。

② 有关子安宣邦对黄俊杰“东亚儒学”的质疑，吴震曾撰《试说“东亚儒学”何以必要》，《台湾东亚文明研究学刊》8.1(2011.6)：301—320。

③ 梅约翰：《东亚儒学与中华文化民族主义：一种来自边缘的观点》，收入复旦大学文史研究院编：《从周边看中国》，中华书局，2009年，第121—122页。

着政治权力和文化本源。”[①]类似梅约翰、子安宣邦这种疑虑，似乎都预设“东亚儒学”必然要有“去中心”的论点，才能展现其为多元并存平等的儒学，所以必然要有“批判中心”的具体内涵呈现出来。显然即使黄俊杰都澄清“东亚儒学”不是“文化一元论”，但“东亚儒学”的提法之所以引起日韩乃至其他外国学者之疑虑，仍与他们对当前中国崛起之惊惧有关。

六、“超中心”的东亚儒学：中国既是中心也是边陲

台湾方面推动“东亚儒学”的有黄俊杰教授长期以来的学术研究团队，可视为采取超越“中心-边陲”（简称“超中心”）的互动模式。之所以言“超中心”，可从“文化认同”与“政治认同”两个层面来观察。就“文化认同”而言，“东亚儒学”的研究群皆认同广义的中华文化作为“自我”，亦认为此系大中华圈的宝贵文化资产，但对中国以马克思主义作为主流的意识形态文化，采取超越的立场。就“政治认同”而言，东亚儒学的研究群希冀用一种儒学文化软实力的超中心方式，使儒学理性地回归本属自己文化核心的中国，而且是具有王道理想内涵的文化中国。如是，台湾所推动的“东亚儒学”既要迎合中心又要与中心保持距离，故采取“超中心”的模式推展东亚儒学。言其“超中心”，即显示了一方面可以同时既是中心也是边陲，另一方面可以同时不是中心也不是边陲的背反关系。我们以黄俊杰的“东亚儒学”研究为例说明之。

黄俊杰教授在2000年撰写的《东亚儒学史研究的新视野：儒家诠释传统研究》一文所揭示出的研究展望中，提出东亚儒者以对儒家经典之诠释作为研究的新策略点，由此迈向儒家诠释学的建构，并尝试解明具有东亚文化特色的思维方式之特征。[②] 这是针对西方诠释学理论所做出的响应，希冀从东亚世界中提炼出有别于西方的诠释学特质。

又黄俊杰教授在《东亚儒学如何可能》这篇论文中，强调“东亚儒学”的提法之所以可能，是因为具有所谓“发展的连续性”与“结构的整体性”的“双重的整体性”

---

① 梅约翰：《东亚儒学与中华文化民族主义：一种来自边缘的观点》，第124页。

② 该文收入黄俊杰著：《东亚儒学史的新视野》，台湾大学出版社，2015年修订新版。

之特质。所谓“发展的连续性”指的是在东亚儒学发展史上，诸多典籍以及典籍中所潜藏的学术议题，从中国向周边地区如韩国、日本逐层推扩，很像投石入湖所激起的同心圆逐层展开的过程，展现某种“发展的连续性”。所谓的“结构的整体性”系指东亚各地儒者都诵读同样的儒家经典，尤其是《论语》《孟子》《大学》《中庸》等书；思考同样或类似的哲学问题，例如《论语》中的重大命题如“学而时习之”“吾道一以贯之”“五十而知天命”、《孟子》书中的“四端”“暴君放伐”“民贵君轻”、《中庸》的“已发未发”等问题，都成为东亚儒者思考问题的起点。因此，东亚儒者思想系统由于都在不同程度上“从经典出发思考”，而出现某种思想上的家族类似性。“东亚儒学”也因此成为东亚世界的重要思想系统。① 由上述建立于两大双重整体性的方法论基础，我们略可知悉黄俊杰教授对“东亚儒学”的基本立场，是一种跨国度、跨文化、跨领域，以文化交流“过程”而不是以“结果”为考察重点，着重以共通的文本、经典思想以及儒者、时空脉络的互动交流过程，开发“东亚儒学”有机的而不是机械式的现代意义，充分展现“超中心”的立场。

不过，黄俊杰教授所提倡的“东亚儒学”或“东亚儒学诠释学”未必为一些外国学者所接受，最常被批评的有“汉族中心主义”和“中华中心主义”或“儒教中心主义”的缺陷，这是对“儒学”所引起的“中华中心论”的质疑；由此而衍生的另一个关键问题是“儒学”冠上“东亚”，使“东亚”的概念也排除不了“文化一元论”的质疑，这方面的批判主要来自上节提到的日本学者子安宣邦。面对这些质疑论者，黄俊杰在 2005 年所编辑《东亚儒学研究的回顾与展望》一书的序中即阐明“东亚儒学”存在的两个理念：

> 第一，所谓“东亚”这个概念并不是存在于东亚各国关系之上具有宰制力的抽象概念。相反地，所谓“东亚”这个概念，存在于东亚各国之间，在东亚各国具体而特殊的关系脉络与情境的互动之中。在这种意义之下的“东亚”，是在东亚各国及其文化传统的互动交流之中，逐渐酝酿形成的。只有深入东亚各国具有地域性特色的儒学思想及其互动关系之中，所谓“东亚儒学”的轮廓

① 黄俊杰：《东亚儒学如何可能》，《清华学报》33. 2(2003. 12)：455—468。黄教授在 2015 年出版的英文新书的导论中，对“东亚儒学”作为一个新的研究领域，有进一步的论证，参看 Chun-chieh Huang, *East Asian Confucianisms: Texts in Contexts* (Göttingen and Taipei: V&R Unipress and National Taiwan University Press, 2015), prologue, pp. 9 - 22。

> 及其特质，才能被解读、被认知。因此，所谓“东亚儒学”的提法，实际上是以文化多元性作为基础，“东亚儒学”的研究也将充实东亚文化的多元性内涵。
>
> 第二，所谓“东亚儒学”并不预设一个一元论的僵硬的、相对于“边陲”而言的“中心”，如20世纪以前支配东亚世界的“中华帝国”、20世纪上半叶侵略并支配东亚各国的日本帝国，以及战后冷战岁月中以美国为“中心”的霸权秩序。相反地，在“东亚儒学”研究中，如果有所谓“中心”与“边陲”，那么，两者之间的界限也是随着时间的流动以及思想的发展，而不断地推移，绝对不是僵硬局滞或一成不变。①

上述两点的响应与说明，点出“东亚儒学”并不是以“文化一元性”，而是以“文化多元性”为基础，强调“中心-边陲”的关系取决于“时间的流动以及思想的发展”的不断推移，也聚焦于东亚各国具体而特殊的关系脉络与情境的互动“之中”而不是“之上”，所以笔者称这种东亚儒学的立场为“超中心”论。这种“超中心”立场，如果放在“中心”与“边陲”关系上来看，展现了一种可以同时既是中心也是边陲，却又同时可以不是中心也不是边陲的流动关系。换言之，随着历史书页的快速翻动，本就没有永恒的“中心-边陲”之关系，所以黄俊杰近年来颇注意“区域史”研究的方法论，强调从“结果”到“过程”的转换、从“中心”向“边缘”的移动，以及从“文本”到“氛围”（或“环境”）并重，以破除过去重“结果”“中心”及“文本”，而有“文化一元论”与“政治一元论”的疑虑。②

黄俊杰的“东亚儒学”论述已有上述“超中心”论的特质，为何难以消除子安宣邦等人之疑虑？笔者认为子安的“去中心”的论点，让我们思考“东亚儒学”的提倡是否一定要以“去中心”为前提，或是一定要把中华文化作为“他者”，或是预设儒学一定是为帝国实体服务的“文化一元”论的学问。这样的论述可能对日本人有意义，但对韩国与台湾学者而言，在理论上也许可以成立，但在现实与情感上可能无法如此斩钉截铁地在文化上与中国文化划分界限。台湾汉人在血缘上多源自中国大陆的移民，历史文化的发展也多与中国大陆息息相关，与中国大陆“同文同种”，

① 黄俊杰：《东亚儒学研究的回顾与展望·序》，台大出版中心，2005年，第2—3页。

② 黄俊杰：《作为区域史的东亚文化交流史——问题意识与研究主题》，收入氏著：《东亚文化交流中的儒家经典与理念：互动、转化与融合》，台大出版中心，2010年，第9—16页。

绝不可能“去中心”(去中华文化中心),除非台湾人不说中文,风俗习惯、宗教文化也都变得与中华文化不同;至于韩国人纵然可以把中国当作“他者”,毕竟中、韩不是同文同种,但在文化上也无法“去中心”,特别是儒教文化传统,拔掉了儒教文化传统,等于否定了传统朝鲜的历史与文化,也等于否定了朝鲜时代曾经出现过优于中国儒学发展的光荣时期。以上可说是两者对中华文化的根本“态度”,因态度迥异,从而也使其对东亚儒学的研究“方法”难有交集。

如实言之,批判黄俊杰提倡的“东亚儒学”会流于“中华中心主义”论者,可以多去阅读其出版的诸多有关“台湾文化”或“台湾意识”的书,在这些书籍中他都透露出台湾在汲取传统中国文化及经历不同政权的历史经验中,已经淬炼出一种强烈的“多元论”的特质。黄教授说:

> 如果与传统中国文化比较,我们可以发现,台湾新文化与在大陆的传统文化最大的不同之处在于:传统中国文化所呈现的是政治主体支配政治以外的社会、经济、思想等主体,而形成“一元论”色彩颇强烈的文化传统。但是,在台湾新文化中则除了政治主体之外,社会主体、经济主体、思想主体均展现活泼的生命力,也具有某种自主性,而且处于激烈竞争之状态。整体而言,台湾新文化展现强烈的“多元论”(pluralism)的特质。
>
> 从这个观点来看,台湾新文化的形成及其发展的历史意义正是在于:它代表悠久的华人文化从传统的“一元论”向“多元论”的转化。在这个深具历史意义的大转化过程之中,作为传统中国文化的深层结构的“从属原则”(Principle of Subordination)——指文化中的诸多主体(如社会、经济等主体)均服从于单一主体(如政治主体)的支配,逐渐转化为“并立原则”(Principle of Coordination)——指文化中的诸多主体处于并立及竞争之状态。①

张载(1020—1077)昔日有言:“观书必总其言而求作者之意”②,类似上述引文的“多元论”观点出现在黄俊杰的许多著作之中。也正因为在台湾新文化的发展脉络当

---

① 黄俊杰:《战后台湾的转型及其展望》,台大出版中心,2006 年,第 235 页;并参看 Chun-chieh Huang, *Taiwan in Transformation: Retrospect and Prospect* (New Brunswick and London: Transaction Publishers, 2014), Chapter 9, pp. 175 - 188。

② 张载:《义理篇》,《经学理窟》,收入《张载集》,里仁书局,1979 年,第 275 页。

中，黄俊杰从“多元论”出发，再到“东亚儒学”的提出，早已超越长期以来受限于“中心-边陲”纷争的折腾，似乎不令人意外，而且前后一脉相承。质言之，“东亚儒学”在台湾的提出，并不是一夕之间迸出，也不是脱离台湾文化脉络所凭空拈来，而有其偶然与必然的历史背景与个人的机缘。如果我们追溯“台湾儒学”长期居于帝国边陲的历史，从明郑开始，到清领、日据时期，比较突显的是“遗民儒学”①；这与以整体国家作为单位的“朝鲜儒学”，显然并不相同。此外，关键的问题是，台湾与中国大陆“同文同种”，对中国大陆本有在文化上的向心力、政治上的离心力之特质，仅能表现出“超中心”的互动模式，但这个超越模式是对“整个”中华文化而言，不只是儒学而已；至于韩国与中国并非同文同种，但中国文化对韩国而言也不是“完全他者”，至少在儒教上有共同深厚的价值取向，而且在儒学的表现上又自认“优等生”，所以突显“韩国儒学”，一方面保住文化主体性，一方面可作为逆向传播影响到中国。由此可知，在台湾推动的儒学复兴运动，倾向用一种超中心的东亚儒学方式，与在韩国推动儒教复兴而保留“韩国儒学”的逆中心方式，两者都企图影响目前“中国儒学”论述的盲点，双方都意在保留自己文化主体性。台湾保住的是传统中国儒学的主体性，所以积极开发过去儒学在东亚的文化共同现象；韩国则保住自己本身具有优良特色的韩国儒学，积极地创造性地继承过去韩国本身的儒教传统。台湾所提倡的“东亚儒学”并不是将中国文化或儒学作为“客体”，而是采用“互为主体”的模式，关键由于台湾汉人族群与中国大陆具有同文同种的文化使然。因此，台湾学术界的“东亚儒学”视野与韩国“从周边影响中国”的“逆中心”之互动模式，仍然有互为主体及主客体之间的差别。

综而言之，黄俊杰所持“超中心”论的东亚儒学，走的是“超越”过去“文化一元论”而不只是停留于子安的“批判”之路。换言之，“超越”的与“批判”的“东亚儒学”之不同，在于因为“超越”所以“批判”，而不是因为“批判”所以“超越”。“超越”文化中心论，是以“过程”而不是以“结果”，对中华文化或儒家经典是既“入乎其内”又

---

① “遗民儒学”的提法，可参考黄俊杰：《论东亚遗民儒者的两个两难式》，《台湾东亚文明研究学刊》3.1（2006.6）：61—80。在这篇文章中如是说明“遗民儒学”：“在东亚儒学史上，儒家的‘道’以最鲜明的方式体现在‘遗民儒学’之中，在孤臣孽子的行谊中获得实践。在政权递遭风狂雨骤的时代之中，遗民儒者身经亡国之痛，抱憾终天，埋忧无地。他们既以儒学作为他们安身立命的精神故乡，儒学也因为他们全幅生命的投入而绽放异彩，别创新局。从儒学发展史的经验来看，‘遗民儒学’正是儒学传统中特见精神的组成部分。”

“出乎其外”的主客交融态度，既能欣赏儒家文化之优点，又能正视儒家文化的缺点。相对而言，上文所谓的“批判”文化中心论，则专注于预设“结果”来进行筛选的论述，对中华文化或儒家经典倾向于以“出乎其外”的态度进行研究，多着眼于儒家文化的缺点，容易忽视其优点。

因此，笔者认为台湾的“超中心”的儒学论述与韩国的“逆中心”的儒学论述对中国文化的态度，比“去中心”的否定方式或把中国“完全作为他者”，仍然有其基本的“文化核心价值”立场，但这个文化核心价值立场并不等同于“中华中心论”，更不是“去中心论”。质言之，“超中心”的“中心”指的并不是文化或政治霸权的中心，而是指每个文化有自己的文化“核心价值”，它与这个国家民族共同呼吸而已经成为与“自己”不可分的部分。就此而言，中国大陆经历过“五四”反传统、“文化大革命”，曾经把自己的文化核心丢弃过，所以中国大陆许多人都对这个文化核心感到陌生，甚至中国某些学者都反这个“文化核心价值”。而台湾有这个文化核心，当然更应该致力于对这个文化核心的保存、宣扬或去芜存菁；韩国也有这个文化核心（特别是儒教文化），更应珍视保存之而成为它自己文化部分的核心，为何不能期待这个文化核心的成长延续并关心它如何适应现代化，或改善两国的竞争紧张关系呢？所以这个在韩国与台湾所强调的“文化核心价值”，并不是所谓“中华中心论”，因为中华文化的“核心”可以在中国大陆，也可以在周边国家；也正因为中国周边国家正视这种文化的“核心”，故而甚至认为自己在“核心价值”的文化上有责任与义务回复“核心价值”本有的多元且和谐的面貌，以防止它朝向霸权的一元中心论，或变相成为排他性的中华中心论。笔者认为“东亚儒学”提倡之初衷在此。

七、结论

如果我们认真回顾的话，“东亚儒学”这个提法与概念正式出现在台湾学者的论述及著作中，并逐渐扩及中国大陆、日本、韩国等地的学术界，似乎是变得言之成理的一件事情。从历史背景来看，台湾社会没有经历过文化大破坏，反而保留了儒学文化传统，加上台湾社会属汉语语言体系，没有日本、韩国、越南学者学中文的第一层障碍，对古代典籍的掌握程度甚佳，甚至可说是保留中华文化元气之最佳场所。其次，站在各国主体文化立场而言，中国的儒学研究者眼中多是中国儒学，纵然偶尔触及日本、韩国、越南等儒学，大抵仍然笼罩在中国儒学中心论下，即便愿意跨出来的研究学者，也多属本文“顺中心”的互动模式。易言之，对多数中国学者而言，谈“东亚儒学”似乎是多余而没有必要的。

韩国学者则不太强调“东亚儒学”，且先不说不从事研究儒学者出现的排斥情况，一些资深的韩国儒学研究者也不轻易论及“东亚儒学”这样的课题，反而突显强烈的“韩国儒学”之特色，而且以独立而具特色的韩国儒学为傲。至于日本，因为战前对“东亚”一词的敏感，多数学者几乎也不谈“东亚儒学”，即便谈到“儒学”，也多持“批判儒学”的立场。由此可知，“东亚儒学”只能由居于边陲同时又具有强烈的“中国性”“东亚性”的台湾学者提出，既可消退“中心一元”论述的质疑，也可包容各国独特的儒学。吊诡的是，即使台湾学界提倡“东亚儒学”，也是一件吃力不讨好的事情；中国学者有“稀释中国”的疑虑，日、韩学者则不免有“中国中心”论的质疑。虽然这两项疑虑互相矛盾，但也确实可以看出“东亚儒学”的提法，常使当代中、日、韩学者将他们对当前现况的关怀，读入“东亚儒学”学术领域之中。

由此看来，“东亚儒学”在台湾的推动与发展，似乎是最包容且多元的，同时也最具有客观性的“东亚性质”。在中国大陆，也许因为历史上的文化、军事与朝贡体制的巨大影响，往往以自己为中心，无法比较持平地从“东亚”出发思考问题，出现“太不东亚”的现象；在日本，也因近代“大东亚共荣圈”对东亚各国的伤害，曾经出现过殖民帝国目的的“太过东亚”之现象，“东亚”的思考课题曾经因为忌讳或敏感的关系而在战后消失一段很长的时间，直到1990年因“东亚共同体”的经济议题，“亚细亚”或“东亚”才又成为热门讨论的话题。至于韩国，历史上并没有在军事或经济上主导过“东亚”，但自从东南亚国家联盟（ASEAN）成立以后，历任总统都从经济、国防、韩美同盟的基础上，积极讨论“东北亚统合”“东北亚多边主义”乃至“东亚共同体”之课题。因此，我们如果将台湾目前的“东亚儒学”研究现象，放置在中日韩从过去到当代的“东亚论”之历史轨迹上，也许就会看出它们之间的不平衡，以及“东亚儒学”的出现在当今台湾学术界的重大历史意义。首先，在地理上处于边陲的台湾谈“东亚儒学”，比较不会有“自我中心论”的疑虑。其次，“东亚儒学”的提法既重普遍的课题，也强调特殊的面向，在“存异求同”的方法论上，追求多元共存、共享、共同欣赏的依存关系。再者，“东亚儒学”着重儒学在长远文化上的彼此共通交流、经典思想沟通、民间友朋之心灵交流，而不是基于现实短期利益的经济、军事、政治、民族的东亚利益结盟关系。最后，“东亚儒学”所采取的“超中心”立场，仍然承认有一个“文化核心价值”，但既不是“中华中心论”，也不是“去中心论”，而是承认并尊重每个文化核心价值彼此涵摄，正如朱子（晦庵，1130—1200）所说的“不即不离”之关系。就此而言，“东亚儒学”的提法实有其深远的意义及其必要性。

（作者单位：台湾师范大学东亚系）

回应论文

前近代中日学界关于"制心"问题的讨论

韩东育

中国思想中的"心",在西方人眼里是一个奇怪的概念。他们词典中的 heart (拉丁语作 cor),原是人的生理器官——"心脏",而能与中国人思考意义上的"心"构成对应关系的,大概也只是意思单调的 thinking。这多少接近于孟子所谓"心之官则思"(《孟子·告子上》),也形似王守仁的延伸说明:"心不是一块血肉,凡知觉处便是心","知是心之本体,心自然会知。"[①]谙熟东西方学术的梁漱溟,应该更了解中国之"心"与西方相关指代的本质性差异:"心非一物也,固不可以形求。所谓人心,离开人的语嘿动静,一切生活,则无以见之矣。是故讲到人心必于人生求之";"古语云:'直心是道。'求真恶伪者,即人心之直也。伪者欺伪,伪则不直,故恶之。求真,非他,只不自欺耳。求真恶伪是随着人心对外活动之同时自觉中,天然有的一种力量。"[②]梁氏所谓"天然有的一种力量"中,明显刻录着"我固有之"的中华传统烙印。

一、"以心制心"言说间的内在龃龉及其反论

唐代李翱的"尽心知性"说,无疑来自思、孟[③];而"心"和"性"包括与两者相关的

---

① 王阳明:《传习录》,《王阳明全集》上册,上海古籍出版社,1992 年,第 121、6 页。

② 梁漱溟:《人心与人生》,学林出版社,1984 年,第 2、59 页。

③ 李翱:《复性书》,《全唐文》第六三七,中华书局,1983 年,第 6434 页。

全部概念,则似乎早已被孟子一气贯穿(《孟子·尽心上》)。孟子这样做,当归因于他最早给人"心"赋予"四端"即"仁义礼智",并予以绝对意义。从此以后,"心"便逐渐演变为具有高度自律功能的内在控制装置,而关于该装置得以成立的原因,思、孟的解释亦似乎未见差异,即"仁义礼智,非由外铄我也,我固有之也,弗思耳矣"(《孟子·告子上》)。"心"既然被赋予了"绝对"的价值,那么,孟子将人的四肢百体亦依此甄别出贵贱高下和三六九等,好像也就没有什么应否可以计较。起初,当他抛出"体有贵贱""人有大小"等命题时,学生公都子曾表示不解,于是才有了"耳目之官不思""心之官则思"等议论的发生。由于孟子认定"心"的内在管控力量远强大于外在的礼法规约,因此,他十分反感告子否定"仁"以外其他"三端"意义的说辞,尽管他似是而非的回敬不如弟子们的代答更符合其思想逻辑。但这却意味着,孟子似乎只有通过价值坚守和不懈论证,才能使自己的理论和实践保持逻辑上的圆通和一贯性。于是他要求,小自口腹耳目,大到生死抉择,凡有操守者,其生命当中的全部知行活动,都不应离开这一内在的道德命令和精神规定。孟子的"舍生取义"名句(《孟子·告子上》),还为世人展示了"君子"们在大限将至或慷慨就义时的凛然和决绝。

思孟理论给儒学带来的心性化转向,就学术背景而言乃诱发于老庄抽象"道德"刺激下的心性论补足需求,正如韩愈为弥补中华"世典"在形而上学上不及佛教的缺憾乃以"三书"经典(《孟子》《大学》《中庸》)去代替"六经"体系一样。然而如实而论,起初在学理上最接近孟子逻辑的思想发挥者,当首推李翱及其《复性书》。这样讲,是因为李翱所谓"性""情"对立,几乎完全沿袭了孟子的"大体"与"小体"、"本然之性"和"气质之性"等早年框架。为了证明孟子"我四十不动心"且证明儒学高于佛学,"静"亦不如"诚",李翱还以设问的方式具体描述过"不动心"的状态和儒胜于佛的妙处[①]。可是,当宋儒朱熹对孟子和张载表示赞赏,认为"性、情、心,惟孟子、横渠说得好:仁是性,恻隐是情,须从心上发出来,心统性、情者也","心,主宰之谓也","心是管摄主宰者,此心之所以为大也"[②]的时候,李翱言说的偏颇处才逐步显露出来。换言之,李翱为与佛学争高下而抛出的"正思者,无虑无思"和"知本无有思"等观点,显然连孟子"心之官则思"的前提也丢弃了。表明这时的李翱已经把孟

---

① 李翱:《复性书》,《全唐文》卷六三七,第6433、6435页。

② 朱熹:《朱子语类》,黎靖德编,王星贤点校,中华书局,1994年,第93、94、97页。

子的“心”等同于“性”，而且还只是所谓寂然不动的“本然之性”。这或许可以被视为其泥守于孟子“我四十不动心”命题的结果，但“不动心”不等于“心不动”，而且事实上，孟子对“心”的变动不居实态还是有着清醒认识的：“孔子曰：‘操则存，舍则亡；出入无时，莫知其乡。’惟心之谓与？”（《孟子·告子上》）而朱熹的相关理解，似也未尝离孟子太远[①]。这表明，李翱为了灭“情”复“性”，已不惜把鲜活的“心”弄成鲜有生机的枯槁，以为只有这样，“性”才不至于为“情”所惑，也才可以最终控制“情”并消灭“情”。这一“心＝性”的等式逻辑，显然与朱熹对孟子的心性论诠释，发生了微妙的差异——“心”乃由两部分构成，一曰“性”，一曰“情”。其中，“性”又分为“本然之性”和“气质之性”，而只有“气质之性”才易于滑入“情”并堕为“欲”。唯此，“心”便应具有强大的自律功能从而发挥“以心制心”即“心统性情”的自控作用。这种分析，无疑比李翱的“一刀毙命”式多把握一些原理上的回旋余地和逻辑上的通达性。有趣的是，明儒王守仁为了证明“心”所固有的恒定自控力，还不惜否定了孔子“操存舍亡”的人“心”属性[②]。然而，这些林林总总的细微差异，并未构成上述言说之间的本质性背反。因为无论是强调“枯槁之心”还是“鲜活之心”，也无论是主张“以性灭情”“心统性情”还是否定“心有出入”，它们的主张者均试图通过“心”来控制“情”并最终消灭“情”。所以问题的本质并不在此，而在于下面难以解释的系列疑惑，即“以心制心”论果真成立吗？如果不成立，那么，怎样的知行理论才能真正发挥“制心”的功能？

在回答这些问题之前，孔子当年的一个说法显然无法避谈：“已矣乎！吾未见能见其过而内自讼者也！”（《论语·公冶长》）关于“内自讼”，朱熹的解释是：“‘内自讼’者，口不言而心自咎也”，“‘已矣乎’者，恐其终不得见而叹之也。”（《四书章句集注·论语·公冶长》）孔子的感慨，缘于他对人们心口不一现象的长期审视和反思：“始吾于人也，听其言而信其行；今吾于人也，听其言而观其行。”（《公冶长》）正因为“不光要听他怎么说，还要看他怎么做”这种“以行察知”的人心观察方法已成为孔子待人接物的基本准则，于是，后儒无论想怎样通过圣人的言论来支持自己的“内自讼”——“以心制心”观点，都不易找到确固的对应点。韩愈没有贸然将《论语》纳入其心性论体系中，反映了他的谨慎（韩愈：《原道》）；而李翱明知无法“以情止情”

① 朱熹：《朱子语类》，第1400页。

② 王阳明：《传习录》，《王阳明全集》上册，第18页。

却强迫人去“以心制心”这一顾此失彼的做法，则只能归因于他缺乏这一谨慎[①]。至于王阳明所谓“心学四诀”（四句教），还几乎在弟子们的讨论中被解构了。王阳明的“四句教”，特别是他那句“无善无恶心之体”，不但在本体的意义上虚化了孟子所谓“固有”之“善端”，还不啻把自己变成了告子的代言者；而“破山中贼易，破心中贼难”等阳明子隽语，也只能使“为善去恶是格物”的内在自我格斗不得不转向外在物理矫正，即“事上磨练”[②]。正由于在心学表述上出现了上述乱象，所以，《尚书·商书·仲虺之诰》中“以义制事，以礼制心”[③]之固有意义，才始终无法被人为取缔。据清代学者阎若璩考证，“《仲虺之诰》，在《荀子》作《中蔄之言》，《左传》作《仲虺之志》，《史记·殷本纪》作《中骅》”[④]。这种反对“慎独”“良知”之道德自治，进而主张由“他律”取代“自律”的人事治理方法，事实上曾在社会失范、人心失控的春秋战国时期，引发过一大批伦理、政治学者的追捧，而且按照韩非的说法，那些崇“心治”而弃“法度”的做法，已不啻废公立私的“私智妄作”并亟待禁绝（《韩非子·饰邪》）。不宁唯是，宋代的陈亮、叶适和清代的戴震、章学诚等一大批思想家，亦纷纷附议首肯之，从而在中国历史上形成了迤逦不断的实务主义思潮。值得注意的是，当中华世界的“心性命理”和“实学事功”这两种学说同时漂洋过海并驻足日本后，曾引起过日本官、学各界的高度重视，以至于江户时代中后期，这两种对立的学说还被日本人放置到解剖台上，或条分缕析，或入室操戈，在日本学界上演了一场不为中国所知的学术论战。有学者甚至认为，这场历时一个多世纪的思想缠斗及实学派的胜出，还为日本的早期近代化奠定了本土的思想基础。[⑤]

二、江户日本学界的“以礼制心”说及其盲点

形成于中国南宋时期的朱子学，在镰仓中叶即开始了东传日本的过程。这一过程略显漫长，直到江户时代（1603—1867）初期，日本学界才对朱子学有了体系性

① 李翱：《复性书》，《全唐文》卷六三七，第6434—6435页。
② 王阳明：《传习录》，《王阳明全集》上册，第117、168、12、92、103页。
③ 阮元校刻：《十三经注疏》上，中华书局，1980年，第161—162页。
④ 阎若璩：《尚书古文疏证》（上）卷二，上海古籍出版社，1987年，第246页。
⑤ 丸山真男：《日本政治思想史研究》第一章第三節，東京大學出版會，1952年。

的认识和把握。然而,朱子学几乎在被"京学派"树立起来的同时,即招来了许多学者的批判,而且随着时间的推移,这种批判还日趋猛烈,致使朱子学在日本学界的日渐式微和"古学派""国学派"乃至"启蒙学派"的先后崛起。

日本人所理解的朱子学,一般被呈现为以下概念结构[①]:

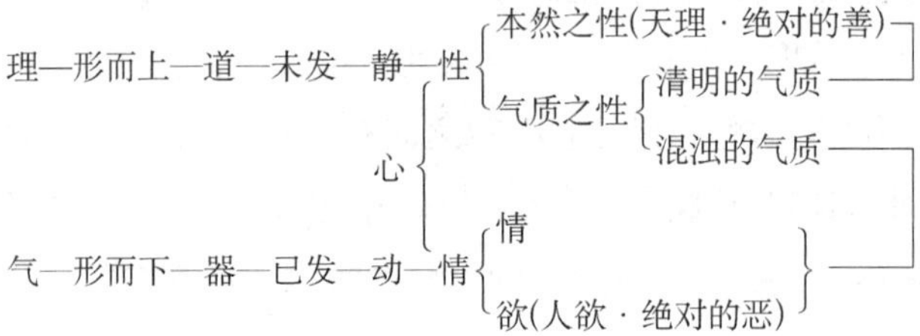

在这个图示中,朱子学俨然被铺展于一系列对立项中。这对于充满实务诉求和昂扬向上气氛的江户日本而言,无疑十分重要。换言之,在中国被朱子学斥为"气"的大部分选项,恰恰是日本社会所急需者。于是,在这一特定的时空背景下,日本学界对朱子学的怀疑甚至批判,便通过易于被日本各界所接受的方式,次第展开。贝原益轩(1630—1714),是日本江户时代初期的儒学家和平民教育家。他早年笃信并专讲朱子学,可晚年却对朱熹的学说产生了怀疑,认为天地之间都是一气,理气绝是一物,无先后,无离合。在这样的基本判断下,他采用两端观照的方法,对朱子学提出质疑:一是用孔孟证伪,一是以佛老归谬。尽管如此,贝原对朱子学仍停留在褒贬两难的怀疑上,而并无颠覆之意。[②] 可到了"古学派",特别是古学派集大成者徂徕学派阶段,日本学界对朱子学乃至思孟学派的看法开始发生质变:"一日凤冈过柳泽侯,侯使徂徕伴接。凤冈谓曰:'闻汝近倡异说以驳程朱。驳程朱犹恕之,然其驳程朱者,乃驳思孟之渐也。至驳思孟则吾决不少假之。'徂徕顿首拜谢。"[③]实际上,"驳程朱"这一步的迈出,在当时的日本思想界已殊属不易。按照松宫观山的说法,在当时,"圣门之学,无非论心者也"[④]。这意味着,对朱子学的宣战,势必要直面"心性"论者的普遍不满和围攻。[⑤]

---

① 韩东育:《日本近世新法家研究》,中华书局,2003 年,第 86 页。

② 日本思想大系 34《貝原益軒》,岩波書店,1970 年,第 401、397、400、388 頁。

③ 原念斎:《先哲叢談》卷一《林鳳岡》,平凡社,1994 年,第 49—50 頁。

④ 國民精神文化研究所編:《學論二編》,《鬆宮観山集》第二卷,第一書房,1987 年,第 86 頁。

⑤ 小島康敬:《徂徠學と反徂徠》,ぺりかん社,1987 年,第 54、218 頁。

徂徕学又称“古文辞学”，是日本近世中期以批判程朱理学和思孟心学为特征的学术思想体系。该学派创始人荻生徂徕(1666—1728)，长期致力于将形而上理想还原为形而下实践的实学转换工作，并将这一工作展开于从“人性论”到“人情论”、从“仁论”到“礼论”、从“天论”到“人论”等一系列转变过程中。[①] 其中，从内在自律的“仁论”到外在他律的“礼论”之转变，集中体现了江户时代日本思想界对“心性论”的反思主旨。徂徕反对那些“信仰朱子学，以理学为筋脉，专行心上诠议”的儒者，在处理弃母逃生案时，曾果断地把罪责判给了弃母者所在地的地方官员[②]；而处理“赤穗四十七义士”案件的原则是：“义者洁己之道，法者天下之规矩也。以礼制心，以义制事。……若以私论害公论，则此后天下之法无以立。”[③]

如前所述，“以义制事，以礼制心”的人事对待原则出自《尚书·商书》的《仲虺之诰》篇。荀子对《中岿之言》(《仲虺之诰》)的研究意味着，荀学摈弃内在“心治”而大倡外在“礼治”的学术主张，承继了包括孔子在内的先王先哲对充满不确定性之“心”的怀疑主义态度。实际上，孟子从“心”中去寻找天然善的“性善论”和人生最大课业乃“求其放心而已矣”(《孟子·告子上》)的知行构图，已明显遇到了人的善行究竟是先天属性(仁爱)还是后天习得(礼乐)这一重大理论问题。它与荀子及其“性恶论”之间发生争执，原属正常；而荀子能明确提出“人之性恶，其善者伪(人为)也”之命题，是因为在他看来，孟子的天然“性善”说几乎无法用内心来证实，却可以被外物证伪(《荀子·性恶》)。荻生徂徕在“回到先秦”“回到诸子”的学术路途中，显然遇到了同样的问题；而他对荀子学说的追随甚至笃信，则凝结于其早期作品——《读荀子》(1706)一书中。《荀子》这部给徂徕学赋予了基础理论框架并规定其逻辑走向的重要著作，历来为日本学界视为徂徕学的“祖型”。然而值得注意的是，由于“性善论”和“性恶论”均将人的善、恶属性归诸先天固有，加上两者都极力排斥不待“思虑”或思虑发生前人的基本欲求和欲望——“人情”，因此，徂徕对于其理论“祖型”荀学，往往只取“礼乐”而不取“性恶”，在提倡外在规约的同时，则补之以韩非子“凡治天下，必因人情”(《韩非子·八经》)的“人情论”。其内在逻辑可以被表述为：“大抵心、情之分，以其所思虑者为心，以不涉思虑者为情”，“故心能有所矫饰，而情

① 韩东育：《日本近世新法家研究》，第二章。
② 荻生徂徠：《政談》，日本思想大係 36《荻生徂徠》，岩波書店，1973 年，第 289—290 頁。
③ 韩东育：《日本近世新法家研究》，第 75 页。

莫有所矫饰。”[①]由于“人者，人情也”，而“人情”又每每表现为“人欲”，所以，“人欲”之不可去，犹“人情”之不可无：“人欲者，人之所必有而不可去者也。程、朱乃言‘人欲净尽，天理流行’，岂不妄哉！”唯此，理想的政治就应该是“道”合乎“人情”而不是相反，即：“至道固不悖人情，人情岂必皆合道哉！”[②]他明言，指望那颗难以把握的“心”从内部来控制人的不易把握的外在行为，不异于痴人说梦：“善恶皆以心言之者也。孟子曰：生于心而害于政。岂不至理乎？然心无形也，不可得而制之矣。故先王之道，以礼制心。外乎礼而语治心之道，皆私智妄作也。何也？治之者心也，所治者心也。以我心治我心，譬如狂者自治其狂焉，安能治之？故后世治心之说，皆不知道者也。理无形，故无准。”又说：“夫斟酌者何？求合人情也。传曰：非从天降也，非从地出也，人情而已矣。则圣人之制礼，本于人情矣。故今行礼而求合人情，可谓弗悖矣。”徂徕自觉对古今人情的认识是清醒的，对韩非所谓人“皆挟自为心也”的命题，亦有着深刻的觉解。“以利害为心者，凡人之情也”，“或曰名利得失，毫不动心，皆不知道者之言也已”等言说，为我们理解徂徕何以会反对以朱子学为代表的宋儒，提供了便利。第一，宋儒将“仁”内在化为“爱之理”“心之德”；第二，宋儒“以仁为性”；第三，宋儒以“性”来变化“气质”；第四，宋儒于“心”上求“仁人”；第五，宋儒以“修身”为“仁”之本。他慨叹那些泥守于“内圣外王”的儒者，以为一个简单的自我教化——“修身”，就可以平步“治国安邦”的政治领域：“（后儒）谓天下国家举而措之。是以其解仁，或以天理，或以爱，专归重于内，而止于成己，岂不悲乎！”他的话，显然还会伤及那些自视清高的心性学者：“无用之心法诠议、理非之争等，可谓无用之学也！”[③]

顺着这一逻辑，徂徕弟子太宰春台（1680—1747）的措辞，似尤显激烈。他先是回到人事治理规则的原点，将“仲虺之言所谓‘以义制事，以礼制心’”奉为圭臬，继而请出孔子，以强调圣人何以“不教人治心”的道理：“孔子曰：‘操则存，舍则亡。出入无时，莫知其乡，其心之谓与？’孔子之说心，唯此一语，他不经见。亦可以见先王之道，不务治心也。孔子特语心之去无定处尔。夫人心者，善动之物也。……圣人明知心之不可治，故不教人治心也。然则圣人果弗治心乎？曰：圣人未始不治心，

① 荻生徂徠：《政談》，日本思想大係 36《荻生徂徠》，第 242 頁。

② 荻生徂徠：《荻生徂徠全集》第一卷，河出書房新社，1973 年，第 380、391、314 頁。

③ 荻生徂徠：《政談》《弁名》，日本思想大係 36《荻生徂徠》，第 205、540、543、215、512、444 頁。

而不必治耳!”他对心性论的来源是清楚的,唯此亦十分欣赏荀子的说法:“《中庸》所云之重诚字说,子思以前未有也。荀子诽子思,即以此义也。(子思者)毕竟后世心学之鼻祖也,故不可谓荀子无见地也。”①在他看来,那些大讲“习得心性之学即可垂拱而治”者,其实他们首先便无法做到:“其心虽思圣人之道,而其实则难去私癖”,其终则“皆违心者审矣”②。他发现,人的实情,即便人中君子亦未尝可以违拗。君子与常人的不同,只在于他可以通过外在的礼数来管控自己的行为,而不至于信马由缰:“圣人之道也,外见妇女,心思之美女也。虽悦其色,而身无非礼之举者,即为守礼之君子也。‘以礼制心’云者,是之谓也。所谓治心,谓其心之欲,不可随意放任而遂之之谓也。”为此,春台还特举《左传》中“宋华父督见孔父之妻于路”的故事,以为论证之典据③。

春台所捕捉到的,或许应该被理解为“心”的单纯本质,即“心”作为“活物”,不过是对生命本身的自然反应而已。“见其美而告人曰不美则诈也已”“君子小人皆趋利避害”这一人之“好色贪利”之欲,在春台看来,应该是人心的真实。通过将变动不居之“心”的“生物学”特征(“活物”)和“见色生情”“见利生欲”之“心”的“生理学”特质(“利物”)合而观之,春台仿佛极大地接近了人心的本来状态和单纯本质。正是在“活物”之“人心”的比照下,宋儒的“性理之心”就自然变成了“死物”。在这些“事实”面前,不解人情者反欲治国平天下,又如之何而可能呢?然而,当对外部规矩的重视臻于极致,太宰春台的表述亦开始走向极端:“圣人之教,首重衣服,休问内心如何。但先着君子之服,习君子容仪。其次,教君子言语。如是久之,则渐成君子之德矣。德者,非别物也,衣服、容仪、言语之所凝者也。此义可见诸《礼记·表记》。圣人之教,由外入内。惟纯粹圆熟,方可表里一致。”④细心者不难发现,在剔除了“仁”和与“仁”有关的部分之“礼”后,太宰春台的正当性中,不过只剩下了“仪”而已。这至少带来了两个方面的新问题:首先,就日本文化而言,其过于务实的生活态度和思想倾向果真能解决人心问题吗?如果能,大量的自绝自杀现象和全无人性的对外屠戮行为该如何得到解释?如果不能,何以中国史籍当中会有“海

① 太宰春臺:《聖學問答》《斥非附録》,日本思想大係 37《徂徠學派》,岩波書店,1972 年,第 76、423、103 頁。

②《荻生徂徠》:《弁名》,日本思想家大係 36《荻生徂徠》,第 449 頁。

③ 太宰春臺:《聖學問答》《斥非附録》,日本思想大係 37《徂徠學派》,第 126、423 頁。

④ 太宰春臺:《聖學問答》,日本思想大係 37《徂徠學派》,第 95 頁。

东之国未有贤于日本者”(《明太宗实录》卷五十“永乐四年春正月己酉”)等溢美之词？其次，对中国文化来说，传统的“心性”理论若果真如此不堪，它的作用发挥何以会历时千载而不衰？是什么样的因素能够给“心”赋予如此强韧的力量？可反过来说，既然君子的成就离不开“修心养性”，那为什么在中国历史上会产生那么多的空论家甚至伪君子？这意味着，中日学界的“制心”否定论，恐怕与“心性”问题曾经遭遇的简单化处理有关，而这种处理还普遍造成了东亚学界在相关认识上的盲点。

三、盲点的发生逻辑与内外守恒

心性论的盲点，应发生于对问题原点的偏执性剪裁。如前所述，孟子出于自律原则对心性论的“天然善”定位，无疑会招致荀子他律指向下的“天然恶”之对抗。但是，心性的善恶标准就原理而言，乃型塑于社会的伦理价值、政治价值、历史价值以及人类长期进化而来的灵长类基因，而非任何人之想当然。在这个基本判断下我们发现，后学对孟荀思想的极端性理解，其实已把他们的思想切割成了截然对立的单向度体系，致使两者的很多客观性表述，因无法纳入“全立场”的观察视野反而被排除于孟、荀本人的思想体系之外。然而事实是，即使是特殊强调“性善论”的孟子或“性恶论”的荀子，似乎都未尝从以上基本判断中真正走失。

孟子曾明确讲过“仁义礼智，非由外铄我也，我固有之也”，但他同时还说：“君子所以异于人者，以其存心也。君子以仁存心，以礼存心。”(《孟子·离娄下》)问题是，既然仁义礼智“非由外铄我也，我固有之也”，那又何必要求“君子”们再去走一道将仁和礼内化于心的内置程序呢？我以为，这恰恰意味着，仁义礼智伊始并不是、至少还没有升华为内在的心性道德，而只是外在于人心的社会伦理规则；同时也意味着，孟子本身并非不知道仁义礼智本发乎外的道理，只不过是把重点措置于“存心”后的心性提升和道德强化工作而已。其所谓“仁，人心也；义，人路也”(《孟子·告子上》)等说法，已形象地交代了这一点；而“义，人路也”中的“义”，在《礼记·丧服四制》中则不仅不在“心内”，甚至还被排除于“门内”，被定位为纯粹的外在规则和人事管理准绳：“门内之治恩掩义；门外之治义断恩。”

与此相似，偏执于外在礼乐的荀子，也并非对“心”的现象及其功能作用全无觉解。不仅如此，当人们看到其相关文字时还会惊异地发现，他对“心”的理解程度其实并不比孟子差。荀子描述过人每逢心不在焉或失魂落魄时四体五官的“麻木不仁”反应(《荀子·正名》)。他发现,人的知行活动应该展开于“入乎耳,著乎心,布乎四体,形乎动静”(《劝学》)之过程。这意味着,“心”才是主宰人之一切的枢机,且具有难以为外物所动的自主能力(《天论》《正名》)。他甚至认为,只有虚静的“心”,才是“道”的感知器(《解蔽》)。荀子的“化性起伪”(《性恶》)说虽表现出鲜明的“木受绳则直,金就砺则利”(《劝学》)的他律道德倾向,但在仁义等外在价值应内化于心并努力坚守的程序和态度问题上,荀子的看法与思孟之间似未尝有异(《不苟》)。

那么,该如何解释以上现象呢?我以为,这些矛盾当发生于东周时代的“礼崩乐坏”时以及知识界为保存周礼而发起的“藏礼于仁”却又不甘于“藏礼于仁”的思想运动中。孔子无疑是这场运动的最早发起者(《学而》《八佾》《颜渊》《阳货》),甚至连“亲亲→尊尊”这一周制根本,也被完好地保存到“仁”的范畴中来(《学而》)。“礼”虽然内在化为“仁”,但“礼”的基本原则并未被改变,而且孔子把“礼”内藏于“仁”的目的,是指望日后机会降临时再将“礼”外在化,来恢复周代的礼乐制度(《卫灵公》)。然而时至战国,“礼崩乐坏”程度日深,由“言必称利”和“杀人盈城”现象所造成的政治无力感加上道家超然物外的形上论压迫,逼使孟子只能去全力捍卫“心”这个唯一可以内藏和保存西周礼乐制度的精神载体,并以为只有把孔子的“仁”和老子的“性”璧合为人与生俱来且不容置疑的“善本体”,才能为仁义礼智“四端”固有于“心”的“性善论”赋予绝对的属性。但是,孟子的不甘亦同时表现为其谈“心性”亦谈“井田”、言“恒心”亦言“恒产”等的外在实践冲动上。孟子把“复礼”大任悉数寄托给一个纯粹的精神群体——“士”,并不意味着他不懂“恒产”与“恒心”的因果关系——“民之为道也,有恒产者有恒心,无恒产者无恒心。苟无恒心,放辟邪侈,无不为已”(《孟子·滕文公上》),而只是表明其无力回天时的不得已选择:“无恒产而有恒心者,惟士为能。”(《梁惠王上》)按,孟子约生于公元前372年,卒于前289年。其出生59年后,荀子诞生(约前313—前238)。孟、荀虽有近24年的生命交叉期,但从荀子在稷下学宫“三为祭酒”“最为老师”时已五十几岁(《史记·孟子荀卿列传》)等情形看,荀子的名噪士林阶段距离孟子的学术成熟期在绝对时间上已晚了半个多世纪,且荀子卒年的公元前238年,离秦国发动大规模统一战争的公元前230年,也只剩下8年时间。以上推算的意义在于,与孟子对时势的绝望而不得不寄望于理想王国的理论指向不同,荀子已经明显看到了天下大势,并断定那将是一个外在政治力学要发挥主导和决定作用的礼乐刑政时代。所以,他尽管充分注意到“心”在人的自我控制中所具有的特别意义，但在如此动荡的年代和政治大势面前，其作用的发挥却只能越发式微甚至于事无补。这恐怕也是荀子何以最终将自己的精力全部倾注于外在政治的原因所在。侯外庐指出：“一般说来，荀子的礼的思想，源于儒家的孔子，然而他的天道观和所处的时代不同于孔子，因而他的礼论，也就变成了由礼到法的桥梁。……这一段话（指《礼论》的开篇部分——引者注）所说的虽是礼的起源，但他所注视的却是法——‘物’的‘度量分界’。如果把引文中的‘礼’字换成‘法’字，不就成为法的起源论了吗？”①荀子能成为韩非的老师，并且韩非对“心治”的高调排斥和“不务德而务法”等大声疾呼，与上述时代走势显然无法分离。当然，法家的显学化，也终于使这一他律强化理论被推向极端。值得注意的是，韩非（约前280—前233）死后第3年，秦始皇便开始了吞并六国的统一战争；而无论人们怎样强调秦朝的短命与韩非等法家无关，秦始皇对韩非理论的激赏却是难以被抹去的事实。

然而，当我们把眼光转向日本时，黑住真教授的一个观察可以为研究者开启别样的视角，即：“与岛国的地理位置有关，日本与中国大陆、朝鲜半岛间的‘距离’使得以儒教为核心的思想不必保持‘原产国’的历史过程和体系，也不必讲求先后顺序而一并涌入……也就是说，日本社会对儒教进行了比较自由的调整……这样一来，儒教中所包含的宗教权威和士大夫观念道德秩序等性质被削弱，而探求的重点转移到了实用知识、伦理、政治等技法性方面。”②这意味着，日本学界在运用中华思想来思考和解决本国问题时，一般不会考虑那些思想的发生背景、流变规律甚至矛盾现象，而更多只根据自身的社会需要和精神诉求来导入并剪裁对方的理论体系，哪怕其思想和行动每每会走向偏颇甚至极端。由于强调他律的重要性并由此而突显儒门自律道德之弊端，荻生徂徕的言论不但被指摘为“驳程朱者，乃驳思孟之渐也”，甚至被指责为找到心性论的“始作俑者”，竟不惜逆溯孔子，试图从根源上否定儒学的政治价值③。顺着这一思路，徂徕的再传弟子海保青陵（1755—1817）甚至公开否定了其祖师亦未敢小觑的中华“先王之道”：“先王之礼乐刑政，美则美矣，而于今无用。不啻闲余之谈，童子玩具也！”他甚至认为，被儒家称为“霸道”者，才是真

---

① 侯外庐等：《中国思想通史》第1卷，人民出版社，1957年，第575页。
② 黑住真：《近代化经验与东亚儒教：以日本为例》，《二十一世纪》，香港中文大学，2004年12月号。
③ 荻生徂徠：《荻生徂徠全集》第一卷，第513、463、562頁。

“王道”，而儒者所谓“乱世”，才是真正的“治世”！[①] 然而，青陵的发言在日本或许然，在中国却未必然。司马谈的《论六家要旨》，称法家“可以行一时之计而不可长用也”；贾谊在《过秦论》中也讲，秦朝的速兴速灭是因为“仁义不施，而攻守之势异也”。青陵显然更不了解汉初对秦政的纠偏行动曾一度步入另一个极端——董仲舒“《春秋》断狱”理论下的“原心定罪”法（《汉书·哀帝纪》）和酷吏张汤竟由此而恶意生成的“腹诽之法”（《史记·平准书》）。这种认识反差的形成，表明日本学界其实并不真的了解中华思想的变动背景和具体过程，当然对于该思想可以企及的高度和深度，也就缺乏必要的理解。就是说，他们把对方并非简单的思考简单化了。

首先，日本学界对中国思想之所以发生的事实背景，还缺乏必要的了解。他们无法感受孟子大倡“心性论”的原因乃起自对“猛于虎”之现实“苛政”的绝地反抗，也并不了解朱熹终极思考的“理一元论”实发生于北宋王安石变法的失败和南宋偏安的金瓯有缺的现实，更无法理解王阳明在明廷政治发生严重危机时何以会如此强调“心学”[②]。

其次，在思想的高度和深度上，日本学界的思考还存在着巨大的提升空间。带着日本的感觉，丸山真男笔下的朱子学及其普遍联系思维每每颇显不堪[③]。朱熹的确说过“天下无无理之气，亦无无气之理”，但当理和气需要两者择一时，朱子学理论体系中却“惟余理而不见气”。用朱熹自己的话说就是：“未有天地之先，毕竟是先有此理”，“万一山河大地都陷了，毕竟理却只在这里。”[④]这其实已呈显出理学的终极属性：既找到了与老庄“先天先地”之“道”的结合点，也仿佛在超时空的“理”世界中实现了“道”与“心、性、天、理”间的一体圆融。尽管这种极致性表达无法证明其与《论语》“性与天道”论之间的同质关系，也尽管孔子从来就没有对此作过任何阐释，但是，迄今的哲学科学和全部知识体系却无法对朱熹的表述进行辩难和证伪。一个必须承认的事实是，朱熹发现了人类法则乃至天地标准的有限性和宇宙规律的无限性这一重大理论问题，借用冯友兰的话说，他其实发现了“高于道德价

---

① 海保青陵：《海保青陵全集》，蔵並省自編，八千代出版株式會社，1976 年，第 395、525、526、14 頁。

② 参见余英时：《论戴震与章学诚》，生活·读书·新知三联书店，2005 年，第 338 页；余英时：《现代儒学论》，上海人民出版社，2010 年，第 11 页。

③ 丸山真男：《丸山真男講義録》第 4 册《日本政治思想史·1964》，東京大學出版會，1998 年，第 25—26 頁。

④ 朱熹：《朱子语类》，第 4 页。

值的价值”，即“超道德价值”[①]。日本学界对理学的批判尽管很符合日本社会的发展需求，但也有诚实如丸山真男者的坦率和直言，即“观念论”是日本思想传统中的一大弱项。它使日本人对有关规范的理想和对作为历史的创造者与计划者之超越神等能够脱离时间制约的绝对者的构想，表现出一定的能力欠缺。这使得日本人的政治行动缺乏规范性制约，在政治手段的使用上，亦显得比较“自由”。于是，反道德和奇袭、谋略等行为受到称赞，而战略上的思考和长远目标的设定能力却颇显薄弱。然而，在阙失普遍主义观念论的日本人身上，倒也突显出其他民族，特别是在中国人身上所少有的特点，即脱离观念论的实证主义、以现实为中心的进步观、传统习惯对进化论的开门延纳，以及对空想和理想主义的不自觉排斥等。由于观念论和形而上学对于时间的所谓自由构成和操作观念，即站在时间之外来操作时间，进而干预历史本身的主体观念，在不长于如此思考的日本人身上不易产生，因此，历史认识过程中带有附加和随意色彩的主观主义和价值判断，便很少出现在日本的史书当中。[②]

再次，用物理手段去诠释心理活动，因不甚了解唯此亦难以理解在长期而发达的成熟文明下累积而成的人性基因和自律能力，遂只能使结论的适用范围变得逼仄和狭窄。受韩非子“目不见睫”言说的影响，海保青陵试图通过“我观我”的方式，对人在外物刺激下的“心理反应”进行“物理实验”。其实验程序是，先对着镜子去“我观我”，继而发现“我为物”，而最终证明芸芸众生“皆利我”。他想说明，只有两个“我”互相面对时，才能真正弄清“我”的本来面目；而了解了自己的实际状态，也就认清了他人的真面目。可这种“胜己之法”的推演，说到底，无非是对“以心制心”原理颇显笨拙的再证明。所动用的手法虽不乏意义，但苦思焦虑的结果却无法真正解决“心”问题本身：1. 一旦将内在自律问题假设为外在物理程序，那么，问题的前提和出发点便被人为地取消了，这意味着假设最终也只能是假设；2. 当该方法中的“自控”理想一旦遇到“人情”，“心”的存在方式之一“我”和“心”的另一种存在方式“物”的相互调控功能就会瞬间失效。这种无法做到真正等量齐观的物我关系，最后竟被他本人说破，即“凡人之性爱己者也”，“凡人之情，视外物重于吾身者，未尝

① 冯友兰：《中国哲学简史》，北京大学出版社，1996 年，第 4 页。

② 丸山真男：《丸山真男講義録》第 4 册《日本政治思想史・1964》，第 61—81 頁。

有也”①。

位处中日之间的朝鲜学界，在“心性论”问题上曾贡献过与其地理位置相仿佛的中间值。哪怕已有相当实学倾向者如李氏朝鲜王朝后期学者丁若镛(号茶山，1762—1836)，也能在中国朱子学和日本古学派思想的交汇处，提出他相对客观的言说。河宇凤的研究显示，丁茶山固然对朱子学的某些思想不甚赞同，但不像古学派那样持极端性反对意见，而是有理有节；古学派认为百姓不存在内在性，故而主张行愚民政策，但丁茶山却把民众视为具有主体自律性的存在(河宇凤)。小岛康敬亦指出，丁茶山并没有像荻生徂徕和太宰春台一样，明确提出“以心制心”断不可行之类的命题。就是说，茶山在关于人的心性自律或自我统御能力问题上，并没有选取徂徕和春台的极端式路线，这与他所谓“性者人心之嗜好”这一定义有关。但他同时强调，“性”虽然可表现出人心的某种喜好倾向，但这并不意味着人心中原本就存在着先天而内在的价值根源。从这个意义上讲，茶山并不认为“仁义礼智”是先天驻足于人心中的内在之德(心之玄理)，而是附着于道德实践结果上的思想概念(小岛康敬)。值得注意的是，丁茶山在人能否实行自我管束的问题上，曾不止一次地动用“天”或“神”的惩戒功能，即所谓“以天制心”：“古人实心事天，实心事神。一动一静一念之萌，或诚或伪或善或恶，戒之曰日监在兹，故其戒慎恐惧，慎独之切真切笃，实以达天德。”②然而，在老庄荀韩乃至程朱陆王的思想体系中，“天”或“神”已更多被“道”“理”“心”“性”所取代；而在日本实学如徂徕学派的思考当中，“天”则至多被处理为与荀子相似的“不可知”的存在。

哲学史上，“认识你自己”和“我思故我在”等命题，好像均来自西方人的发明。然而，当我们把眼光移向中国古典时会发现，被提取于“轴心期”核心时段的老子及其“道法自然”原理，其实早就展示过东方哲学的古老智慧并赢得了雅思贝尔斯的礼赞和尊重。人们之所以无法找到“自我作则”和“以心制心”原理中类似于数学定理式的推导和证明，大概只能说明“人之所以为人”的要素即源于五千年中华文明史的人类基因及其表现形式——“自控力”，曾经升华为该族属可以意会而不必言传的下意识反应。值得注意的是，现代神经学科的科学实验，已通过思想黑箱的功能外现而逐渐捕捉到往古只停留于感觉层面的心性特征和规律，尽管其研究的对

① 海保青陵：《海保青陵全集》，第818—819、871、570—572、492頁。

② 丁若鏞：《中庸講義》卷一，茶山學術文化財團編：《增補與猶堂全書》二，景仁文化社，1987年，第71頁。

象是人脑而不是人心，也尽管其过于数据化的定量分析有时反而使分析本身遭遇到无法被精确化的科学主义屏障。

能否做到“以心制心”，是说人类自我意志当中的“正能量”部分能否有效地克服和战胜其“负能量”部分，抑或如之何才能求取两种能量间的合理性平衡。美国心理学家凯利·麦格尼格尔(Kelly McGonigal)把能够掌控该平衡的行为主体锁定为“意志力”(The Willpower Instinct)；而“所谓意志力，就是控制自己的注意力、情绪和欲望的能力”，“‘自我意识’能帮你克服困难，实现最重要的目标”。重要的是，“意志力是种生理本能，它和压力一样，通过不断进化来保护我们不受自身伤害”。这种已被上升到人的“生理本能”高度的意志力，按照科学家的说法，乃得益于远古时期人类的生存所需及其大脑的进化。但是，人脑究竟是怎么进化而来的呢？麦格尼格尔给出的答案是：“我们的前额皮质进化了。”斯坦福大学神经生物学家罗伯特·萨博斯基(Robert Sapolsky)的实验结果显示，现代人大脑里前额皮质的主要作用是让人选择做“更难的事”。其中，前额皮质被分成三个区域，分管“我要做”“我不要”和“我想要”三种力量。这意味着，一个看似完整统一的大脑，其实分布着控制人的各类思考和行动的若干指挥中枢，亦如一位神经学家所指出的那样，“我们只有一个大脑，但我们有两个想法。或者说，我们的脑袋里有两个自我，一个自我任意妄为、及时行乐，另一个自我则克服冲动、深谋远虑，我们总是在两者之间摇摆不定”。值得注意的是，当人们看到“意志力不但区分了人和动物，也区分了每一个人”之类的结论时，便很容易会想起先秦诸子用以区划人与动物畛域的“人禽之辨”理论和甄别人与人之间质量高下的“君子小人”标准；而下面所能呈现的两者关系无疑更加有趣：“神经学家发现，如果你经常让大脑冥想，它不仅会变得擅长冥想，还会提升你的自控力，提升你集中注意力、管理压力、克服冲动和认识自我的能力。一段时间之后，你的大脑就会变成调试良好的意志力机器。在你的前额皮质和影响自我意识的区域里，大脑灰质都会增多”，又“科学研究发现，自控力不仅和心理有关，更和生理有关。只有在大脑和身体同时作用的瞬间，你才有力量克服冲动。研究人员逐渐认识到……当你最需要意志力的时候，你能够学会将自己的生理机能调整到这种状态。这样，当你再面临诱惑的时候，自控力就成了你的本能反应”①。

① 凯利·麦格尼格尔：《自控力》，王岑卉译，文化发展出版社，2013年，第1、246、48、6—7、10、5、17、26页。

由于这些表述几乎就是对庄子“息之以踵”、孟子“不动心”、中土佛教“参禅冥想”和宋明理学“守静持敬”等一系列思维训练活动及其自控理论的注脚，因此，李翱略显极端的“心性”独立倡言，或可在新的语境中获得某种早熟意义[①]。重要的是，“以心制心”的科学意义，事实上还更多体现在以下近乎功利的表述中，即“人类大脑里不是只有一个自我，而是有很多不同的自我在相互竞争，争夺控制权。这里面有想获得即时满足的自我，有铭记远大目标的自我，有现在的自我，也有未来的自我”。

这意味着，人，也只有人，才是更看重“远大目标”和“未来自我”的存在。唯此，通过社会评估给自身定位并谋求其社会价值的实现，已成为长期进化下人的基因反应。当然，这种已升华为人性基因的评估标准，首先一定是反映“人之所以为人”，然后才是人之所以为“好人”、为“君子”、为“圣人”。孟子“人之所以异于禽兽者几希”和荀子“始乎为士，终乎为圣人”的提倡，都不失为那个时代对以上两种属性的评价尺度或评估标准。麦格尼格尔的科学逻辑显示：“在考虑如何做出选择时，我们经常想象自己是别人评估的对象。研究发现，这为人们自控提供了强大的精神支持。预想自己实现目标后会非常自豪的人，更有可能坚持到底并获得成功，预想自己的行为会受到谴责也很有效。”然而，尤其重要的是，“自控受到社会认同的影响，这使得意志力和诱惑都具有传染性”[②]；而这种“认同”和“传染性”，在几千年的原生文明区域与模仿有余、重表轻里的次生文明之间，其实已形成了巨大的文化基因落差；而模仿所带来的一时性外在发达，还足以使“科学主义”的实验效应在后者身上功能锐减。

但是，孟子对“体有贵贱”之所谓轻贱部分的过分贬抑，却显示出他价值判断上的情绪和极端。这解释不了为什么老庄最终会不要伦常，以及荀韩又何以要轻内重外甚至弃内保外的真实逻辑——它体现了现实生活中走投无路时社会控制模式的无奈转移。重要的是，如果寻不准“以心制心”和“以礼制心”之间的平衡点，换言之，如果过分强调“以心制心”或“以礼制心”，那么，等待这两种极端性意识形态的，便都是社会政治的倾斜式崩塌。就是说，“‘道德许可’最糟糕的部分并不是它可疑的逻辑，而是它会诱使我们做出背离自己最大利益的事”，因为“如果没有了欲望，人们就会变得沮丧；如果没有了恐惧，人们就没法保护自己，远离伤害。在意志力

---

① 李翱：《复性书》，《全唐文》卷六三七，第6436页。

② 凯利·麦格尼格尔：《自控力》，第192、206、213页。

挑战中获胜的关键，在于学会利用原始本能，而不是反抗这些本能”。这个说法体现了不易撼动的事实：“为了让我们的头脑远离有害的思想和感受，我们努力去摆脱它们，但往往事倍功半。相反，如果我们想要获得心灵的平静和足够的自控力，我们就需要认识到，控制自己的思想是件不可能的事。我们能做的就是，选择自己相信什么，选择自己要做什么。”这意味着，麦格尼格尔接下来的说法，还不失为对人类行为的忠告：“在追求自控的过程中，我们不应该把所有的意志力挑战都放在道德标准的框架中。我们总是轻易地认为，自己做过的善行，或是仅仅考虑要去做的善行，给了我们道德上的许可。如果只按照‘正确’和‘错误’来判断做过的事，而不是牢记我们真正想要的东西，就会带来与目标相抵触的冲动，并允许我们做出妨碍自己的行为。想要做到始终如一，我们就需要认同目标本身，而不是我们做善事时的光环。”①“度”，在他的思考中显然被赋予了更根本的意义；而“大同”目标下凝结而成的五千年中华古老智慧——“允执厥中”，即便在今天，亦同样不乏可矫正内外极端取向的价值守恒意义。

（作者单位：东北师范大学历史文化学院）

① 凯利·麦格尼格尔：《自控力》，第82、12、241、100页。

论东亚儒学“超中心”的合法性

——东亚儒学的经典意识及其诠释学效应

傅永军

台湾师范大学东亚系张昆将教授在他的论文《儒学复兴中知识分子对“东亚儒学”的思考之探讨》①中，对当代东亚知识分子对待“东亚儒学”的态度进行了细致辨析，他借助“中心”与“边缘”分析框架解读出台湾以及中国大陆、日本、韩国具有代表性的学者对“东亚儒学”的各种不同态度，并归纳为“顺中心”“去中心”“逆中心”和“超中心”四种鲜明立场。通过比较四种不同立场背后的历史及理性缘由，结合考虑20世纪末叶开始的儒学复兴大势，以及在此大势下东亚知识分子对儒学如何适应多元化时代要求而现代化自身以更好地发挥作用之反思性要求，张昆将教授为台湾学者所主张的“超中心”的东亚儒学进行了有理有据的辩护。在他看来，“‘东亚儒学’所采取的‘超中心’立场，仍然承认有一个‘文化核心价值’，但既不是‘中华中心论’，也不是‘去中心论’，而是承认并尊重每个文化核心价值彼此涵摄，正如朱子（晦庵，1130—1200）所说的‘不即不离’之关系。就此而言，‘东亚儒学’的提法实有其深远的意义及其必要性”②。

我赞同张昆将教授关于东亚儒学的基本观点。在《再论东亚儒学的建构逻辑——以黄俊杰的相关论述为中心》一文中，我用如下一段话来表述我对东亚儒学这一概念的高度认同：“东亚儒学是东亚各国儒者在自己的思想创造中既坚持发源于中国儒学的基本的普世性价值，又在特殊的地域社会文化中交流互动、互相影响

① 张昆将教授的论文刊发在《哲学与文化》第四十二卷第九期，哲学与文化月刊杂志社，2015年，第69—89页。

② 张昆将：《儒学复兴中知识分子对“东亚儒学”的思考之探讨》，第87页。

与渗透而形成的'儒学共同体'。儒学的这种新的表现形态挣脱了东亚各国民族主义的束缚,打破了作为政治认同的国家框架的限制,成为一种超越东亚各国国族论述结构的东亚共同的人文主义精神基源,一定程度上构成了东亚文化认同的一种重要的思想资产。在这个意义上,'东亚儒学'可以在全球化时代开展的不同文明对话中扮演重要角色。"①

在本文中,我给自己所规定的任务是接着张昆将教授论文的旨趣往下讲。在我看来,张昆将教授的论文通过台湾以及中国大陆、日本、韩国具有代表性的学者对"东亚儒学"的各种不同立场的辨析,证成台湾学者对"超中心的东亚儒学"的提倡,不仅是儒学在当代东亚区域健康发展的新形态或新方式,而且在实践上更是对东亚区域的和谐稳定具有既深且远的时代意义,因此,东亚儒学这一提法或概念有着被学术界理性承认的充分根据。这是一种对东亚儒学存在合法性的外部视角论证。而我则希望转入内部视角,从东亚儒学所内蕴的经典意识出发讨论它的合法性根据。

一、东亚儒学的合法性问题

将合法性(legitimacy)概念从政治学领域平移入学术领域,其含义也应该随之平移过来。近代以降,在政治科学中,legitimacy②这个概念一般被用来表示民众认可治权的理由,即这个概念内含着这样一种要求:政治权力和服从之间应当存在着某种合理性关联,而这种合理性关联必须奠基在理性证明之上。将合法性概念的

---

① 傅永军:《再论东亚儒学的建构逻辑——以黄俊杰的相关论述为中心》,载《周易研究》2016年第1期,第89页。

② legitimacy的形容词是legitimate,而legitimate的词根是古拉丁语lex,即法律,所以它的古拉丁语原形legitimus有"合于法"之意味。但是,需要注意的是另外一个语言现象。早在中古时期,由legitimus变化生成的legitimitas则突破了原有语义限制,它已不再仅仅指称"合于法",而更多指"合于传统惯例"。发展到现代英语词legitimate,除了"合于法律""合于传统惯例"外,还包含了"合于程序"、"合于逻辑"、"正当的"(justified)、"正常的或通常类型的"、"合理的"等更为广泛的意义。由此可推知,作为legitimate的名词形式,legitimacy的含义亦应是复杂多样的,它包含了"合法性""正当性""正统性""正确性""合理性"等法与伦理层面上的含义。参见Michael Agnes (Editor in Chief): *Webster's New World College Dictionary*, Fourth Edition, Cleveland, OH: IDG Books Worldwide, 2001, pp. 818 - 819,"legitimate" and "legal";又见Frederick C. Mish (Editor in Chief): *Webster's Ninth New Collegiate Dictionary*, Springfield, Massachusetts: Merriam-Webster, 1988, p. 678, p. 683, "lawful"and "legitimate"。

这种政治科学含义平移至学术领域，就必然要求对任何一种学术上的范式创新、学科建制以及概念提法等等提出一种合法性审查之要求。任何一个学术学派、任何一种学术思想创新、任何一次学术观念革命都没有权利拒绝或者逃避这种审查，它们都必须在理性法庭面前证明自身的合法性。东亚儒学作为自 20 世纪 90 年代始于台湾而逐渐扩展至广泛的东亚区域的儒学新提法，自然也要求一种理性的合法性证成。

如我在本论文开篇处所言，张昆将教授的论文为“超中心”的东亚儒学提供了一个很出色的外部视角的合法性证成。之所以说张昆将的论证是一种外部视角，主要理由是，张昆将教授的论文的核心议题是“比较当代东亚地区知识分子对‘东亚儒学’的评价或态度，分析其异同，并探索‘东亚儒学’对于当代儒学复兴的意义”[①]。基于这种识见，张昆将教授在文中主要根据这些学者对待儒学之“中国本位”的不同认知以及与之相适的对待态度，对他们的立场做出区隔[②]，进而通过分析全球化时代对儒学之“中国本位”做出多元化理性诠释的必然性，在东亚区域不同文化语境所成就的互为主体的交往模式中，将儒家核心价值实现在东亚本有的多元且和谐的文化形态中，为“东亚儒学”概念的合法性张目。

由于篇幅限制和议题要求，张昆将教授的论文将从内在视角证成东亚儒学合法性的任务留给了接续他的问题意识的拓展研究者。当然，张昆将教授的论文也为后续论者从内在视角证成东亚儒学合法性留下了最好的路线图。我们仔细研读张昆将教授的论文，会发现这样一个多次出现的字眼：“东亚儒家诠释学”。按照我

---

① 参见张昆将：《儒学复兴中知识分子对“东亚儒学”的思考之探讨》，第 70 页。

② 张昆将教授首先在论文中将目前学界使用“东亚儒学”一词归纳为五种类型，分别是“与其他文明对话的东亚儒学”“没有东亚的本国儒学”“自他理解中的东亚儒学”（也就是借助“他者儒学”来理解“自我儒学”的“东亚儒学”）、“批判方法的东亚儒学”和“经典诠释的东亚儒学”。随后，他将这五种类型带入“中心”与“边缘”关系中解读，得出了四种关于东亚儒学的不同立场，分别是“顺中心”“去中心”“逆中心”和“超中心”的东亚儒学代表性立场。他这样说：“因此，第二类型的‘没有东亚的本国儒学’，其东亚儒学的论述中，缺乏与周边国家的互动关系，是一种‘顺中心’的东亚儒学立场。第三类型虽也是顺中心的思维，但由于深入接触过‘他者儒学’（日本儒学、韩国儒学），并以此为了解‘自我儒学’（中国儒学）的手段，故是一种比较不具本位主义的顺中心之东亚儒学立场。第四类型的‘批判性的东亚儒学’，可说是一种‘去中心’的东亚儒学立场，是将中国作为‘他者’，抱持完全客观的文化立场。第五类型的‘东亚儒家诠释学’则可有两种立场，一是倾向‘逆中心’的东亚儒学立场，中国并非作为完全他者，而是‘部分他者’，处处扮演对中心刺激反应的作用，这方面可以韩国儒学为代表；一是倾向‘超中心’的东亚儒学立场，亦即超越‘中心-边陲’的思维，超越文化一元论，在承认儒学作为东亚文化共同核心的基础上，强调各国文化脉络的多元性、包容性，展现一种可以同时既是中心也是边陲，却又同时可以不是中心也不是边陲的流动关系，这方面可以台湾黄俊杰的‘东亚儒学’立场为主。”参见张昆将：《儒学复兴中知识分子对“东亚儒学”的思考之探讨》，第 71—72 页。

的解读，张昆将教授使用这个字眼来指称自己心仪的东亚儒学，即“超中心”的东亚儒学。与之可以相互印证的是，作为“超中心”的东亚儒学的主要阐释者和倡导者，台湾大学的黄俊杰教授所致力建构的东亚儒学就是“经典诠释的诠释学”。这一点在张昆将教授的论文中有着明确的表述，他指出：

> 黄俊杰从1998年起在台湾大学推动“中国文化的经典诠释传统研究计划”（1998—2000）及“东亚近世儒学中的经典诠释传统研究计划”（2000—2004），迄今东亚儒家经典诠释的研究计划仍在台大高研院进行，出版成果相当丰硕，企图建立一个有别于西方的“东亚儒家诠释学”。①

现在的问题是，为什么只有在诠释学意义上理解的“东亚儒学”更具有内在的合法性？笔者拟从两个方面回答这个问题。首先回答什么是“东亚儒学”以及东亚儒学与经典诠释之间的关系；其次回答“东亚儒学”四种立场中哪种立场最切合东亚儒学的存有本质而最能体现儒学在东亚区域当代复兴的内在要求。

什么是“东亚儒学”？黄俊杰教授在近期完成的论文《“东亚儒学”的视野及其方法论问题》给出了更为清楚的回答。他从两个角度切入解读“东亚儒学”的特质与内涵。第一个角度立足于“部分”与“整体”互动，强调“东亚儒学”的普遍义理以及普适价值相对于中、日、韩、越各国的儒学传统而通过在地化获得的新生命及其衍生出来的具有东亚文化特色的思想元素。这个角度从三个方面展示了“东亚儒学”的特质：首先，“东亚儒学”指的是源起于2600多年前的中国山东半岛、由孔子所创立的儒家学说所倡导的儒家价值理念，在其影响所及的地区所呈现出来的儒家思想及其文化，以及由这种具有较高同构型的思想和文化所形成的文化圈。这个文化圈因为既在文化上分享了中国儒学的诸多核心价值（如“仁”“礼”“仁政”“王道”等），又将这些由儒家经典阐发的核心价值嵌入自己的地域文化之中，在经典与诠释、经典的普遍理则与具体的文化体验、东亚儒者的“文化身份认同”与“政治身份认同”之间相互激荡与交流，形成一种对中日韩之社会与文化具有深刻影响的文化资源。从家族相似意义上，可以把这个文化圈称为区别于西方的Christendom而言的儒家文化共同体Confuciandom。其次，如此形成的儒家思想文化圈，并不是由

① 张昆将：《儒学复兴中知识分子对“东亚儒学”的思考之探讨》，第71页。

独立的“中国儒学”“日本儒学”和“韩国儒学”作为分散单元机械加总的结果。实际上“东亚儒学”在形态上包括了东亚各国儒学的诸种独特表现形态，而在内涵上又有着本质上的整体一致性。当然，东亚儒学所具有的这种整体性是存在于东亚各国儒学的交流互动之中，而非在其之上。第三，因此，存在于东亚各国及地区之中的“东亚儒学”不能被教条化牢结在一套一成不变的、稳固的意识形态之内，看作缘起于2600多年前中国山东半岛的孔子思想与学说的单纯外向型传播与接受所造成的“结果”，毋宁说它是一个不断演变发展的“过程”。在它传播与扩散过程中，东亚各地的儒者总是创造性地接受来自中国的儒学核心价值、命题与义理，因地制宜，与时俱进，造就出五彩斑斓的东亚儒学图谱。

第二个角度立足于“形式”（form）与“本质”（substance）相互对照之脉络，强调东亚区域各地儒学的表现因地缘因素（社会文化、历史传统、政治经济等）而形式各异，万象纷呈，“例如儒家价值的传承者在中国是‘士大夫’；在德川时代的日本，儒家价值的传承者则被称为‘儒者’，是指传授儒家知识的一般知识分子；在朝鲜时代的朝鲜，儒者则是掌握政治权力的贵族‘两班’。他们在中、日、韩三地的社会地位与政治权力都不一样。但是，中、日、韩的儒学传统却有异中之同，具有共同的本质，它们都在不同程度与范围内分享源自中国的儒家核心价值”。[①] 按照黄俊杰教授的观点，为东亚各地儒者所分享的核心价值至少有两项。“第一，东亚儒家学者都相信，‘修身’是从‘自我’到‘家庭’‘社会’‘国家’以及‘世界’的同心圆展开过程中，最为根本而核心的起点。”“第二项东亚各国儒学分享的核心价值甚多，如‘忠’‘孝’‘仁’‘礼’等皆是，但最重要的就是‘仁’。”

综合以上两个角度的阐述，可以看出，“东亚儒学”概念有着两个核心规定性。第一个核心规定性显示，“东亚儒学”之所以被称为“东亚儒学”就在于，作为一个分享起源于中国的儒家核心价值与命题而形成的思想文化共同体，它内部虽然有形态和表现上的差异、对儒家义理阐释上的特殊性以及扮演角色的地域特色，但是有着共同的思想底色而具有一种“整体性”和“共同的本质”。第二个核心规定性表明，“东亚儒学”之所以能够作为一个思想文化共同体存在，关键在于东亚各地儒者均肯认儒家经典，并将儒家经典作为思想创新的基元。也就是说，东亚儒学是东亚

① 以上内容来自对黄俊杰教授论述的概括。请参见黄俊杰教授提交给本次研讨会的标靶论文《“东亚儒学”的视野及其方法论问题》中的相关论述。

儒者特别地从东亚文化共同体出发思考中国儒学经典，致力揭示儒家经典中业已形成且在中日韩各自具有独特性的文化中楔入极深的“一种超越中日韩国界疆域，认同于儒家价值的‘儒学意识’”①，所形成的综合性的思想形态。由此可以肯定地说，尊重经典、崇尚通过创造性对经典做出诠释是东亚儒学所以可能的先决条件。“东亚儒学”的这样两个核心规定性明白无误地表明，“东亚儒学”实际上就是对儒家经典进行在地化诠释和因时而变的解释而在东亚区域形成的儒学形态。“东亚儒学”与经典诠释密切相关且互为因果。可以说，在东亚儒者通过经典诠释建构东亚儒学的过程中，“东亚儒者不仅以经典阅读者身份参与并拱卫了儒家思想的传承大业，而且更以经典意义之新的阐释者身份参与并推进了儒家思想的发展大业。在东亚儒学发展史上，无论是就‘作为结果的东亚儒学’来说，还是就‘作为过程的东亚儒学’来说，经典的研读与诠释都不是东亚儒者个人的一种无关重要的知识性活动，它实际上既是一种新的历史境遇下东亚解经者关乎个体生命意义之开发的生活实践活动，也是一种借助解经者与儒家经典之‘视域融合’而开发儒家经典之当下意义的智识诠证实践。东亚儒学之于经典诠释，既是一种方法论视域，又是一种发展方式，更是一种存有形态”②。就此而言，“东亚儒学”的确就是“东亚儒学的经典诠释学”。

那么，在张昆将教授所区隔的四种立场的“东亚儒学”中，哪种立场的“东亚儒学”更能切合它自身对儒家经典进行诠释学理解的要求，从而将经典诠释内在地变成自身的存有模式和发展方式？显然，答案必然指向“超中心”的东亚儒学。张昆将教授指出：

> ……台湾的“超中心”的儒学论述与韩国的“逆中心”③的儒学论述对中国

---

① 参见黄俊杰：《东亚儒学：经典与诠释的辩证》，华东师范大学出版社，2012 年，第 31 页。

② 参见拙作《东亚儒学与经典诠释》，该文刊载于台湾大学人文社会高等研究院主办“2015 年青年学者东亚儒学学术论坛”论文集，第 1—22 页。

③ 关于台湾学者倡导的“超中心”的东亚儒学与韩国学者倡导的“逆中心”的东亚儒学之间的差别，张昆将教授有如下论述，他指出，“在台湾推动的儒学复兴运动，倾向用一种超中心的东亚儒学方式，与在韩国推动儒教复兴而保留‘韩国儒学’的逆中心方式，两者都企图影响目前‘中国儒学’论述的盲点，双方都意在保留自己文化主体性。台湾保住的是传统中国儒学的主体性，所以积极开发过去儒学在东亚的文化共同现象；韩国则保住自己本身具有优良特色的韩国儒学，积极地创造性地继承过去韩国本身的儒教传统。台湾所提倡的‘东亚儒学’并不是将中国文化或儒学作为‘客体’，而是采用‘互为主体’的模式，关键由于台湾汉人族群与中国大陆具有同文同种的文化使然。因此，台湾学术界的‘东亚儒学’视野与韩国‘从周边影响中国’的‘逆中心’之互动模式，仍然有互为主体及主客体之间的差别”。参见张昆将：《儒学复兴中知识分子对“东亚儒学”的思考之探讨》，第 85 页。

文化的态度，比“去中心”的否定方式或把中国“完全作为他者”，仍然有其基本的“文化核心价值”立场，但这个文化核心价值立场并不等同于“中华中心论”，更不是“去中心论”。质言之，“超中心”的“中心”指的并不是文化或政治霸权的中心，而是指每个文化有自己的文化“核心价值”，它与这个国家民族共同呼吸而已经成为与“自己”不可分的部分。就此而言，中国大陆经历过“五四”反传统、“文化大革命”，曾经把自己的文化核心丢弃过，所以中国大陆许多人都对这个文化核心感到陌生，甚至中国某些学者都反这个“文化核心价值”。而台湾有这个文化核心，当然更应该致力于对这个文化核心的保存、宣扬或去芜存菁；韩国也有这个文化核心（特别是儒教文化），更应珍视保存之而成为它自己文化部分的核心，为何不能期待这个文化核心的成长延续并关心它如何适应现代化，或改善两国的竞争紧张关系呢？所以这个在韩国与台湾所强调的“文化核心价值”，并不是所谓“中华中心论”，因为中华文化的“核心”可以在中国大陆，也可以在周边国家；也正因为中国周边国家正视这种文化的“核心”，故而甚至认为自己在“核心价值”的文化上有责任与义务回复“核心价值”本有的多元且和谐的面貌，以防止它朝向霸权的一元中心论，或变相成为排他性的中华中心论。①

由此，我们将关注的焦点转向“超中心”的东亚儒学，追问从经典诠释给出的辩护能否理性地满足东亚儒学内在的合法性要求？即致力于从经典诠释角度为“东亚儒学”的合法性找到能为各方学者自愿接受的好理由。笔者拟从“文本视域”和“诠释者视域”这样两个隶属于经典诠释的内部视角，为“东亚儒学”的合法性提供一个可以理性辩护的证明。

二、儒家经典②的同时性与意义诠释的开放性

一般来说，儒学自产生之日，其存在的主要形态以及发展的主要方式就是诠释

① 张昆将：《儒学复兴中知识分子对“东亚儒学”的思考之探讨》，第85—86页。

② 我对儒家经典（Confucian classics）的理解，接受学界主流观点。一般而言的儒家经典或儒家典籍，包括被儒家学派称之为“经”的十三种典范之作，同时也包括历代儒家学者对其的评注和解说，但主要指的是十三种取得“经”的地位的儒家文献，即十三经。十三种儒家文献取得“经”的地位，经过了一个相当长的时期。“《左传·僖公二十七年》赵衰云：‘说《礼》《乐》而敦《诗》《书》。’《郭店楚墓竹 （转下页）

学式的。儒学因儒家经典而存在，亦通过经典诠释展示出多样性发展之生机。可以说，儒家经典是儒学的源头活水。儒者尊崇经典，从经典出发思考，某种意义上说一部儒学发展史就是经典注疏与解释的历史。儒学就存在于经典之中，儒者则通过注疏、解释经典而温故知新，立言立说，既基于经典又顺应时变，解读出经典之新意。东亚儒学亦复如此。黄俊杰教授认为，东亚儒学虽然包含着来自东亚不同区域的各种儒学思想形态，但是这种形态上的多样性并不意味着东亚儒学是东亚区域不同儒学形态的机械拼合。东亚儒学之所以被称之为“东亚儒学”，一个重要原因恰恰在于它有着某种“思想内涵的相似性”。而这种“思想内涵的相似性”正是来源于东亚各区域的儒者对儒家经典的敬崇。“东亚各地之儒者都心仪孔孟精神原乡，被《论语》《孟子》等原典所感召，并因应他们所身处的时空情境的需求，而出新解于陈编，建构深具各地民族特色的地域性儒学系统。”①数千年来，中国大陆以及台湾、日本、韩国、越南等地的儒学发展与这些地方的儒者对中国经典（特别是儒家经典）的诠释密切相关。就此而言，东亚儒学就是一种“从经典出发思考”的思想系统，实际上就是一种诠释学，而且是一种通过经典诠释拓展自身的经典文本诠释学。

从文本与诠释角度看，东亚儒学之所以能够存在，经典文本的权威地位及其文本意义的开放性是其可能的条件性根据。东亚儒学立基于经典文本之上，因对经典文本的诠释而存在与发展。东亚儒者有着不可动摇的经典意识，这种经典意识通过经典与诠释的互动，外显为保守经典权威地位与通过诠释不断开放经典意义之间的辩证统合意识。这种意识将经典表现为一种（面向未来的）持续性的存在，简言之，是一种无时间限制的当下存在。经典因此必然是在不断表现中的存在。经典既是历史的，又是现代的，在历史性与当代性之间的统合中，经典不断地在当

（接上页）简·语丛一》综括《易》《诗》《春秋》《礼》《乐》等经典的内容，《庄子·天运》有‘丘治《诗》《书》《礼》《乐》《易》《春秋》六经，自认为久矣，孰知其故矣’之语，这未必是实录，然可推知战国时已有以《诗》《书》等六部儒家经典为‘六经’的说法。东汉刘歆（子骏，前50—23）校书中秘，作《七略》，其中《六艺略》，除‘六经’外也包括了《孝经》《论语》与《尔雅》。唐玄宗（在位于712—756）命徐坚（元固，660—729）作《初学记》，书中有‘九经’之说，即《礼》与《春秋》各为三礼与三传，以及《易经》《书经》与《诗经》。唐文宗（在位于827—840）开成石经，增九经为十二经，即增加《孝经》《论语》与《尔雅》，规模与刘歆《七略》一致，到了明代更有《十三经注疏》的汇刻。”（见黄俊杰：《东亚儒学：经典与诠释的辩证》，华东师范大学出版社，2012年，第3—4页）清乾隆时期，镌刻《十三经》经文于石，阮元又合刻《十三经注疏》。至此，“十三经”之称及其在儒学典籍中的尊崇地位更加深入人心。

① 参见黄俊杰：《东亚儒学：经典与诠释的辩证》，第33页。

代显现为现实性存在,它相对于任何一个"当代"都意味着"同时性"。经典的"同时性"生动地显示出经典之为人们所尊崇的、能够经得住历史与时间考验的、有着永恒价值的典范文本的独特品格。这种独特品格可以用伽达默尔描述经典性的两个概念——规范性和历史性——来概括,而经典的历史因素和规范因素的统合则指向经典的"同时性"状态。经典的这些品格为具有诠释学品格的思想系统因之能够通过对经典文本的诠释而不断开放文本意义的思想范式之合法性存在提供了坚实的哲学根据。这些识见为笔者从诠释学的文本视域证成"东亚儒学"的合法性提供了切入路径。在笔者看来,通过对伽达默尔哲学诠释学中经典性概念的阐述,辨析这个概念所内蕴的历史要素和规范要素之间的关系,进而衍生说明经典的"同时性"问题,揭示它的诠释学效用,将有助于从文本视域完成证成东亚儒学"超中心"合法性之任务。

伽达默尔在与杜特(Dutt)的对话中,曾这样阐释经典性概念,他说:"经典性,正如我所表达的,是一个历史性的,即一个时间性的概念;它描述了一种关系,这种关系不是指明一种特性,而是指明一种解释学联系,我将这称为'保守的优越性'(der Vorzug der Bewährung)。这完全与新柏拉图主义的流溢说无关,也与古典主义的风格理想无关。"[①]这段论述清楚地表明,伽达默尔承认经典性概念具有历史性特征,但这种历史性要素并不是由时间性规定的自然因子,而是被诠释学解释了的精神品性。这种精神品性决定了经典性概念绝不仅仅是一个时代概念[②],或者用伽达默尔的话来说,它绝不仅仅是一个"历史研究的风格史词汇","仅以一种不为人承

① Hans Georg Gadamer, *Gadamer in Conversation: Reflections and Commentary*, edited and translated by Richard E. Palmer, New Haven: Yale University Press, 2001, p. 64.

② 在《真理与方法》之"经典性(Klassisch/classical)的例证"这一小节中,伽达默尔对经典性概念的历史性特征进行了简短的历史考察。根据伽达默尔,从历史性角度看,经典性概念与"经典的古代"(Klassischen Altertum)即被称之为古希腊罗马的古典时期相关联。这个事实造成了两个方面的后果。一方面,"经典的古代"代表着古代某个特定时期(古希腊罗马的古典时期)的经典性。这种经典性有着典范的意义,因其作品的杰出性而成为后代学习的榜样,衍生为衡量后世作品是否具有可流传的超越价值的规范性标准,也是进行意义评价和作品批评的价值准则。另一方面,又由于"经典的古代"的超越卓绝(进入近代门栏的西方人把希腊艺术看作不可企及的典范,希腊时代是一个完满的时代,希腊人是天性完善的人),似乎代表着一个不可超越的伟大时代,因此,经典性成为古代那个特定时期的特定描述和规定词汇,经典性变成了一种历史性风格的概念,它指称着一个历史时期。这个历史时期曾被美化,但在19世纪反对把历史视为理念的单纯表象,不承认存在思考历史的先天标准之科学历史主义的冲击下,经典性概念失去了规范性所赋予它的优越性,经典性不过指称着一个特定历史时期,不再表示任何超历史无时间限制的价值。

认的方式保留了一种与规范性内容的关联”①。实际上，经典性不仅是历史性概念，还是一种规范性概念，并且经典的规范性是其历史性的基础。就像伽达默尔所说的那样，尽管由于科学方法论意识侵蚀人文学，过去的一切规范性的意义被历史主义理想所坚持的所谓历史理性所破坏，但规范性要素依然是历史研究本身的一种真正动机。② 就此而言，经典性概念仍然保持为一种评价词汇，包含着超历史和超时间限制之更高的价值和典范意义。一种被冠之以“经典”的文本，必然是杰出的和优异的，值得人们去尊崇和效法。所以，经典性概念决不能被简单地解释为一种历史研究的风格，绝不是一个仅仅指称着特定时期的描述词。伽达默尔要求恢复经典性概念所内蕴的规范要素，并重新按照哲学诠释学的要求解释经典性概念的历史性要素。伽达默尔指出：

> 我们所谓经典性，乃是某种从交替变迁时代及其变迁的趣味的差别中取回的东西——它可以以一种直接的方式被我们接触，但不是以那种仿佛触电的方式，后一种方式我们有时用来刻画当代艺术作品特征，在此方式里，实现对某种超出一切有意识的意义预感是瞬间地被经验到的。其实，经典性乃是对某种持续存在东西的意识，对某种不能被丧失并独立于一切时间条件的意义的意识，正是在这种意义上我们称某物为“经典性的”——一种无时间性的当下存在，这种当下存在对于每一个当代都意味着同时性。③

从这段引文可以看出，在哲学诠释学的视域中，经典之历史因素所内含的价值及意义具有超时间性和超历史性的特征，它所具有的典范意义的规范性内涵保证了它不会博物馆化。经典的历史性以规范性为基础，必然使得经典性概念不只被用来描述伟大的杰出文本的历史的事实性，毋宁说，经典性就是伟大的杰出文本历史性存在本身的一种特殊方式。一如伽达默尔所说：“经典性之所以是一种真正的历史范畴，正是因为它远比某种时代概念或某种历史性的风格概念有更多的内容，不过它也并不想成为一种超历史的价值概念(Wertgedanke)。它并不表示一种我

---

① See Hans-Georg Gadamer, *Truth and Method*, translation revised by Joel Weinsheimer and Donald G. Marshall, London/New York: *Continuum*, 1975, p. 298.

② See Hans-Georg Gadamer, *Truth and Method*, p. 297.

③ Hans-Georg Gadamer, *Truth and Method*, p. 299.

们可以归给某些历史现象的特性，而是表示历史存在本身的一种独特方式，表示那种——通过愈来愈多更新的证明(Bewährung)——允许某种真的东西存在的历史性保存过程(den geschichtlichen Vorzug der Bewährung)。”[①]伽达默尔所阐释的经典性的这种历史因素，可以用他的“同时性”概念来表述。

“同时性”(Gleichzeitlichkeit/contemporaneity)是伽达默尔在阐释“审美存在的时间性”问题时使用的一个概念。按照伽达默尔的解释，所谓“同时性”指的是“某个向我们呈现的单一事物，即使它的起源是如此遥远，但在其表现中却赢得了完全的现在性。所以，同时性不是意识中的某种给予方式，而是意识的使命，以及为意识所要求的一种活动。这项使命在于，要这样地把握事物，以使这些事物成为‘同时的’，但这也就是说，所有的中介被扬弃于现在性中”[②]。由此可见，“同时性”不是审美意识的“同现”(Simultaneität/simultaneity)，即不同审美体验对象在某种意义关联下的同时存在或者同样有效。毋宁说，“同时性”不是对同时的单纯描述，它就是构成“同在”(Dabeisein/being present)的本质。这就是说，同时性构成了能够被称之为经典之物的存在特征，这个特征表明，经典尽管在时间上属于过去，实际上是历史性存在物，与现在的阅读者有着时间和空间上的间距，但它仍被经验为在场。但这不意味着经典具有超越历史的永恒质量，能够永远保持原始统一性而在过去、现在和未来出场，而是说所有经典经历过去与现在的中介，将会在不断的诠释中持续提供意义。

可见，“同时性”概念指示出经典最为独特的存在方式和意义开显方式。在诠释学视域中，经典就是一种保存“存在”的“存在”。经典之为经典，恰恰是因为经典必然能够既保存自身的历史性存在，又能将自身带入当下而让真的东西进入存在。经典的规范价值就在于它是真理的源泉。职是之故，成功的经典诠释追求的不是去还原文本作者的原意。所谓“经典的理念，包含了连续性和持久性，一种形成整体的传统，被传递下去，并一直延续”[③]应该解释为，经典所包含的真理性因素只有在诠释者对经典的不断解释中才能呈现为当下的实在，因为经典自身并不能自在地存在，经典所内蕴的真理也不会自动开显；经典只有在诠释活动中，在过去与现

① Hans-Georg Gadamer, *Truth and Method*, p. 298.

② Hans-Georg Gadamer, *Truth and Method*, p. 129.

③ 参见约埃尔·魏因斯海默(Joel Weinsheimer)：《哲学诠释学与文学理论》，郑鹏译，中国人民大学出版社，2011年，第145页。

在的中介中，才能通过诠释将自身的真理呈现出来。诠释就是检验、证明和参与经典之真理当下开显的理论或实践活动。就此而言，当经典被带入现代语境，与现代人相遇之后，经典之于现代人（首当其冲的是经典的诠释者）就不只是历史真理的记录和过去事实的陈述，而是向现代人（直接面向经典诠释者）诉说的真理。换句话说，经典作为保存“存在”的“存在”和真理的源泉，它对于真理保存的优越性恰恰在于它对真理的保存不完全是历史性的，即不是预先确定的，而是在人们的理解中开显出来的，因而也总是以差异方式和多样化形式显示出来的。经典并非一成不变的东西，而是日新又新、不断给我们赢得最新的当下的东西。

经典在诠释活动中所显现出来的这种“同时性”，为一切杰出的经典文本所具有，儒家经典当然也名列其中。“东亚儒学”作为“东亚儒学经典诠释学”，就是以儒家的经典文本为诠释对象，通过将这些经典文本移入特定的诠释学处境进行义理新阐而形成的儒学新形态。儒家经典之于东亚儒者不单单是内心敬崇的对象，它还是天道与生命智慧的文本载体，具有超时间性和超历史性之内在价值，必然能够在历史进程中不断展现自己真理价值的意义源泉。历史地看，东亚儒者对待经典的基本态度不是顶礼膜拜，把其当作真理教条而无批判地接受。就像所有真正的经典诠释者那样，东亚儒者特别强调经典意义的无限开放性。在这个意义上，一切真正的儒者包括东亚儒者是以哲学诠释学的态度对待儒家经典，强调与儒家经典的当下相遇，以及相遇之后发生了什么。可以说，儒家经典与对它进行诠释的东亚儒者之间的关系，是一种深刻的“同在”关系。儒学经典作为伟大的杰出文本和不断产生意义的真理源泉，在东亚儒者的诠释活动中被赋予哲学诠释学所说的那种直接表达力。儒家经典的这种直接表达力使得它在每一个时代总是好像直接对人们诉说。东亚儒者则作为诠释者直接聆听经典的言说，并从经典的言说中不断获得新的教益。如黄俊杰教授所言，“东亚儒者建构其世界观、宇宙观，乃至人性论及社会政治哲学，莫不回归经典，温故以知新，寓开来于继往”①。

当然，东亚儒者倾听经典，并不是无条件地接受经典，而是将儒家经典纳入自己的视域，把东亚儒者自己的理解加进去，以获得对儒家经典的新的真理性认识。如同黄俊杰教授所指出的那样，10 世纪以后的一千年历史中，东亚儒者通过对经典

① 黄俊杰：《东亚儒学：经典与诠释的辩证》，第 93 页。

的解释所彰显出来的儒学应对现实所显示的价值以及经典意义的新的拓展式阐释，是东亚儒学发展的主要方式。“举例言之，17世纪德川时代（1600—1868）日本儒者伊藤仁斋对《论语》与《孟子》等经典中的“道”等概念都提出新解，石田梅岩（1685—1744）解释儒学之‘理’不仅具有伦理性质，也具有市场规律的内涵。凡此种种都一再显示儒学传统之所以历经百变而保持活力，不断创新，乃是由于历代儒者不断地出新解于陈编之中。”①正是东亚儒者对待儒家经典的这种态度，保证了诠释学意识不断在东亚儒者的经典诠释活动发挥主导作用，使得儒家经典总能在构成当前视域的前理解结构中不断焕发生机与活力。儒家经典的真理内涵一方面借助自身在各种不同视域下的差别性表现体现出多样性，另一方面又通过视角互补的交互性视域对共同儒家经典之真理性的多方捍卫与发展而趋向对儒家经典更为深邃的意义与价值的发现，强而有力地论证了儒家经典之义理日新又新的无时间性或者同时性。儒家经典的同时性证明，它本身绝不是真理存在的自在自为形式，它不过是包含着意义的潜能和真理禀赋的杰出文本，它的真理性和意义需要在东亚儒者的经典诠释中不断显现出来。这意味着“东亚儒学”以经典诠释方式存在并不断开展自身，超越时间和历史限制而不断被带入当下，开显出新意义，延展出新思想，不仅可能而且必要。

不可否认，儒家经典的同时性不仅会带来对它之意义的新阐释，而且还会带来对儒家经典诠释上的差异。这是由于不同区域的东亚儒者与儒家经典构成不同的“同在”关系使然。实际上，哲学诠释学意义上的经典阐释所实现出来的恰恰是从根植于诠释者之历史传统中的“差异中的同一”解读出经典本身的“差异中的同一”。面对同样的儒家经典，因为时代、地域、文化甚至政治上的原因，不同区域的东亚儒者会将这些经典带入不同前见构成的诠释学处境之中，形式上回归儒家经典，但实质上却是将经典的“原意”放在新视域中去解读。从忠实于经典“原意”的一元论预设出发，却向着对经典“原意”的不同解释发展。东亚儒学的经典诠释实际上成为“寓一于多”思想增长模式的典范。儒家经典成为思想的源头活水，从它那里流出的涓涓细流不断汇集而终成蔚为壮观的东亚儒家思想海洋，以多元统一的样貌既表现了儒学传统大框架下东亚文化的丰富多彩，又表现了东亚儒学同主题性之玄妙义理面向未来绽放自身之壮阔景象。正是在这样的经典与诠释的辩证

① 黄俊杰：《东亚儒学史的新视野》，台大出版中心，2004年，第3页。

过程中，发源于中国的儒学与东亚各区域儒学互动发展，东亚儒者各自以自身的思想实践重构儒学在东亚发展的“中心-边陲”意识。具体说，东亚儒学以经典与诠释的交互主体性为中心而超越了传统儒学固有的地域中心观念，“东亚儒学”应当并且必然“存在于东亚各国”文化与思想交流与互动“之中”，建基在“一种可以同时既是中心也是边陲，却又同时可以不是中心也不是边陲的流动关系”之上，[①]成为一种在时间上不断演化的思想传统。黄俊杰教授指出：

> 这个在时间中不断“演化的”思想传统，虽然在历史上源起于先秦孔门，但随着儒学的流布，接触不同地域文化与社会之后，发展出具有各地域文化特色的儒学版本。例如在中国儒学传统中，以朱子学为主的闽学固然不同于湖湘学派；而在东亚儒学中，中国朱子学与日本朱子学或朝鲜朱子学在相似性之中潜藏着巨大的差异性，所以所谓“东亚儒学”研究不宜将中国儒学当作最高而唯一的标准模式，而用来检核日、韩各国儒学的发展，因而使中国儒学沦为如古希腊神话中的“普罗克鲁斯的床”（“Procrustean bed”），我们反而应将中国儒学与东亚各国儒学的互动与发展视为各国文化主体性展开及建立的过程。简言之，作为“一”的中国儒学，只有在多元的地域文化发展脉络与广袤视野之中，以及绵延的时间发展历程中，才能被塑造、被感知。如果我们说：中国是儒学的原乡，中国儒学是“一”，而各地的儒学是“多”，那么，我们就可以引用20世纪德国哲学家伽达默尔（Hans-Georg Gadamer，1900—2002）的“流出”（Emanation）理论所说，诠释之“多”并不减损作品中的“一”，反而丰富了“一”的内涵。[②]

综上所论，“东亚儒学”要超越“国族叙述架构”，成为东亚区域所共享的文化传统和精神资源，而不为一家一姓、一国一族所“独占”，就必须证成以“超中心”方式存在的“东亚儒学”的合法性，而哲学诠释学关于经典“同时性”的观点为东亚儒学“超中心”的合法性提供了坚实的理性基础。

---

① 参见张昆将：《儒学复兴中知识分子对“东亚儒学”的思考之探讨》，第83页。

② 请参见黄俊杰教授提交给本次研讨会的标靶论文《“东亚儒学”的视野及其方法论问题》。

三、视域、对话与东亚儒者的经典诠释

现在，让我将论述转向诠释者视域。在诠释学发展史上占据重要地位的德国哲学家、新教神学家施莱尔马赫曾这样谈论经典和经典诠释，他指出："只有下面这类著作才能算作经典：它们或者是向我们揭示了一种新的考察方式，有助于对一个已经包含了它的更强有力的和形态更完美的活的萌芽中发生的极其神秘的过程的考察，即认识；……它们或者是用一种原始的方式、最终科学把握和运用了一种观点，这种观点不是在某一个体中产生的，而是从一个民族或一个时代的全部特征中产生出来的。"[①]从中可知，施莱尔马赫明确地告诉我们，对经典所能显示出来的真理的诠释总是在一种诠释学处境中完成的。这个观点在伽达默尔那里得到了系统阐述。

根据伽达默尔的相关论述，诠释活动所追求的并不是关于对象的外在于传统和诠释者而存在的绝对的、永恒的真理，而是处境化的、与诠释者所处传统密不可分的、有关对象意义的理解。因此，诠释者对于任何对象的理解都有预先的意义筹划，因而是带有无可逃避的前见的理解，也就是说，"在意义的统一体被明确地确定之前，各种相互竞争的筹划可以彼此同时出现；解释开始于前把握（Vorbegriffen），而前把握可以被更合适的把握所代替；正是这种不断进行的新筹划过程构成了理解和解释的意义运动。谁试图去理解，谁就面临了那种并不是由事情本身而来的前见解（Vor-Meinungen）的干扰"[②]。前见虽不来自事情本身，却也不是纯粹主观的。前见源自于诠释者的诠释学处境。如同前见，诠释学处境也不是任意的处境。诠释者的诠释学处境是历史发展的产物，隶属于传统。在诠释者的理解活动中，传统决定着进行理解活动的人们，是理解活动的前提，理解活动不可能在传统之外发生。理解者总是存身传统之中。理解者的理解必定以保留在历史流传物及传统中的前理解结构为前提条件。"因为历史上特定的前理解总是在我们努力构建理论时起作用，因为再多的反思也不能完全清除掉这种视域，要求克服这种前理解蕴含

---

① 见施莱尔马赫 1808 年的信，转引自 F・W・卡岑巴赫：《施莱尔马赫》，任立译，中国社会科学出版社，1990 年，第 122—123 页。

② Hans-Georg Gadamer, *Truth and Method*, p. 280.

的其应用范围界限的一般理论是不可能的。”①

前见规定了诠释者的意识(理解)的处境性。诠释者的理解一定是置于某种传统(前理解结构)之下的对象意识,诠释者的意识总是要受制于某种观点;他是在既受其限制又能打破限制的过程中,对被诠释对象做出新的意义理解的,由此构成一个视域。“视域(Horizont)概念本质上就属于处境概念。视域就是看视的区域(Gesichtskreis),这个区域囊括和包容了从某个立足点出发所能看到的一切。”②

视域直接影响着诠释者的经典诠释活动。任何一种诠释活动都离不开由前理解结构限制出来的视域,而任何诠释者也都必须在适当的视域里才能对被诠释对象(经典文本、存在自身等)做出恰当的理解。更为重要的是,诠释者不仅要借助自身的视域为理解活动提供可能条件,而且还必须在进行理解的同时也对理解活动进行自反式检视,主要是对理解的视域(即诠释者的视域)进行自我理解,以避免误解进入视域中的被理解的事物。“这亦即是说,当人在限制中而不自知限制,则他会产生错误。人不明白自己的观点,就会认为他对事物的理解,可以用于其他视域内。……所以,当我们不明白自己的视域,就会以为自己对事物的理解,可以用于其他视域里,做成对它们的误解。”③

诠释者对自己的视域进行自我理解,就是要理解自己在理解活动中所应当具有的视域,就是去理解诠释活动所运行其中的诠释学处境。伽达默尔说:“‘具有视域’,就意味着不局限于近在眼前的东西,而能够超出这种东西向外去观看。谁具有视域,谁就知道按照近和远、大和小去正确评价这个视域内的一切东西的意义。因此,诠释学处境的作用就意味着对于那些我们面对传承物而向自己提出的问题赢得一种正确的问题视域。”④而按照哲学诠释学对视域的进一步解释,“赢得一种正确的问题视域”就是进入诠释学的历史意识之中,对流传下来作为理解之前见的传统进行反思省察,看看它们是不是合理的前见,以与可能导致误解的不合理前见相区别,以便获取文本的意义。当然,这种反思与省察不是孤立地进行的,而恰恰是在对文本进行诠释的理解活动中同时进行的。这种对视域的反思省察既限制着

① Jack Mendelson, “The Habermas-Gadamer Debate”, *New German Critique*, No. 18 (Autumn, 1979), pp. 63 - 64.

② Hans-Georg Gadamer, *Truth and Method*, p. 313.

③ 陈荣华:《高达美诠释学:〈真理与方法〉导读》,三民书局,2011 年,第 158—159 页。

④ Hans-Georg Gadamer, *Truth and Method*, p. 313.

诠释者的视域范围，同时也不断开放扩展着当下视域，开辟着新的视域。也就是说，视域不是固定的、一成不变的，现在的视域是历史地形成的，它必将面向开放的未来而开放自己。在过去、现在和未来的相互中介中，我们不断改变着旧的前见，形成新的前见，推动着视域变化。“理解就是历史视域和现在视域的融合过程。通过视域融合，我们达到与传统的一致性，同时又发展了传统。对于经典的理解也是如此。传统流传下来的经典当然有自己所表现出的历史视域，因而和现在之间存在着距离。我们的理解不是把经典完全同化到我们的视域中，也不是完全把我们自己同化到经典的视域中，而是要在过去和现在、陌生和熟悉之间进行中介。这样既能认识到经典的局限性，也能够认识到自己的局限性，同时又能够把经典中合理的方面纳入我们对于主题的理解中。”[①]由此可见，正是视域以及诠释者视域与经典视域之间的融合使得经典显示出自身的“同时性”。形式上属于过去的经典与形式上属于现在的诠释者，似乎克服了时间间距而出现在同一时间中，于是，经典在当下的诠释学处境中被唤醒，对着现在将自己言说出来。正如伽达默尔本人所说的那样：

> 经典性之所以是被保存的东西，正是因为它意指自身并解释自身，也就是以这种方式所说的东西，即它不是关于某个过去东西的陈述，不是某个单纯的、本身仍需解释的关于某物的证明，而是那种对某个现代这样说的东西，好像它是特别说给它的东西。我们所谓“经典性”的东西首先并不需要克服历史距离——因为它在其经常不断的中介中就实现了这种克服。因此，经典性的东西确实是“无时间性的”，不过这种无时间性乃是历史存在的一种方式。[②]

总之，诠释者的诠释活动绝不局限于在视域融合中重建经典的意义，更重要的是让经典面向现代言说新的意义，诠释者的诠释活动就是为了让经典的新意义向着现代显示出来，诠释者的活动就是未来让自己参与到经典意义再现之中。真正的理解就是对经典做出不同的理解，它是使意义内容不断进入不同表现的事件。

① 邵华：《论伽达默尔的经典观》，见《“经典与东西方解经传统”国际学术研讨会》论文集，2015 年，山东大学，第 141 页。

② Hans-Georg Gadamer, *Truth and Method*, p. 301.

伽达默尔把理解经典的事件解释为经典在诠释学处境中对诠释者的言说，它不是诠释者对外在意识对象进行认知的主观意识行动。经典向诠释者言说，诠释者倾听经典向他们诉说，通过提问，追索答案。在一问一答的逻辑中，让潜藏在经典中的真理或者意义进入诠释者不断更新的前理解结构，在构成当前视域的前见中显现出来。这是一种对话关系，构成“言说”与“倾听”之双向交互性，它建立起一种主体间性关系，让诠释者和经典进入对话过程。① 对话呈现为“我与你”的对话形式，有着“提问-回答” 的结构模式。它类似于苏格拉底式对话。对话双方面对同一主题，为探寻同一主题所能够显现出的真理而展开提问。一方面，由于对话被同一主题所限制，这样既避免了对话的主观任意性，又规约对话双方朝向具有客观意义的真理而使得理解成为可能；另一方面，同一主题引导着对话的双方，使得对话双方不断开放自己，突破自身视域的局限，认真考虑对方的理性论辩，各自实现自我超越，走向视域融合，开显真理。显然，这种对话是平等的、宽容的，外显为一种相互承认意义下的理性的言语交往之流。正如潘德荣教授所认为的那样，诠释学对话“……要求任何一方都不能拘泥于自己成见倾听对方，使对方的体验进入‘我’的体验之中而成为‘我’的理解的重要方面，反之也一样，并由于这种互相渗透，各自的视域不断趋向融合；对话本身还是一种开放性结构，这种开放不仅意味着对他者的开放，使‘你’能够进入‘我’之中，还意味着对历史、传统的开放，使历史进入现

① 在伽达默尔那里，诠释学经验的对话结构以“我-你”的对话形式表现出来，有如下三个层次。第一层次：“你”不是被当作人的经验，只是一种工具，服务于认识和控制的目的。这个层次的诠释学经验对应于经验论者和实证主义者的人性研究，主要是把归纳法运用到社会、道德领域的现象上，“寻找统一性、规律性和法则性，以便能够预见特殊的事实和事件”。因此这个层次的经验特征有三：科学的方法论程序；流传物被当作与“我”无关的对象；服务于认识和控制的目的。第二层次：“你”作为人被经验。在这种经验方式中，“你”被承认为一个人，“你”的历史性和特殊性得到关注。这个层次上的经验，我-你关系不是一种直接关系，而是一种反思关系，“你”丧失了直接性。“你”的个性、历史性和特殊性只是在“我”的反思中得到承认。“我”要从自身出发去认识“你”，甚至要求比“你”更好地理解“你”自己。这种经验方式在诠释学领域中对应于历史主义的历史意识。但是，这种历史意识仍囿于一种辩证幻象之中，它试图摆脱传统，超出自身与历史的相互关联，运用历史批判的方法获得“客观的”历史知识，没有真正超越自然科学方法论的认知模式。第三层次：“你”作为“你”被真正地经验。这种经验方式是伽达默尔建立并推崇的诠释学经验方式，对传统具有彻底的开放性。它并不意味着盲从传统，而是意味着让传统向我们诉说，让传统对我们自身的认识标准提出问题，这种经验使我们的认知不断得到修正和更新。诠释学的意识不是通过方法论的自信实现，而是通过一个经验的共同体来实现，“这就是我们现在可以更精确地用经验概念来刻画效果历史意识特征的东西”。见 Hans-Georg Gadamer, *Truth and Method*, pp. 365－370.

代，并与现代一起构成‘我’的新视域，一同走向未来”①。

综上所述，从视域和对话分析经典诠释所以可能的诠释学处境，哲学诠释学得出如下有关经典诠释的基本原则：经典诠释是使得经典从自在状态走向自为的真理开显状态的应用性智能，视域融合使得经典在与诠释者的遭遇中成为经过诠释了的经典，而只有历史地不断经过诠释，经典才能克服时间间距成为当下的存在。因此对经典的诠释的历史真正构成了经典的存在。就此而言，经典的存在总是被限制在诠释者的视域中，通过与诠释者的视域融合，“旧的东西与新的东西在这里总是不断地结合成某种更富有生气的有效的东西”②。经典视域与诠释者视域的融合通过对话实现，对话构成了诠释者与经典之间的交互性主体关系；在诠释者和经典的对话中，诠释活动既改变着诠释者也改变着经典，让双方在对话中彼此开放，扬弃各自视域的局限性并考虑对方观点的力量。其结果必然是，“我”进入了“你”，“你”进入了“我”，诠释者参与到经典意义表达过程中，而经典则回答了诠释者的提问，在意义无限开放的诠释学处境中向诠释者诉说着自己的真理性，并通过这种持续向着每一代诠释者的不同的言说而不断地证明着自己的经典性。与经典诠释所必然伴随着的、对经典的不同理解也在这一次次证明中向着所有诠释者表明：经典意义的“差异性”理解并不排除对经典意义的“同一性”肯认，毋宁说，经典意义因为诠释者视域的差异和传统的不同总是以一种“差异的同一”方式显示自身。正如阿兰·豪所指出的那样：“我们可以说，像传统一样，经典揭示自己与过去的连续性不是通过重复地成为相同的东西，而是不断地成为不同的东西。对于经典文本的连续性而言，正是这种差异中的同一(sameness-in-difference)处于诠释学的中心。”③

以“超中心”形态存在的东亚儒学，在四种立场的东亚儒学中，本质上最接近哲学诠释学，其对上述哲学诠释学原则的应用也最得心应手，甚至可以说，“超中心”的东亚儒学是哲学诠释学普遍性要求在东方哲学中的一个最佳例证。

在“超中心”的东亚儒学中可以清楚地看到哲学诠释学“视域”概念和“对话”概念的重要性。黄俊杰教授在自己的论著中屡屡强调经典诠释在“超中心”的东亚儒学中的重要性，笔者在此选取两段作为分析的范例。

---

① 潘德荣：《西方诠释学史》，北京大学出版社，2013年，第331页。

② See Hans-Georg Gadamer, *Truth and Method*, p. 317.

③ Alan R. How, “Hermeneutics and the ‘classic’ problem in the human sciences”, *History of the Human Sciences*, 24(3), p. 55.

在《论东亚儒家经典诠释传统中的两种张力》一文中，黄俊杰教授指出，“在公元前第一个千纪之内，中华文明经历德国哲学家雅斯贝尔斯（Karl Jaspers，1883—1969）所谓‘哲学的突破’（philosophic breakthrough）以后，基本的文化价值凝塑在《诗》《书》《易》《礼》《春秋》等几部重要的经典之中。这些经典成为两千年来东亚地区儒家学者毕生诵读，润泽其生命，并赖以解释世界甚至改变世界的原点（Locus classicus）。东亚儒者建构其世界观、宇宙观，乃至人性论及社会政治哲学，莫不回归经典，温故以知新，寓开来于继往”①。

在论文《“东亚儒学”如何可能？》中，黄俊杰教授提出东亚儒学具有“发展的连续性”和“结构的整体性”之“双重的整体性”。在对东亚儒学“双重的整体性”进行具体阐释时，黄俊杰教授特别强调了经典及经典诠释的重要性，一方面，“在东亚儒学发展史上，诸多典籍以及典籍中所潜藏的学术议题，从中国向周边地区如韩国、日本逐层推扩，很像投石入湖所激起的同心圆逐层展开的过程，展现某种‘发展的连续性’”②；另一方面，东亚各地儒者都诵读同样的儒家经典，思考大体相同的哲学问题，显示出一种“结构的整体性”，从逻辑意义上，将东亚儒学之同主题性绽放出去。黄俊杰教授指出：“中国大陆、台湾、日本、韩国、越南各地的儒学传统虽然各有其地域性的特色，但是，东亚各地儒者都诵读同样的儒家经典，尤其是《论语》《孟子》《大学》《中庸》等书，思考同样或类似的哲学问题，例如《论语》中的重大命题如‘吾道一以贯之’‘五十而知天命’，《孟子》中的‘四端’‘暴君放伐’‘民贵君轻’，《中庸》的‘已发未发’等问题，都成为东亚儒者思考问题的起点。因此，东亚儒者思想系统由于都在不同程度上‘从经典出发思考’，而出现某种思想上的家族类似性。‘东亚儒学’也因此成为东亚世界的重要思想系统。”③

由上述两段论述，我们可以清楚看出“超中心”的东亚儒学所以可能的诠释学处境，可以简便地归结为：东亚儒者将“同样的儒家经典”置于各自的前理解结构之下进行解读，在不同的历史-文化传统中唤醒经典，展现经典作为经典的价值。这里最为重要的是“视域”的作用。如前所述，儒家经典是东亚儒者的诠释对象，但作为诠释对象的儒家经典并不自在地就是真理和意义本身，它只不过是真理和意义

① 黄俊杰：《论东亚儒家经典诠释传统中的两种张力》，载氏著：《东亚儒学：经典与诠释的辩证》，第93页。

② 黄俊杰：《“东亚儒学”如何可能？》，载氏著：《东亚儒学：经典与诠释的辩证》，第30页。

③ 黄俊杰：《“东亚儒学”如何可能？》，载氏著：《东亚儒学：经典与诠释的辩证》，第31页。

的缘起之地。经典的真理性和意义是在诠释中生成的，是诠释者的“视域”决定了经典真理及意义的开显。就此而言，“视域”既标志着理解的界限，也标志着理解在何种意义上可能。具体到东亚儒学，“视域”决定了东亚儒者以诠释学态度辩证调适东亚儒学自身内部存在的各种互动关系①，为东亚儒学提供了处理各种内部与外部互动关系的方法原则。在此原则驱动下，“‘东亚儒学’通过东亚各地儒学所建构的思想系统总是要将一种历史意识和视域概念带入儒学内部，强调儒学大道义理的实践（参与）特征。这使得儒学思想具有了超时间性，因而能不断地被东亚各地的儒者不断地从变现带入再现，成为一种可以开启无限意义的有限经验。当下理解的儒学思想的有限性使得对儒家经典中所内蕴的普遍义理总是处于一种开放的问-答逻辑中。在这种问-答逻辑中东亚儒者每一次从自身的特殊立场出发追问儒学义理的普遍性，都是一种特殊性与普遍性的遭遇，而遭遇结果总会将儒学义理的当下意义置于一种问题视域之中，进入悬而未决的状态。成功的对话总是特殊性与普遍性的‘视域融合’，相互理解、追求共识的主体间性后果。而这种主体间性的对话活动没有终极有效的回答，儒家经典需要不断地被重新经验，理解所形成的诠释学经验的有限性同时开启了对经典理解中意义的无限性”②。

如此，东亚儒者的经典诠释必然意味着诠释者与经典之间主体间性关系的建立，也意味着诠释者将自己的视域自我置入经典历史存在的视域，从而包含着现在和过去的中介；诠释者在自己的视域中充分发挥自己的前见之作用，最终真正造成一种“效果历史”。东亚儒学在这种效果历史意识影响下，将自己经典诠释的中心既不放在儒家经典之上，也不放在对经典进行诠释的解经者身上，而是放在儒家经典与经典诠释者之间所构成的主体间性对话关系之上。东亚儒学由此可以超越以地域为中心的描述模式，被解释为一种围绕经典与诠释之间对话的主体间性关系而动态演进的思想传统。用这样一种观念去解读“中心-边陲”模式描述下的东亚儒学，为“超中心”的东亚儒学的合法性提供充分的理性证明便不再是一个问题。在儒家经典与经典诠释者交互性主体关系视域里，东亚儒学存在的最佳形态必然是

① 根据我对东亚儒学的研究，我认为东亚儒学在自身建构中所需处理的主要内部和外部互动关系主要有三：一是经典诠释与哲学建构之互动关系；二是东亚儒学建构中“一”与“多”之互动关系；三是儒学价值和意义的普世化与在地化之互动关系。详见拙作《再论东亚儒学的建构逻辑——以黄俊杰的相关论述为中心》，刊载于《周易研究》2016 年第 1 期，第 78—90 页。

② 傅永军：《再论东亚儒学的建构逻辑——以黄俊杰的相关论述为中心》，第 87 页。

"超中心"的。如张昆将教授所言：

> 这种"超中心"立场，如果放在"中心"与"边陲"关系上来看，展现了一种可以同时既是中心也是边陲，却又同时可以不是中心也不是边陲的流动关系。换言之，随着历史书页的快速翻动，本就没有永恒的"中心-边陲"之关系，所以黄俊杰近年来颇注意"区域史"研究的方法论，强调从"结果"到"过程"的转换、从"中心"向"边缘"的移动，以及从"文本"到"氛围"(或"环境")并重，以破除过去重"结果""中心"及"文本"，而有"文化一元论"与"政治一元论"的疑虑。①

四、结论

本文讨论东亚儒学以"超中心"方式存在的合法性，目的是接续张昆将教授的论述往下讲。张昆将教授为东亚儒学以"超中心"方式存在的合法性提供了一种外部视角的论证，本文的目的是为东亚儒学以"超中心"方式存在的合法性提供一种内部视角的论证。

根据笔者在文中的分析，为东亚儒学以"超中心"方式存在的合法性提供内部视角证明，其着力点应放在经典诠释上。本文分别从文本视域和诠释者视域检视了东亚儒学的经典意识。从文本视域看，儒家经典如同一切伟大而杰出的文本，作为真理和意义的源发之地，是在诠释的历史过程中成为经典的，属于效果历史范畴。经典总是在当下视域构成的诠释者前见中被唤醒，具有向着现在言说的"同时性"。儒家经典的"同时性"为东亚儒者将这些经典带入当下并在当下视域中开放对其的多样性意义阐释提供了哲学诠释学的理性根据。从诠释者视域看，东亚儒者的视域直接影响着他们的经典诠释，而东亚儒者对儒家经典进行阐释的诠释学处境又直接决定了他们在自己视域中与儒家经典所建立的关系性质：儒家经典与东亚儒者之间的关系是一种对话关系，它呈现为解经者与经典之间的主体间性关系。在对话的主体间性过程中，儒家经典提出的问题与东亚儒者基于特殊的历史-文化传统对经典的发问实现了视域融合，东亚儒学的解经活动因此就不单是主观

① 张昆将：《儒学复兴中知识分子对"东亚儒学"的思考之探讨》，第83页。

重建客观的过程，且更是在新的视域中开显经典，让经典说出新意义，不断超越儒家既有形态的创造过程。可以说，哲学诠释学关于“视域”和“对话”的理论，是从诠释者视域出发的、“超中心”的东亚儒学合法存在的理性根据。

更进一步，东亚儒学的经典意识必然会产生如下诠释学效应：东亚儒学经典诠释的核心不是追溯儒家经典的原意，也不是阐述诠释者对儒家经典的主体性发挥，而是在一种开放性的诠释学处境中与儒家经典相遇，通过经典诠释使被理解的文本应用于当下的处境，也就是参与到儒家所表达的意义内容中去，让经典的真理和意义在当下处境中表现出来。就此而言，东亚儒学倾向于把理解变成自我理解，满足解经者生命意义的自我确认及经典与解经主体相互承认的双重目标。有鉴于此，东亚儒学必然将自己经典诠释的中心放在儒家经典与经典诠释者之间所构成的主体间性对话关系上，并以对经典本身和经典与诠释者关系的关注，取代对于经典地域属性和历史时代属性的关注，由此将东亚儒学解释为一种立足于经典与诠释对话之主体间性关系而动态演进的思想传统。在儒家经典与经典诠释者交互主体性的视域里，东亚儒学存在的最佳形态必然是“超中心”的。

（作者单位：山东大学中国诠释学研究中心暨哲学与社会发展学院）

朱子思想与东亚儒学之成立

——对东亚儒学研究的一些想法

杨祖汉

一

三篇标靶论文内容都很丰富，除了说明东亚儒学这一概念的界定外，又涉及其他许多问题，大体都认为以东亚儒学作为研究的领域是有其必要的。此文只能就我自己平时思考比较关心的地方表达意见，当然是会挂一漏万的。黄俊杰教授提出东亚儒学这一讲法，我认为是符合现时代的研究需要的。儒学虽然源自中国，但一直都向外传播，韩国、日本、越南都受到孔孟以及宋明儒学的影响，而自有其发展。韩、日、越的儒学都有其不同的特色，比较而言，越南儒学的义理内涵比不上中、日、韩的丰富，但儒学对越南影响也很深，如当地的孔庙是重要的文教活动场所。各地的儒学虽然有不同的特色，但由于都是儒学，当然也有其共通处，此一现象是当代研究东亚历史的普遍理解。

基于儒学早已成为不只是中国社会，而且是东亚一些国家的重要学术文化的内容，于是以东亚儒学为名，来对儒学在整体东亚的历史发展作一研究，以阐明各个国家或地区儒学的不同内容，这种研究当然是很有价值的。而此种研究，一方面可以看到儒学是一可以适应不同民族文化，而能不断发展的思想，另一方面也可以看到儒学有不同的面貌及义理内容。又虽有种种不同，但既称为儒学，则必有其共通处。而黄教授提出“东亚儒学”这一观念，认为可以去除以往中心与边缘（边陲）的区分，又可以强调儒学义理发展的多元性格，避免儒家以某一国家或地方的思想为标准。这也是适应现代思想多元化的要求，而给出的一种符合时代的构想。

儒学虽然产生自中国，但儒家的道理并不能由中国人所垄断。依照当代新儒家对儒学所做的规定，儒学是讲人生的常道的学问。① 人生不能离开伦常的关系，儒家所讲的五伦之教是每一个人所必须明白及实践的道理。如果以此"常道"来规定儒学，则这种学问虽然为儒家所强调，并成为一大教，但这种道理并非儒家的专利，因为人要过正常的人生就必须有正常合理的伦常关系，这一道理是古今中外的人都不会反对的，或进一步说，都必须肯定并从事实践的。故即使是不同于儒家的其他大教，如佛教、基督教，对于伦常之道虽然并不视为其立教的宗旨，但也不能反对。

由于儒家有作为人生常道的特性，其道理其他重要的宗教与文明系统都不会反对，于是儒家的道理就不宜被视为某一宗教的特殊学说，以为只有某一学派才可以讲，而是其他不同国家的人也同样可以讲，可以实践。故中国人需要讲此常道，外国人也同样要讲，此意可以用横渠所说的"非有我之得私"（《正蒙·诚明》）来说明。虽然中国人特别重视这种道理，或孔孟等圣哲比较能把这种道理清楚地、并带有深刻体会地表达出来，但由于所说的是人生的常道，有其普遍性，则中国人可以讲，别人也可以讲。别的国家的人讲这个道理虽然或是读了孔孟或宋明儒的言论思想而有所得，有所兴发，或甚至以儒家的弟子自居，但也不能说他如果不读中国孔孟等之书，就一定不懂这个道理，也不能说中国人讲儒学一定有其优越性，一定讲得比其他人好，而自居为儒学的中心。

中国人真心讲儒家道理的，当该希望其他国家的人也能分享这种对人生常道的体会，而诚心愿意其他国家的人自觉成为儒家的信徒，但不会认为中国才是中心或标准，儒学要以我们说的为准。真诚的中国儒家信徒应该反求诸己，看自己是否能把祖宗传下来的这种人生常道真正体现在自己的日常生命活动当中，看自己是否配称得上是一个儒者或儒门弟子，是否可以作为儒学的代表人物。此亦是说要问中国是否可以为儒学中心，应该以"反求诸己"的态度先要求自己。反求诸己，正己而不求于人，是儒家最重要的精神。而据我个人的体会，如果以儒家道理来反求诸己，看自己是否真正传承体现这种祖宗传统的学问及修养，看自己是否可以是儒门弟子，如果这样问自己，答案一定是否定的。人越是以这种反求诸己的态度来要

① 牟宗三：《新版序——从儒家的当前使命说中国文化的现代意义》，《政道与治道》（《牟宗三先生全集》第 10 册），联经出版事业公司，2003 年，第 1—6 页。

求自己，越会觉得自己距离理想的儒家道理的体现者，即“圣贤”，越加遥远。

所以假如现代的中国学者认为东亚儒学这一提法，其中含有去中心化的观念，提倡东亚儒学研究等于是要去掉中国作为儒学的中心的地位，如果这样想，应该是误会了。这种误会是把儒家道理看成中国人的特别见解所致。他们把儒家的道理与中国的传统同一化，而忽略了儒家思想中的普遍性与开放性。以上所说，主要是根据牟宗三先生所谓儒学有常道的性格之义，加以阐述。由于儒学有常道的性格，故不同于一般依照特殊的见解而成立的学说，或依照特别的教条而成立的宗教，故儒学有其普遍性而免于独断。一般宗教都有其特殊的教义，而这些教义都是不能怀疑而为独断的。另外，亦须注意儒学是要人反求诸己的实践之学，而非只从事知识理论探究之学。

二

以上所说的也含有一个意思，即认为儒学有其“本质”。而如果儒学有其本质，则东亚儒学虽然有不同的面貌，但亦当有其共同的核心观念或精神。儒学的本质就是要讲明或维持人生的常道，所谓人生的常道就是要做一个人必须具备的道理，如五伦之教所说的父子有亲、朋友有信等等，而这种人生的常道的核心观念，则是“道德意识”。人之所以要为父当慈，为子当孝，并不因为这些行为可以得到自己所欲求的好处，甚至也不是为了人能群居、构成社会上的需要，而是因为这些道理或人生的实践，是本来就应该如此的。为人子就当该尽子之道，为人君便须要尽君之道，这种道理是人生的义务，本身有其内在而固有的价值，或可说这种道理是真实的道理。

所谓真实的道理，即是这种道理本身就是真实的存在，是不依靠其他就可以独立自存的，而且是人所共许的道理。如程明道所说的天理，他说天理“不为尧存，不为桀亡”，是真实的恒常的存在。又说即使做到如尧的地步，也没有增加这个道理（君道）一分；即使做到像舜一样，也没有增加这个道理（子道）一分，“元来依旧”[①]。即是说天理是人本来就应该肯认、依之而实践的道理。这道理由于是理所当然的，

① 《程氏遗书》，《二程集》卷二上。

本来就不依赖任何其他事物来成立，这些道理本身本来就是这样，本来就应该要人去遵行、实践。而你做得再好，也没有对这个道理的意义增加一分，这是对人的道德义务性的行为给出了透彻明白的解释，也给出了五伦之教本身所以有绝对价值之说明。即是说你不能问人为何为父当慈，为子当孝，做这些行为或实践，本来就是人自己认为乃当然之义，当该做的，在这些人生实践上，或人生义务上，你不能再问为什么要这样做，故五伦之教所含的道理是天理。而天理是亭亭当当，是不依赖任何其他事物，而独立自存的。以上是从五伦之教背后所含的道理对儒学做更深一层的阐述，而在这个层面上，儒学就可以负担安身立命的责任，人践行此理便可无所依恃而顶天立地，甚至也可以成为人的宗教信仰，满足人对永恒的价值、悠久的世界的向往。

如果以上所说可通，则儒学这种学问就有其本质，而此本质是要通过人的无条件的道德实践而表现的。这种无条件的实践是人同此心，心同此理的，每个人假设从事于伦常生活的实践，都可以有这种在实践中表现出来的、本来就应该如此的“天理”的体会。我认为东亚中、日、韩等国所以会同受儒学影响，最内在或核心的原因应该是如此，即由于儒学是显发人性中的道德理性、道德意识的学问，故而要人从日常的伦常实践中体会永恒绝对的天理的意义与价值。从人生的常道出发而又能上达，使人有永恒性的宗教体会，如果可以说这种特色是儒学的本质，则儒学对东亚有深远的影响，此一事实就不足为怪了。

三

如果人从事于伦常之实践可以有这种共同的感受，则可以说儒学是一个“生命体”。此所谓的生命体并非是现实具体的有机的生命，而是由于实践儒学者都有这一种共同的体会与信念而说这是一个生命。如果说儒学是一个生命体，则可以说在东亚的中国、韩国、日本、越南的历史上所表现的儒家思想，或体现儒家义理的人物，是一大生命的分殊表现。于是作东亚儒学的研究，虽可以去掉中心与边缘的区分，但也可以说此中有“理一与分殊”之可说。此理一与分殊，不宜理解为生发于中国的儒学为儒学之理一，而表现在其他国家的儒学为儒学分殊。

本来在历史研究的角度看，可以有中国儒学与其他国家儒学的不同，但从内在于儒学的义理上说，儒学义理之本身、根本的或本色的儒学，是否就是中国传统儒学所表现的呢？这仍是可以探究的问题。虽然从历史发展上看，孔孟是儒学之祖，但后来的儒学发展是否真正得孔孟的真传呢？或甚至可说孔孟生命中所表现的儒家精神，是否就是儒学的全部内容呢？即使是，后人是否能真正了解呢？我认为即使是孔孟的教训，也不能说已体现了儒学的本质的全幅内容。人的生命是有限的，如孟子所说，“圣人之于天道也，命也”（《尽心下》），圣人虽然可以体现天道，但天道在圣人那里的表现是否完全呢？答案是圣人生命中的天道也受到圣人的现实生命所限制，或他所处之历史文化传统所限制，故也不能完全体现。此中有命限的问题，于是此儒学之“理一”也不必非要孔孟留下来的历史文化传统来规定或限制。后来的儒者，或其他国家的儒者，可以有不同于孔孟所表现的，但同样符合儒学的本质的实践。如此说有点像刘述先教授所诠释的“理一分殊”的关系，固然分殊是由理一而来，但对于此理之一，任何人都不能垄断、独占；每一个成型的义理或观念系统都是分殊①，对于理一只能作追求的理想，而不能自认已经掌握到。当然就儒家所说的伦常之道或道德形而上学来看，不许人认为已经掌握到理一，是比较困难的。因为对道德之理的了解或伦常之道的肯定人都有共识，不能说人还不懂得何谓道德之理，或人不知为人父、为人子的天职是什么。对于这些儒家所说的道理不难知道，但如上文所说，对于这种道理的体现，是虽圣人亦有所不知、有所不能的。虽然是圣人，也不能说他已经完全体现天道，则就这个意义来看，人不敢自居已掌握理一是可以说的。

如果以上所说可通，则“东亚儒学”这一提法所引发的某些中国大陆学人的疑虑，以为此一提法有抹杀中国是儒学源头的历史事实之嫌，正是不必要的多虑。另外，也有日本学者认为东亚儒学此一提法，会与以往“政治的东亚”观念相混，即会与以往日本军国主义时期，提倡“大东亚共荣圈”之说相关联，这明显也是多虑。每一时代有每一时代的新观念，或对旧观念有新诠释，不能以旧限新。当然既然有这种疑虑，也可以从如何避免这一疑虑的角度来省察。东亚儒学可以严格限定在学术思想的层次来研究，而与现实政治、经济、军事分开。固然儒学的精神或作用遍及于人生活动的各方面，政治、经济、教育等等都受到儒学思想的影响，对于儒学在

---

① 刘述先：《宗教情怀与世界伦理》，收入刘述先：《全球伦理与宗教对话》，立绪文化事业有限公司，2001年。

这些人生活动上产生什么影响，固然可以做一些历史的研究，但也可以把儒学的本质、作用从上述种种活动中抽象出来，而做纯粹的研究。即在考察儒学在东亚政治、经济、教育等方面的影响时，除了做历史的研究外，也可以做纯哲学义理的研究，即可以把儒学作为成德之教，要求人显发其生命中的道德理性，而以无条件服膺义务的心情来从事各种活动；我们可以把各种活动中的此一道德精神的体现，抽出来做研究，看此一道德精神或儒学的成德之教的自我要求如何在东亚各国的历史文化中、在各种活动中体现，或对此学做了哪些讨论。如果能够做这一层面的研究，就可以清楚地把儒学的精神发展与各国的现实政治、军事、经济的发展区分开来，于是儒学的研究就可以不牵涉不同的民族国家在现实处境的种种问题。从这个角度来看，东亚儒学的研究，除了对受儒学深刻影响的东亚国家的历史文化中的儒学成分做研究外，也可以以儒学本身作为关注的对象。虽然儒学的精神离不开具体的社会生活与实践来表现，但也可以抽象出来单看此一义理的理论或精神本身。如果此说可通，便可以把儒学看作为东亚社会的共同文化观念，此可以为所谓“亚洲一体化”给出一个立论的根据。亚洲一体化当然不是认为现实存在的东亚各国可以实质上成为一体，而是说儒学所强调的道德意识与伦常之教，既然深为东亚各国所重视，而且在东亚各国的历史中有相当程度的体现，则可以在此一研究中看到不同的国家民族的群体实践中，有共同的对人生伦常的重视，及以人当该成德、成圣贤为人生的向往，于是就可以从对东亚历史文化的研究中看出其中有共同的道德精神在展现，即有对践德成圣是人最值得追求的价值之共同向往。这就可以有所谓东亚共同的文化的体会。

如果儒学的确是东亚重要国家的历史文化的共同精神，或甚至可说以精神实体的身份而存在，则从事东亚儒学的研究，可以唤醒或重振东亚的共同精神。此一做法可以与现在流行的西方文化相抗衡，或起码相激荡、相观摩。现在的所谓全球化，一般被认为是西方化，或甚至是美国化。西方文化思想固然有其优胜的地方，但是否足以让人能真正安身立命，则是很有疑问的。两次世界大战已足以使人对西方文化产生疑问，而现代世人所面对的金融危机、恐怖主义、自然生态的恶化等种种严峻的问题，不可讳言与西方的宗教、科技的发展、资本主义的经济活动、生活的态度息息相关。基督教固然是伟大的宗教，对人性的弱点如知善却不能为善深有体会，但认为自己独占真理，未免有排他性；又认为一切的存在是为了人而设，这种目的论的思考也造成了环境生态的问题。现代科技成为主导人类生活的力量，不断追求发展，放任资本的扩张，及不断追求满足，有所谓要“享乐至死”的人生态度，这些都是亟须纠正的。比较而言，儒家思想所重的下学而上达的态度，重视人的成德，以德性的价值作为人生终极价值所在，这种人生观正是济时之药。

四

所谓“下学而上达”就是既开启了上达的途径，但又对伦常生活加以肯定，即认为人固然可以上达而知天，体会无限的价值与意义，但此一上达之途，必须要以人的现实可经验或可见生活上的努力来作根据。即下学人事，才能上达天理，不能离开人生伦常的实践而空言上达。如果人在日常生活中，不能尽其所当尽，是没有资格述说自己对超越的绝对境界的体会的，即上达知天的对绝对意义的体证，一定是在可见的生活中努力付出该有的实践而得到；没有于人生伦常的努力而言知性知天，便是浮夸不实的大话。顺此可以进一步说，对于上达者是什么，不能抽象地或直接地述说，那是一种通过实践而来的无言默契之境。孔子所说的知天，是通过践仁而达到的，而虽然达到这种境界，但却不去强调或明白述说此一境界的内容。可以说孔子当然契悟天道而有上达的境界，但他并不严格界定此境界的内容，也不愿意对此境界加以独占。故曰：“予欲无言”，“天何言哉?”此一境界既是下学而可至，则人人都可以默契。故这默契只有在日用实践中体会，上达不能离开下学，对下学人事能尽心实践，就可不离开人事而对天理有所体会。这就是孔子所指出的上达天理的途径。这种讲法是可以作为现代宗教会通，或文明对话的基础的。上达之境是不宜论说的，那我们就不必把自己的体会勉强用言说理论做严格的规定，如此就可以保持对绝对者契会的开放性。儒道佛或者基督教、伊斯兰教，都有对绝对者的体会，对于这方面的体会，如果能够先不做强调，只要人从事于可见的人世间事情的努力实践，则虽然所信者会有不同，但也不会造成太大的冲突，因为在可见的人事物上的努力实践，是可以有共同的或共通的标准的。故下学是可以说的，而且也可以是普遍共通的，伦常道德、父慈子孝等实践，人人可能，没有人能够反对。在此等处努力，越实践就越可以与其他人相感通，而不会因见解、信念差异而产生冲突。

东亚中、日、韩等国的社会或历史文化的业绩，是否可以让我们研究出其中本来含有的上述儒学的精神？如果通过东亚儒学的研究，可以证明这种儒学精神的确存在于东亚国家的历史文化中，那现在我们从事东亚儒学的研究，就可以振兴儒学在东亚历史文化中的本有的作用，而与西方文化互相观摩、会通，创造更美好的世界文化。在中国的儒者的实践，固然很能表示上述下学人事而上达天理的精神，而在韩国朝鲜朝的儒学发展史中，对于这一点也非常强调，如郑三峰便根据此义来辟佛[①]（见《佛氏杂辩》）；李晦斋与曹汉辅辩论无极太极问题，也以此为论辩的重点。

五

康德曾经提出“目的王国”的理念，认为如果人人都可以作意志的自我立法，自立无条件的道德法则，作为自己行动实践的原则，则人便可以做普遍的立法者。即是说，人可以摒除他主观特殊的种种想法，而纯粹以可普遍地为所有人都应循之行动的法则，作为自己行动的原则。如果从这一角度来看人，即人是为自己立法，而且所立的法又同时是普遍的，可以为所有人共同承认的法则，则人本身就是一个目的。以这个身份来看人，便突显了人之所以为人的价值。我认为也可以用此一意思来说明儒家对人的看法，即人并不必然受他的生理本能、心理欲望所限制，人可以突破感性性好的要求，而以理性上所肯定的人人都应该如此的普遍法则，作为自己的行动的法则。如此才能看出人的真自由，也可以看出人不同于禽兽之所在。这是宋明儒所说的“立人极”之人。此一理想地看人，就是如康德所说的，人是目的，而不能把人只看作手段。儒家一般被认为是重人性、重人文的学说。所谓人性与人文，也是从这个角度来规定的。从人自身就是目的来看人，或从人可以自立普遍的法则而要求自己去实践来看人，又把此一意义的人组成为一个群体，就可以展生“目的王国”的概念。此王国并非一现实的王国，而是从人是自律的实践道德者这一身份来把人关联在一起，在此王国中每一个人是自律地要求自己从事道德实践，即完全摆脱功利性的欲求，而以行其所当行来要求自己。

当然，此一王国是一理想的概念，不可能在人间用道德法则来建立起这样的王国，但这是每一个活在现实社会或国家中的公民可以表现的另外一种身份，或价值

① 郑三峰的辟佛，完全用义利之辨来说。

意义。人一方面可以是某一国家的公民，遵守其国家的法律，而同时每一个人又可以自发地、自觉地要求表现人作为其本身就是一目的的身份，依照无条件律令而从事实践，而且对于能够自律地表现道德实践的人给出同声相应、同气相求地相互肯定与相互勉励。于是在有形的俗世的国家组织中，表现为一种以普遍的道德之理为人生追求的最高价值的共识，这可以是无形的，也可以通过有形的团体或组织来体现。东亚儒学的研究也可以往这个方向着眼。以往中日韩社会中所存在的讲学团体、书院等等，其存在的目的就是要团结自觉以道德法则作为自己行动实践原则的人，以互相勉励，共同进德修业。这些团体中的成员以道德法则作为共同的规范，成员的相处是出入相友、过失相规的，纯粹地以进德修业来互相勉励，而尽量摆脱现实功利的追求。这不同于一般所谓的学界的团体或事业的团体，而是道德的团体。东亚诸国的书院，或可作一联盟，以努力体现人作为目的之身份。

儒学重德，以内在的道德性为人性，的确是以人本身便是目的来看人；如果从这一角度来从事东亚儒学研究，应可以解开儒学义理与现实的纠结。或甚至可以进一步说，东亚儒学的研究有可能在世俗的社会国家中实现目的王国。

六

在东亚儒学的研究内容中，有关朱子的研究是分量最重的，朱子思想在中、日、韩大抵都有作为儒学正宗的地位。东亚儒学如果去掉了其中的东亚朱子学，其内容就会失色许多。何以朱子学在东亚有如此重要的地位？我想就此稍做讨论。此可从朱子与陆、王之学的不同说起。陆王承孟子言本心即理，以本心呈现而当下做操存扩充之工夫，这本来可以当下洞开实践行动之源，而为简易直截的工夫。这系所用的，是如牟宗三先生所说“逆觉体证”的工夫，逆觉是从日常顺着感性欲求而反回来觉悟自己的真心、真我，从本心的流露而觉悟此便是人的真正自己。此是为善而无条件，直从本心、本性而发的，此教法亦十分警策。但这觉悟之境不易维持。可能如康德所说，从道德法则以契无条件实践之义，是较为稳妥的。[①]

① 康德在《实践理性批判》中说，虽然自由意志与道德法则是互相含蕴（回溯）的，但对于无条件的实践的事情的认识，不能从自由开始，而只能从道德法则开始（第一卷第一章第六节）。

依朱子之文献，格物穷理是“因其已知之理而益穷之，以求至乎其极”(《大学章句·格致补传》)，即根据对理已有之知求至乎其极的了解。这是要对理从人人都有的“常知”进至“真知”之境，并非是在对道德法则毫无了解的情况下求知，故朱子未必如阳明及牟先生所说求理于外。朱子所说的心，固然不是心即理之本心，但亦一再说此心虚灵不昧，不昧即以对理有所知来规定。道德之理的意义，依孟子，即由“义利之辨”而显示的无条件的当然之理。又如上文所说明道所言“天理”，虽然超越而崇高，但并非难以了解。当然虽不难了解，但要对理之全幅含义有真切了解，所谓真知，便并不容易。从对理之常知进至真知的过程，当是会加强人遵理而行、不顾私欲之要求与反弹之决心，这是由知至而达意诚的结果。如果此说可通，则朱子之学说揭示的会是一有效的成德工夫。以前的一般学者对朱子思想之了解，未必会如牟先生般严格规定其为意志的他律之形态，而只视其为成德之教的助缘，不是本质的工夫。以往之学者，恐怕在读朱子的文献，理解其理论时，会自然地得出我上文所说的“从常知到真知”的理解。若如是理解，则亦会见出朱子学之合理性。朱子认为象山把人之心都看成好事物，而不知人有气禀之杂；此评因不悟本心之义，固然不恰当，但朱子较能正视人心有可从理或不从理的抉择上之自由，而这便是人为恶之根源，亦是人要真正成德所必须面对、必须克服的问题。

另外，朱子所倡的格物穷理固然有求理于外、不切于道德实践的流弊，但假如是如上文所说，本着对道德法则已有之知，通过格物而求真知，则可以如唐君毅先生所说，求诸外而明诸内[①]；这也是程伊川所说“才明彼，即晓此”(《程氏遗书》，卷十八)之义，由于有对理的本知作根据，则对事事物物的存在的所以然之理的了解，也应该是从道德的当然来契入的，如此则格物致知的工夫也对于成德为可行的。而且，从事物的存在处来看道德的当然之理何以会是事物的存在之所以然，如此的探索哲学性是很强的，也可以作为儒家的道德的形而上学的一种证成的工夫。牟先生曾批评说，朱子是把成德之教与一般的教化相混，又把道德之理与知识之理相混，是以讲知识的方式来讲道德。但通过上述的讨论，或许朱子是通过人本有的对道德知识的了解，以求更进一步的了解；这种对道德之理的加强了解，虽然与追求经验知识的方式相似，但精神或用心是不同的。此并非把道德之理当作知识之理，或把道德之理当作知识的对象来讲求。对于道德之理的了解，朱子并非不清楚，他

① 唐君毅：《中国哲学原论·原教篇》，学生书局，1990年，第271、272页。

对于义利之辨是念兹在兹的；如果人对道德之理的了解，必须要从一般的了解进到真切的了解，才可以对实践有帮助，则这种格物致知的工夫，虽然表现为主客相对的求知识的方式，但应是不能避免的。对于道德的加深了解，与当下求放心、立大本、逆觉体证，应该都是成德之教有效的工夫。以上试图说明朱子学在近八百年的东亚儒学中何以有重要地位的缘故。

七

我上一节对朱子的想法，是近十多年来研究韩国朝鲜朝儒学而被触发的想法，以下大略说一下此中的探索过程，这也可以看作对研究东亚儒学方法问题的一些思考。

从 1990 年开始，我陆续被邀约到韩国参加会议，发表有关韩国儒学的论文，从李退溪与奇高峰的四端七情的论辩，到李栗谷或成牛溪有关四七及人心道心的论辩。由研究四端七情的辩论开始，可以看出当代牟宗三先生对朱子的思想判定为心性情三分、理气二分，心是气而不是理，于是理不活动，活动者都是气等等的衡定，是相当有道理的，亦见其问题意义；而李栗谷对李退溪的批评及由此而对朱子的学说重新加以规定，都与牟先生对朱子的诠释相同，只有一点差异，即栗谷认为，朱子是儒学的正宗，而牟先生认为朱子不能是宋儒的集大成者，而只能承继伊川之说，是别子为宗。

我原初是认同牟先生的朱子学诠释的，也因为栗谷的理解与牟先生大略相同，而认为朱子学只能作如此的衡定。但我后来对朱子思想的看法有了改变，此改变一方面是研习康德的道德哲学，而有进一步的体会；另一方面，韩国朝鲜朝儒学对朱子理论的看法的不尽一致，也使我对朱子学做了更宽广的考虑。如栗谷的看法可能比较合于朱子原意，但李退溪对理发的肯定与论证也相当合理，而根据退溪思想发展出来的朝鲜朝"主理派"的思想，也不一定不合朱子原意。退溪根据孟子所说四端之义，认为如果四端之发不是纯理，而有气的夹杂，则四端之心就不能是仁义礼智，就有违于孟子。退溪力主理发，虽然不合于朱子对理的规定，但如果对道德实践有了解，一定会认为，真正具有道德价值的行为，只能是因理而发。如果人给出的行动，只是外表符合道德，而其存心或给出行动的动力，并不是纯粹因着理所当然而行，则此行为就没有道德价值。故“理发说”如果借助康德在《道德形而上学原理》与《实践理性批判》中的分析，退溪此义是无可疑的。即道德行为的动力除了是理（道德法则）外，不能有其他动力。人的道德行动只能是为了义务而行，即其行动的格准（行动的原则）是可普遍化的，故道德行动只能是因为理的缘故而给出。通过康德的分析，可以更深一层地理解退溪所说的理发之义。退溪又有四端之发是从中而发，而七情之发是由外感所引致的区分。此说为栗谷所大肆批评，认为如果四端不由外感而发，则是不可能的。人见孺子入井才会有恻隐之心之发，如果没有孺子入井之事来感，而人却有恻隐之心从中而发，便是心中有病。栗谷的论辩是其言甚辩的，但退溪的区分正表示了道德的行动是人自发、自决的意思。虽然恻隐之心是由于孺子入井而发，但此是外缘，人必须在此时有“不管如何，必须往救孺子”的自觉；此往救孺子的行动是理所当然的行动，不能因为此行动可以获致某些好处而为，必须要有此自觉或理解，此行动才能是具有道德价值的行动。从这一角度来看，恻隐之心之发，当然是由自己决定的，此即退溪所说的从中而发，这也是康德所说的道德行动一定预设“意志之自由”之义。从以上的分析看，如果没有牟宗三先生对朱子学的衡定，我们不容易看出朝鲜儒学的四端七情之辨的问题意义。如果不借助康德的道德的分析，也不能够对四七之辨做有哲学意义的分疏。

经过四七之辨的讨论，李栗谷所主张的“气发理乘一途”说成为显学。但此说为后来的奇芦沙（奇正镇，1798—1879）所反对，芦沙认为，如果理如栗谷所说，没有活动性，只有随着气的变化而体现，则理何以能主宰气呢？理何以有其尊位？芦沙认为，既然自古以来，都以理为尊，理当然是气的主宰，但凡可见的活动，都是属于气，则理如何表现其主宰性呢？于是，理一定有其不同于气，但又能使无论如何强大或甚至暴烈的气都要服从的力量。芦沙这一论证，正可以表示道德之理不依靠任何现实利害而成立之义。道德法则有这一特性，即人一旦了解之，便不能不服从，而理的这种要人服从的力量，是出于理之本身，而不靠任何其他。道德义务是人当该实践的，而人的服膺义务并不能有借此获得利益的存心，可以说，道德法则或义务并不透过对人做出任何利益上的承诺，而使人去遵循或服膺之。越能看到道德法则此一无待的性格，越会引发人依循道德法则而实践的动力，即愈剥除人对于道德法则可能对自己有利的想法，愈会使人尊敬法则，于是也增强了实践的动力；此一讲法也可以为朱子重视“持敬”，给出一解释。从奇芦沙对理的作用的肯定，可以表达出道德之理单靠它自己就可以促成实践之义，即道德法则本身就可以给出动力，不需要从其他地方来提供实践的动力。如果以上的分析是可以成立的，则朱子理论中的理虽然是不活动的，但也可以提供实践的动力，于是就可以回应牟先生所批评的，朱子的理论并不能提供真正的实践动力的问题。

另外，主气的栗谷学派后来的发展，对于朱子学的诠释也有重要的贡献，如吴老洲（吴熙常，1763—1833）与洪梅山（洪直弼，1776—1852）认为，心虽然属于气，但心之为气，与形气不同，心具有虚灵的作用，是可以通彻于理的；人有心，故对于理能有了解。且心在知理、明理时，愿意遵理而行，从这一义来看，心可以说本善，但心虽本善，因会活动变化，故而又不可恃；此一说法，即心不同于形气，心是本善而不可恃的，此说对于朱子的心论很有参考价值。后来同样属于栗谷学派的田艮斋（田愚，1841—1922）对此心论有所承继与发展。[①]

以上大略说明中国当代儒学、康德哲学及朝鲜儒学的相互对照、参证，是可以对朱子学的研究提出新的诠释的。可能我们可以继续透过对东亚儒学的研究，为儒学义理给出新的诠释或新的发展。

（作者单位："台湾中央大学"中文系）

① 见拙著：《从当代儒学观点看韩国儒学的重要论争续编》"导论"，台大人文社会高等研究院东亚儒学研究中心，2017年6月，第1—41页。

东亚儒学研究的再思考

蔡振丰

一、对抗与政治化

台湾学界具体提出“东亚儒学”的概念始于1992年9月由台湾“清华大学”与日本大阪大学所合作举办的“东亚儒学与近代国际研讨会”。其后1998年由台湾大学黄俊杰教授主导的“东亚近世儒学中的经典诠释传统研究计划”(2000—2004)、“东亚文明研究中心计划”(2002—2005)、台湾大学人文社会高等研究院的“东亚经典与文化研究计划”(2006—2010)以及“东亚儒学研究计划”(2011—2016)陆续得到“教育部”卓越计划的奖助,至今已超过16年,其成果《东亚文明研究丛书》《东亚儒学研究资料丛书》《东亚儒学研究丛书》等书系近两百部,陆续由台湾大学出版中心印行。如果回顾台湾东亚儒学研究的发展及其成果,可以发现参与的学者的研究取向并不具有统一性。之所以产生如此结果的原因,应该在于台湾人文学界除了少数学科外,原本就没有强烈的政治性格。学术性之政治性格的产生可能有两个主要的来源,一是基于政府政策或政党意识形态的要求,二是由学术权威透过研究经费之分配所建立的典范研究。黄俊杰教授所领导的东亚儒学研究虽然得到“教育部”经费的奖助,但其最初的目的并不是基于政府政策的需要,而其召集人本身也不要求其他研究成员必须遵循某些既成的方法或者朝向一定的研究目的,因而“台湾东亚儒学研究计划”比较像是在建立一个交换研究信息与成果的平台,而非树立一个新的研究典范。

由于台湾东亚儒学研究缺乏政治上的动机及目的,因而其团队成员就具有多元组合的意义,其中有研究日、韩儒学的专家,也有初次接触东亚其他国家之儒学文献的学者。初期时,由于“东亚儒学”尚属新兴的领域,因此也有探寻摸索的意义，学者之间并未建立坚实的研究共识。基于这种情况，当2002年子安宣邦在《"東亜"概念と儒學》[①]一文中，质疑台湾学界缺乏对"东亚文化圈"的历史话语进行反省，而有陷入重组"中华帝国话语"及"中华文化一元论"的危险时，台湾学者大多认为子安未免过度忧心，毕竟台湾东亚儒学研究的产生并非决定于政府的政策取向，也不受任何政治力的指导。

子安宣邦也能理解台湾推行东亚儒学不是基于政治考虑，因而他也认为由台湾推行东亚儒学可以避免由中国大陆或日本来推动的疑虑[②]，所以他真正忧心的应该在于台湾学者未深入检讨东亚儒学历史的发展，而可能成为"中华文化一元论"的马前卒。因此子安宣邦在《"東亜"概念と儒學》中区分了"作为文化概念的东亚"与"帝国日本的东亚概念"，并且指出"文化上的东亚作为地域概念而成立，但它的背后正预设了作为日本帝国之地政学概念的东亚"。[③] 从历史的现象看，子安的推论似有道理，但若讨论当时学者所提出的论点，则文化上的东亚概念似乎不必然要与日本帝国的东亚地政学概念形成坚实的连接关系。如被子安点名的"京都帝大西田学派的历史哲学家"虽然有将"帝国日本广域圈东亚主张"表述为"世界史哲学"的倾向[④]，但京都学派也曾明白地拒斥当时倡导"八纮一宇""国体明征"的皇道哲学，试图和以陆军势力为主的军国主义划清界限。以西田几多郎（1870—1945）为例，影片《西田几多郎：物来照我》曾述及西田在战争前后的一些言行[⑤]，如1935年西田对美浓部达吉（1873—1948）被免职[⑥]、弟子三木清（1897—1945）被捕及自己被

---

① 该论文原是为参加2002年6月台湾大学"东亚文化圈的形成与发展"国际研讨会而撰写，其后改写发表于《環》vol. 10（2002年夏季號），藤原書店。中译本有童长义译文，收于子安宣邦著、陈玮芬等译：《东亚儒学：批判与方法》（喜玛拉雅研究发展基金会，2003年），以及子安宣邦著、赵京华编译：《东亚论：日本现代思想批判》第1章（吉林人民出版社，2004年）。赵文据《環》一书的译文，较童译多出一段"前言"。

② 子安宣邦言："我的关心来自于这个以'东亚儒学'为名的研究计划，是从中国文化、汉语圈内部所产生的一事上。这件事之所以可能，大概是因为这个计划的舞台是位于'中国'之边陲台湾。如果站在中国中心的观点，大概不容易产生出所谓'东亚儒学'这样的构想。因为"东亚"儒学的前提是，儒学在东亚细亚各地有多元文化的展开。这个多元性的观点，本身就和'文化一元论'的观点背道而驰。"见《东亚概念与儒学》，《东亚儒学：批判与方法》，第15—16页。

③ 见《东亚儒学：批判与方法》，第11页。

④ 见《东亚儒学：批判与方法》，第12—13页。

⑤ 《DVD 學問と情熱 西田幾多郎物來って我を照らす》，紀伊國屋書店，2006年。

⑥ 美濃部達吉（1873—1948）于所著《憲法講話》中，否定了"天皇主权说"，主张天皇不是国家的统治者，而只是统治权的行使者，结果被以"不敬罪"起诉，失去了东大的教职。

宪兵监视感到愤怒及忧心，以及1943年国策研究会矢次一夫（1899—1943）受陆军之命来访，要西田写一篇支持国策的文章时，西田对陆军政治指导的怒不可遏。针对这段往事，学者所争议的是，在矢次一夫来访的两个月后，西田答应了陆军的要求，写出了《世界新秩序の原理》。西田何以对日本军方有前后不一的表现？为其辩解的学者会主张是他生命受到威胁所致，然而西田的情况不是孤立的。如竹内好（1908—1977）在反思日本的战争责任时，区分了对华侵略战争和太平洋战争，他认为就前者而言，日本必须无保留地承担战争责任，但就后者而言，作为帝国主义对帝国主义的战争，日本不能单方面承担战争责任。[①] 这两位日本的大学者何以能在否定军国主义的同时又肯定太平洋战争？这应该可以由两人相同的思考结构来追究。西田在写作《世界新秩序の原理》时或许接受了日本军方的政治指导，但也透露了他认为"东亚共荣圈的构成原理"在于：被帝国主义压迫、殖民、夺去了世界史使命的东亚民族，终于有所自觉而构成了一个特殊的世界，并实现东亚民族的世界史使命。[②] 西田这种由"东亚的世界"转换为"世界史的世界"的论点很容易与竹内好以东洋"抵抗"欧洲及"近代超克"的理念连续起来，这说明这两者可能因为相似的思维结构而产生了相近的论点及行为的抉择。因此，问题的重点应该不是子安宣邦所言文化或哲学上的东亚概念预设日本帝国地政学的东亚概念，而是文化或哲学的东亚概念在屈辱性与对抗性的历史观点下屈服于对抗西方帝国主义的东亚概念。因为屈辱性与对抗性的史观是关乎民族而非个人的事情，则其实践之道就必须借助统一的政治力来完成，如此必然导致在学术上牺牲了与日本军部进行"伦理之战"的结果。

为了避免东亚儒学研究陷入过去"实体化"或"一体化"的危险，子安主张用"作为方法的东亚"取代"作为实体的东亚"，他的论点取得了多数学者的同意。[③] 然而，

---

① 在《近代的超克》中，竹内好支持了龟井胜一郎的观点，即"排除了一般的战争观念，从战争中只抽取出对于中国（以及对于亚洲）的侵略战争这一侧面，而试图单就这一侧面或者部分承担责任"。见竹内好著，李冬木、赵京华、孙歌译：《近代的超克》，生活·读书·新知三联书店，2005年，第322页。

②《世界新秩序的原理》言："今天的世界大战之课题就是世界新秩序的原理，则东亚共荣圈的原理亦从此而来。从来，东亚民族被欧洲的帝国主义所压迫，东亚被视作殖民地，被夺去了各自的世界史的使命。现在，东亚民族自觉了东亚民族的世界史的使命，各自超越自己构成了一个特殊的世界，并实行东亚民族的世界史的使命。这就是东亚共荣圈构成的原理。"全文见于《西田幾多郎全集》卷12，岩波書店，1966年，第426—434頁，中译文为张政远所译。

③ 除了黄俊杰外，如张伯伟有《作为方法的汉文化圈》（中华书局，2011年）一书，其书中的导言对"作为方法的"一词有充足的理论说明，但也有反对中心的多元文化论。

如果问题的重点是在于屈辱及对抗的史观,则仍然有必要去问这样的史观在当代还有多少残留,而且是以何种形式存在?事实上,这种与西洋对抗或"近代的超克"的想法在当代仍然存在,如2013年华东师范大学出版社出版了《何谓普世?谁之价值?》一书,该书是2011年自称"当代儒家"的青年学者们的论文合集,他们有些人曾留学海外,但也严格批判西方的"普世价值",认为这是西方支配和征服世界的一种意识形态工具,因而在该书的座谈会纪录中,有学者戏谑地说:孟子有人禽之辨,而当代的人禽之辨即是辨识西方人为禽兽。① 这些当代儒家也猛烈地批评香港和台湾的新儒家,认为他们先接受了西方的"普世价值"并将其作为讨论的基础,因而既不能批判性地思考西方的价值观,也不能阐述儒家价值观的完整性,因此,作为一个博大精深的文明,中国在与西方对话之前,必须先牢固树立儒家文本与观念,建立自己的话语体系。这本书明显将中国或中国文化特殊主义化、理想化。从学术的立场,似乎没有理由去反对这论调,特别是言论本身如果具有自我的实践力,自然能在当代的社会扎根,而对西方的"普世价值"论形成补充或对照性的启示,然而若这样的意见只是为了搭上大国崛起时急需补强的文化论述的顺风车,则可能在缺乏自我实践力的情况下转而依附在政治力上②,一旦它与政治权力结合,也可能是国族内部意识形态一体化的前兆。同样,在韩国也可以看到许多"儒学复兴"之类的学术会议,从内容看也充满了"近代超克"式的意见。可见预见的是,这类意见若无法回应民主多元的韩国社会所产生的困境,也无法依附在政治权力上,将无法在学术界之外造成真正的影响。

除了延续与西方对抗的思维结构外,东亚内部在清人入主中国之后也不乏屈辱与对抗的历史事实,这些传统的历史因素,加上日本殖民侵略及第二次世界大战后的美日韩同盟,使得东亚内部的对抗更加复杂化。这种情形反映在当代东亚儒

---

① 第一章《普世价值的概念》的座谈记录中有以下言论:"陈明:'价值是属人的,应该从人的角度去看,譬如,某种东西对人有价值,但对狗却不一定有价值。'郭晓东:'……'曾亦:'我觉得陈明这话更像是说喜欢自由、民主的是狗,是禽兽,而中国人作为人,几千年来从来就不讲这些东西。儒家讲人与禽兽之别,这也是一个方面。'"见曾亦、郭晓东编著的《何谓普世?谁之价值?——当代儒家论普世价值》,华东师范大学出版社,2013年,第3页。

② 美国学者田浩(Hoyt Cleveland Tillman)在《走向普世价值?——〈朱子家训〉之个案研究》一文中曾提及:"我们可以看到,除了这本书中过于简单化的西方观以外,这些当代儒家抛弃了儒家价值和社会主义早先关于普遍有效性和特征的假设,而赞成儒家和社会主义为中国人所特有的价值。"田浩文可见于2013年由"台湾中央大学"所主办之"第二届当代儒学国际学术会议:儒学的全球化与在地化"国际学术会议论文集。

学的研究上，就产生了张昆将《儒学复兴中知识分子对“东亚儒学”的思考之探讨》[①]一文所论的“逆中心的东亚儒学”[②]或者“没有东亚的本国儒学”（“中国中心的儒学”）[③]的立场。“逆中心的东亚儒学立场”认为自身的儒学成就高于中心而可以影响中心。从学术上看，这种影响的论点只是一种宣示，缺乏社会学上的基础。相对而言，“没有东亚的本国儒学”“中国中心的儒学”可能同时扮演建立民族文化之自信，以对抗西方与其他东亚国家之儒学发展的角色，因而也可能在依附政权的基础上进一步地政治化。

由子安宣邦所提示的东亚概念实体化的危险，到本文所延续讨论的实体化必然依附在强大的政治力上，可见所谓“东亚儒学”要避免实体化的方式，莫过于走出屈辱与对抗的史观，并将东亚儒学的研究定位为一种文化的研究而不是一种“意识形态一体化”的研究或是“作为国民道德论”的研究。在此定位之下，东亚儒学研究才能摆脱政治指导与企图影响政治的设想，而随时准备与政治力进行所谓的“伦理之战”。

二、变迁与全球化[④]

吴震在《试说东亚儒学何以必要》一文中，曾采用前文注解所引澳大利亚学者

---

① 张昆将：《儒学复兴中知识分子对“东亚儒学”的思考之探讨》一文见于《哲学与文化》第 42 卷第 9 期（辅仁大学，2015 年 9 月），第 69—91 页。

② 张昆将解释“逆中心的东亚儒学立场”言：这种立场认为“中国并非作为完全他者，而是‘部分他者’，处处扮演对中心刺激反应的作用，这方面可以韩国儒学为代表”（第 72 页）。另外他也指出崔英辰与白景瑞二位学者有此倾向，崔英辰主张“突显‘韩国儒学’比强调‘东亚儒学’来得急切，而且更显出韩国儒教的独特性。这种‘独特性’甚至可以面向‘中国儒学’而自豪，因其并不亚于甚至超越‘中国儒学’”（第 76 页），而白景瑞则主张“要逆向用周边影响中国”（第 78 页）。

③ 对于“没有东亚的本国儒学”“中国中心的儒学”，张昆将举澳大利亚梅约翰（John Makeham）在《东亚儒学与中华文化民族主义：一种来自边缘的观点》一文中的观点为例。梅约翰在考察部分中国学者（如马振华、徐远和及郑家栋）所说的“东亚儒学”之内涵后，说：“一旦有关东亚儒学的主张带有了推进文化民族主义目标的倾向，问题便复杂了起来。……问题在于，从这些表述中，可以感到一种‘中心-边缘’论或中国中心观的话语模式。显然，这种话语实际上已构成了这群学者研究进路的潜在参照系——他们的书以‘儒家文明’为题，却未涉及中国以外的国家，而他们的解释是，中国本身即是最典型的儒家文明。”（第 80 页）梅约翰之文收入复旦大学文史研究院编：《从周边看中国》（中华书局，2009 年），第 121—122 页。

④ 全球化的定义甚多，本文主要采取 Thomas Friedman，*The Lexus and the Olive Tree*（New York：Farrar，Straus and Giroux，1999）及 M. Albrow，*The Global Age*（Stanford，CA：Stanford University Press，1997）的意见。Friedman 认为全球化：“在不断进行的动态过程：包含市场、民族国家 （转下页）

梅约翰(John Makeham)的论文之说:“近年来台湾所以兴起东亚研究,乃是一部分学者为了应对‘去中国化’的新形势而采取的一种‘策略’。”[①]这种说法似是而非。如果台湾的儒学研究是为了迎合当时民进党执政的新政府,则其研究并不能宣称是一种学术性的工作。但若说台湾东亚儒学研究计划的提出具有一种“策略”,以取得其他人文社会学科的认同并取得政府的研究经费,则其策略不在于“去中国化”,而在于回应当时“全球化”的浪潮。因此,由“全球化”产生有别于“一国”研究的“东亚”研究,是基于学术趋势而产生的,并不是一种附和于政府政策的作为。

事实上,国际学界对东亚儒学的区域研究早于20世纪80年代,当时美国学者的研究重点在于:日本、韩国、台湾、香港、新加坡等“工业亚洲”(Industrial East Asia)的代表何以能成为经济快速发展之区域?由此可见早期学者的东亚研究与全球化的议题息息相关。不难看出,当时国际学界对儒家文化与现代化的讨论,笼罩于韦伯(Max Weber,1824—1920)论新教伦理与西方资本主义的关系,以及他对中国宗教与中国现代化研究的理论之下。[②] 80年代的学者修正了韦伯的说法,转而认为儒家文化并不阻碍资本主义之发展,而且是“东亚优势”的基础。[③] 之后波士顿大

(接上页)以及科技的无情整合,其彻底之程度为历来所仅见——一种让个人、企业以及民族国家,得以用比以前更广泛、更快、更深以及更便宜的方法来接触世界……背后的驱策理念就是利伯维尔场资本主义(free-market capitalism)……全球化意味着将利伯维尔场资本主义散布到全世界每一个国家。”而Albrow的主张是:“历史转变中出现的状况,当中各种行为、价值观、科技以及产品向世界各地传播,并对人类生活产生巨大影响,令‘全球’成为人类活动的单一基础。”另外,也有许多学者更喜欢使用“国际化”而不是“全球化”。这两者的区别在于国家的角色在“国际化”中更重要,而且“全球化”程度比“国际化”要深,可以使国家的边界消失,因此从历史上考虑,“国际化”从来没有变成“全球化”。

① 该文刊于《台湾东亚文明研究学刊》第8卷第1期(台湾大学,2011年6月),第301—320页。对梅约翰的引述见于第312页。

② 在20世纪60年代以前大部分学者都赞成韦伯的主张,以为儒家伦理与作为理性化(rationalization)的现代化过程是不相协调的。主要的理由是儒家思想在本质上是“实质性的伦理”(substantive ethic),贯寄于此种伦理的是“实质理性”,而不是“形式理性”。而且,儒家伦理是一种乐观主义,缺乏新教徒为了得到上帝拯救而努力工作的内在焦虑及紧张,因此儒家伦理与新教伦理虽同属理性主义,但前者表现为对世界理性的适应,后者则表现为对世界理性的主宰。此可参见Max Weber, *The Religion of China : Confucianism and Taoism* (1951),简惠美译《中国的宗教》(远流出版社,1989年)。

③ R. Hofheinz和K. E. Calder合著有《东亚优势》(*The East Asia Edge*, New York : Basic Books, 1982)一书,对“东亚优势”的解释有两种具代表性的意见,一是“制度解释”(institutional explanation),二是“文化解释”(culture explanation)。前者以为东亚的发展得力于家长式的政治领导与经济政策,其中渗透着非个人的集体精神,这种精神与韦伯及西方学界认为可以促成现代化的个人主义不同;后者则以为东亚社会的成功在于组织成员的儒家传统。此亦可参见金耀基:《儒家伦理与经济发展:韦伯学说的重探》(刊于李亦园编《现代化与中国化论集》,桂冠图书公司,1985年,第44页)及(转下页)

学著名的社会学家 Peter Berger 以为韦伯所论阻碍现代化的儒家思想是指作为帝国意识形态的理论，而不是支配普通百姓日常行为规范的儒家伦理，他特别把儒家体现于普通百姓的日常伦理称为“世俗化的儒家伦理”(Vulgar Confucianism)。[①] Berger 的解释，得到研究东亚经济发展之华人学者的支持。

随着 20 世纪 90 年代初日本经济泡沫破裂，儒家文化可促成东亚经济发展的论点再度遭受质疑。针对这种现象，美国学者福山(Francis Fukuyama)的著作《历史之终结与最后一人》(*The End of History and the Last Man*, Free Press，1992)认为：人类社会在制度体系上的演进，最终将以“自由民主”加“市场经济”结束。利伯维尔场解决物质需要问题，自由、平等、民主不仅能保障市场经济，而且能解决人的非物质需求问题，所以，虽然社会与个人的生活还会继续颠簸，高潮性的喜剧和悲剧仍将重叠发生，但人类漫长的“大制度”追寻历程到此为止了。随着中国逐步成为世界第二大经济体后，福山的论点在中国又引发了全球化的政治性的讨论。本文所谓的政治性讨论不是基于对政治制度之进展的讨论，而是对于全球化的基础及其体制是否具有“政治正确性”的讨论。反对福山之意见者认为：来自西方的马克思主义进入中国后，就成了具有中国特色的马克思主义，任何不针对“中国特色”加以区分的西方理论，应该被贴上“盲目移植”的标签；中国在经济上之所以能成功，是信奉大政府主义和“中国特色”的结果，由于政府独享强制力，可利用强制力调配资源，在高效率的“集中力量办大事”下才具有成功的可能。相对之下，同意福山的学者认为：中国人跟世界上其他人一样，都拥有追求美好生活和个人自由的人性，所以福山的结论或许可以商榷，但不应该以“中国特色”将中国放在对人类社会未来走向的预测之外。在中国，这两种正反的意见至今仍然余波荡漾。[②]

本文之所以重提这段研究东亚的历史，在于指出西方学界之重视东亚的区域研究，最初的重点在于探讨全球化的经济体制下，东亚世界如何适应、转化的问题。

(接上页)陈来《哲学与传统——现代儒家哲学与现代中国文化》所言“结构性的解释”与“文化性的解释”(允晨文化事业公司，1994 年，第 356 页)。

① Peter L. Berger, “Secularity: West and East”, Paper presented at Kokugakuin University Centennial Symposium on Cultural Identity and Modernization in Asian Countries, Japan, Jan. 1983.

② 陈志武：《没有中国模式这回事！》(八旗文化出版社，2010 年)第一篇“全球化中的中国”第一章“中国不是例外”对中国学者关于福山的正反意见有所讨论，而他自己的看法是认为“中国的经济成功过去没有、将来也不会违背‘基于自由法治的市场经济更促发展’的普世规律”。

从另一方面，也可以看到东亚对于全球化经济体制的发展及其所带来的生活变化几乎没有任何抵抗能力，即使是中国在2013年所提出的“丝绸之路经济带和21世纪海上丝绸之路”（简称“一带一路”）经济合作战略，基本上也是全球化经济体制的再输出。因此，即使认为全球化是一种西方霸权对东亚世界的殖民，也不能阻止全球化生活形态对人们的改变；这显见全球化的过程中，人们确实感受到全球化所带来的正面效益。相同的，我们也可以依此方式去观察19世纪以前的“东亚化”。“东亚化”意谓东亚各国在其原本政经文化的形态下，卷入了三股文化的力量，而产生了生活风貌上的改变。东亚化初期所面对的是中国的政教思想与印度佛教之宗教形式的输入，而后期所面对的则是西风东渐后基督教文明及近代化物质生活形态的输入。换言之，19世纪以前的东亚世界的变化，正是一个全球化的缩影，东亚各国的人们首先遭遇的是外来的思想及生命观改变了他们对生命与生活的思考。由此而言，东亚儒学的研究者首先要问的问题应该是，针对这种改变，儒学在其中扮演着什么角色，带来什么影响，而不是他们是否能正确理解中国的儒学；更何况不论是中国儒学或其他国家的儒学也都处在一种与其他文化的交融变化之中，如9世纪以来的中国儒学所面对的是佛教所带来价值及经济上的混乱，这种情形随后也发生在14世纪的朝鲜半岛，而后再影响到日本。由此，可以看到儒学在东亚所扮演的是如何面对、改变、适应政治及生活情势的理性参照基础，而非仅仅是一种知识社会的文化装饰品。以儒学作为一种理性的参照基础，它所能作用的范围何在？从黄俊杰所言的“脉络化”而言①，儒学可以作用在“本土的”“外来的”“制度的”“世俗的”等四个个别的脉络，以及这四个脉络之交错、辩证的关系中。以佛教的传入为例，佛教在东亚各国中原先是“外来”的，但后来却是“本土”的，如宋明儒学中的许多新的解释，就与佛教的理论有不可分割的关系。又如日本德川时期末期的阳明学，是促成了德川幕府退位之“大政奉还”及“明治维新”进展的重要力量，但因为最受阳明学鼓舞的是下层武士，因而比较像是“世俗”的而与“制度”的儒学无关。另一方面，明治维新之后产生了“作为国家主义者所提倡国民道德的阳明

① 黄俊杰认为：在东亚文化交流史上，不同地域间的文本、人物或思想的交流，常出现“脉络性转换”的现象。所谓“脉络性转换”指将异地传入的文本、人物或思想加以“去脉络化”，再予以“再脉络化”于本国情境之中以融入本国的文化风土。参见黄俊杰：《东亚文化交流史中的“去脉络化”与“再脉络化”现象及其研究方法论问题》，《东亚观念史集刊》第2期（政大出版中心，2012年6月），第55—78页。

学”[①]，这种发展也使得日本的阳明学走入了“制度”的脉络。儒学在朝鲜也是如此，朝鲜儒学表现在于上层的制度面是十分明显的，但由《大学》中所推及的“孝”“弟”“慈”的概念[②]，一方面有朝鲜儒学对《大学》的特殊解释，一方面又与普遍的人性有关，因而同时具有“世俗”“制度”“本土”“外来”的性质。

对照讨论东亚化与全球化的种种问题，可知两者共同具有“世俗”“制度”“本土”“外来”这四个脉络，因此前现代的“东亚化”与现代化的“全球化”似乎可以归入相近的范畴。如果“东亚化”与“全球化”具有相近的讨论结构，则在思考“全球化”的问题时，也具有思考“东亚化”的意义，反之亦然，两者之间具有参照意义上的连接点。从“东亚化”及“全球化”的角度思考儒学的意义，可以发现在“东亚化”的过程中，儒学在不同的层次具有不同的作用。对于真正的儒学接受者而言，儒学的重要意义在于其经典所透显出的应对生活世界变化之智慧；而对于在朝贡体系从事外交工作的官方学者而言，儒学或诗学所代表的是本国的汉化水平，因而在各国聚会的场合中，儒学或诗学的修养具有竞赛性。[③] 就研究方法而言，后者或许可以用“中央-边陲”概念来说明，但前者却不适合用“中央-边陲”“高-下”“主-从”的范畴去讨论。引申而言，在现代全球化的趋势中，朝贡体系已然瓦解，取代它的是大国对小国的经济合作及援助体系。在经济合作及援助体系中儒学是否能发挥作用？这是值得再加思考的问题。

---

① 阳明学是日本明治维新的精神动力之 ，然而在明治维新后产生了“作为反洋气、反洋学的阳明学”、作为“国家主义者” 与“和平主义”者所提倡国民道德的阳明学、作为民权论者与宗教的阳明学等三种发展现象。参见张昆将：《近代中日阳明学的发展及其形象比较》，《东亚文明研究学刊》第5卷第2期（台大高研院，2008年12月），第35—85页。

② 如丁若镛（1762—1836）依《大学》本文“古之欲明明德于天下者，先治其国”的说法，“明明德”的意义应该就“治国、平天下”而言，且对照于“孝者所以事君也，弟者所以事长也，慈者所以使众也”，“上老老而民兴孝，上长长而民兴弟，上恤孤而民不倍”之上、下文，可得出“孝弟慈”是修身、齐家、治国、平天下之基本德目，是“明明德”的所在。参见拙著《朝鲜儒者丁若镛的四书学》，台大出版中心，2010年，第271页。

③ 1764年的朝鲜通信使透过与日本人作诗酬唱及对日本古学派学者的了解，意识到日本的汉学已经威胁到了朝鲜的“小中华”地位。此可参见张伯伟《汉文学史上的1764年》及夫馬進《1764年朝鮮通信使と日本の徂徠學》（《史林》89卷第5号，2006年9月）。张伯伟文见《作为方法的汉文化圈》，中华书局，2011年，第95—148页。夫马进文收入夫马进著，伍跃译：《朝鲜燕行使与朝鲜通信使》第六章，上海古籍出版社，2010年，第117—144页。

三、革新与混血化

东亚化及全球化的发展并不是单一的，由于各地的初始环境不同，再加上发展的步伐不一致，因而不能让所有人都受惠。以东亚化的朝鲜半岛为例，佛教原是自觉解脱之道，然而高丽时期的僧侣在免除租税劳役的同时，又能得到执政势力大量赠予的土地，因而造成国家财政恶化经济动乱；而儒教作为朝鲜建国的意识形态，虽然使得王权受到士大夫阶层的节制，却无力改善上层的嫡庶身份及下层贱民的处境。全球化的情况也是如此，在种种新的发展中，不同的群体、组织、国家、地区所面对的机遇与挑战不尽相同，因得益与损失不一致而引起新的争端，这些争端涉及利益与价值之争，要消解并不容易。然而"东亚化"及"全球化"所以能继续进行，也说明了人们在此过程中满足了部分生命或生活的需求，而可抵消负面的效应。这也就是说东亚化或全球化之所以能推进的原因在于它能对原有的文化或生活产生"革新"的作用。

19 世纪后，由于国际交流频繁、朝贡体制的瓦解、新的技术与财富聚集效用的扩大，使得儒家这种在哲学上以道德主体为主，在政治社会学上以家庭伦理为基础的学说，逐渐失去适应新的生活形态的能力，而无法处理现代社会中复杂的国际纷争、家庭问题，以及经济技术所带来的价值调适问题。也由于儒学不再成为"革新"的力量，因而在被边缘化的情况下才有所谓"儒学复兴"的口号。然而，若论及复兴，首先要问的应是"儒学如何在现代社会中产生新的诠释而形成革新的基础"这一问题，而且这个革新的基础应该能面对全球化生活形态逐渐趋同的事实，而具有超越种族、地域的普遍主义的意义。① 回顾中国的历史，在面对西方思潮时，晚清儒者首先提出的是"中体西用"说。"中体西用"说虽然维持了文化的自尊，却也意味着儒学因为外部功用上的不足，而开始由文化普遍主义的立场退却。② 而当改革思

① 普遍主义的理想是忽视文化界限，并进而尝试在差异化的文化、民族和个体间实现沟通。而特殊主义的核心在于时间、地点和人物的相对性，特殊主义容易导致相对主义，它虽然可以与世界的内在复杂性、多变性和矛盾性相吻合，但却取消了深入沟通和追求共同利益的可能性。参见时殷弘：《普遍主义、特殊主义和综合的中间立场——关于全球性挑战的一种论析》，《当代世界与社会主义》2009 年第 4 期，第 99 页。

② 此可参见张灏：《晚清思想发展试论——几个基本论点的提出与检讨》，收入张灏等著：《近代中国思想人物论·晚清思想》，时报文化出版公司，1982 年。

想家逐渐认识到中国落后于西方在于制度上的因素大于技术时，就造成儒家普遍主义理念的全面崩溃。[①] 针对这种溃败，1949年至今的儒家学者基本上有两种主要的倾向。其一是港台新儒家回到“反复性普遍主义”(reiterative universalism)的立场[②]，主张中国与西方可以互相学习对方文化的文化互补论[③]，这种论述除了高扬儒家文化的特殊性外，也期待中国文化的理论可由心性之学的“道德实践主体”开出“政治主体”“认识主体”与“实用技术的活动之主体”[④]；其二是强化了儒学特殊主义的大陆新儒家[⑤]，他们承接了狄百瑞(Theodore de Bary)《中国的自由传统》及贝淡宁(Daniel A. Bell)《超越自由民主》的想法，强调不能以西方的标准来衡量中国古

---

① 参见萧公权：《行政制度现代化——康有为之主张及其意义》，收入张灏等著：《近代中国思想人物论·晚清思想》。

② 社群主义者 Michael Walzer 区分“覆盖律的普遍主义”(covering-law universalism)与“反复性的普遍主义”(reiterative universalism)。前者主张只有一个上帝、一种法律、一种正义，而一切人类行为、社会安排和政治实践都服从于一套原则、一种权利观念或者一种善的观念；后者则赋予这些具有普遍主义性质的原则以特殊的解释，认为多样的民族中每一个都有自己得救的经历和得救的道路，每一种具有历史传承的民族文化都具有普遍主义传统。参见 Michael Walzer: “Nation and Universe”, The Tanner Lectures on Human Values delivered at Brasenose College, Oxford University, May 1 and 8, 1989，及童世骏 :《普遍主义之种种》,《华东师范大学学报》(哲学社会科学版)2008年第6期。

③ 牟宗三、徐复观、张君劢、唐君毅：《为中国文化敬告世界人士宣言——我们对中国学术研究及中国文化与世界文化前途之共同认识》第八节“中国文化之发展与科学”言：“如中国有通哲学道德宗教以为一之心性之学，而缺西方式之独立的哲学与宗教，我们亦愿意中国皆有之，以使中国文化更形丰富。但是如依中国之传统文化之理想说，则我们亦可认为中国无西方式之独立的宗教与哲学，并非如何严重的缺点。如西方之哲学、宗教、道德之分离，缺少中国心性之学，亦可能是西方文化中之一缺点。”第十一节开头关于“我们对于西方文化之期望及西方所应学习于东方之智慧者”言：“西方文化是支配现代世界的文化，这是我们不能否认的事实。自19世纪以来，世界各民族的文化都受到西方文化的影响，都在努力学习西方之宗教、科学、哲学、文艺、法律、实用技术，亦是不能否认的事实。但是毕竟西方文化之本身，是否即足够领导人类之文化？除东方人向西方文化学习以外，西方人是否亦有须向东方文化学习之处？或我们期望西方人应向东方文化学习者是什么？由此东西文化之互相学异互相学习，我们所期待于世界学术思想之前途又是什么？这是一个大问题。我们于此亦愿一述我们之意见。”见《唐君毅全集》卷四之二，学生书局，1991年校订版。

④ 牟宗三、徐复观、张君劢、唐君毅：《为中国文化敬告世界人士宣言——我们对中国学术研究及中国文化与世界文化前途之共同认识》第八节“中国文化之发展与科学”言：“我们说中国文化依其本身之要求，应当伸展出之文化理想，是要使中国人不仅由其心性之学，以自觉其自我之为一‘道德实践的主体’，同时当求在政治上，能自觉为一‘政治的主体’，在自然界知识界成为‘认识的主体’及‘实用技术的活动之主体’。这亦就是说中国需要真正的民主建国，亦需要科学与实用技术，中国文化中须接受西方或世界之文化。但是其所以需要接受西方或世界之文化，乃所以使中国人在自觉成为一道德的主体之外，兼自觉为一政治的主体、认识的主体及实用技术活动的主体。而使中国人之人格有更高的完成，中国民族之客观的精神生命有更高的发展。”

⑤ 此可参见任剑涛：《复调儒学：从古典解释到现代性探究》(台大出版中心，2013年)第十章“吁求普世儒学：现代性儒学普世论立场的建构”。

典思想[①],应该在西方式自由主义民主规范外去寻求新的突破。[②] 不论是反复性的普遍主义立场,或者文化特殊主义的主场,都残留着本文第一节所论的“近代超克”“对抗性”与“一体性”的思维。[③] 换言之,两者都是从“异-己”的角度,企图使两种文化的优劣更加明晰,而没有注意到西方文化对整体生活形态的改变,因而其重点往往在于呈现过去儒学的文化价值,而不在于讨论儒学该如何响应当代生活的现象、该如何革新的问题。

本文所说的“革新”,其基础不在于理性的计算能力,这种理性的计算能力使得自以为比其他民族更有理性的现代西方人,为世界带来了更多的暴力,诸如第二次世界大战德国纳粹之屠杀犹太人,以及目前美国境内的种族问题、对外的中东政策等皆是。“革新”的基础在于在当代生活中建立普遍的规范原则,而非以某种特定的制度或价值内容取代旧有的制度与价值。举例而言,如果欧洲共同体意味着政经形式上的革新,则这个革新的重点在于展现跨文化中最基本的人类准则和共识的重叠。换言之,形成“欧洲共同体”这种文化和价值碰撞交汇下的差异性政治文化,其背后重要的统筹力量是具有普遍主义的规范原则、道德意识以及用作设计与执行的工具性价值。[④] 这也意谓“革新”本身不是指建立对所有人都普遍适用的“价值内容”,而是在个人自由、民主权利、法律规则或者宪政原则等“普遍规范”的基础上,深入经验世界,不断地思考并产生更好的制度与价值内容。这种“革新”的意义,不但表现在全球化的当代,也表现在传统的东亚的儒学世界。传统儒学之革新

① 狄百瑞认为必须杜绝以西方的标准来衡量中国古典思想,以及武断认定中国儒家思想中有没有西方某种理念。参见氏著,李弘祺等译:《中国的自由传统》,联经出版事业公司,1983年,第8页。

② 贝淡宁是从差异性民主,甚至是替代性民主的视角讨论儒家(以及法家)的民主理念的。他认为“只有最独断的帝国主义分子会坚持,政治思想家不能在西方式自由主义民主规范与实践之外寻找灵感”,吁求“比西方式民主运转更好的精英模式”。又,对于东亚人权观,贝淡宁从孟子思想中提炼出“东亚的”“圣王维系的”人权观,试图超越西方基于权力哲学的人权观;对于东亚民主观,他从儒家贤人政治与家庭价值中提取东亚民主的基本元素,试图超越竞争性选举产生领导人的西方民主;对于资本主义,他从儒家的财富分配观中提炼东亚资本主义的纯正理念,希望超越西方资本拥有者雇佣剥削的资本主义。见贝淡宁著,李万全译:《超越自由民主》(*Beyond Liberal Democracy*),上海三联书店,2009年,第8—18页。

③ 虽然港台新儒家在《为中国文化敬告世界人士宣言——我们对中国学术研究及中国文化与世界文化前途之共同认识》一文中也同意“西方文化之有各种文化来源”,但目的在于对照中国的“一本性”“一脉相承的统绪”,而不在于反对一体化的西方。

④ 引文见伍慧萍:《普遍主义的困境:从文化冲突看欧洲认同的宗教文化向度》,《欧洲研究》2013年第5期,第116页。

基础的核心并不在于“孝”“弟”“忠”“信”这些价值内容，而是肯定作为规范内容背后的德性根源，再依此德性根源来判断生活世界中的变化。德性根源意味着人能进行“善恶的选择及实践”的能力。不论是宋明儒者讲的“性”“心”“理”、日本古学派伊藤仁斋（1627—1705）所说的“仁义血脉”①，或朝鲜儒者丁若镛（1762—1836）所论的“性嗜好”说②，皆是对此善恶的选择及实践能力的重新诠解。而仁斋所言的“以天下治天下”即是唤醒人人的此种伦理能力，并随当时政权或不合理的经验进行“乐以天下，忧以天下”的“伦理学之战”。③ 因此，传统的东亚儒学的研究的重点之一，即是如何重新去解释德性的根源，并使之在日常生活、经济生活与政治生活中发挥作用，此亦即仁斋所谓的“人伦日用之道”或中国明代学者所常言的“吃饭穿衣之道”。就“人伦日用”或“吃饭穿衣”上论革新的意义而言，港台新儒家所说的“良知的坎陷”④虽然具有曲折的哲学性，但不易在生活上发生真正的影响，而大陆新儒家所主张的以“春秋公羊法”作为政治判准⑤，实有以“复古的内容”否定当代生活形

---

① 仁斋说：“学问之法，予歧为二：曰血脉，曰意味。‘血脉’者，谓圣贤道统之旨，若孟子所谓仁义之说是也。‘意味’者，即圣贤书中意味是也。盖意味本自血脉中来，故学者当先理会血脉；若不理会血脉，则犹船只，宵之无烛，茫乎不知其所底止。然论先后，则血脉为先；论难易，则意味为难，何者？血脉犹一条路，既得其路程，则千万里之远，亦可从此而至矣。若意味，则广大周遍，平易从容，自非具眼者，不得识焉。予尝谓：读《语》《孟》二书，其法自不同。读《孟子》当先知血脉，而意味自在其中矣；读《论语》者，当先知其意味，而血脉自在其中矣。”参见伊藤仁斎，《語孟字義》，收入井上哲次郎、蟹江義丸編：《日本倫理彙編》卷五《古學派の部（中）》卷下，育成會，1901—1903 年，第 50 頁。

② 丁若镛言：“天命之性，亦可以嗜好言。盖人之胚胎既成，天则赋予灵明无形之体，而为其物也。乐善而恶恶，好德而耻污，斯之谓性善也。”见《中庸自箴》，《與猶堂全書》第 4 册，驪江出版社，1985 年，總第 178 頁。

③ 伊藤仁斎《論語古義》言：“《论》曰：桀溺欲变易天下，圣人不欲变易天下。欲变易天下者，是以己之道强天下也。不欲变易天下者，是以天下治天下也。盖天下以人而立，不能去人而独立。故圣人乐以天下，忧以天下，未尝避天下而独洁其身，如长沮桀溺之流，固非通乎天下，达乎万世之道也。”見関儀一郎編：《日本名家四書注釋全書》第 9 卷，鳳出版，1973 年，第 273 頁。

④ “良知坎陷”说是牟宗三对于如何由道德主体过渡到知性主体及政治主体的一个关键说明，简单地说，就是良知自我坎陷成为知性主体的意思。参见牟宗三：《中国文化的特质》，收入周阳山编：《中国文化的危机与展望——文化传统的重建》，时报文化出版公司，1982 年，第 33 页，以及牟宗三：《现象与物自身》，学生书局，1984 年，第 122—129 页。

⑤ 如蒋庆：《政治儒学——当代儒学的转向、特质与发展》（生活·读书·新知三联书店，2003 年）一书为了避免中国成为西方的文化殖民地，在反对西方理念之外，也反对港台新儒家以内圣开出民主与科学新外王的进路，将心性儒学与政治儒学分开，希望以“春秋公羊法”建构中国政治的正当性和政治判准。又，其《关于重建中国儒教的构想》一文载于《中国儒教研究通讯》第 1 期（中国社会科学院，2005 年 12 月）设计了具备十大社会功用的“中国儒家协会”以“吸取世界各大宗教的长处依中国的具体国情和儒教传统来对儒教进行新的创造，建立一个国家政权之外的宗教社团性质的儒教”；在组织结构上，“中国儒教协会”统摄、管理、指导省、市、县各级儒教协会的工作。

态的倾向。

东亚儒学如何恢复革新的力量？除了上文所说的面对新的生活形态赋予德性根源新的解释外，在方法上也应取法于当代哲学与科学的发展。首先，在近代的超克、文化特殊主义及文化互补论的思维中，似乎预设了东、西方两种本质主义的想法，如此很容易产生否定西方文化所带来之经验生活的危险。为了避免这种矛盾的困境，至少在面对生活世界时，应该采取“无前设原则”[①]，以保证能够深入经验生活的种种现象，并从中思考革新之道。其次，若能深入经验生活而形成革新的想象，接下来仍需要有类同于自然科学的明确目标与方法，才能逐步实践革新的信念。在近当代的儒学诠释中符合上述方法之运用者，或可以涩泽荣一（1840—1931）的《論語と算盤》为例。《論語と算盤》一书有三个值得注意的论点：（一）以“义利合一”的思维肯定资本主义所讲求的利及其所带来的生活方式。（二）认为《论语》具有普世的性质，其道德原理无异于西方之说。[②]（三）主张《论语》所论的规范之理应该涉入生活或学问的各个领域，与商才、战争之才、处世之才相结合。[③] 上述三个论点事实上也展现在《論語と算盤》所论的“士魂商才”上。所谓“士魂”是指士依规范之理而有的精神表现，因此士魂不但有《论语·泰伯》中曾子所谓“士不可不弘毅，任重而道远”，“仁以为己任，不亦重乎？死而后已，不亦远乎？”的形式性规范原则的意义，也有日本武士道的“义”“勇”（敢为坚忍的精神）“仁”（恻隐之心）“礼”“诚”“名誉”“忠义”等内容性的规范价值之义。[④] 结合了《论语》的形式原则与武士道的价值内容，即是涩泽荣一所言的以“士魂”取代“和魂”的意义，这是高层次的结合。而就基础层而言，“武士道”原来就是儒学、禅学与日本神道教结合的产物。[⑤]

---

① 在此借用了现象学家胡塞尔（Edmund Gustav Albrecht Husserl，1859－1938）在《观念Ⅰ》24节“所有原则的原则”（the principle of all principles）中所提出的现象学要成就彻底无前设的严格性必须坚持“认识只能建基于原本地给予的直观之上”的说法。参见胡塞尔著，李幼蒸译：《纯粹现象学通论：纯粹现象学和现象学哲学的观念（Ⅰ）》，中国人民大学出版社，2004年。

② 《论语与算盘》中“士魂商才”言：“（德川家康的训言《神君遗训》）与《论语》对照而观之，竟若合符节，始知原亦大半出《论语》”，“欧美各国的新学说不断传入，其实，彼之所谓新，从我们的眼光看来根本不新，大多数千年前东洋已经说过的东西，只不过措辞改得更漂亮吸引人而已。”上述与以下引文皆见于涩泽荣一著，蔡哲茂、吴璧雍译《论语与算盘》“士魂商才”一节（允晨文化事业公司，1987年），第18—20页。

③ 《论语与算盘》言：“仅有武士精神而无商才的话，在经济上又会招来灭亡之运。”

④ 以上所述的武士道的精神内容依新渡户稻造（1862—1933）的 *Bushido: The Soul of Japan*（1899）一书的章节内容而列，中译版可见新渡户稻造著，林永福译：《武士道》，联合文学出版社，2008年。

⑤ 见《武士道》第1、2章。

在武士道上再强调《论语》规范之理，而后再与西方的资本主义结合，可见这种融合或结合具有多层、多面的意义。《論語と算盤》出版后，对往后的日本企业家有很大的影响，虽然这本书未具体地谈论目标与方法的操作问题，但其后的继承者如松下幸之助（1894—1989）、稻盛和夫（1932—　）①，都具体地谈论到如何将《论语》所涉及的规范之理与规范内容运用到企业经营，包括如何察觉企业存在的意义、如何使劳资形成伙伴的关系、如何面对经济不景气的裁员问题等，从中可以看到企业家如何以一种具有科学性之方法的操作来达到《论语》的精神要求。

在涩泽荣一、松下幸之助与稻盛和夫对《论语》与算盘的结合上，可以看到他们对《论语》的理解都不回避正在改变中的生活世界，故而呈现出诠译与运用的混血化现象。事实上儒学不论是在中国，还是在东亚各国的发展、传播过程中，这种混杂性，或者说多元文化的交互现象都未曾断绝过，因此很难从极端的本质主义和民族主义的角度指称儒学是一种“纯粹中国”的产物。② 也因如此，东亚儒学的研究不应该是一种区分异、已的“间文化”研究，而应该是强调“文化混血的动态交错”“当下之共同问题”的“跨文化”研究。③ 跨文化的“跨”意谓超越而不是否定不同文化的存在；而“文化”是“混血”的“混”，也即表明文化的交涉不只是静态的传播与接受，而具有动态的成长性。这种“跨”与“混”的文化现象不仅出现在当代，也常见于传统的东亚儒学史上，如“四端七情之辩”这种基于哲学进展的问题，虽然开端于中国却未明显地开展，但在朝鲜儒学中却有长久的讨论历史，这表示中国、朝鲜学者共同关心的问题并不相同。而在现在，这不同的发展也可以再参照当代西方哲学的

---

① 松下幸之助的部分可参考周慧菁：《松下幸之助：再困难，一个也不可以解雇》，《天下杂志》324 期（2011 年 4 月）；松下幸之助日文原著《素直な心になるために》（1976）及《経営のコツここなりと気づいた価値は百萬両》（1980）的简体中文版张红、清光译《经营的本质》（南海出版公司，2010 年）。稻盛和夫的部分可参见皆木和义著，郭勇译：《论语教会我这些事》（《稲盛和夫の論語》）（商周出版社，2012 年）和稻盛和夫著，彭南仪译：《高收益企业：企业为什么存在》（天下杂志，2009 年）。

② 李明辉曾指出：中国哲学、西方哲学等都是在多种文化互相影响下所产生的，是非常多元的。论“中国哲学”之正当性的研究经常出现两个错误的进路：“第一个进路是将中国哲学完全纳入西方哲学的概念架构里，并且从西方哲学的视角来衡断中国哲学。第二条进路则是反其道以期保持中国哲学的主体性或特殊性。”见《省思中国哲学研究的危机——从中国哲学的“正当性问题”谈起》，《思想》第 9 期（思想编辑委员会，2008 年 5 月），第 172 页。

③ 何乏笔《跨文化批判与中国现代性的反思》指出：“依笔者的界定，间文化性以已者与异已的对比为焦点，而跨文化性乃由文化混血的动态交错，以及当下的共同问题出发。”见《文化研究》第 8 期（中华民国文化研究学会，2009 年春季），第 130 页。

意见,使其论争的哲学意涵更为显明。① 此外,基于中国、日本、朝鲜的政治或社会环境所产生的问题,有些也具有跨国的共同性,如丁若镛读到了黄宗羲(1610—1695)《明夷待访录》的"原君""田制"与"胥吏",因而注意到朝鲜也存在着相同的政治困境,由此而产生了他自己的政治构想。② 可见对"当下共同问题"及"混血之动态交错"的掘发,对19世纪以前的东亚儒学研究也具有方法上的重要性。

四、结语

本文借由"政治化""全球化""混血化"三个关键词,重新讨论了过去常被提及的"什么是东亚""东亚儒学何以必要""东亚儒学的研究方法"等问题。虽然论述的方式与黄俊杰《"东亚儒学"的视野及其方法论问题》③、吴震《试说"东亚儒学"何以必要》有所不同,然而大部分的结论如反对实体化的东亚概念、反对一国史的儒学、主张多元文化、重视本土化等并无太大的歧义。"对抗与政治化"一节主要在于指出:实体化的东亚与中华文化一元论的主张残留着近代以来的屈辱感与对抗感,且有依附政治力的倾向。因而要避免实体化、一体化的最佳方法,莫过于去除政治心的倾向,以及坚持学术的独立性。而"变迁与全球化"一节主要在于讨论"东亚化"与"全球化"的相似性,由此引申出一些研究方法与观点视野上的相互借鉴。在此节中也强调东亚化与全球化之所以能有所进展,在于其中的思想成分能为原有的文化体系注入新的革新力量,因而其方法学的意义不应该仅仅在如张昆将《儒学复兴中知识分子对"东亚儒学"的思考之探讨》中所言的"顺中心""逆中心""去中心"与"超中心"的思维结构,而应该在于儒学如何成为促成"革新"的基础上。继此观点,本文在第三节中讨论了"革新与混血化"的问题,认为在革新的要求下,混血化是在跨文化的交涉下所形成的必然结果。值得一提的是在"混血化"这节所提的"《论语》与算盘"一例,与黄俊杰先生的看法有所不同。黄先生认为"《论语与算盘》一书,提倡'义''利'并行,所着重的是《论语》在现代资本主义社会的工具性价值",

---

① 见李明辉:《四端与七情:关于道德情感的比较哲学探讨》,台大出版中心,2012年。

② 此可参见蔡振丰:《丁茶山的政治社会论:与黄宗羲及官箴书观点的比较》,《茶山学》28期(茶山文化财团,2016年6月),第139—178页。

③ 见《杭州师范大学学报》(社会科学版)38卷第3期(2016年7月),第25—34页。

“果如是，‘东亚儒学’的提倡，在21世纪也就不能免于被工具化的危机”。本文则认为由《论语与算盘》系列而下的思考，所反映的不是儒学在资本主义社会的效用，而是面对资本主义的一种革新的思维；它虽然无法导正资本主义在当今社会所产生的病态，但也确实提供了一种东方式资本主义的可能性，而且这种义利并行的想法也与现行的社会企业概念有所相合，因此其中含藏着具有革新意义的混血性。本文与黄先生之意见最大的不同在于不对资本主义采取否定的态度，因为除非采取激烈的革命手段，这种否定也无法唤回传统的生计方式与价值观。

或许有人会认为强调混血性会导致主体的失却，特别是有些中国的学者私下喜欢说日本的文化长期处于模仿外来文化的状态，是没有根的文化，因此日本的混血文化并不足取。然而，即使日本文化是一种如竹内好所说的“转向型的文化”①，但它在生活及思维上仍然具有可以与其他民族相区别的长久传统，而且其特色的表现并不亚于某些自喻为文化大国的国家。从文化发展的过程来看，文化主体不可能与他者文化形成交互作用而呈现一种静止的独我。从否定极端的文化本质主义和民族主义的角度看，混血文化有助于开放文化中心主义所构成的封闭系统，提供一些空间，让不同文化和思想更有互相“交错”的机会。“交错”“革新”与“创造”是各种文化和思想能够存活、成长的重要因素，如果文化本身可以不被淘汰而消失，也必然保留了文化自身生命中的独特性。本文以为，就儒学的发展而言，也应作如是的思考。

（作者单位：台湾大学人文社会高等研究院）

① 竹内好在《近代とほ何か》中曾指出中国是“回心型”的文化，日本是“转向型”的文化。他说：“回心是根据保持了自己而展现，转向则是从放弃自己而产生”，“在日本文化中，新的东西一定成为旧的，旧的东西不能成为新的。”见《近代とほ何か》，收入《竹内好全集》第4卷，築摩書房，1980年，第162—163頁。

“多元”抑或“一元”

——“东亚”概念的本质与“东亚儒学”的意义

藤井伦明

一、前言

在台湾，黄俊杰教授提倡、推动的“东亚儒学”研究，其问题意识、理念、目的非常清楚。黄教授认为：“20 世纪中、日、韩各国的儒学研究都取得了可观的成绩，但各国的儒学研究均在国家框架内进行，基本上是一种国族论述，表现而为‘中国儒学’‘日本儒学’‘韩国儒学’。”①但在东亚世界，“儒学”并不是如此中、日、韩、越各地独立、各自发展的，而是互相关联，互动地、整体性地存在、发展的。黄教授说：“‘东亚儒学’虽然包括各国儒学的‘分殊性’，但更具有‘整体性’。”②因此，有从“整体”“多元”的角度来俯瞰东亚地区“儒学”的必要性。“东亚儒学”就是在这一问题意识之下提出来的。黄教授如下明白地说明：

> “东亚儒学”的提出，就是有心于使儒学研究挣脱各国民族主义的牢笼，不再受困于日语所谓“一国史”的格局之中，使儒家“致广大而尽精微，极高明而道中庸”（《中庸·第二十七章》）的人文精神传统，更弘扬于21世纪全球化新时代的东亚思想界，使儒学研究贡献于世界的和平。③

---

① 黄俊杰：《“东亚儒学”的视野及其方法论问题》，《杭州师范大学学报》（社会科学版）第 38 卷第 3 期（2016 年 5 月），第 26 页。

② 同上。

③ 黄俊杰：《“东亚儒学”的视野及其方法论问题》，第 29 页。

另外，张昆将教授如下简明扼要地说明了黄俊杰教授对“东亚儒学”的基本立场：

> 黄俊杰教授对“东亚儒学”的基本立场，是一种跨国度、跨文化、跨领域，以文化交流“过程”而不是以“结果”为考察重点，着重以共通的文本、经典思想以及儒者、时空脉络的互动交流过程，开发“东亚儒学”有机的而不是机械式的现代意义，充分展现“超中心”的立场。①

如此，“东亚儒学”的命题看似没有疑问，但实际上如吴震、张昆将两位教授注意、探讨的，也有对“东亚儒学”提出质疑的学者。据张昆将教授的分析：有些学者“怀疑‘东亚儒学’可能出现‘去中国化’之问题”②，有些学者则怀疑“‘东亚儒学’可能为新兴的中国背书”③，“前者强化意识形态，怀疑‘东亚儒学’目的在于去中国化；后者则防堵中国意识形态，怀疑‘东亚儒学’的提法是为21世纪中国助威”④。张教授感叹地说：“吊诡的是，即使台湾学界提倡‘东亚儒学’，也是一件吃力不讨好的事情；中国学者有‘稀释中国’的疑虑，日、韩学者则不免有‘中国中心’论的质疑。”⑤

如此，对“东亚儒学”产生完全矛盾、相反的质疑这一现象非常奇特，如张教授指出，确实是“耐人寻味”的现象。到底为什么针对同一个“东亚儒学”会出现两种矛盾的理解呢？笔者认为，产生这两种不同质疑的原因可能不在“儒学”概念那边，而在“东亚”概念那边。但“东亚”概念是本身本来包含导致两种理解、疑虑的原理呢，还是其中一项理解、疑虑是对“东亚”概念的误解？先说结论，笔者认为“东亚”概念的本质是“去中心化”“多元化”的原理，因此，它根本无法从“一元化”“中心化”的脉络来理解，“东亚儒学”不小心就会有可能指向“重建中华文化一元论”这种疑虑⑥是“理论上”无法成立的。以下将论证这一点。

---

① 张昆将：《儒学复兴中知识分子对“东亚儒学”的思考之探讨》，《哲学与文化》第42卷第9期（2015年9月），第82页。
② 张昆将：《儒学复兴中知识分子对“东亚儒学”的思考之探讨》，第70页。
③ 同上。
④ 同上。
⑤ 张昆将：《儒学复兴中知识分子对“东亚儒学”的思考之探讨》，第87页。
⑥ 吴震：《试说“东亚儒学”何以必要》，《台湾东亚文明研究学刊》第8卷第1期（2011年6月），第301页。

二、“东亚”的本质：子安宣邦“东亚”论的再检讨

众所周知，“怀疑‘东亚儒学’的提法是为21世纪中国助威”，提出台湾学界推动的“东亚儒学”可能会“流于‘中华中心主义’论”的质疑，[①]警告“东亚儒学研究不应指向重建中华文化一元论”的代表性学者就是日本的学者子安宣邦。关于子安教授的立场以及问题意识，吴震教授有如下简明扼要的说明：

> 他就表明“东亚”并不是不证自明的概念，并提出了两个问题：当今为何要谈“东亚”？为何要将“东亚”和“儒学”联系在一起？可以看出，子安的问题意识在于，他首先要追问“东亚”论述的历史渊源，进而要追问何谓“东亚儒学”。从该文的核心旨意来看，他要告诉我们：“东亚”是“于20世纪20年代的帝国日本作为文化的地域概念被建立起来的”；在此后的三四十年代，“东亚”则变成了“一个具有强烈政治意味的地缘政治学色彩的概念”。基于这一点，所以他自始至终强调，在对“东亚”概念未做出彻底的历史清算之前，便口口声声地谈论“东亚”，仿佛“东亚”已是一个自明的前提，这是缺乏反省和批判意识的不负责任的表现。不难发现，子安的话外之音是，台湾的东亚儒学研究团队还没有对“东亚”问题做出必要的反省，就在谈论“东亚”，这在子安看来，问题就相当严重。
>
> 所以，子安论文的整篇基调是对“东亚”论述进行历史清算，他的工作基本上属于批判性的解构，他要努力解构上世纪初以来作为帝国日本的那套“东亚”论述以及批判现代日本知识界对此论述的缺乏反省的冷漠态度。在他看来，这一时期的“东亚”论述有一个非常明显的特征，也是非常危险的倾向：这就是“东亚”成了一个“一体性”的、“实体化”的东亚，而“绝不是一个多元的世界”。那么，为什么说这是一个非常危险的倾向呢？因为帝国日本鼓吹的所谓“大东亚共荣圈”，便是企图要建立这样一种一体化的、实体化的以日本为盟主的东亚世界。为了不让帝国日本“亡灵一般的言说”死灰复燃，就有必要将这

① 张昆将：《儒学复兴中知识分子对“东亚儒学”的思考之探讨》，第84页。

种实体性的“东亚”观念彻底解构。[①]

子安先生对“东亚”论述的历史渊源的分析非常尖锐，值得倾听，但笔者认为他对“东亚”论述的分析，一半是正确的，一半是值得商榷的。首先，据子安先生的分析：“东亚”概念有两种，亦即作为“文化”概念的“东亚”，与作为“政治”概念的“东亚”。如吴震教授说明，子安先生认为“东亚”是当初从文化史研究或文明论的脉络提出来的“文化层次的地域概念”，但此文化层次的地域概念“东亚”，不久成为“政治层次的地域概念”，这意味着“东亚”变成“一体性”的“实体化”的世界，亦即“以日本为盟主的东亚世界”。这就是子安先生批判的“伴随帝国日本而产生的地缘政治学的概念‘东亚’”。子安先生担忧此种“‘东亚’概念虽然历经半个世纪的岁月，仍然无法拭去其帝国日本的刻印”[②]。如上，吴震教授指出，子安先生以为这种作为“政治概念”的东亚是“一体性”的、“实体化”的东亚，而“绝不是一个多元的世界”。但在此我们需要注意的是，其前身作为“文化概念”的“东亚”却是挣脱“文化一元论”而指向“文化多元论”的概念。这一点，子安先生自己如下非常明白地说明了。“东亚”这一概念，当初如“东亚文明”“东亚美术”等，是从文化史或文明论的脉络出现的。此“‘东亚’指涉一个特定的地域，包含作为文明起源的中国大陆，以及隶属同一个文明圈的朝鲜半岛与日本列岛”[③]。若是如此，它等于“中华文明圈”。因此，“所谓‘东亚文明’是一个取代‘中国(中华)文明’的代称”[④]。若“东亚文明”与“中华(中国)文明”指涉的地域范围是一样的，两者之间存在何种差别？为什么需要另外提出“东亚”概念呢？我们且听子安先生的说明：

所谓“东亚文明”，在以中国为中心的文明圈所包括的地域，根据从中国之外的国家、地域观看中国文明这种新的学术观点才会成立的概念。[⑤]

“东亚”乃是将中华主义式文明一元论的向量加以改变之后产生的文化地

① 吴震：《试说“东亚儒学”何以必要》，《台湾东亚文明研究学刊》，第304—305页。
② 子安宣邦著，陈玮芬等译：《东亚儒学：批判与方法》，喜玛拉雅研究发展基金会，2003年，第142页。
③ 子安宣邦著，陈玮芬等译：《东亚儒学：批判与方法》，第147页。
④ 子安宣邦著，陈玮芬等译：《东亚儒学：批判与方法》，第148页。
⑤ 子安宣邦著，陈玮芬等译：《东亚儒学：批判与方法》，第147页。译文略有修改。

> 域概念。因此，这个作为新的文化概念的"东亚"设想在其地域内多元的文化发展。①
>
> 所谓文化概念的"东亚"，是由将中华主义式文明所具有的一元性指向加以相对化这种方式构成的地域概念，它既植根于以中国为起源的文明这一广大地域的共同性之上，又支持地域内的多元文化发展这种文化史上的地域概念。②

由此可以清楚地理解，虽然"东亚文明"与"中华（中国）文明"两个名称所涵盖的地域范围是一样的，但对其地域文明的理解方式、价值观是完全相反的。"中华（中国）文明"这一称呼展现的是以中国为"中心"或"主流"，将朝鲜、日本、越南文化视为"边缘"或"支流"的世界观，在此该地域的各种文化以中国为标准、典范被加以评量，没有获得独立的文化价值。毋庸讳言，这就是近代之前通用的以华夷理念区隔、秩序化的东亚世界。相对于此，"东亚文明"这一称呼所表明的是，排斥"中华主义式文明一元论"的架构，承认韩国、日本等各地文化的特殊性以及独立价值，从文化的"多元性"开展这一角度来掌握、理解东亚世界的世界观。也就是说，相对于建立一个"中心"，试图建构"一元"世界的"中华"概念，"东亚"概念是拆除"中心"，试图建构"多元"世界。若是如此，"东亚"概念中无法挑出任何瑕疵，它无可置疑地是有"正面价值"的概念。但根据子安先生的分析，此文化概念的"东亚"变成政治概念的"东亚"之后变质了。"东亚"变成表示"以日本为盟主的东亚世界"，亦即以日本为"中心"的"一元"世界的概念。若是如此，这意味着本来用"东亚"概念"去中心""多元化"的地域，现在又用"东亚"概念建立"中心"，重新"一元化"了。现在为了方便，把作为"文化概念"的"东亚"称为"C东亚"，作为"政治概念"的"东亚"称为"P东亚"，日本近代的"东亚"论述可以如下图式化：

"中华文化圈"	→	"C东亚"	→	"P东亚"
一元		多元		一元
以"中国"为中心		去中心		以"日本"为中心

① 子安宣邦著，陈玮芬等译：《东亚儒学：批判与方法》，第148页。译文略有修改。

② 子安宣邦著，陈玮芬等译：《东亚儒学：批判与方法》，第160页。译文略有修改。

子安先生认为后来“C 东亚”被“P 东亚”吞没、覆盖①,“东亚”一词历史上被理解为主要表示日本帝国意识形态的“地缘政治学概念”②。于是,我们可以理解,对同一个“东亚儒学”为何产生两种完全不同的疑虑的原因。若将“东亚儒学”的“东亚”理解为“C 东亚”,会产生“去中国化”的疑虑;若将“东亚”理解为“P 东亚”,会产生“重建中华文化一元论”的疑虑。子安先生就将“东亚儒学”从“P 东亚”的脉络理解,因此,认为若使用“东亚”这一概念,则特别需要反省与批判意识。诚如子安先生所提醒的,“东亚”概念是带有帝国日本的刻印的,这一点无法否定。事实上,若真如子安先生所言,在“东亚”概念上会发生从“多元”指向(C 东亚)到“一元”指向(P 东亚)这种变化吗?理论上很难想象同一个“东亚”概念所承载的理念、意义如此一百八十度地转换。笔者认为:无论“C 东亚”或“P 东亚”,“东亚”的本质在“去中心”“多元化”这一点上。20 世纪 30 年代之后,确实出现试图以帝国日本为中心(盟主)而统治东亚地域的这种“一元化”现象,但笔者认为:这并不是“东亚”变成“一元”指向的“地缘政治学概念”,以支持帝国日本的东亚政策的缘故,而是现实上帝国主义式的霸道政策覆盖了以“多元”为本质的“东亚”理念的缘故;换言之,不是“东亚”理念推动“中心化”“一元化”现象,而是因为无法维持“东亚”理念,所以才出现“中心化”“一元化”现象。当然,这一现象也可以从负面的角度来解释,也就是说,近代日本为了确立东亚地域的霸权,首先需要解体“中华文化圈”这一历来以“中国”为中心的秩序,亦即需要将东亚地域的秩序加以多元化、平等化。为了达到这个目的,拿来用的工具就是以“多元”为本质的“东亚”概念。若是如此,可以视“东亚”概念为被帝国日本政治性地利用的,因此,它也不是那么清白、无辜的。但即使如此,“东亚”概念的本质在“多元化”这一点是无法否定的。其关系可以如下图式化:

“中华文化圈”	→	“东亚”	→	“帝国日本支配圈”
一元		多元		一元
以“中国”为中心		去中心		以“日本”为中心

① 子安宣邦著,陈玮芬等译:《东亚儒学:批判与方法》,第 149 页。
② 子安宣邦著,陈玮芬等译:《东亚儒学:批判与方法》,第 142 页。

若将“东亚”视为以“去中心”“多元化”为本质的概念，由帝国日本重新秩序化，亦即“一元化”的地域，理论上已经无法称为“东亚”。但问题在于，帝国日本一直呼吁“东亚”这一名称此点，围绕“东亚”概念产生混乱的原因就在这里。如上所讨论，子安先生认为：“东亚”概念本身变质了，它变成推动“一元化”的“地缘政治学概念”。但笔者认为：“东亚”概念并没有变质，无论“C东亚”或“P东亚”，它作为推动“多元化”的“理念”“理想”一直存在，但“现实”上随着帝国主义的潮流，违背以“多元”为本质的“东亚”之理念，结果往“一元化”的方向走，如此理解比较符合历史事实。子安先生所批判的“P东亚”也并不是推动“一元化”“中心化”的概念这一点，我们透过“大东亚共荣圈”“东亚协同体”这种名称就可以确认。毋庸置疑的，“共荣”或“协同”等概念表示的向量绝对不是“中心化”“一元化”的方向。只要我们稍微查看《大东亚共同宣言》的内容，即能更为明确地理解“P东亚”的本质也不是“一元化”，而是“多元化”这一点。如《大东亚共同宣言》所言：

> 一、大東亜各國ハ協同シテ大東亜ノ安定ヲ確保シ道義ニ基ク共存共榮ノ秩序ヲ建設ス
> 一、大東亜各國ハ相互ニ自主獨立ヲ尊重シ互相敦睦ノ實ヲ舉ゲ大東亜ノ親和ヲ確立ス
> 一、大東亜各國ハ相互ニ其ノ傳統ヲ尊重シ各民族ノ創造性ヲ伸暢シ大東亜ノ文化ヲ昂揚ス
> 一、大東亜各國ハ互惠ノ下緊密ニ提攜シ其ノ經濟発展ヲ図リ大東亜ノ繁榮ヲ增進ス
> 一、大東亜各國ハ萬邦トノ交誼ヲ篤ウシ人種的差別ヲ撤廢シ普ク文化ヲ交流シ進ンデ資源ヲ開放シ以テ世界ノ進運ニ貢獻ス
> （一、大东亚各国协同合作，确保大东亚之安定，基于道义，建设共存共荣之秩序。
> 二、大东亚各国相互尊重其自主独立，以行互助敦睦之实，确立大东亚之亲和。
> 三、大东亚各国相互尊重其传统，衍展各民族之创造性，昂扬大东亚之文化。
> 四、大东亚各国以互惠为前提，紧密提携，以图经济发展，增进大东亚之

繁荣。

五、大东亚各国，笃万邦之交谊，消除人种之差别，频繁交流文化，进而开放资源，以贡献世界之发展。）

在“P东亚”脉络下的此宣言中，我们无法看出支持帝国主义，以日本为“中心”（盟主）而推动“一元化”的任何要素。此宣言展现的无非是东亚各国互相尊重“自主独立”，亦即推动“多元化”的“C东亚”的理念。当然“现实”并非如此，但帝国日本呼吁的“理念”“理想”是“共荣”“协同”，亦即“多元文化”的东亚世界，这一事实也是无法否定的。因此，笔者认为：问题并不在“东亚”概念本身，而在帝国日本没有真正实现以“多元化”为本质的“东亚”理念这一点；通俗地说，应该被责备的是“挂羊头卖狗肉”“名不符实”的帝国日本的卑鄙行为，而不是“东亚”概念。“东亚”概念本身始终是无辜、清白的。历史现实中使帝国日本作为“东亚的盟主”往“一元化”的方向发展的原理是与“东亚”概念无关的，甚至是对立的，我们不应该将两者单纯地连接起来理解、批判。现在，可将近代日本的“东亚”论述进行如下修正：

中华文化圈（一元）→C东亚（多元）→P东亚（多元）：理念

帝国主义（一元）：现实

如以上所论证，无论从“文化”脉络谈，还是从“政治”脉络谈，“东亚”无非是以“去中心”“多元化”为本质的概念，它本身没有含有任何负面、危险的因素。因此，“抱有中国本位中心主义”的人针对“东亚儒学”这一提法提出“稀释中国”“去中国化”的疑虑是自然的、合理的，但若怀有“东亚儒学”有陷入“中华中心主义”论的危险性这种质疑，那不得不说是对“东亚”概念的误解。

既然“东亚”概念以“多元”为本质，那么“东亚儒学”所展现的儒学观或儒学研究的视野应该是具有排除任何“中心”，预设儒学之多元发展的可能性，尊重东亚各地儒学思想的独立价值这种性质的。笔者认为：以黄俊杰教授为代表的台湾学界，特别提倡、推动“东亚儒学”的理念、目的也在这里。① 以下具体地将“东亚儒学”展

① 吴震教授也指出：“黄俊杰主张‘东亚儒学’所预设的是一文化多元性的学术立场。”氏著：《试说“东亚儒学”何以必要》，第310页。

现何种儒学研究的视野，与传统的“中华文化圈”视域下的“儒学”研究比较，加以阐明。

三、“东亚儒学”的意义

吴震教授指出“两种东亚论”的存在，说明如下：“从历史上看，在东亚论述中有两种背景因素：一是在传统中国的‘华夷秩序’意义上的所谓‘东亚’，一是在近代日本帝国的‘东亚共同体’意义上的所谓‘东亚’。”[①]若将“东亚”理解为表示“地理范围”的概念，当然这种论述可以成立。笔者认为一般的“东亚”理解应该是如此。但若将“东亚”视为历史性的文化、政治概念，则会产生不同的论述。[②] 如上所探讨，从“文化史”的脉络来说，在近代日本，“东亚”是为了取代“中华文化圈”这一名称出现、使用的。因此，“中华文化圈”（一元）→“东亚”世界（多元）这种论述也可以成立。如上所确认，“中华文化圈”与“东亚”两者包含的地理范围是一样的，但“中华文化圈”视域下的儒学研究与“东亚”视域下的儒学研究，两者展现出不同的面貌。首先，“中华文化圈”视域下的儒学研究以“中国儒学”为主轴，关心“中国儒学”如何传到朝鲜、日本、越南等东亚各地，在当地如何被继承或变化的问题。在此，将“中国儒学”视为主流（中心），其他地区的儒学被视为“支流”（边缘），朝鲜儒学、日本儒学、越南儒学的价值以“中国儒学”为标准，被加以评量。若想要理解“儒学”，只研究“中国儒学”就可以解决，并不需要另外关心韩、日、越的儒学。儒学的全貌在“中国儒学”上完全展现，其他地区的儒学只是“中国儒学”的稀释或变质而已。[③]

相对于此，在“东亚”视域下的儒学研究，亦即“东亚儒学”研究，“主流（中心）-支流（边缘）”的框架被删除，唯一、绝对的“标准”消失，无国籍的“儒学”成为主轴，中国被放在与朝鲜、日本、越南同一层舞台上。在此，我们看到的是“儒学”在中国如何开展、在朝鲜如何开展、在日本如何开展、在越南如何开展等儒学开展的不同的路

---

① 吴震：《试说“东亚儒学”何以必要》，第 308 页。

② 如上所分析，子安先生将“东亚”概念分为“文化概念的东亚”与“政治概念的东亚”两种，将前者视为“多元”指向的，后者视为“一元”指向的，认为两者是互相矛盾的。但笔者认为不需要如此分开理解。

③ 这就是张昆将教授所谓的“中国儒学中心论”的立场。对持这一立场的学者而言，“谈‘东亚儒学’似乎是多余而没有必要的”。见氏著：《儒学复兴中知识分子对“东亚儒学”的思考之探讨》，第 86 页。

线。“儒学”是由“中国儒学”“朝鲜儒学”“日本儒学”“越南儒学”四部分构成的,各个部分都是不可欠缺的存在,若缺少其中一部分,便无法展现其全貌。因此,若只关心、讨论“中国儒学”,就意味着没有完全了解“儒学”的真实面貌。另外,在此,中国的儒学、朝鲜的儒学、日本的儒学、越南的儒学之间,虽然互相有关系、影响,但被视为各自独立的儒学的发展模式,价值上没有上下之别。笔者认为黄俊杰教授所推动的“东亚儒学”的立场就是如此。黄俊杰教授说:

> “东亚儒学”研究就能够免于为单一国家而背书,而且较能宏观地分析儒学与东亚各地域社会文化的互动与融合,将东亚各国儒学的发展视为儒学的普遍性价值与东亚各地域之社会、经济、政治与文化特殊条件互动之表现,并分析各国文化主体性在与儒学互动中的发展与融合。①
>
> 上述研究方法的提议,也不能持之太过,而以中国儒学为唯一而最高的范本,并取之以检核周边地域之儒学,距离此一最高范本尚有多远。如果采取这样极端的一元论研究进路,我们就很可能忽略儒学传统在与各地域文化互动之后的多元发展,使彩色的东亚儒学图像,被简化为单色的中国儒学的不同的版本。因为忽略“一”存在于“多”之中,从而未能正确理解潜藏在“一”之中丰富的思想内涵与活泼的生命动力,所得实不能偿其所失。②

黄教授的这番见解,完全发挥了如上所述的“东亚儒学”的本质、理念。另外,黄教授说明如下:

> 所谓“东亚儒学”研究不宜将中国儒学当作最高而唯一的标准模式,而用来检核日、韩各国儒学的发展,因而使中国儒学沦为如古希腊神话中的“普罗克鲁斯的床”,我们反而应将中国儒学与东亚各国儒学的互动与发展视为各国文化主体性展开及建立的过程。简言之,作为“一”的中国儒学,只有在多元的地域文化发展脉络与广袤视野之中,以及绵延的时间发展历程

① 黄俊杰:《“东亚儒学”的视野及其方法论问题》,第29页。
② 黄俊杰:《“东亚儒学”的视野及其方法论问题》,第30—31页。

> 中，才能被塑造、被感知。如果我们说：中国作为儒学的原乡，中国儒学是“一”，而各地的儒学是“多”，那么，我们就可以引用20世纪德国哲学家伽达默尔的“流出”理论所说，诠释之“多”并不减损作品中的“一”，反而丰富了“一”的内涵。①

我们在此也可以确认“东亚儒学”的“多元化”理念，但笔者认为“中国儒学”属于“一”，“各地的儒学”属于“多”的观点②，可能需要修正。若根据如上所分析的“东亚”概念之本质，在“东亚儒学”的视域之下，以“国家”（民族）为单位的思维已经淡化，在此展现出来的结构亦已解消国籍与民族性的限制，获得了“普遍性”的“儒学”在各种时空“多元”式地开展的面貌。如黄教授所说，“中国”确实是“儒学的原乡”，就历史事实而言，“中国的儒学”传播到韩、日、越各地的结果，是产生了韩国儒学、日本儒学、越南儒学等“各地的儒学”，因此，可以如黄教授将之视为作为“一”的“中国儒学”开展为“日、韩各国儒学”的“多”；但从以“去中心”“多元化”为本质的“东亚儒学”的脉络而言，“中国儒学”也应该被放置于日、韩、越各国儒学同一边，成为构成儒学的“多元”性的一部分。

关于这一点，笔者非常同意子安先生的“朱子学”观。我们往往单纯地理解为朱子的出现同时意味着“朱子学”的成立，但子安先生提醒我们：“朱子学这种有系统性的思想实体，并不是与朱子的存在同时从头存在的。”③子安先生说明如下：

> 朱子学とは、朱子の後継を自ら称する儒者たちによって、それぞれの時代と地域においてなされた、朱子に集大成された儒学の再構成の学とみなすべきである。そのことは中国においても例外ではない。朱子本流の学が

① 黄俊杰：《“东亚儒学”的视野及其方法论问题》，第31页。

② 黄教授在其他地方也提出同样的看法：“如果说中国儒学是‘一’，而日韩等各地的儒学是‘多’，那么，我们研究东亚儒学必须‘一’与‘多’兼容并蓄，并且深刻体认：‘一’正是在‘多’之中才能开发其潜能，壮大其生命；各地域儒学的多元诠释，不但不减损中国儒学的‘一’，反而经由‘多’的孳乳浸源，从‘多’观‘一’，体察中国儒学日新又新的生命力量，但又必须从‘一’观‘多’，以厘定各地文化主体性之发展，庶几通观全局而得其肯綮焉。”（黄俊杰：《“东亚儒学”的视野及其方法论问题》）若如此解释，似乎以“中国”为“本位”（主）的味道仍然残留。笔者认为，要彻底发挥“东亚儒学”的理念，“中国儒学”需要放在“多”的位相。

③ 子安宣邦：《江戸思想史講義》，岩波書店，1998年，第50頁。

> 中国にあり、その特殊的变容として朝鲜、日本朱子学があるというとらえ方は、亜流としての朝鮮、日本朱子学という視点か、たかだか変容過程の考察といった視点しか生み出さない。(所谓朱子学,应该视为由自称为朱子后学的儒者们在各个时代、地区所做的将由朱子所集大成的儒学加以再构成的学问。关于这一点,中国也不例外。朱子学的主流在中国,作为其特殊的变化形态存在着朝鲜或日本的朱子学这种理解模式,不只是产生作为亚流的朝鲜、日本朱子学这种观点或者只关心、考察中国朱子学的变形过程这种观点。)①

笔者认为:子安先生的这番对“朱子学”的理解就完全符合“东亚”视域下的“朱子学”观。在此,“主流(中心)-亚流(边缘)”的格差消失,中国、朝鲜、日本的朱子学作为同样将朱熹思想加以重建的学术体系,被摆在同一层舞台上。朱熹所提供的普遍性命题在东亚各地多元式地开展,各种“朱子学”相继成立,“中国朱子学”也是其中之一。在此,被视为朝鲜、日本、越南的朱子学完全与“中国朱子学”平等,具有同质的价值。朝、日、越的朱子学与中国朱子学同样表现了朱子学的本质内容。从不同的角度来说,若只关注、研究“中国朱子学”,我们只能理解朱子学的一部分,无法理解朱子学的全貌。若要理解朱子学的全貌、真相,我们必须关注不仅中国,还应包含朝、日、越的“东亚朱子学”。这里所谓的“朱子”改为“孔子”,“朱子学”改为“儒学”,就变成“东亚儒学”的理念。毋庸置疑,子安先生所提出的“朱子学”理解,与“东亚儒学”的理念是完全相同的。

黄教授强调说:“我们之所以提倡‘东亚儒学’研究,不仅是因为重视儒学所能产生的效用,更是重视儒学的内在价值内涵。”②儒学的核心价值,“仁”“孝”“修身”“王道”等肯定具有“普适性”与“普世性”,儒学所提倡的道德观、自然观、人类观与现代所弥漫的西方近代的道德观、自然观、人类观有所不同,它含有补充或修正西方近代价值观所导致的现代人类面临的各种问题的潜力。如黄教授指出:儒学的核心价值“在文明对话的新世代里,更具有新启示与新意义”③。笔者认为,在21世纪全球化的世界,儒家的价值理念与西方近代的价值理念可以互补,摸索更高一层

---

① 子安宣邦:《江戸思想史講義》,第333頁。
② 黄俊杰:《“东亚儒学”的视野及其方法论问题》,第30页。
③ 黄俊杰:《“东亚儒学”的视野及其方法论问题》,第33页。

的普遍性。儒学为了充分发挥其“普适性”“普世性”，需要“挣脱国家视野的限制”。黄教授提醒如下：

> 儒学的核心概念或重要命题，如果置于东亚广袤的视域中分析，将为之“显题化”，其意义与价值也更获彰显。但是，过去百年间不论是中国、韩国或日本的儒学研究，主要是在民族国家的框架之内进行，其优点是以儒学作为国族论述，成为振兴国魂的精神资源；其局限则使儒学研究终难以挣脱国家视野的限制，而儒学的核心价值之普适性与普世性未能获得充分弘扬。[①]

在以“去中心”“多元化”为本质的“东亚儒学”的视野，“儒学”确实可以“挣脱国家视野的限制”；它成为东亚地区的共同财产，可以弘扬其所含有的“核心价值之普适性与普世性”。笔者认为，推动“东亚儒学”的重要意义之一就在这里。当然“儒学”发挥生机勃勃的伟大生命力而成为“全球‘普世价值’”，“提供全球化时代人类共同接受的价值理念”，[②]如黄教授所指出，需要进一步“超越所谓‘东亚’的框架”[③]。从这个角度来说，“东亚儒学”可以视为“儒学”趋向全球化、普遍化的一个重要“桥梁”。

四、小结

以上的论述可以确认，“东亚”概念有不同的面貌，亦即“地理概念”的东亚、“文化概念”的东亚、“政治(地政)概念”的东亚等。同样使用“东亚”一词，在作为“地理概念”使用时，与在作为“文化概念”或“政治概念”使用时，展现出来的意义完全不同。历来围绕“东亚儒学”出现不同的评价、声音的理由大抵在此。作为“地理概念”的“东亚”是“中性”的，没有什么争议性的概念，笔者认为，现代我们一般使用的“东亚”即是此一作为“地理概念”的东亚。但若作为“文化概念”或“政治概念”使用，就变得麻烦了。子安先生将“文化概念”的东亚与“政治概念”的东亚分开，前者为

---

① 黄俊杰：《“东亚儒学”的视野及其方法论问题》，第33页。
② 同上。
③ 同上。

“多元”指向的，后者为“一元”指向的，进而警告“东亚”概念蕴含“一元”指向的可能性。若根据子安先生的见解，使用“东亚”时，确实须要不断地验证所“指向”的是哪一方。如吴震教授所说，先奠定“以文化多元论来反对文化一元论”这一立场，“由此出发，21 世纪台湾学界提倡东亚儒学研究便在文化多元立场上成为可能，具体地说，东亚儒学研究既能‘建构深具各地民族特色的地域性儒学传统’，同时又能‘在儒学传统的大框架中展现东亚文化的多元性’”①。但如本文所阐明的，近代历史脉络上，“东亚”概念本来是为了取代“中华文化圈”这一名称而出现的。它扮演了将“中华文化圈”这一概念所具有的“中心-边缘”架构加以解体，将以“中国文化”为中心的“一元”指向加以修正，建立“文化多元”的世界这种角色。子安先生将“东亚”分为“文化概念”与“政治概念”，但笔者认为实际上并没有存在这种差异。无论“文化”脉络的或“政治”脉络的“东亚”概念都是指向“去中心”“多元化”的。笔者认为：在近代，作为“地理范围”的东亚地区，以日本为盟主的“一元化”的方向发展的事实，应该理解为违背“东亚”理念的现象。明明违背“东亚”理念，帝国日本仍然呼吁“东亚”，试图掩饰由帝国日本推动“一元化”的现实。“东亚”概念被帝国日本作为掩饰帝国主义式霸权的工具利用，在这个意义上，“东亚”概念确实带有帝国日本的刻印。但我们须要注意的是，推动帝国主义式“一元化”的原理并不是从“东亚”概念内部产生的，它是与“东亚”完全不同的原理，甚至说与“东亚”完全对立的原理。子安“东亚”论述分析的问题就在将“东亚”概念与“帝国主义”的原理混合这一点，换言之，即将作为“理念”的“东亚”（“多元”指向）与作为“现实”的“帝国主义”（“一元”指向）没有清楚地分开理解这一点。子安先生将“东亚”分为作为“文化概念”的东亚与作为“政治概念”的东亚，或作为“方法”的东亚与作为“实体”的东亚，进而赋予前者正面的价值加以肯定，赋予后者负面的评价加以批判。但笔者认为，这番理解理论上有待商榷。笔者认为子安先生所谓“文化概念”或“方法”的东亚相当于笔者所谓作为“理念”的“东亚”，子安先生所谓“政治概念”或“实体”的东亚相当于笔者所谓作为“现实”的“帝国主义”，其实它理论上是无法称为“东亚”的。因此，虽然前面提到三种“东亚”概念，亦即“地理概念”的东亚、“文化概念”的东亚、“政治（地政）概念”的东亚，但严谨地说，实际存在的东亚只有两种，亦即“地理概念”的东亚与“理念”的东亚。如上所说明，作为“地理概念”的东亚是“中性”的，作为“理念”的

① 吴震：《试说“东亚儒学”何以必要》，第 311 页。

东亚是以“去中心”“多元化”为本质的。“东亚”概念中不存在指向“一元化”“中心化”的原理。因此，“儒学”冠上“东亚”概念的“东亚儒学”这一研究领域，已经被限定研究方向，其必然批判“文化一元论”，而站在“文化多元论”的立场来研究儒学发展。若是如此，对“东亚儒学”提出是否可能“指向重建中华文化一元论”的疑虑是不通的，如吴震教授所批评的，属于“杞人忧天”①的担忧。笔者认为：说台湾学界虽然提出了“东亚儒学”，但缺乏批判意识，对“东亚”概念没有进行彻底的历史清算，对“东亚”问题没有做出必要的反省，这种批判是完全不合理的。那是因为如吴震教授所说的“帝国日本‘东亚论’的历史清算，应当是日本学者自觉努力的一项任务，而不宜与中国学者从事东亚儒学研究的学术趋向混为一谈”②；另外，因为“东亚”概念本身是清白的，根本不存在须要“历史清算”或加以“反省”的负面原理。

据张昆将教授的分析，子安宣邦先生以及梅约翰先生似乎针对“东亚儒学”这一提法提出如下的要求，亦即“‘东亚儒学’必然要有‘去中心’的论点，才能展现其为多元并存平等的儒学”③。但这种要求逻辑上是不通的、不合理的。因为，如本文论证，“东亚儒学”本身是以“去中心”“多元化”的理念为前提而成立的，换言之，在研究“儒学”时，为了克服“中心-边缘”“文化一元论”的问题而开创出来的儒学研究的方法、视野，才是“东亚儒学”。若现在还须要提醒“去中心”这一问题，逻辑上其所批评的对象是根本没有资格称为“东亚儒学”的另外的东西。

（作者单位：台湾师范大学东亚系）

① 吴震：《试说“东亚儒学”何以必要》，第305页。

② 吴震：《关于“东亚儒学”的若干问题》，《儒家文化研究》第6辑，生活·读书·新知三联书店，2013年，第442页。黄俊杰教授也同意这一见解。参见黄俊杰：《“东亚儒学”的视野及其方法论问题》。

③ 张昆将：《儒学复兴中知识分子对“东亚儒学”的思考之探讨》，第81页。

整体与中心

——跨越国族的东亚儒学

林维杰

一、前言

从20世纪70年代以来，“东亚儒学”的相关课题逐渐进入研究者的视野。其中因大量注入心血而获得重要成果者，应属由台大黄俊杰先生领导的研究团队与出版的系列专书。这些专书主要分为两类，其一是“东亚近世儒学中的经典诠释传统研究计划”(2000—2004)出版的专著，其二是此计划之后续“东亚儒学研究计划”(2011—2016)出版的有关东亚儒学的系列专书。除了由台大主导的计划之外，其他单位与个人当然也有类似的成果(例如“中研院”中国文哲所以东亚宗教与儒学交涉为主题的三本论文集：《跨文化视野下的东亚宗教传统》之《体用修证篇》《多元对话篇》与《个案探讨篇》，2010—2012)，但就系列与数量来看，还是以台大两项计划之成果最为丰硕。上述研究成果涉及的主题种类相当多样，其中一类是关乎儒学(包含东亚儒学)研究之“问题意识”及“方法论”的成果，例如《东亚儒学史的新视野》(黄俊杰著，2004)、《儒家经典诠释方法》(李明辉编，2004)、《东亚文化交流中的儒家经典与理念》(黄俊杰著，2010)[①]等。问题意识涉及研究者对“东亚儒学”的定义、视

① 黄俊杰先生有数篇关于“脉络性转换”(或“转化”)(contextual turn)的文章亦属于这类成果，除了《东亚文化交流中的儒家经典与理念》之外，较早的如《从中日比较思想史的视野论经典诠释的“脉络性转换”问题》，《台大历史学报》第34期(2004年12月)，第381—402页。后来又有《东亚文化交流史中的“去脉络化”与“再脉络化”现象及其研究方法论问题》，《东亚观念史集刊》第2期(2012年6月)，第55—78页。黄教授以“去脉络化”(decontextualization)与“再脉络化”(recontextualization)的(转下页)

野与发展潜力，用劳思光先生《新编中国哲学史》的语汇来说，此为“基源问题”之所在；方法论则关乎如何进行该课题的研究途径及其思维工具，如何处理儒学的丰富材料，尤其需要有效的方法与决定何种方法的态度。① 这两者经常出现在研究者的交织考虑中，因而相关论文也常将此两项议题放在一起讨论，本文所探讨的黄先生大作《“东亚儒学”的视野及其方法论问题》即是该类论文。

此论文除了引言与结论之外，主结构（共四节）由四个提问所构成，分别是，什么是东亚儒学，东亚儒学何以必要，如何研究东亚儒学以及儒学能否超越东亚的疆界。这四个问题彼此环扣，第一个提问涉及东亚儒学的核心价值，第二个提问牵涉东亚诸地域国家及其文化省思，第三个提问与研究东亚儒学的方法论有关，第四个提问则关乎儒学的核心理念是否能超越东亚之藩篱而达到普遍化。以下简述之。

第二节“什么是东亚儒学？”分成“部分与全体”以及“形式与本质”两部分。前者首先对东亚儒学做了如下定义：“儒家价值理念影响所及的地区所呈现的儒家思想及其文化。”此中的儒家价值指的是仁、忠、孝等德目，而地区则是包含中、日、韩、越等地。所谓东亚儒学之“整体”，即是由上述德目或价值理念形成的“儒家共同体”(Confuciandom)，“部分”则是指中日韩越等不同地区表现的“分殊性”。论文中特别指出，整体性不仅存在于各地区的交流“之中”（而不是抽离的之上），且能在动态的发展历程中“因地制宜、与时俱进”。后者论及形式与本质，“形式”乃就儒者的社会或政治身份而言，“本质”则是指两种核心价值，其一是指自我、家庭、社会、国家以至天下的“修身过程”，其二则是前述的忠、孝、仁、礼等“价值”。综合言之，儒家伦理德目之作为“核心价值”，乃是东亚儒学之“本质”所在以及能构成“整体”的原因。

第三节“东亚儒学何以必要？”讨论的是儒学研究中的两种态度或立场。其一是“东亚”概念或思维能够挣脱中、日、韩、越各国的“民族主义”本位；其二是“东亚”应该省思“以西摄中”（摄日、摄韩、摄越）的“欧洲中心论”之人文思维。

第四节“如何研究东亚儒学？”则有三个方法论要点，分别是（一）“源头问题意

（接上页）双重作用，解释东亚儒学在跨文化交流与传播中的脉络性转换现象。

① 徐复观先生曾就方法与态度进行说明：“决定如何处理材料的是方法，但决定运用方法的则是研究者的态度。”（参见《研究中国思想史的方法与态度问题》，收入徐复观著，萧欣义编：《儒家政治思想与民主自由人权》，学生书局，1988 年，第 40 页）徐先生由此谈到自然科学与人文科学两者对于研究对象与现实生活的区隔：自然科学研究者在研究对象与现实生活之间有距离，因此其研究不易受到现实生活态度之影响，但人文学者则相反；这种人文研究上的无距离倾向，徐氏以为应该采取朱子的“敬”的修养要求而排除这类干涉。（同书，第 40—41 页）

识”与“诸地区的多元发展”并重，即须了解作为源头的中国儒学概念（作为始源的“一”）才能掌握日韩越等地的概念与思维发展（作为发展的“多”），而诸地区儒学之概念诠释与思维体系也能丰富、充实始源的问题意识；（二）“核心价值”与“诸地区的政经现实”之互动与融合，例如“仁政”概念在先秦孟子时期表现出具有“道义伦理”的“存心伦理学”意涵，而与17世纪日、韩所表现的“功效伦理学”倾向有别，此乃与该地区及时期的政经现实有关，用黄先生自己的语汇来说，中日韩的差异乃是“脉络性转换”的结果；（三）重视社会史、经济史与社会史的具体研究，以期儒学研究不会蹈空或泛言。以上三项皆表明一点：始源的“中国儒学意识”在日韩越之不同的文化脉络中，有其意义的转换空间。

第五节“儒学能否超越东亚的疆界?”主要提示两点：（一）儒学的“东亚”之提出，乃是要超越国家的藩篱（与第三节呼应）。第二次世界大战时期日本提出“大东亚共荣圈”，“东亚”一词实带有帝国主义的记忆，而黄先生参考吴震先生的说法，以为“东亚”研究应由“实体的东亚”转换为“方法的东亚”，它是“文化认同”而非“政治认同”。（二）进一步言，儒学的核心理念及价值亦不能只局限于东亚之内，它们必须与“西方”的核心价值及理念（民主、自由、人权）进行对话、融合，进行一种“桥接的解释”以取得自身的“普遍化”。

依上所述，黄先生全文的主轴论述乃是由两点构成：源自中国而流传到东亚其他地区的儒学核心价值与理念如何形成一具有发展生机的整体或共同体，而此整体性的东亚儒学之核心价值是否可能通过对话与交流而继续发展至全世界而成为一种普遍性价值。以下将以两节篇幅讨论之，分别为整体与部分、中心与去中心。

二、整体与部分

黄先生的论文已经充分说明，东亚儒学是由整体性与分殊性所构成，而此整体性乃指向儒家价值理念（尤其是仁、忠、孝等）为中、日、韩三国之知识分子所共享而形成的“儒家共同体”。[①] 换言之，整体性或共同体的形成，“核心的价值理念”乃扮

① 黄先生在文章中特别说明：吾人不能把历史上的中国、朝鲜与日本误解成儒教国家，而儒家共同体一词乃是指儒家价值理念（尤其是“仁”“忠”“孝”等）为中、日、韩三国之知识分子所共享此一事实。

演关键角色。我在《东亚儒学交流中的整体性与区域性——兼及越南儒学的考察》[①]一文中，曾对此种"整体"的哲学意涵以及"整体与部分"的哲学关系进行说明，现在简述之，作为黄先生论文的补充与证成。拙文关于整体的论点有二：(一)什么是真正的整体？(二)构成整体的关键为何？我在拙文中引用了希腊哲人亚里士多德在《形而上学》中对全部(totality)与整体(whole)的区分。亚氏认为，"整体"不能只是"部分"(parts)的堆集(若是堆集，则只是"全部")，而应该是受到某一理据(cause)的规定。在理据的规定作用下，"整体"是外于诸部分之物，它比"诸部分的总和"要来得更多，如此才使得整体成为真正的"一"(one)，而不是像"全部"一般只是多(many)的聚集。(*Metaphysics*, 1045a6-15)[②]理据在其中扮演关键角色，因为理据之故，"多"才不会只是杂多，而能够蜕变为真正的"一"。这种"一"在理据的主导下，不仅是整体，而且是"意义整体"。无独有偶，牟宗三先生在解释朱子关于理的一多问题时，也曾提出综体(totality)与整全的区分。他指出："综体之一"只是将散殊之多理、万理提起来讲一，而"整全之一"则是将多理加以提炼收缩的一。[③]

德国诠释学家狄尔泰(W. Dilthey, 1833—1911)曾有一解说，他指出：生命是一切认识的核心原始事实(kernhafte Urtatsache)，所有活动的意义理解都具有"生命关联"(Lebenszusammenhang)；然而我们的生命经验却经常是散列的，但只要生命中的某一关键事件，便能将众多散列的片段集结在一起而成为意义整体(Ganzheit von Bedeutung)。"意义整体"确实比吉光片羽式的经验堆集要来得更多，因为此整体乃是由关键事件所规定与串联，并因此得到意义。狄尔泰的生命哲学对于我们的生命体验，确实具有很强的解说效力，不过我认为它对于亚里士多德的理论甚至东亚儒学的整体性说明，也有不错的参考价值。儒学在漫长的发展史中产生了大量的文献与无数的政治社会实践，一旦说到"儒学共同体"，而不只是文献的杂多与实践事件的堆集，就必然涉及核心价值与理念，此类价值与理念(仁、忠、孝、礼)正如狄尔泰所言的关键事件，或是亚里士多德所言的理据。关键事件串

---

① 林维杰：《东亚儒学交流中的整体性与区域性——兼及越南儒学的考察》，《鹅湖月刊》第488期(2016年2月)，第1—10页。

② Aristotle: *Metaphysics*, in: *The Basic Works of Aristotle*, edited and introduced by R. McKeon (New York: Random House, 1941), pp. 818 - 819.

③ 牟宗三：《心体与性体》第3册，正中书局，1986年，第505页。有意思的是，牟先生认为朱子的多理不是定多(确定的多)，而是权说与假象，只有一(整全之一)才是定一。如果多为定多，则一为综体之一，亦即多之堆集而已。

接了生命片段，理据则让杂多的部分跨越“全部”或“综体”（totality）而成为“整体”（whole），而且是“意义整体”，此意义乃由儒学的核心价值与理念所赋予，而全部则是缺乏理念或理据的堆集而已。

然而上述关于整体性（整体与部分）的说明，尽管是一种充满伦理价值的意义整体，其实带有一定程度的“实体主义”色彩。一与多、整体与部分并不一定涉及实体问题，然而由核心理念作为托体（Substratum）而建立的文化社群或文化体（不一定是国家），则可能结合各式具有依附性质的儒家文化参数（如习俗、制度、规矩等）而表现出某种独立性（或自主性）。中日韩越的儒学，乃是将民族或国家名义冠在此文化实体上的名称，而东亚儒学则是将民族国家换成东亚的儒学文化体，因而就此而谈整体的东亚与部分的中日韩越，都是在实体主义视野下的提法。“实体的东亚”当然可能挑动帝国侵略与民族主义的敏感神经，因而从功能与方法的角度解构实体主义，确实是一种有效的新视野与新策略。不过吾人也可以从另一个角度看待实体的东亚，即从实体的“动态”发展历程来解构实体之“静态”而停滞的本质，这里涉及的是两种辩证法：苏格拉底的对话辩证法与黑格尔的精神辩证法。从苏氏的对话辩证法来看，整体中的诸部分可以通过彼此的交流与对话而得到理解与和解，其结果就是这些部分与整体的再次交流与对话。浪漫主义诠释学家施莱尔马赫（F. D. E. Schleiermacher，1768—1834）的诠释学循环便是建立在这种部分与部分、部分与全体的多层次循环上的。黑格尔辩证法则是从主、客至绝对的发展历程，将精神自身在弃与扬（扬弃 Aufheben）的交替中逐步提升至更高的视野。当代诠释学家伽达默尔（H.-G. Gadamer，1900—2002）结合了苏格拉底与黑格尔的两种辩证法，让对话机制具有提升历史与文化视野的效能，从而翻开了诠释学新页。我认为这两种辩证法都能够让东亚儒学研究不至于陷入实体主义的泥淖。民族主义与帝国记忆确实值得我们省思，尤其是实体的东亚带来的尴尬处境与疑虑。根据亚里士多德，实体的关键定义之一即是独立性（自立性），对话的东亚、跨文化交流的东亚其实就是打破实体的东亚的另一种可能策略。

关于理据的问题，也值得在此加以讨论。根据黄先生的论文，东亚儒学的核心理念特别指仁、忠、孝等伦理德目及其蕴含的价值。这些核心价值起源自中国，并在日韩越各地开出不同的文化果实。如果我们把这些核心价值与理念视为“真理”，即遇到来自黑格尔的挑战：真理是否有其发展的历史？他在《哲学史演讲录》（*Vorlesungen über die Geschichte der Philosophie*）的《哲学史导言》（*Einleitung in* die Geschichte der Philosophie)的1823年讲座稿中①,即就此提到思想世界中“真理”(Wahrheit)与“历史”(Geschichte)的对立(B225)。他指出:历史是变化的,但真实与必然的思想则不能变化,否则即无真理可言。他从对基督教的考察谈起,宗教的永恒教义如何面对历史发展中的变化。教会、教条与教徒的变迁确实存在,但这属于外在命运(B245),然而就内在的教义内容而言,基督教其实并无历史可言,其教义的所谓发展只是对固定真理受到外在命运之扭曲的导正(B290-295)。他在同书的1820/21年讲座稿中指出,真理之为“一”即是由潜态(*potentia*)到现实(*actus*)的发展,其潜态则支配全部的发展过程。换言之,真理并无真正的变化,它的发展是自我完成。

如果把黑格尔的构想联系到我们的议题,则起源自中国而发展至东亚诸国的儒学核心价值并无真正变化。依照黑格尔,真理既无历史,也无发展,核心价值在东亚诸地区的丰富成果乃早已含藏在先秦中国(有如种子一般)。依此,儒学价值的脉络性转换即成为假象转换。黑格尔的说法有一定程度的道理,潜态与现实的解说模式确实也能解释何以我们需要将宋明儒学或日韩越儒学与先秦儒学进行比对的工作。文化的脉络性转换从来不会彻底转换,发展到宋明以及流传至日韩越的儒学总会夹带先秦儒学的思维痕迹。然而我们要怎么解释:先秦儒学的“存心伦理学”何以至17世纪的日韩儒学而有其“功效伦理学”的改变?深受先秦与宋代儒学影响的越南儒学,在18世纪为何发展出气学与实学?橘过淮而为枳,其中其实有了异质发展,而潜态到现实则比较近似同质发展。这即是为什么伽达默尔遇到此问题时,援用的理论资源是普罗提诺(Plotinus)的“太一流出说”而不是黑格尔的“潜态现实说”:因为衍生的“多”让始源的“一”更为丰富。黄先生的论文中也引了伽达默尔的精彩文字:

> 流出(Emanation)的本质在于,流出物是一种溢出物(Überfluß)。然而,那个能让他物有所流出者本身,并不会有所减少。……因为,如果始源的“一”通

① G. W. F. Hegel: *Vorlesungen: Ausgewählte Nachschriften und Manuskripte*, Bd. 6: *Vorlesungen über die Geschichte der Philosophie*, hrsg. v. P. Garniron und W. Jaeschke (Hamburg: Meiner Verlag, 1994).

过其流出的“多”而自身并没有减少，那就表示存有变得更丰富了。[①]

引文意味着：(a)多是由一衍生(流出)，多使得一在存有论上更为丰富，因此多的每一次表现均使得一历经某种存有的增长(Zuwachs an Sein)[②]；(b)衍生的多，终极原则上仍然隶属于一；一的存有并未减少而且还增长，表示增长并未破坏其自身的同一与统一，否则不能言及一。

在我们的脉络中，伽达默尔的上述意思具有很强的参照价值。相对于宋明儒学与日韩越儒学的多，中国儒学可以视为一；当代华人对日韩越儒学的研究已经证明：越是了解东亚诸地区的儒学，越能明白中国儒学的细节与长短。此外，儒学的核心价值也具有始源的一之特质。这些核心价值固然源自中国的先秦时代，但从东亚更为宽阔的视野来看，它们并不限于中国与先秦，而是为诸地区与诸时段所共享。日韩越的儒学发展不仅让儒学的核心价值更为丰富，也让东亚儒学有了更开阔的发展空间。伽达默尔批评黑格尔的绝对精神设计蓝图不可取，因为它限制了经典内容的诠释潜力。在我看来，这样的蓝图也无法解释真理的跨文化转换。真理其实是有历史的，儒学的核心价值在东亚诸地区的不同发展证明这些价值的生命能量。

接下来的问题是，起源自中国而盛发于日韩越的儒学及其理念是否只能囿限于东亚，它(们)是否只是区域型价值而无法如西方的自由、民主理念般具有普世性。这是下一节的讨论焦点。

三、中心与去中心

东亚儒学的核心价值是否能超越东亚的疆域，首先涉及“东亚儒学”概念之超越东亚内部“各国”或“各区域”的疆域。在论文的第三节中，黄先生以为20世纪的中国新儒家(亦即当代新儒家)于中国文化花果飘零之际“坚守文化民族主义立场，

① H.-G. Gadamer: *Gesammelte Werke*, Bd. 1: *Hermeneutik I*: *Wahrheit und Methode*: *Grundzüge einer philosophischen Hermeneutik* (Tübingen: Mohr Verlag, 1990), S. 145.

② 同上。

致力于以儒学研究唤醒国魂的事业”,“确实贡献卓著。但是,因为受到民族主义框架的局限,20 世纪中国儒学研究基本是一种国族论述”。而日本在德川时代将中国儒学日本化,20 世纪 30 年代以日本魂解释《论语》,都是文化民族主义的氛围所致。文章因此指出:“‘东亚儒学’的提出,就是有心于使儒学研究挣脱各国民族主义的牢笼。”

关于中国新儒家的“文化民族主义”立场,无疑是学界共识,但这种立场是否导致其理论会“受到民族主义框架的局限”,以至于无法挣脱“民族主义的牢笼”,则有讨论空间。牟宗三先生援引康德而强调中国三教具备“智的直觉”,又尝试从儒家心性主体之坎陷开出民主与科学,唐君毅先生则援引黑格尔辩证法的上扬途径来解释心灵九境,两人取的都不是纯然的中国式思维。他们的起点是民族主义,最后也确实归宗于中国思想(尤其是儒学),但由于方法论与思维策略都不是只限于中国,而是借镜于西方(德国观念论),所以最后提出的理论其实是一种经由西方概念与思维架构予以对比精炼的结果。这种情形仿佛宋明儒学经由佛教与玄学的参照而达到新的高度。由此而论,中国新儒家的唐、牟两位应是出自民族主义而又不限于民族主义。“参照西方”乃是一种视野的转换与提升①,但也可能带来负面结果,即过度倚赖、信任西方理论与系统而强解中国思维。论文以为这是立基于“欧洲中心论”,并称此情形乃是“以西摄中”(相同的情形也可能发生在东亚诸国而有“以西摄日”“以西摄韩”与“以西摄越”等)。论文由此认为“东亚儒学”的提出,正是对此一现象的反思。

如果我们把“东亚儒学”的提出与对“以西摄中”的反思进行对照,则“东亚儒学”的提出似乎是强调一种“东亚本位”以资对抗“西方本位”,故而问题极有可能成为摆脱“欧洲中心”而争取“东亚主体性”或“东亚中心”的建立。众所周知,近代东亚诸国接受西方文化的时间有快慢之别,但其影响之巨大是无法否认的。东亚“诸国”的文化自主性,甚至“东亚”自身的自主性,都可以见诸近代知识分子身上。这

① 另一个值得讨论的问题是,当代中国新儒家援引的西方理论模型:(1)是否足以解释传统思维?(2)是否足以面对现代问题与思潮?后者尤其具有急迫性。这两年李明辉与何乏笔对于当代新儒家是否能够面对社会主义、自由主义与社群主义有过交锋,值得正视,相关讨论可参见李明辉的《关于“新儒家”的争论:回应〈澎湃新闻〉访问之回应》(《思想》第 29 期,2015 年 10 月,第 273—283 页)以及何乏笔的《新儒家、自由主义与社会主义能否会通?关于中国混杂现代化的吊诡格局》(《思想》第 29 期,2015 年 10 月,第 295—303 页)。

不单纯是文化的事，也不仅涉及是否正确理解东亚文化，而是攸关民族自尊与情节。于是这里便出现了一种可能的矛盾："去中心"（去国族中心）又落入新的"中心"（东亚中心），即"东亚儒学"的提出，一方面是为了消弭或摆脱中日韩诸国的民族主义（或国族中心主义）本位，但另一方面在其与"欧洲中心"对抗的张力中，则可能落入东亚主义（东亚中心主义）本位。论文第五节曾指出，第二次世界大战时日本提出"大东亚共荣圈"，以致"东亚"一词可能带有帝国主义的记忆。而论文中也以东亚的"文化认同"取代"政治认同"，以期化解"东亚"一词的政治意涵。然而正是强调"文化认同"之故，可能即落入原先对中国新儒家之"文化民族主义"的类似批评：东亚儒学是否可能是一种新的"文化区域主义"？

论文第五节讨论到东亚儒学的核心价值是否可能"普遍化"，以及如何与西方的自由、民主、人权等核心价值进行对话与桥接时，上述疑虑即可能解除。如果只是想要把东亚核心价值予以普遍化，并强调东亚文化之崇高能够拯救堕落的西方文化（犹如20世纪上半叶的诸国学先生），则毫无疑问是出自一种儒学的"东亚中心论"（或较小单位的中、日、韩中心论）。一个可资对比的情况是，西方（或其支持者）宣称其自由与人权等核心理念具有"普世价值"（西方中心论），因而其余各国应该一体遵循时，是否也是一种"西方中心论"。这里有一个案例值得参考。20世纪90年代几个亚洲领导人曾就"亚洲价值"（Asian Values）有过交锋辩论，在反对亚洲价值者的眼中，这类"亚洲价值"只是威权统治的借口，相反，真正的价值是普世的，不存在区域或个别的价值。如余英时在为诺贝尔经济学奖得主阿马蒂亚·森（Amartya Sen）的中文版译作《经济发展与自由》（*Development as Freedom*）写的《推荐序》中即指出："经济发展诚然需要秩序，然而绝不是一味压制人民自由（包括政治参与的自由）的威权主义，他（阿马蒂亚·森）一眼看穿了亚洲价值论只是支持威权政治的护符，不利于经济发展，因而只能延长穷人的痛苦。他指出：自由、人权等都是普世价值，并非西方所独有。儒家、佛教、伊斯兰教都各有重视自由与人权的成分，不过表现的方式不同而已。先发展经济，再谈自由、民主、人权，是长期以来的一大错觉。"[①]在阿马蒂亚·森与余英时的眼中，自由、人权等都是"普世价值"，应该不会落入"西方中心论"或"西方本位"。

黄先生在论文中也支持自由、民主、人权这类西方价值具有普遍性，并以为如

① 沈恩著，刘楚俊译：《经济发展与自由》，先觉出版社，2001年，第7页。

果东亚儒学的核心价值能通过对话、交流而接上西方价值，则能够“超越东亚的疆界”而成为普遍性的价值。这种策略与单纯的“以西摄中”不同，是通过跨文化的对比、转换与桥接，掘发东亚儒学核心概念在历史发展中未曾言明却可能含蕴的诠释潜力。任何有文化高度的概念都具有诠释潜力，端看我们采用的参照系统是否也是高度文化的产物。余英时所说的“儒家、佛教、伊斯兰教都各有重视自由与人权的成分，不过表现的方式不同而已”，可以在跨文化诠释的策略中建立其合理性，尽管我们也同样能够在儒家、佛教与伊斯兰教的教义中找到违反上述价值的文献与历史证据。

四、结语

我在这篇文章中讨论了黄先生论文中涉及的两组议题：整体与部分，中心与去中心。前者的重点是讨论东亚儒学在何种意义下成为整体，后者则是分析东亚儒学如何突破东亚的疆域而达至普世化。两组议题的共同性在于儒学的核心价值。只有核心价值才可能让东亚儒学成为一意义整体，而这些核心价值才是儒学由中国走向东亚，由东亚走向世界的关键。在跨文化沟通与对话中，中心化或本位主义是没有位置的，也不应有位置。如果东亚儒学之理念未来能够成为真正的普遍性价值，则表示儒学可以是“世界儒学”，世界性的儒家共同体也将成为一个意义整体。这种意义整体不应取消儒学在各地文化中的特殊诠释与表现可能，正如东亚儒学不应取消中日韩的特色诠释。

（作者单位：“台湾中央研究院”中国文哲研究所）

综合讨论

“东亚儒学研究的视野与方法：论辩与省思”研讨会发言记录[①]

（台湾大学人文社会高等研究院，2016年8月4日）

一、黄俊杰教授致辞

今日各方贵宾莅临台大，让我们共同学习东亚儒学，我发自内心地喜迎善友来共学，谢谢大家！

“东亚儒学”的提法已经超过1/4个世纪。我个人非常惭愧，因为我自己能力太差，又努力不够，所以成绩至今仍不理想。我感到非常惭愧，所以今天我们敦请各位学力深厚的朋友，前来对“东亚儒学”这个新领域的视野与方法再做深入的批判。我们以最具学术性、最严肃的态度来对我们过去所做的工作进行非常严谨的批判，希望各位朋友互相切磋，使我们想得更深，走得更远。

两天前，我曾经引用清朝尚书学者孙星衍的一副对联，他说：“莫放春秋佳日过，最难风雨故人来。”我用这一副对联来欢迎各位青年学者、访问学者，以及多位境外朋友。在海峡两岸关系“山雨欲来”之际，复旦的吴震教授、东北师大的韩东育校长、山东大学的傅永军教授排除万难，前来指导，真是“最难风雨故人来”啊！我非常感动，谨再次表示衷心的感谢之意，让我再次发自内心地对各位的莅临表示欢

① 编者按，除论文发表者以外，另有参与者：杨儒宾、李明辉、许纪霖、陶德民、绪形康等。

迎！让我们今天用最严肃、最学术的心情，好好地来思考东亚儒学的研究与未来。我的讲话就到这里，谢谢大家！

二、第一场“论辩与省思”

（主持人）蔡振丰教授：

第一场发表会现在开始，我们有三位发表人，分别是东北师范大学韩东育校长，还有傅永军教授、杨儒宾教授。韩校长对这次会有点误解，他以为要作两次报告，一个是评论，一个是论文发表。所以他又准备了一篇论文叫作《前近代中日学界关于“制心”问题的讨论》，因为他的“误解”，所以我们赚到了一篇论文。我觉得韩校长额外准备的论文有很好的论点，所以等一下发言时，韩校长可以先就标靶论文进行评论，最后再利用一点时间约略谈一下这篇论文的主要论点。现在就先请韩校长发言。

韩东育教授：

各位老师、各位同学，大家好！

正如振丰兄所说，把撰写论文和评论合为一件事，对我来说确实有些突然。不过，既然要评论，我就谈谈自己的感受，简单说说，有时间的话再商讨我的那篇论文。今天上午几位老师发言之后，我感觉这不是标靶论文，而是树立标杆，设立一种标准，因为靶子是用来批判的，而标杆是用来给大家学习的，我就受到了很多教益。

我觉得，这几篇文章其实在说一个共同的问题，“东亚儒学”是可能的。然后“东亚儒学”的影响是随着时间的推移越来越大，这个是大家的共识。其实我也是受黄老师多年的提携，受他的影响也非常大。

黄先生这篇文章一个很好的说明是最后一段，说东亚儒学是什么，为什么是东亚儒学和东亚儒学应该如何等问题，对此我有一些感受。第一是儒家共同体的价值共享，而不是“儒教国家”，这样的说法我觉得是客观的。大家都是搞东亚研究的，对日本和朝鲜比较了解。还有他谈到关于三个层次的问题，划分得很清楚，就是说第一层次是孔孟的权威，第二层次是朱子学的传统，第三层次是各国儒学所必须面对的本国前辈所做的论述及其所建立的权威。因为这是经过深思熟虑的，所以讲得非常周密。还有就是关于从仁心到仁政的问题，以及在东亚儒学共同体中体用论的问题。第四部分是关于如何研究东亚儒学的问题，里边提到了由一见多、由多见一再到综合观察，这几个维度都非常切入问题的关键，所以我觉得非常重要。同时，他用了李明辉教授的观点，说日韩有功利伦理学倾向，跟中国大陆不一样。这个说法跟黄先生发表在东北师大《外国问题研究》上的文章所讲的观点一致，更进一步延伸了对问题的讨论。他还提到除了价值形态以外，还可以从社会经济、历史政事等方面入手，这也是非常重要的；也提到东亚儒学容易引起人们对两大帝国的猜想，第一个是“中华老帝国”，第二个是日本新帝国，这两个帝国都容易引起人的警惕。其实，所谓“中华老帝国”的说法不太成立，也没有这样的问题。至于日本人所谓“大东亚共荣圈”，其实这个词本身有一些非常有意思的背景知识。

但是，我也有一些想法，我想借此机会提出来讨论，哪怕这些想法不一定合适。第一个就是“原乡”的问题，黄先生谈到“原乡”，说中华文明是儒家产生的地方。可是大家也都知道，现在已经经过了巨大的变化，原因到底在哪里呢？中国的传统文化里有一个不好的东西叫“仇人接班”，政治上如此，文化上也是如此。近代以来，中国人真的不知道怎么办好，觉得当时的落后全是文化的毛病，儒家显然也就变成了应该送入博物馆的历史文物。所以现在出现了一个情况，就是有一种“原乡”的情结出现了，或者说发源地在祖国大陆，但是研究的中心甚至文化繁荣的中心却未必在大陆，这是一个实际情况。这是我们经过在东亚各国之间穿梭以后，留下的深刻印象。

讲学术的基本功，讲扎实度，包括严谨度，日本是我们必须学习的。日本很多研究，是那么一丝不苟、一板一眼，不完全是西方的思路，有东亚传统文化在里头，在台湾也是如此。但是大陆近些年有些情况大家也都了解，它在恢复传统文化，它一旦意识到(就怕它意识不到)之后，就会非常迅速地恢复。大家要对大陆有信心，要对它进行鼓励，同时要相信它能做到这一点。

儒学属于东亚，而承载儒学的汉文，我给它起了一个名字，叫东亚的拉丁语，它是潜在于东亚人心理层面的非常深的一个东西。有的时候大陆搞文庙祭祀，我认为孔子并不会赞成，孔子最希望看到的，是他的言论落实在具体的日用人伦当中，在不知不觉中潜移默化为信者的思想和行动，这是儒学真实的面貌。立了庙以后就成了神，而孔子却是敬鬼神而远之的。所以把儒学变成宗教这是有问题的，而学者进行研究就非常理性。同时，文化的原乡在中国大陆，文化的研究中心却未必在大陆。其实我喜欢引用净空法师的一句话,说台湾是中华文明的一条老街。尽管如此,台湾对大陆人民要有信心。在大陆,经济上的东西学了也就会了,那个高铁技术最早也不是中国的,可是现在中国会了,这个东西就容易制作。关键是心理的东西,那东西却不能迅速呈现出来。这就需要当年曾经完好保存中国大陆文化甚至精神的这些地区和国家要有意识来帮助并反哺大陆,这样的话,我们同源的文化就可以融合,这个对大陆来说意义重大,对台湾的意义也大。不管我们今天的精神世界出现了什么问题,仍然还保存有很大的文化软实力,正因为这样做的意义非常重大,所以对于现在台湾的一些变化,我们就感到有些背道而驰。既然是背道而驰,那就不一定合天理顺人心,我是这么理解的。

还有关于“修齐治平”如何可能的问题,人们喜欢特别强调修齐治平是从修开始,但这个“修”里边不完全是修心,还有修行,有行为,是知与行合一的。如果不这么理解的话,就会变成一种想象。有的时候,一个统一的多民族国家,应该给它一个更符合实际的理解才好,比如法家。其实我们讨论儒家,有些是属于表面的东西,有的时候也起不到什么作用,但在国家富强起来的时候,儒家是有作用的。就是说,在国家贫困的情况下,情况往往相反。这个过程,我们从头到尾都经历过了,近一百多年来中国人都体验过。法家有时甚至强调,说怕比爱更安全,也更利于秩序。这是政治学,尽管我们不能把政治学和伦理学混为一谈,可治理一个大国,既不能全凭政治学,也不能全靠伦理学。或许日本要的是荀子甚至韩非,而不要孟子和朱熹,这一点大家以后需要注意,有一批日本人虽也欣赏儒学,但都是在若隐若现地强调荀、韩的工具理性。

还有一个问题就是,日韩研究《四书》儒学的目的到底何在。如果认为他们真觉得儒学言说都有道理的话,可能就太过乐观了。《四书》里边提到中国古代对外原则的时候,第一个是“事大字小”,第二个是“厚往薄来”,第三个是“兴灭继绝”,这些都是《四书》里面的。由于这些准则是和平和安全的,所以他们经常讨论这个问题。在对这个问题感兴趣的同时,他们对中国的态度便有了程度不等的差异。比如朝鲜,史书上说累世恭顺,但日本却是叛服无常。不管怎样,他们都离不开这个中心话语来谈问题。而且朝鲜还有一个特点,就是它离不开两班制度和科举考试,没有这些,那些供职于朝廷的文人就没有了饭碗,所以它维护朱子学的时候比中国还要厉害,便是可以理解的。但是中国后来有了阳明学,朝鲜就完全不能接受。中国显然不是这样,那里的思想界是一个综合体,所以讲兼容,讲中庸。但一些周边国家对朱子学终生执着地追求其唯一性，那就比较偏激了，我们一定要看到这一点。

至于明治日本为什么要复兴儒学，我觉得要通过当时的体制，来考虑儒学在日本的复兴问题。江户时期，相当一部分人批判朱子学，但是到了明治时期，他们更需要的是政教合一，因为神道教只有纵向的联络功能，而横向的凝聚则一定要靠人际关系的伦理纽带和道德和睦。这种政教合一，实际上给日本带来了灾难。大家知道，从明治维新起，日本就开始对外行使武力。这里面有个错觉，这个错觉是谁带来的呢？我觉得有日本近代儒教的成分在。就是说，日本儒教被误用后，给军国主义带去了负面的影响。但只因为这一点就把儒教全都推翻也是特别危险的，因为在日本，除了被军国主义利用的近代儒教外，还有近世的儒教和日本以外的儒教。而且重要的是，明治的政教合一事实上已打破了日本整个历史的思维模式和行为模式。日本传统的思维模式和行为模式是政教分离的，诸如“卑弥呼与男弟”“神功皇后与武内宿祢”“推古天皇与圣德太子”所呈现的“二重权力结构”。

这曾一度导致日本学者掀起反对中国儒学的思潮，比如丸山真男提出的徂徕学，而徂徕学就是反对政教合一的。对此，我们需要研究，需要有效地找到问题的关键。这意味着，我们既要肯定儒家，又要找出它的问题所在。比如说，它到底能不能适合中国以外的国家及其制度？幕府明治之交，日本反对中国儒学，开始于学习西方解剖学的兰学者，他们批评中国的中医是有方而无法，方是挺好，法在哪里？这些问题都值得我们认真思考。有时候我们在讨论问题的正面因素的时候，从另一个角度反问它，才能将问题立体化，然后学术探讨才会有可操作性。

儒学到底能不能拥有世界性的普遍价值？这也是个问题。儒学是有这样的基因和天分的，它所说的性善或性恶，是没有民族和国家的界限和区别的，其认为只要是人，就都有善有恶。近代以来，儒者跟西方人学习，包括接受国际法，他们无疑受了西方人不小的刺激。其实，西方人的国际法，按我们东北人的说法，就像是屯子和屯子之间勾心斗角的游戏，它赢了，就让全世界遵循它的规则，这有点像斤斤计较的小心眼或褊狭心态的外化和扩张。而二十四史是讲天下主义，要向古人学习这一点。儒学当中有中国的意识形态，例如大同和小康。但同时还有个问题，西方对东亚的席卷影响了包括我们现在的所有一切，从每个人的衣着打扮到行为举止，包括行事规则。我们今天所讲的新儒家，到底是东方的还是西方的？我觉得既有东方的，也有西方的。古代中国人不是现在这样，他们在“富而教之”的理念下健康前行,这是孔子有价值的东西。但同时,也需要在弘扬传统儒家思想的过程中,借鉴西方的平等、公正包括人权价值。由此而形成的文明体系,大概既非你又非我,但既有你又有我。东亚人经过近代以来的历练,已经形成一个新的传统,这个传统西方人可能不一定会了解。所以如何把它提炼出来,做成一个新的文明体系,这才是真正的问题,而不是简单地固守"国粹"就行了。现在国际时局的动荡,或许正是因为在发生了这种理论需要的时候,我们却没能满足这一需要。

吴老师说到了子安宣邦。我以为,子安是一个活在自己世界当中的人。他既反对日本的民族主义,也反对中国的民族主义,在这个意义上,他是以一个统一的观念来观察世界上所有的人,这个大家要了解。子安这个人是一个解构性的存在,他是对什么东西都要解构的,所以说,他是日本的福柯。我们曾按照他姓的谐音(子安:こやす)给他起过一个外号叫"こわす"(整理者按,意思是"破坏"),即一定要把什么东西给你拆解掉,然后提出自己的理论。当然,他批判别人时非常尖锐,而且一语中的,他批判丸山,批判福泽,都非常厉害,所以我常常引用他,因为有时候在批判日本学者有害观念的时候用日本人的观点应该更好一些,以避免我们不自觉会带上他们不一定能听得懂的意识形态。

还有一个现象大家需要注意,当东亚某个国家很强势的时候,它就想把东亚实体化,而一旦弱势时,则要把它方法化。所以像日本的什么"作为方法"云云,就体现了这一特点。现在大家跟着学,我觉得不能这么模仿下去。因为即便在中国日益强大的今天,也从没有想把东亚实体化。而且实际上,中国今天所面临的国际环境跟甲午中日战争时候是不一样的,当年的中国确曾不遗余力地保护过琉球、越南和朝鲜这些所谓藩属国,但现在中国的周边国家却几乎全部去"朝贡"美国了,整个东亚秩序已发生了根本性的变化。

这是一个巨大的变化。我们不能按照当年的华夷体系来看待中国和周边关系。周边国家对中国的警惕也是完全没有意义的。现代中国,比任何国家都更讲究民族国家,也更强调国际化。但是,在东亚地区,完全靠西方那种勾心斗角和锱铢必较的原则来解决问题显然是不行的,我们注意到很多事情单靠利益原则是无效的,还需要伦理的调节。所以,东亚地区可能会产生一个新的国际关系体系,大家不要小瞧这个问题。如果东亚的纷争想真正获得解决,就必须得产生一个能够融合东西方国际关系优长的新的国际准则。

现在有人在恶搞所谓"中华帝国"的问题。你看白永瑞也说中国是一个帝国,叫什么“宽容而膨胀的帝国”；柄谷行人也动不动把“帝国”的称号扣在中国头上。其实，他们对中国的恐惧是多余的，中国连自己的事都忙不过来，哪还有重蹈日本当年覆辙的欲念？所以，儒教研究包括其中的普适价值研究，不应该也不会给世界带来帝国式的恐惧，倒是中国大陆所提倡的“人类命运共同体”说法，才应该被理解为对儒教理念的正确诠释。

今天，对东亚做综合式立体研究，无疑比以往更加重要。葛兆光教授提出的那个“从周边看中国”，对中国来说，是个新鲜的东西，尽管当年日本已经提出来了，韩国做了，台湾也做了。当有人对他的说法提出质疑时，我曾替他辩白过，我说不是他们做过别人就不能做，而是中国大陆刚刚到了要研究这个问题的时候。所以，黄俊杰先生引用的吴震老师的那段话，我觉得非常好，就是不要把今天的东亚问题跟日本曾经鼓吹过的东亚问题搅在一起，到了什么时候该谁提了，就谁提，只是不要再度把它民族主义化。

从世界主义的意义上，我还是从根本上服膺黄老师的说法，也希望我们大家去共同努力。我自己的“心”论这篇东西太玄了，我的时间恰好也要到了，带来的文章就不说了。只是心的问题是非常复杂的，简单说就是，中国人主张以心治心，日本人主张以礼治心。但中国人讲以心治心的同时，也讲以礼治心。当人做了一件不太合适的事情后，便容易睡不着觉，而辗转反侧就意味着他在反省。这其实就是对人内在的以心治心行为的一个暗示。这个东西不能忽略，何况现代神经学科的“自控力”实验及其重大发现，已经为学界透过思想黑箱的功能外现去捕捉往古只停留于感觉层面的人类心性特征和规律提供了科学的注脚。

我就说到这里，谢谢大家，也请大家批评指正！

（主持人）蔡振丰教授：

谢谢韩校长！他的发言具有东北人直爽的特征。简单而言，他认为东亚儒学的研究应该具有更多现实的意义和指向未来的意义，诸如东亚地区可能成立第三个国际体系；东亚概念的实体化与方法化的主张，可能受到国力强弱的影响；目前对东亚儒学的研究，忽略了由荀子到法家一路的影响；所谓顺、逆、去、超中心的构想都不能否认中心的存在等等。我原先想先让标靶论文的作者来回应韩校长的问题，但这些问题都很具体也很大，所以为了给大家多一点时间考虑，我们还是留到这一场的最后时段再来讨论。接下来就先请傅永军教授讲他的看法。

（整理者按：傅永军教授的文章见前，此略）

(主持人)蔡振丰教授:

谢谢傅永军教授。他的发言主要是接续张昆将教授"东亚儒学"必须采取"超中心"立场的说法,傅教授认为张昆将教授的论文为东亚儒学以"超中心"方式存在的合法性提供了一种外部视角的论证,而他的论点则企图为东亚儒学以"超中心"方式存在的合法性提供一种内部视角的论证。从傅教授的说法中,可以看到他是由哲学诠释学的立场,从诠释者的视域与对话去论证东亚儒学以"超中心"方式存在的合法性。他的论点值得我们后续加以关注及讨论。接下来就请杨儒宾教授发表他的观点。

杨儒宾教授:

非常感谢黄先生的邀请,要我来参加这个会。我后来决定报告"东亚世界"这个题目,这个题目事实上是回应三位老师的论点,但是最后聚焦在儒学与民族主义的问题,这个问题在本次会议里的一些文章中已经出现。最近在儒学界里面,也经常讨论这个问题,我想需要对此做出基本的定格。

子安宣邦的回应值得重视,他对东亚儒学有质疑,其实是与此一致的,他不只质疑中国的民族主义,也非常质疑日本的民族主义,所以他是想做跨越"民族"这个界限的工作。最近发生了其他一些事情,也与此有关。比如说像对面的厦门大学的先生对黄院长的质疑,用的一些语词很不好,太政治化,但是我相信其背后涉及中心跟边缘的问题,仍值得一谈,最后还是会有民族主义的问题。我们明辉兄在大陆谈到大陆新儒家,不只吹皱一池春水,我想其中还是跟民族主义的问题有关。这个问题是不能避讳的,因为二十年前谈到东亚儒学,内容在当时是非常零碎的。二十年后世界局势大变,在当今谈东亚儒学这个概念,就很难不牵扯到儒学与民族主义。

在19世纪之前,没有"东亚"这种称呼,"东亚儒学"这种字眼是不可能出现的。推到底,东亚儒学这个概念基本上是在一个新的学术建制底下出现的。这个新的学术建制事实上是跟19世纪以来打造新的国家(民族国家)的运动一并出现,两者属于同一个大的工程当中的两个不同面向。不管在日本或者在中国,都曾面临国家转型的问题。大家都知道在19世纪末,当时有志的知识人(包括孙中山)面临的一个很大的问题,就是怎么把一盘散沙的中国打造成现代的国家,新的国家和内涵需要新的概念来充实它,包括"国家"一词的现代转型。所以当时出现了一大堆的国语、国魂、国粹等概念,大概"国"字辈的这些学术语词都是在这个时候出现的。

我想，同一种情况大概也出现在日本，时间或许还要早。所以我们现在讲东亚儒学，不能不意识到背后所预设的东亚各个国家的成立这个历史建制。在19世纪之前的儒者，如朝鲜儒者、日本儒者或者清朝儒者，他们当然也有身份、国籍的归属，但有没有经过“民族化”的过程，差别还是很大。他们在讨论孔孟之道或者儒家之道的时候，背后的视域大概跟我们现在不一样，一种普遍意识很强的道之意识可能占据更重要的位置。我们现在之所以要特别提到东亚儒学，要把“东亚”这个名字冠上，就是因为东亚各国之间的分割已经存在，所以需要在那种分割的基础上，再提东亚儒学这个概念到底能不能成立，或者东亚儒学如何可能等问题。我想对吴震先生的说法（整理者按，东亚儒学何以必要）没有任何理由可以提出非议，这当然是必要的，也是应该的，答案是非常明显的。

不管你从哪一种角度来看，我们现在所说的东亚世界在人类的大文明版图当中，确实是独立成一块的，不管东亚内部彼此有多大的矛盾，世人把它们凑在一块，认为相对具有一种共同文化特色的底蕴，我想这大概是很难否定的。文化圈或文化特色的设想有好几种模式，“菊花与剑”的设计未尝不可。如果从中国、日本、韩国的日常生活来看，当然你可以说，东亚都是筷子文化或稻米文化，这样的归类也言之有理。但是东亚确实有一些更深层的共同特色，如西嶋定生说的律令系统、大乘佛教、儒学、汉字种种。其中儒学是极重要的一个核心，这是毋庸置疑的。东亚各国在近代都曾挂上急诊号，日本和韩国、中国和日本之间有那么深的历史纠缠，甚至仇恨，政治性格很强的儒学不可能没有正、负面的责任应该承担。怎样跨越历史的障碍，达到互相了解，实现更具有普遍性的儒学，这当然是有其必要性的。

一谈到东亚儒学，牵扯到东亚之间的互相了解，不能没有历史的眼光。你如果把东亚地区放在整个现代史的角度来看，至少在中国、日本大概都会同时出现两股相反的趋势，在韩国可能也是这样，当然我还没那么确定，但是现在看来，也八九不离十。两股趋势中的一个是民族主义。东亚进入现代阶段后，各国都不能不致力于把自己打造成一个新的国家，我相信那个时代，最方便的一条路，大概不是透过什么资本家的大企业，或是奠基的教育。教育太慢了，而且教育与经济要发挥作用，通常也需要新的政治体制。可能最好的策略还是民族主义，因为资本主义发展到一个临界点就变成帝国主义，帝国主义的欺凌在19世纪是共相，每个国家都被欺凌到。所以那时候东亚各国要打造一个大家都能接受的想象的共同体，是基于这样的土壤。事实上，当然也不容易，中国可能更难，因为中国本来就属于天下体系，天下体系下的中国是礼的国家，朝贡体系维持了东亚的政治秩序。中国的转身变化是比较困难的，但是最后还是打造成功了。在日本，我想历史的过程也类似，可能更成功——依竹内好的说法，则是大失败。估计在韩国也是。

但是在同一个时间，你也可以看到，面对帝国主义的欺凌，各国大概都有类似亚洲主义或者说东亚主义这样的内涵的态度，但是亚洲主义讲得最多。名义上虽然是亚洲主义，而且把泰国、印度也包括进去，但是实质上更为集中的范围大概就是东亚，认为东亚有共同的特色，其中儒家扮演着独特的角色；这样的一个东亚跟东亚以外的国家，主要也就是欧美，有不同的文化展现，孙中山的大亚洲主义讲得最为明显。也不只是孙中山，你可以看一下梁漱溟、梁启超，当时二梁也是这样，他们在“五四”前后发表的言论，一再说中国跟印度交往多久，跟朝鲜交往多久，结果朝鲜国还在，中国跟印度也没打过架，开过战。当然因高山险峻，基本上也没办法打，要战也很难。但是为什么跟西欧交往没多久，一下子就打起来了？欧美的船坚炮利，带来的结果是中国的割地赔款。当时有这种另类的东方论，就是梁漱溟的东方论，其实梁启超也有。同样的情况在日本也存在，一方面固然有福泽谕吉那样的脱亚论，觉得不要跟亚洲国家在一起，亚洲的中国、印度这些国家都是落后的、不卫生的，是被文明所抛弃的，日本现在需要“文明化”。但是我们也不能否认，在脱亚论之外，还有一个同等重要的主张，这个主张宣称现代世界仍须有亚洲或东亚的视野，这个主张宣称历史已把亚洲压缩在一起，它们承担共同的命运。最有名的就是冈仓天心的一个说法，叫作“亚洲是一个”。

东亚这些国家当初因为佛教、儒学、律法、汉字等等因素，从而自动地具有共同的特色，海运东来后，被动地被命名，被归类，而称为东亚，现在面对新的局势，要发挥东亚自己共同的特色，跟西欧做一个对照。在日本，脱亚论虽曾占尽风骚，但合理的亚洲共同体的概念也未曾消失。即使在沟口雄三、子安宣邦那里，我们仍可以看到相同的情怀，他们虽然没有讲“东亚儒学”这个词语，或很有戒心地使用，但无名未必无其实。事实上，沟口雄三先生既有儒家的情怀，又非常明显地想在东亚当中找到一个联结的管道，所以他到台湾来，跟台湾学者对话，到韩国去，跟韩国学者对话；他把海外中国的儒学纳到日本学界中来，一扫儒学只限在中国本土的固有印象。历史上，第一次在台湾办东亚儒学会议，也是通过沟口雄三先生找到子安宣邦先生的，那次会议是在台湾“清华大学”召开的，黄院长当年也参加了，也是最大的支持者。沟口、子安诸先生的学术背后有东亚情结，一个具有历史风土的大视野。

这种视野应当是有传承的。我想在近代东亚各国，大概都有同样的情况发生，脱亚论或“五四”全面反传统的论述姑且不论，对西洋现代性的响应常呈现两种模式。一方面有民族主义，民族主义本身的排挤性是很强的，建立民族主义的共同体；就是建立一个排他性的共同体。另一方面确实又有另一种选择存在，就是寻找东亚的共同因素，这种选择也非常明显。

现在面临着两个不同的历史趋势，我们怎么样设定目标呢？怎样才能找到更符合儒家伦理，也符合现代东亚的方向？原则上，大家应该有一个方向，但有没有可能找到呢？我觉得方向应该是很清楚的，儒家内部应该也有相当多的理论资源，足以支撑大家共享的价值方向。黄院长讲，诠释仍需要权威，东亚儒学的诠释大概有三个诠释的权威：本国的儒家宗师、朱子、孔子；我相信三个诠释体系里，我们都可以找到东亚儒学可以跨越族群、共同沟通的正面的因素。我相信东亚地区各儒家传统中都可以找得到，虽然这样，但是更容易找到共同的、普世的价值的地区，还不见得是在近代以来，也就是八百年以来（从朱子逝世算起）的中国的学者身上，反而是在日本、韩国或者在少数族群的身上更容易找到，因为他们处在边缘的位置，处在所谓“华夷之辨”中的“夷”的位置，所以他们对那种平等的要求，对普遍性价值的感受，对儒家经典里面的族群论述的正面因素，对理念与现实上的落差的那种感情，应该更能体会。

我不免想到当年读到雍正编写的那本《大义觉迷录》的经验，吕留良案是清朝数一数二的文字狱的代表，这个案子的政治性质决定了正义永远不可能站在雍正帝这一边。但老实说，我们如果不考虑雍正的政治背景，一个帝王跟一个落魄而且已逝世的儒生争辩，当然不是平等的对话，也不足为训，但是看看书的内容，我倒是感觉雍正说的是有道理的。他讲“舜，东夷人也；文王，西夷人也”。人人都可以成圣，每个民族如得天命，原则上都可成天下之共主。他引的是孟子的话，基本上《孟子》是这样的意思，他的说法没有错，确实在先秦儒家的经典中所见到的整个圣人系统很难以一族一群论，是超出族群之上的。当然雍正一开始讲为什么他们清人可以当皇帝，现实的理由有没有那么充分，倒也未必。掌握一切资源的皇帝和一无所有的士人争精神的胜利，也不足为训。但不谈实际上的问题，我觉得雍正的说法是对的。

我这里还是要举沟口雄三先生为例，我和沟口雄三当然算熟悉，但不是那么熟，对他却老是有一些怀念。在日本，他跟他的学生的关系坏似乎是有名的，倒不是脾气好不好的问题，而是学问的风格使然。他很不喜欢当时日本汉学界脱离现实关怀，躲进小楼成一统的学问，他的用语叫“没有中国的中国学”。他的人格有一些奇特的因素，他身上左派跟儒家结合得很密切，在他之前，我还没见过一个既有那么强的儒家情怀，又有那么强的左派情怀，既有理念，又有实践的学者。听说在反安保条约的斗争中，沟口卷入得非常深。他1989年到台湾“清华大学”客座时，蒋经国刚逝世，李登辉上台，台湾面临转型期，他跟我们参加过好几次社会运动，记得参与台湾战后最大的一次罢工事件——远东纺织罢工时，他就坐在最前排。台湾的转型过程中，有外国友人的关怀在里面，是蛮有趣的经验。他后来跟我提到一个故事，在16世纪时，东亚发生壬辰倭乱，也就是日本一代枭雄丰臣秀吉东侵朝鲜，万历皇帝派军队支持东国，日本跟中、朝联军大打七年的那场战役。战争总有俘虏，朝鲜的一些士兵和士人被抓到日本松山，关了起来。藤原惺窝是江户儒学的开山祖，他当时还很年轻，就在俘虏营里遇到了一位学者，非常佩服他，那个人就是朝鲜儒者姜沆。一个是战胜者，一个是战败者，居然就结为异国好友。

那么，是什么因素促使他们变成重要的朋友呢？不是先有私人交谊，而是先有朱子学的因素。朱子在当今社会被批得这么厉害，可是在当时，藤原惺窝就是通过跟姜沆的对话，找到了跨越中、朝、日三个国家的共同基础，甚至是找到了人类社群共同沟通的基础。理气思想在当时是带来新时代讯息的春雷，这个发现对他的影响极大。他甚至还想渡海到大明学习，可惜因暴风雨阻隔而作罢。后来藤原惺窝在1600年就脱下僧服，第一次穿上儒服，去见了德川家康，这件事被视为日本整个近代哲学的开始，也是德川儒学的开始。从藤原惺窝的文集里面，你可以看到他有一封致安南的准国书，也有准外交文书的法律规定。当时日本还没有实施锁国政策，还有很多船到东亚各国去做贸易，如何平等交往的问题就出现了。藤原惺窝写了一篇《舟中规约》，规约就是规范，就是我们的船到别的国家去，应该做什么事情。他说“异域之于我国，风俗言语虽异，其天赋之理未尝不同”，他说其他国家跟我们的语言当然不一样，习俗也不一样，可是每个人都有天赋之理，有先验的道德基础。他讲的就是朱子所讲的理世界，是人人必须共同遵守的一种原则规范，每个人都一样。藤原惺窝在其他文章中还写道：假如我们能够彼此互相了解，我们诚信就能够信以去疑；不要随便侮辱别人，羞辱别人的风俗；见到别人能以君子看待，像我们自己的父兄一样礼敬他；对别人的国家风俗要遵守，要能够理解，这样我们就可以通行天下。他一直强调我们交往最重要的原则就是诚信，因为诚信是吾人性中之固有，每个人人性里面就存在这样的原则。按照诚信去做，我们就可以贯金石、感天地，还有什么不能沟通的？

藤原惺窝是德川家康重要的政策制定者之一，他当时就想到德川新时代来临了，如果日本面对朝鲜、面对越南，应该怎么办。他找到了朱子学，当成国际共通的语言。这是我第一次听到朱子学的哲学语汇也是具有跨国意义的政治语汇，他提供给东亚各国一种具有普遍性原理的公之意识。藤原惺窝与姜沆的交往在日本儒学史上应当是桩有名的事件，但我当时涉足东亚儒学极浅，所以冲击甚大。我在沟口雄三先生身上，还发现他作为左派儒者颇动人的人格特质，我很佩服他。

既然谈到了藤原惺窝，我们不妨再举有名的山崎闇斋稍做说明。我这里说有名，也是相对而言，我们学界不知其人其事者仍不少。山崎闇斋曾问学生道：如果孔子当元帅，孟子当副帅，来入侵日本，我们应该怎么办？这个问题在现实上未曾发生，基本上也不会发生，但这个设问确实把文化认同与家国认同的紧张性突显了出来。我们知道闇斋的回答是，我们就应该把孔子抓起来，以报孔孟之道也。山崎闇斋的一问一答，发人深省，足以抵得上他一生的学问。我想上述这些记录，都是很有意思的。当你从不同民族的角度去看问题，儒家的内涵反而看得更真切。人在此山中，反而不识庐山真面目。中原区域外的“蛮夷”反而更容易找到跨越民族界限的共同因素。

最后，我还要呼应黄院长提到的，在东亚如要谈到诠释的权威，除了要诉诸各国的儒者之权威以外，还有朱子学的权威，还有孔子的权威，这三重构造当然是构成儒家诠释活动的重要环节。我相当不喜欢也很担心当代东亚那么强的民族主义，假如儒家的复兴跟民族主义结合在一起，再加上一个不是太开放的政治结构，我觉得这是非常可怕的。我可以想象最可怕的组合就是儒家跟强烈的集体意识的结合，纳粹上台、“文化大革命”之猖狂、美国打反恐战争，当时都是有民意基础的，不是一人一党喊喊就可动员起来的。被压迫时期的民族主义是不得不然，压也压不住，但是大国崛起后的民族主义绝对比什么都可怕。

我在几年前看到大陆出了一本书（在座的李明辉先生也说过），名为《何谓普世？谁之价值？》，主要的定调是否定美国所界定的“普世价值”，我当时非常讶异。我可以了解编者的用心，也同情或同意里面部分的内容，但对反“普世价值”的态度非常不以为然。帝国主义当然是不对的，也有许多虚伪的面具，但你说帝国主义的“普世价值”一定是帝国主义的，我们还是要看话怎么讲。正确的话经由不正确的人说出，其正确也枉然。但再怎样反对，不宜矫枉过正，如果“价值”不是普世的，那么你怎么解释藤原惺窝以天理为国际交往的原则，朱子的理、阳明的良知诸说法，自动地被东亚各国所吸收，成了他们自己的传统？帝国主义该反，但是普遍性价值的论点不能反。为了这个问题，我当时就应华东师大的朋友之邀，写了一篇文章，讲孔子跟族群政治，回应这个问题。文章其实很学术，说借古讽今也可以，但学术还是学术，可惜文章不能刊出，后来我在别的期刊将它刊出来了。我觉得谈儒家，第一个就不能否认儒家的普遍性价值这一点。

孔子是讲夷夏之辨的，这个毫无疑问，但是夷夏之辨是否为民族主义呢？我看大有问题，“夷夏”是文化的概念，不是种族的概念，文化风俗概念的“夷夏”一定是互为夷夏，不能尊重别民族风俗文化者即是“夷”，无关种族。孔子自己的身份很特殊，他从周，以周公的继承人自任，周是灭商的，孔子是殷商的后代。从宋国开始，孔子的家族历代都是贵族中的贵族，是辅助商代后裔国家——宋国的顾命大臣，后来宋国发生大斗争，孔家才逃到了鲁国。《礼记》里面讲孔子临终前七日，逍遥于门，令人感动地唱着：“泰山其颓乎！梁木其坏乎！哲人其萎乎！”他说：“丘也，殷人也。”晚上做了一个梦，他快要死了，就将棺材放在两楹之间，这是当时殷人的习俗。孔子在情感上认同自己是殷商人，他的故国之思，毫无疑问是存在的，殷商对他相当重要，是他的根。但是我觉得孔子了不起的地方就是他虽然知道自己的种族，知道自己的祖先为周所灭，但是因为经过了几百年的融合，加上周朝的政治制度安排得很好，以周公为代表的周代先圣先贤使当时原本各种族混杂的中原地区尽量求同存异，将原先的政治辖区化成伦理的共同体，所以孔子最后还是把夏、商、周看成是一个文化的连续体，他尊重周公，因周公跨越了族群斗争的视野。我们不妨看看孔子编的《诗经》和《尚书》，《尚书》第一篇是《尧典》，不同的民族被孔子看成是整个文化共同体的成员，大家都尊崇或接受同一个圣人传统，《尧典》的格局宏大高明，视野辽阔，非常令人感动。孔子当然也讲《春秋》的，讲夷夏之辨的，夷夏之辨特别见于发挥春秋大义的《公羊传》，但《公羊传》的最后一篇就是谈尧舜传统，尧舜传统就是说你要禅让天下，要公天下。夷夏之辨是文化概念，是道的概念，不是民族主义，它有合理的文化风土的立场。我觉得儒家有极好的传统，如果有民族主义，他其实有一个文化的民族主义，一种民族主义范围的、彼此互为主体、互为夷夏的民族主义。这样的民族主义当然是有的，也是不能放弃的，但是它要有一个很大的“公天下”观念，“天下”的概念现在还用，而且变成一个重要的术语。但这个词语的重要性也不是现代人才提的，事实上伊藤仁斋就说过，他劝学生读书的时候，经书里面有些字眼须要特别注意，“天下”两字就是，因为在伊藤仁斋看来，“天下”就是显示儒家理论普遍性的一种精神。

我觉得孔子的生命所显示的就是这种普遍的精神，朱子也是。我读早期学者论朱子的文章，发现他们都特别喜欢谈朱子的民族主义或爱国主义，好像朱子因爱国而伟大。人当然不该不爱国，但主义就麻烦了。朱子他晚年讲道统，《中庸章句序》里面特别提到这一点，我认为更值得注意。道统就是儒者之统，是具体的理世界，是超越种族的、超越宋金对峙之上的更高的理念。其实朱子晚年对宋金问题有更务实的评估，陈亮和辛弃疾都是朱子的老友，他们两人都是主战派，他们有次要约朱子在鹅湖见面，再来一次以国事为核心的鹅湖之会，但两人老等不到人，朱子根本就不去。他特别喜欢说“天下”“公共”这样的语汇，临终前说：“天地生万物，圣人理万事。”这种语言显示了一种宇宙性的意识，超越一切区别的一种至高善。“理一分殊”所显示的具体的普遍构成了朱子思想的核心，爱国原理要服从于天下原理，事要隶属于理。我相信正是因为朱子找到了理念的公共性，儒学的普遍性价值得到了有效的发挥，所以后来传到朝鲜，传到日本，也能被他们所接受。我觉得公共性的理念可能到目前还存在，所以我们还是要强调儒家是一种普遍性的语言。

(主持人)蔡振丰教授：

谢谢杨教授！他指出谈论东亚儒学时总是无法避开民族主义的话题，这是因为东亚儒学这个学术概念，一开始时就与近代东亚民族国家的形成有密不可分的关系。民族主义虽然是排外的，但它要发展成一个对抗西欧的共同体时，就必须寻求一个能跨越民族种族语言之上的共同因素，在此情况下儒学所标榜的“天下观”或朱子学所说的“理的世界”，就显出了“公共性”的意义，而成为东亚共同体的基础。杨教授的论点很具有启示性，值得我们再三致意。我们大概还有二十分钟，我想今天除了三位的标靶论文之外，三位主讲人所提出的问题非常精彩，我觉得问题往往比解答更重要。我想各位应该还有更多的想法，那么更多问题可以放在讨论会进行。现在我想请三位标靶论文的作者做五分钟的回应，现在就请张昆将教授发言。

张昆将教授：

那我就先从杨老师的发言谈起。杨老师的发言是从民族主义的情感问题来谈东亚，我们今天这个主题是东亚儒学，东亚儒学为什么会引起日本、韩国乃至大陆的一些学者的质疑，确实是因为（我个人的观察也是）跟民族主义情感有关系。东亚儒学如果你把它拆开来看，东亚是东亚，儒学是儒学，分开来谈，其实都不会涉及刚才提到的问题。那么，我们这边谈学术，学术号称是中立的，但是我们又不能没有个人的情感，特别是涉及文化情感和政治认同的情感，所以像子安宣邦他为什么现在对于实体化特别反感，对帝国的实体化，或者某个理论的实体化，他为什么那么敏感，其中有没有他的民族主义的情感呢？子安先生的哥哥死于中日战争，成为为国家奉献牺牲的英灵，被奉祀在靖国神社（《国家与祭祀》第三章），众所周知，甲级战犯也被入祀靖国神社，冲绳人在太平洋战争的最后战役中死亡很多，这些人却无法被奉祀到靖国神社。换言之，军人是可以入祀靖国神社的，可是被强征参与战争的非自愿性的这些冲绳人却没办法入祀靖国神社。于是，就引发了子安先生思考这些所谓的"英灵"是为谁而战以及生者操弄"英灵显彰"的问题，生者企图为死者重新定位，由此不得不批判靖国神社与国家祭祀存在的正当性。我们可以说这是子安受兄长之死影响而产生的情感，从而引发他对国家权力与祭祀问题的反省和批判。

所以，一旦谈到东亚、谈到儒学，怎么摆脱民族主义的情感，就我个人来讲，当然是不太可能的，因为个人的情感是没办法拔除的。但是至少在学术上，如果要做的话，我们总是要加以区分，什么叫作比较好的东亚儒学，或是基于民族情感的比较不好的东亚儒学？我觉得应该区分开来，因为不加区分的话，像刚才杨老师提到的孔子那种跨越国族的原典儒学就会被淹没。孔子固然有春秋大义，但是他背后还有一种公天下的普遍性价值。如果说我们只坚持文化中心的民族主义的东亚儒学，不就是否定了清王朝了吗？如果把清朝视为夷狄，整个中国的版图就要重新划分，中国现在的大版图如果把清代经营的划出去，那么就变成了一个小中国而不是一个大中国。我在研究日本文化的过程当中，特别感到文化中心的民族主义悖论下，国家乃至于民族对老百姓世界的伤害。为什么呢？因为当时日本帝国主义就是在超越近代，而且超越得非常成功，他把江户儒学的所有儒学学者，如阳明学者或朱子学者，统统当作帝国主义所要提倡的国民道德、民族道德的同路人。如果说东亚儒学变成这样的话，那可能是一个灾难。时间到了。

（主持人）蔡振丰教授：

好，请吴震老师回应。

吴震教授：

非常感谢韩东育教授、杨儒宾教授，还有傅永军教授对我的论文提出的肯定和批评。韩教授提出了一个非常重要的想法，我很赞同，就是西方国家所建立的所谓国际秩序，其格局是狭小的，而在中国古代，要说到国际秩序，真的是以天下为中心的国际秩序。作为21世纪的东亚，在新的时代条件下，如何才能建立一个新的国际秩序，我觉得有关这个问题的探讨是非常有意义的，在今天或者在未来，从事东亚儒学研究的学者应当共同关注这个重要的问题。

另外，我觉得杨儒宾教授所提的一个想法也很重要，就是儒家重视以理为中心的天下公共的普遍秩序。杨教授以孔子为具体事例，认为孔子抱有这样一种胸怀，指向超越族群的普遍存在，因为从历史上来讲，孔子的思想超越了夏商周各种不同国族的限制，要建构一种新的以天下为中心的、同时又超越族群的文化共同体。杨儒宾教授追溯到孔子来讲文化共同体，这是非常有启发意义的，而且他不仅是从历史的角度，更是从哲学的角度来讲的。例如从朱子学的角度来讲，天下公共之理是朱子学的理论基础，按照这个理论，可以证明文化共同体的建构是必然的，而不是个人一厢情愿的事情。因为理是普遍必然的，所以在我看来，儒学所追求的其实就是一种普世性的价值。

最后我想讲一点，关于昆将兄的顺、逆、去、超（整理者按，指“顺中心”“逆中心”“去中心”“超中心”）这四个提法，我在这里简单地回应一下。其实，陈来先生关于这个问题有一个立场和态度，昆将兄对此可能有所忽视。记得是在1994年的时候，他在一篇文章当中提出一个很重要的观点，用他的原话叫作“多元中心论”，而不是“顺中心”论。① 这是要提示昆将兄加以关注的。可以把他的文章拿来参考一下，然后有针对性地对陈来先生的观点提出商榷，这样做或许更有学术价值。我觉得“顺中心”这个提法，好像是昆将兄戴在陈来先生头上的一顶帽子，所以我想对昆将兄的论文提个醒。多元中心论也好，多元一体论或中心转移论也好，这些问题我觉得都是非常值得以后进一步深入探讨的。简单地说，中心多元论的意思就是，中心不是固定不变的，而是会随着历史文化条件的变化而发生变化的。这个观点就与中

① 整理者按，这里提到的陈来论文，不是发表于1994年的《儒家思想与现代东亚世界》（载《东方》1994年第3期），而是发表于2005年哈佛燕京校友年会的《走向真正的世界文化——全球化时代的多元普遍性》（载《文史哲》2006年第2期）。特此更正。

心一元论有根本不同，而“顺中心”的一个前提就是中心一元论。在当今中国大陆学术界，持这种看法的人很少，更多的是主张或同情“多元论”，也就是超越某种特殊的“中心”主义。其实，早在19世纪，欧洲就有学者从文化的角度提出了“多元论”的观点；特别是20世纪末，在“全球化”浪潮的冲击下，“多元论”变成了一种普遍主义主张，而“中心论”反而成了一种特殊主义的声音。因此，要讲“去中心”或“超中心”，我想大陆学者倒是愿意接受这种说法的。由于时间的关系，我就先讲这些，谢谢大家！

（主持人）蔡振丰教授：

好，吴震教授帮我们节省了一分钟。那么下面请黄俊杰教授做回应。

黄俊杰教授：

好，谢谢！早上聆听三位同仁的报告，非常受启发，有以下几点回应。第一点，就是杨儒宾和韩东育教授都提到的一个问题，就是用康德式的问法，儒学成为21世纪的普遍性价值如何可能？我觉得所有的中国儒学研究者都应该关心这个重大的问题。刚才杨儒宾讲到天下、王道、理的世界等等，我觉得人肯定是最根本的，因为儒家的仁学强调的便是作为人之道的主体性。20世纪60年代，牟宗三先生在香港的讲课录，后来集成一本小书《中国哲学的特质》，其中就讲到道德的主体性，这不是一个唯心的概念。讲到仁学，他又摄理归仁，注重伦理之间的践履性。我想这套论述能够弘扬，对21世纪中华民族的伟大复兴，应该是很好的，这个我也可以理解。刚才韩东育讲到的一个问题，我很有触动，我觉得台湾对大陆是有意义的。我在海外出版的一部英文书 *Taiwan in Transformation*：*Retrospect and Prospect*（2015年有修订新版），提到台湾历史的回顾与展望的问题，这是修订版新加的部分。我讲到台湾真正的力量是在民间社会的善良老百姓的慈心、悲心、感恩之心，我说21世纪中国大陆越崛起，台湾越重要，中国大陆的崛起绝对不能失去来自台湾民间的精神支持。我的证据就是台湾经过的921大地震、大陆四川汶川大地震、日本东北地方大地震之后，虽然台湾因为政党恶斗，经济萧条，但是民间捐给各地灾区难民的善款，都是累积到第一名，这就是我们看到的台湾民间社会的正面力量。就这一点来讲，台湾对中国大陆的崛起实在太重要了，尤其是一旦进入“一带一路”的倡议，它涉及六十几个国家，涉及地表上2/3的人口、1/2的GDP，须要有台湾民间社会的精神元素，在意识形态方面，一定要有一种新的大论述。

另外一个回应，就是很重要的民族主义问题。我觉得民族主义应该再加以分梳，好像我们讲到民族主义就是坏的，其实民族主义有好的民族主义，也有坏的民族主义。Anthony Smith就将民族主义分成四五种。刚才昆将说东亚儒学的研究，应该要摆脱民族主义的纠缠，我想应该不只是摆脱的问题，而是到底你是哪种民族主义的问题，是什么形态与内涵的民族主义的问题，是攻势的民族主义还是守势的民族主义的问题。傅永军教授讲，他从经典诠释来考察东亚儒学发展，这个我也非常赞同，经典是所谓的“常被引证的章句”(locus classicus)。但是这里还有一个细致的分别，我觉得我们东亚的儒家传统或者是整个亚洲的思想传统里所讲的经典，是人先于经典，就是《六祖坛经》所讲的“一切修多罗……皆因人置”，如果没有人，这些修多罗、这些经典都不存在。我们亚洲人读经，并不只聚焦在文本本身的解读，我们重视的是如何使我们的生命受到经典的感召而能有所提升，这才是重要的问题。最近十年来，我每周三的晚上都跟一批市井小民一起研读佛教经典，那个读法跟我们在学院的读法完全不一样，因为经典的文章非常细腻，论证性、分析性、总摄性都极强。我也从中受到了很多启发，共学经典的人是一般的上班族或者普通的市民，他们读这些经典是要对他们的生命、对他们的苦有所帮助，我觉得这才是读经的意义之所在。

(主持人)蔡振丰教授：

好，谢谢黄老师！谢谢三位主讲人还有各位的参与，我们这一场就到此结束。谢谢大家！

三、第二场“论辩与省思”

(整理者按，分别由杨祖汉、蔡振丰、藤井伦明、林维杰做报告，均见前面所列各人文章，此略)

(主持人)杨儒宾教授：

我们最后两篇文章，把东亚儒学一下子提升到世界整体的高度。下面，我想还是请三位标靶论文的作者回应一下。

张昆将教授：

好，今天学习了很多。我感觉藤井教授的这篇论文厘清了“东亚”一词本来的概念，还“东亚”以本来的面目，但是在这个过程当中，东亚的面目可能也不是本来就这样，因为“东亚”这个概念是西方人给的。藤井教授谈东亚概念的时候，重点在谈的问题不是“东亚”概念本身，而是“挂羊头卖狗肉”的帝国日本的问题，以还“东亚”清白。东亚就没有这样一个实体的问题，所以如果有问题，那就是“虚”的问题。但是，要真正理解的时候，确实也须要这样来切入东亚儒学的问题，不然东亚儒学就被污名化了。但是这样好像又太乐观了。就像“五四”新文化运动的时候，人们反对儒学，他们不会跟你区分孔孟儒学跟原典儒学的不同。所以活在21世纪的我们在谈到东亚这个概念的时候，也要像藤井教授这样去厘清“东亚”的概念，亦即东亚儒学的面目本来就是清白的，没有被污名化。当然，这个厘清的工作很重要。但是还有一个重要的问题，你还是不能跳出“东亚”这个整体，虽然超越了过去战争时代的“东亚”跟现在的“东亚”，甚至超越了日本的“东亚”跟韩国的“东亚”，但是恐怕还是不能说你把这个问题清理完了，那么容易就可以厘清的话，恐怕太天真了。我就抛出这个问题，给藤井老师思考。我先讲到这里吧，请其他老师回应。

(主持人)杨儒宾教授：

好的。那下面我们请吴震先生回应。

吴震教授：

藤井伦明先生的报告里面有许多说法，使我们有了更深入的了解。我这里比较关注的是“大东亚共荣圈”的《宣言》这个问题，根据藤井先生的表述，从《宣言》里面我们看不出“东亚”概念有一元论的设定。事实上，这个文本的意思的确就像藤井先生所提到的那样，但是我觉得这样解释是不是有点太牵强了？就是说，对此问题还应当做一个学术性的分析以及学理性的回答。实际上，《大东亚共同宣言》这篇文章我读过，而且我注意到这篇文章的复杂背景，这个背景是很重要的。他们当时为了搞这个《宣言》，实际上邀请了许多国外的重要人物，诸如缅甸等国在内的国家领导人到东京开会，不知道当时中国是谁被邀请了去（傅永军插话，是“伪满洲国”的一个代表）。在这样一个背景之下，他搞这么一个《宣言》，你可以想象，他的话语背后隐藏着另外一层很深的含义或者说企图。如果做一个多层次的或多重的考察，我们就会明白这个《宣言》存在的问题是相当严重的。我觉得从藤井的论文来看，你说根据这篇《宣言》可以得出“东亚”概念本身是完全没有问题的，它是正确的、多元的、开放的，问题只是帝国主义的制度把它给破坏了，因此“东亚”仍然实现不了。我觉得这个论证从学理上是难以成立的，很难站住脚，因为缺乏对背景的深入考察，光是从字面到字面，是很难把握隐藏在文本背后的含义的。这是我对藤井先生文章的一个非常粗浅的感受，希望您能够谅解。

另外是维杰兄的论文。这篇文章是论证性的论文，有很深的哲学性分析，有许多观点对我有启发，特别是对实体性的分析。他从哲学的角度告诉我们实体性实际上包含着自身的独立性，这是很难消除的，因为这种独立性必含有排他性。那么，如何消解实体化的实体性呢？进一步说，像亚里士多德、黑格尔他们那种辩证法的思辨方式，或者可以通过这种方式来了解事物的差异性，从而消解排他主义的实体性。我想到的问题是，在实体化之前固然已经存在实体性，而实体性也意味着这种实体的独立性，从哲学上说是可以理解的。但是从文化的角度看，任何民族文化都构成一个系统存在，那么这种文化实体性也就是不同于其他文化的独立性，对此究竟如何把握？彼此之间是否一定存在互相排斥的关系？这却是令人头痛的文化史问题。特别是当你讲到跨文化的东亚儒学问题时，究竟是否有一种本质同一的作为整体性的东亚儒学实体性？答案恐怕是否定的，我们今天根本已经无法重构这种实体性。这也是我这次提交的那篇文章的主要观点。

但是，后面你在文章里提到了关于亚洲价值的问题，我想多说几句，做一个简单的说明。在非常早的 1978 年的时候，李光耀在一个公开场合提出了关于“亚洲价值”这样一个观念的构想，后来上升到国会的意识形态层次，作为一个正式的官方决议提了出来。随后，跟他一唱一和的是马来西亚的首相马哈蒂尔，他也主张“亚洲价值”，而这个人在 1995 年的时候，跟那位著名的日本右翼的石原慎太郎合作写了一本书，书的名字叫作《亚洲的声音》。这本书当中的一个主要观点是说，亚洲将创造一个史无前例的“伟大文明圈”。你想想 1995 年就提出了这么个话题。所以很快就引起了美国等西方知识分子的强烈反对，一个美国学者叫罗伯特的，他就指出：李光耀的这些说法，“儒家价值观”什么的，其实是食古不化的价值观，是一种将儒家权威化的观点，与政治上推行威权主义是有关的。因为亚洲价值观的提出，无非是建筑在这样的前提上的，就是说西方式的道德已经彻底沦丧，现在轮到我们亚洲来拯救他们了，而西方社会已经失序，也已经丧失内在的自我调整的功能，所以需要亚洲去伸手解救他们，等等。那么，美国学者罗伯特等人就提出批评了。这使我联想到另一个问题，倘若我们现在搞一个共同宣言，说东亚儒学从今以后要树立一个人类文明共同体，在这个标志之下，21世纪全球化时代的儒家天下观将要实现了，我想可能坐在这里的人都会拍手称好。但是，我很担心这种声音如果传到美国、日本或者传到欧洲，他们会从另外一个角度来看，他们会感受到你们的声音令人担忧。他们会问你们这个讲法的内涵和依据是什么，企图又是什么。事实上，早在20世纪八九十年代，已经出现了对亚洲某些国家提倡的"儒教化"政策表示质疑的声音，今天是不是还会发生历史的重演，我是比较担忧的。所以我们还是应该潜下心来，先认真地对东亚儒学问题多做一些学术性的探讨，这才是首要的任务。我就先讲这些，谢谢！

(主持人)杨儒宾教授：

好，谢谢！意见非常成熟，令人非常钦佩。下面请黄先生回应。

黄俊杰教授：

谢谢，今天下午听了四篇文章，内容非常精彩，我就我听懂的部分，回应三点整体的意见，另外针对藤井伦明教授的"大东亚共荣圈"的说法，我有一点小意见。

整体性的意见的第一点，就是所谓"东亚儒学"里面的"东亚"，是一个什么样的概念，藤井伦明跟林维杰教授都论述到这个问题。就我的体证，"东亚儒学"里面的"东亚"，作为一个区域史概念，我们可以从两个不同的层次来理解。第一个层次与全球史视野有关，我们知道最近十年来，欧美特别是欧洲史学界有人在讲全球史(global history)，而东亚史就是介于全球史与国别史(national history)之间的区域史，这是第一个概念；另一种概念是介于国别史与地方史之间，比如说江浙史、广东史等"区域史"。我说的"东亚儒学"的"东亚"作为区域史的概念是第一种意义下的区域史，那么，东亚历史脉络中的东亚为何，东亚以及中国如何被思考；我发现子安宣邦和山室信一基本上是从日本近代史经验来思考东亚，所以子安听到用汉字来书写"东亚"那两个字，就问你是不是在为21世纪"中华帝国"背书。他会责问"东亚儒学"这个论述中所潜藏的"帝国记忆"(尤其是第二次世界大战前日本帝国的记忆)。可是我们台湾新时代的儒学研究者，并不是从日本出发进行思考，才会引起那样一个误会。当然另外一方面，如果完全从"中华帝国"的角度出发，一听到你讲要超出什么"中心"，也有人会误会是"去中国化"，马上会有这样一种想象。其实，这是把他们个人当前的政治关怀，融入了学术的讨论之中，事实上这也是传统中国学术的一个特征。传统中国的学问，不但文史哲合一，而且学术与现实是密切互动的。以上是第一个整体性的感觉。

第二点，杨祖汉教授提到东亚儒学史上朱子学的角色，感觉还有可以重返的空间，像牟先生他是采取一种内在研究（internal approach），但是我有时候会想到一种外在的研究（external approach）是否也同样是重要的，也应该列入我们的视野。从历史脉络来看，朱子学的形成、壮大，是近七百年来东亚知识分子无法绕过的一个高峰，乃是因为它跟政治权力挂钩的关系。1313 年，元朝统治者指定《四书章句集注》为科举考试的定本，这是一个起点。刚刚离开我们的刘述先先生在他的《黄宗羲心学的定位》一书中，讲到了“思想史的研究方法”与“哲学的研究方法”是不应该排斥的，而应是互补的。刘先生说要用哲学的观点矫正思想史的研究，同样也要用思想史的观点矫正哲学的研究。我有点怀疑对东亚儒学史与朱子学的研究，我们如从政治权力结构的观点来看，也许可以看出一些新的风貌。

第三点整体的观点就是刚才大家都谈到“东亚儒学”的提法如果与 20 世纪 80 年代亚洲“独裁者”搞在一起的话，确实有麻烦，因为他们的提法是有强烈的政治背景的，这样对儒学是会有危险性的。吴震刚才讲如果我们把东亚儒学的研究跟亚洲价值挂钩，会引起外面世界的疑虑，可以说完全正确。

最后一个小问题是藤井伦明说到的太平洋战争以及“大东亚共荣圈”的问题，他说无法从《宣言》中看出是在支持帝国主义。这个我们都知道，但是读任何政治性宣言，特别是读日本帝国的《大东亚共同宣言》这种政治文件，我们都要注意，从奥斯丁到塞尔（John Searle）的“言说行动理论”说任何一个言说（speech）都有三个层次的意思，我把它翻译成“言内之意”“言外之意”“言后之意”。我们要注意它的“言外之意”跟“言后之意”的问题，就是说我们读任何历史文件，特别是政治文件，不仅要关注其历史背景，还要注意那个看不见的氛围。这个看不见的氛围（ambiance）有时候比看得见的更重要。

（主持人）杨儒宾教授：

好，我们知道“言外之意”和“言后之意”是非常重要的。若根据“言外之意”“言后之意”，好像只要参与东亚儒学的都是不爱台湾的，这是我的过度解释，当不得真。我们现在还有将近二十分钟时间，大家趁着这个时间提问，考验我们大家的勇气的时候到了。

提问者一：

谢谢！今天这个东亚儒学的讨论会有很多丰富的意涵。有问题请教黄老师，就是从东亚儒学这个概念的诞生、形成、发展的历程来看，按照您的观点，是否能列举一些代表性的或者关键的年份来表示，比如概念的发生或者概念形成中有哪些比较重要事件的年份须要注意。因为我想了解一下东亚儒学中的重要人物，将来我们做东亚儒学的研究可以作为重要参考资料，所以想听一下黄老师对这个问题的表述。

(主持人)杨儒宾教授：

好，这个要当场回答一下。

黄俊杰教授：

好，谢谢！这是个很好的问题。我们现在一起想一下，比如说1313年，就是朱子的《四书章句集注》在元朝统治之下成为科举考试定本。再比如藤原惺窝着儒服见德川，是在1600年，从此以后，一个儒学共同体意识在酝酿、形成之中。我想到一个有趣的事例，伊藤仁斋晚上走夜路遇到抢匪，抢匪说把钱拿出来，他就赶快拿出来，抢匪就说我们当抢匪很多年了，从来没有像你这样的，你是干什么职业的？他说：我是“以儒为业”的。抢匪说：从来没听说过以儒为业的，那是干什么的？他说：我这个以儒为业就是“以仁道教人者也”。这个故事在原念斋的《先哲丛谈》里有叙述，蛮有趣的。当伊藤仁斋回答他，我是以儒为业的时候，这个东亚儒学共同意识已经起来了。我现在就想到这些，当然我们还可以找到很多例子，如1905年科举考试的废除又是一个关键。

(主持人)杨儒宾教授：

可以做一个东亚儒学大事年表(黄俊杰插话：对呀，渡边浩先生就做过一个东亚儒学年表，将中日韩越周边国家的事情都并列了)。好，继续提问，有请。

提问者二：

各位老师好！我是从“台湾清华大学”的社会学环境研究所来的。我想发挥一下社会学的想象，跟各位对话。因为各位在谈东亚儒学以及世界儒学的时候，又谈到人生常道，这个我是认可的。可是跟基督教的论述相比，有一个相同的地方，还是人类中心主义。对我这样的学习环境社会学的人来讲，有没有可能实现从人类中心主义到生态中心主义，并且用儒学的观点去调节和发挥，因为我们这个地球生态，严格说起来被西方破坏得更严重。我在想有没有这样一个机会，使得我们的儒学发展成为地球性的儒学，或者用世界或地球的儒学观点来解决生态问题。就是这样一个问题，抛给大家来谈一谈。

（主持人）杨儒宾教授：

这是一个好问题，不是开玩笑，这个问题在以前曾经出现过。这个问题在当代是人们非常关切的问题，你把这个问题提了出来，很值得省思。你看我们今天进步很快，从东亚到世界、从世界到地球，下一步该怎么做？这种文章我没写过，但是我曾经考虑过相关问题，只是不完全是从儒学的角度。单就儒学的角度看，它很讲究合理的人际关系的问题，人际伦理学后来变成心性伦理学。儒家道德在先秦出现的时候，不管是从现实政治或者是从体制来讲，不管是孔子的论述或是荀子的论述，基本上都是关系性的伦理学。孟子异军突起，把关系性的问题转往心性论的角度发展。关系性的道德与心性论的道德两种进路当然不冲突，而且儒家基本上是两头照应，一以贯之，这样的趋势也非常明显。在今日，关系性的伦理必须要提，不是说要逆转回去，而是说新时代有新时代的问题意识，要重新谈关系的问题可以有不同的理论依据。原先大家关心的关系的问题就在五伦，这种论述是一个人跟人之间的关系史。可是，关系有多重面向，在《易经》里面有另外一个说法，在其他经典里也有，它们谈天地人的问题，天地人的问题可以从不同的观念方面来考虑。

好，谢谢！我想生态的关怀在儒家有很强的传统，北宋开始就把“仁爱”的“仁”，扩充到草木生机上去，草木的种子核心叫作仁，人伦的道德一下子变成生物的道德，连生物里面都有嘛！果仁有仁爱之德，这个说法当然不是开玩笑，这是认为道德和生命就在植物里面、动物里面。这个生机道德学可以往上追溯到《易经》“天地之大德曰生”“生生之谓易”的提法，生命跟道是同种的分支，同体而异用。生态伦理在儒学史上有很强的传统，但是现在的研究确实疏忽了。王先生提出的问题相当好，因为这个时代很难想象说，谈道德竟然不须要考虑到动物、植物，儒家是人文主义，但不是人类中心主义，生命的道德化这个问题恰恰是儒家提出来的。你看程明道、周敦颐、张横渠他们都强调生命本身就是道，草木生长是道，游鱼从容是道，鸟兽鸣号是道，生命本身就是有普遍价值的。这是一个非常有意思的提法。

杨祖汉教授：

我讲几句，刚才那个问题其实涉及“人物之性异同”的问题。所谓“天道为万物存在之根据”，这是宋明理学的一个观点，认为人的道德意义的人性，也就是天道，是万物所以存在的超越根据；即不认为只有人有道德性，万物也都有道德性，只是人可以全显此性，万物则显得不多，但是都有这个性，所以人有责任实现万物为一体的境界。万物都有性，表示因为合于道德，万物才能存在，那么每个存在物都有它存在的价值。在这个意义上，人对万物、对维持生态平衡是有责任的。在韩国儒学里，有人性物性异同的讨论，认为如果人性是这个性，物性也是这个性，那么人禽如何区分呢？这不是说人可以根据人禽的区分，就有理由去主宰，甚至滥杀禽兽，而是说既然人有道德性，而物也有，那人跟禽兽的差别在哪里呢？差别就在于人由于得性之全，要为天地位、万物育负责，故责任比禽兽更大。韩国儒学是以这个用心来辩论人性物性的同异。我觉得这个辩论是有意义的。在东方儒学的传统中，不像基督教那样，一切是为神而存在，而是也“为了人而存在”；比较而言，儒家的“致中和，天地位焉，万物育焉”的理想，是比较广大而和平的。

(主持人)杨儒宾教授：

人性物性异同论，是非常重要的一个理论，这种理论马上牵扯到物本身里面有没有道德、有没有价值的问题，动物适不适合性善论的提法。今天争辩的真是在中国的儒学里面没有挖掘出来的议题，在韩国儒学中则存在，但没有被深刻挖掘，所以东亚儒学还真是必要的。杨祖汉教授补充的那个宋明理学的内容很重要，是我们平日比较疏忽的部分。

提问者三：

各位老师大家好！我是台湾的“中国文化大学”韩国学研究中心的许怡龄。我本人研究的是朝鲜儒学，我在韩国的老师是首尔大学的朴锡民老师。朴老师曾经在一本书(在韩国出版的)《韩国的生态伦理》里面，提到了洪大容的一个论述。洪大容有个说法，叫作“人物均”，就是从人性物性异同里面可以发现人跟物是均等的，也是平等的。这个说法虽然不能代表所有的朝鲜儒者，但是人性物性异同论的一个典型论述，我认为韩国儒学有这方面的重要资源。洪大容也提到了华夷问题，在华夷之别里面，朝鲜或者其他周围的国家属于华夷里面的夷，他对此进行了重新思考。假如说在人物关系里面，不仅人有发言权，物也有发言权的话，就会得出“人物均”的结论，但是有的时候，发言权仍然是不一样的。因此，朝鲜儒者是否有必要思考非中心的问题，或者说为许多非中心的存在进行思考呢？我认为在思考东亚研究为什么有必要的问题时，洪大容可能是一个很好的个案。除了东亚儒学这个潜在论述之外，确实存在一个实际的案例。我就讲到这里，请诸位老师批评。

（主持人）杨儒宾教授：

我觉得这个非常有意思，谢谢许老师的补充。这也是对地球问题的密切关注。好，我们继续。因为蔡振丰老师没有回答问题，不能让他太轻松了，就请他回应一下。

蔡振丰教授：

我最后就提一下有关东亚儒学是否可能导向革新的问题，特别是儒学跟资本主义接轨的问题。谈到这个问题的时候，我们可以说儒学是不反对“利”的，而且是说“义利并行”，但“义利并行”到底怎么样才能做到，这恐怕才是我们真正要思考的。如果不仔细去论述它的实践之道，那么“义利并行”只是一句空洞的原则。在东亚的世界中，具体考虑如何在资本主义的社会中实践义利合一，或许可以举涩泽荣一作为一个谈论的例子。虽然有学者的研究指出了涩泽荣一的企业助长了明治政府军国主义的发展，但号称是“日本实业之父”的涩泽荣一，他的后继者有松下幸之助以及目前仍然活跃的稻盛和夫，他们并未站在民族主义或军国主义的立场，因此我们并不需要将这一脉的发展与军国主义画上等号。松下幸之助与稻盛和夫留下许多具体的企业经营之操作理念与方法，值得我们借鉴。譬如说企业获利降低时，裁员往往是最快的解决办法，但这是不是最佳的方案？如果万不得已要进行裁员，企业主该如何做才能得到劳工的尊敬？这些都是很具体而且重要的问题，必须形成有效的操作才是有意义的。另外，目前世界上也有“社会企业”的概念，“社会企业”意指企业借助于资本主义的运作而维持，然而其存在的目的在于解决某一社会问题（如如何避免中间剥削的农产品产销问题）。“社会企业”也可以被视为“义利并行”的优良构想之一。还有关于生态问题，刚刚黄教授谈到人类中心主义与生态中心主义是相矛盾的，所以必须要有一个超中心的立场，超中心不是说不要中心，而是指那个中心是“文化核心”的意思，文化核心就在整个儒学里面，就是“仁”。我认为这个想法很切要，从经典上将“仁”引申到生态问题上，或许可以多注意《中庸》所说的“故君子诚之为贵。诚者，非自成己而已也，所以成物也。成己，仁也；成物，知也；性之德也，合外内之道也，故时措之宜也”以及“致中和，天地位焉，万物育焉”这些说法。

(主持人)杨儒宾教授:

好,谢谢!最后的时间,蔡振丰教授做了一个圆满的总结。时间正好到了,我们现在休息一下。

四、第三场“综合讨论”

(主持人)黄俊杰教授:

我相信大家都有非常好的收获。我们最后综合讨论的主要任务,就是请今天与会的大众,尽量知无不言,言无不尽。脂砚斋重评本《红楼梦》有“字字看来皆是血,十年辛苦不寻常”一句,我们呢,是“廿载辛苦不寻常”。因为一些特别因素,大家已经努力了二十年,所以这一次请大家来,希望能尽量批判,尽量做到自我的批判,比外面一些将政治牵扯在里面的人对我们的批判还要深刻些。下面就开始综合讨论。我知道上海来的许纪霖教授有很多高见,是不是就先请许纪霖先生发表一下,然后大家再接着来发表,谢谢!

许纪霖教授:

好,谢谢黄俊杰教授!我听了一天的马拉松会议,身体很累,但是精神上收获很多,因为关于东亚儒学这个项目,黄教授这些年率领他的团队做了颇有成效的研究,我也是第一次系统参与这样的会议,对此有所了解,的确有很多共鸣。

因为东亚这个话题,对于我们今天来说非常的重要,为什么重要呢?因为今天的东亚,实际上有点像20世纪上半叶的欧洲,之所以像,因为东亚今天上空布满了各种各样战争威胁的风云,基辛格对此都感到忧虑。当年欧洲在20世纪上半叶,因为国家主义、民族主义、物质主义的高涨,发生了第二次世界大战,后来战后的欧洲基本实现了和解,建立了欧盟。但是今天的东亚离这样一个和解的目标还很远,所以今天东亚要获得永久的和平,当然很多政治家有他们的考虑,但是作为我们学者,要从思想、价值的层面进行研究,要寻找一个我们可以称之为“东亚的普遍性”的东西。

任何一个非权宜之计的、有长久和平的共同体,背后都需要一些共同的价值和共同的普遍性来支撑它。这个普遍性是什么,恰恰是我们须要思考的。这两年华东师范大学我们这个团队和东京大学的中岛隆博、石井刚等教授合作,还有韩国的学者，开了几次对话会议，思考这个问题。今天这个会上，听到我们有共同的关怀，但是从不同的角度切入的，这对我来说，收获是很大的。

那么，东亚的普遍性是什么？一种是建构主义的思路，去建构新的东亚普遍性。但是我本人并不是建构主义者。在我看来，更重要的是从历史文化渊源里来寻找它的传统，有这样一个根源，这样一种普遍脉络才是更真实的。显然，儒学就是东亚普遍性的一个非常重要甚至是首要的渊源，构成了东亚历史的普遍性。从价值而言，当然不仅是儒学，佛教也可以算是东亚普遍性的一个重要资源，但是东亚好就好在，它不像犹太教、基督教和伊斯兰教历史上都是一神教，而是有多神教的传统。所以，儒学和佛教彼此之间虽然是不同的历史共同体，但是都可以互相融合。中国是这样，日本是这样，韩国也是这样。

东亚儒学究竟意味着什么？关于这方面，今天我听了以后，知道已经有了很多研究，形成了一些不同的理解模式，这给我很大启发。但是我想说的是，东亚儒学既是在历史上实际存在的文化共同体，同时也是在不断地被建构之中，也是继续在被想象的一个共同体。这样一种共同体，意味着它严格说起来是一个文明的共同体，而不是一个文化的共同体。我这里做一个区别，文明是普世的，文化是独特的。在这个意义上来思考文明和文化的区别，那么显然在历史上，儒学作为雅斯贝尔斯所说的轴心文明之一，是一种普世的文明，而并不是一个特殊的文化，所以儒学虽然原乡在中原，但是从开始就带有普遍主义，而不是特殊主义，这点我想大家都是公认的，这是儒学作为一个文明共同体的最核心的特征。

虽然今天已经进入了一个民族国家的时代，但是儒学作为一种文明，它依然是超越于具体民族和国家，为东亚所共享，甚至有可能为世界所共享。这是东亚儒学的一个普遍主义特征。

但是讲到东亚儒学，从历史上来看，它似乎总是和某种霸权秩序脱离不了关系。因为从历史上来看，似乎讲到东亚儒学，很容易被误解，在古代是以中国为中心的朝贡体系，到了近代，似乎又被误解为以日本为中心的“大东亚共荣圈”。所以黄俊杰教授觉得自己受到了双重误解，是吧？东亚儒学既有可能受到中国大陆的误解，觉得你要挑战大陆为中心的儒学，也有可能会在日本受到误解。原来在历史上，东亚儒学是和某一种特定霸权秩序（这个“霸权”是中性的，不带有贬义）联系在一起的。也就是说，实际上，东亚儒学中的儒学作为一个文明的价值，从历史角度而言，我们不得不思考一个问题，他是有肉身的；没有制度肉身的一套价值，它的生命力是有限的，而这个肉身就是帝国。

过去古代是“中华帝国”，近代是“日本帝国”，所以当过去一讲到东亚儒学的时候，很容易被误解，好像又要建立某一种中心，与这样一个新的帝国相关联。但是我想，我理解的黄俊杰教授恰恰是要去中心化、超中心化，要在一个新的维度里边来思考，来提出这样一个去中心化、超中心化的东亚；建立在某一个开放的平等的互相交流对话基础上的新儒学——东亚儒学，它恰恰要和相当强烈的政治化的帝国保持距离，要有切割。

所以从某种意义上来说，今天在我们这里所要讨论的东亚儒学，可能首先就是要去帝国化，甚至是去民族国家化。因为一讲到东亚儒学，人们就会问，你是中国的儒学，还是韩国的儒学，还是日本的？而这样一个观念，总是要把它和某一个具体的民族国家的实体联系在一起，但是我想说的是，当我们现在讨论东亚儒学的时候，能不能超越这种民族国家的立场，更多地从文明的角度来思考？东亚儒学是一个文明共同体，但是即使在东亚，我们可以看到它依然呈现出不同的文化特征。这个文化的特征，我不想以某个民族国家为单位，我想说的更多的是一种语言共同体，这样是否可能更合适一些？比如说，有汉语言的儒学共同体，有韩语的儒学，还有日语的儒学，在不同的语言共同体的文化当中，恰恰背后又共享了一套作为文明的儒学的一些共同的价值和共同的历史。

这一点我们如果和西方比较一下，比如说，西方是基督教，和儒学对应的文明体是基督教，显然可以看出来，基督教不属于任何一个具体的门派，但是我们知道基督教内部有很多的流派分支，如盎格鲁-撒克逊的新教、以法国为中心的拉丁天主教，德国又有自身独特的虔敬派传统，还有东正教，甚至还有这些年全球化以后的拉美解放神学、韩国的五旬派等等。他们并不是以某一个民族国家作为单位，有些背后是一种语言，如英语、德语、法语、俄语，是一个语言文化共同体；然后理一分殊，分殊为不同的民族文化，小的文化共同体如在一个大的文明共同体内部，又和不同的文化结合，构成了一个小的文化共同体。我们是否可以说，东亚儒学在东亚，实际上是理一分殊的？既要看它们共享的一面，共享的这些共同的价值和历史，这是以经典为核心的，同时又要注意到和而不同的文化，语言构成了它的所谓的分殊。这是我的一个理解，提出来给大家参考。

最后，我特别赞成今天很多学者提出的，儒学有普遍性价值，至少是世界存在的各种普遍性价值的一种。这世界有很多不同的文明和文化，但是凡是具有普世性的、对全人类都适用的文化，就是一种文明。我们知道，儒学也是一种具有普世性价值的文化，所以它是一套普世文明，儒学本身也是普遍性价值的一种。但是这个世界上不止有一种普世文明（或者说具有普适性的文明），轴心文明都是具有普世性的，而且在这个世界当中，他们之间存在着竞争关系，但这种竞争不妨碍，就像刘述先先生生前一直在做的一件事情，即寻求不同的普世文明当中他们共享的一些最基本的底线和价值，这又构成了超越这些普世文明的人类所共同承认的普世性的价值。而恰恰儒学具有这样一种普世性。所以我想从这个意义上来说，我们今天要重建，能够建立东亚的永久的和平秩序，大概从我们的工作而言，就要寻找为东亚地区不同的文化、不同的民族、不同的国家都能认可、分享的一个普遍性价值，而儒学可能就是各种历史上存在的东亚普世性价值当中最重要的。这是我今天听了一天会的感受，提出来供黄俊杰教授和你们的团队以及其他同仁批评。谢谢！

（主持人）黄俊杰教授：

好，谢谢许纪霖教授！许教授是当前中国大陆非常重要的知识分子，除了是专业学者之外，是不是有个大陆的名词叫作“公知”啊？他刚才的发言非常精彩，我简单回应一下，然后有请我们的同仁李明辉，他保持缄默很久了。

我觉得许教授讲的第一点，是说今日东亚近似20世纪的欧洲。诚然，东亚表面上固然经济发展，就好比火树银花，一片欣欣向荣，但是东亚各国的天空战云密布，前景堪忧。在今日崛起中的大陆，可以感受到类似20世纪20年代日本社会的氛围。我们知道1894年，日本帝国打败了清政府，1904、1905年又打败了俄国，所以从20世纪初开始，特别到了20世纪20年代，在日本不仅是右翼人士，连一般的知识分子乃至社会上的庶民都嚷叫着一种口号，这种口号叫作“日本人的天职”，内藤湖南就有文章谈这个问题。所谓“日本人的天职”，是以“脱亚”为手段，以“入亚”为目的，建立所谓的“大东亚共荣圈”。那么在大陆呢？我们看到有些书如《中国可以说不》《中国不高兴》的出现，这代表了一种新的氛围、一种心态。许纪霖教授讲基督教不属于任何民族国家，完全正确！儒学应该也是这样的。所以我们不需要用“国学”来自我设限，因为汉语就像韩东育讲过的，犹如中古欧洲的拉丁文，它是那个时候的普世语言。

许教授讲的第二个要点是儒学的普遍性价值可以建构21世纪以后的东亚和平

新秩序,这一点我想在座的朋友一定是赞成的。我觉得对于战前日本帝国主义的批判最为深刻的有两个人,一位是20世纪伟大的日本学者丸山真男,另一位是这个时代伟大的日裔美籍学者入江昭,他是一个外来移民,以他的成就获选为美国外交史学会会长、美国历史学会会长,是美国历史学会近二百年历史中第一个获选出任会长的亚洲人。他对战前日本帝国主义的批判都非常深刻。但是中国崛起需要大论述,大论述跟讲大话不一样,它需要一套理念与价值体系来支撑,现在的意识形态必须要更新,儒学需要更进一步的论述,这是我的感觉,这样才能够真正实现中华民族的伟大复兴。不知道其他朋友对于许纪霖刚才的发言有什么看法。好,有请李明辉教授。

李明辉教授:

好,谢谢!吴震教授早上告诉我要记录我的话,我正好借机讲点话,让他可以记录。我最近在媒体上发言太多了,很多话都讲过了。刚才许教授的发言,让我很欣慰,因为我们在讨论东亚儒学的时候,包括台大的团队,比较少注意到他刚才讲的欧盟的背景。我本来想写这方面的论文,可是我最近太忙了,其实我是有些想法的。

我看待东亚儒学的问题,动力来自我在欧洲的生活经验和观察。为什么是欧洲呢?欧洲从1945年第二次世界大战结束之后,只花了半个世纪,就整合出一个欧盟。中间有一段时间,我是在那边生活的,在那个氛围底下,我观察他们怎么进行政治教育,这个经验对我的影响是非常深刻的。为什么两岸分隔了六十几年,现在还在争吵?因为双方都死抱着国家主权的观念。德国跟法国打了两次大战,那仇恨多深啊!但是他们在战后就开始统合。两岸之间的仇恨根本没那么深啊!我们今年年初在成都跟大陆新儒家对话,我就发现他们听不懂我讲什么,基本上听不懂。

我想我们今天应该先检讨,欧盟为什么可以整合成功。其中有一个问题,包括台大这个团队,还有包括《鹅湖》这个团体,都没有好好去讨论过,就是我们怎样看待民族主义。这个问题是个大问题啊!欧洲的两次大战都是民族主义导致的。我们现在都会提到1648年的"威斯特伐利亚合约",那是从欧洲开始的所谓世界政治体制的一个起点。前几年我还特别到明斯特签订合约的市政厅去参观。从那个时候开始,有几个观念是紧密联合在一起的,一个是国家主权,还有就是民族主义,接下来又引申出帝国主义、殖民主义。我批评所谓"大陆新儒家"的观点,因为他们不要西方的“普世价值”，他们认为民主和人权是西方的价值。我反问他们说，民族主义也是西方的啊！你们为什么要接受呢？他们现在死抱着民族主义不放。

现在很多人有误会，包括我们这个团队的有些人，以为儒家就是民族主义，不对！儒家没有民族主义，而是天下主义，这个问题很容易了解。儒家是天下主义，根本没有我们现在所说的“民族主义”。因为民族主义与民族国家是分不开的。没有民族国家，就不会有民族主义。所以所谓的“大陆新儒家”，他们不要民主与人权，却要民族主义。可是，从欧盟成立以后，其实不用到欧盟成立，80 年代我在德国留学的时候，他们基本就不谈民族主义了。对他们而言，“民族主义”是个脏字眼，你们知道吗？

我 29 岁第一次离开台湾之前，也是民族主义者，更准确地说，是文化民族主义者。我们受到三民主义的影响，很容易认同民族主义。台湾的新儒家也是文化民族主义者，但不是种族民族主义者。对他们而言，这是好的民族主义，而不是坏的民族主义。可是，我要强调：就算有好的民族主义与坏的民族主义之区别，好的民族主义也会自动变成坏的民族主义，它们之间没有一个明确的界限。最明显的就是希特勒的纳粹党。希特勒崛起的时候是第一次世界大战之后，德国被迫成立魏玛共和国。那时候协约国对德国非常苛刻，不让它建军，还管制鲁尔区，管制德国的生产，要德国付出大量的赔款。那时德国非常惨，国不成国，所以希特勒的崛起有其必然性。德国人觉得出现了一个领袖，可以让德国人扬眉吐气，这是好的民族主义吗？是啊！如果我是当时的德国人，为什么不接受这种民族主义呢？为什么反而要接受协约国的苛刻待遇呢？是不是？

希特勒先并吞奥地利，因为德国人与奥地利人同根同种。希特勒不费一枪一弹，就并吞了奥地利。他并吞奥地利的时候，德国的大文豪、获得诺贝尔文学奖的托马斯·曼是支持的，你们知道吗？接着，希特勒并吞捷克的苏台德区，因为那里是德语区。接下来他就占领了波兰的港口城市但泽，因为它可以通往东普鲁士。按理说，希特勒把德语区全部统一了，建立了大德意志国，应该心满意足了，因为他已经达到目标了嘛。可是他没有停下来，继续扩张领土，争取所谓的“生存空间”。后来的结果大家都知道。所以我说：好的民族主义会自动变成坏的民族主义，它不会刹车。就像我们赚钱，总是嫌赚得不够多，赚越多越好。关于民族主义的问题，我们在讨论东亚儒学的时候，并没有好好地考虑。欧洲人是深受其害的，这个反面的教训让他们很容易整合成功，但我们现在的东亚，并没有这个条件。因此，我赞成许纪霖的观点。

欧洲的整合有两个基本条件，一个是广义的基督教文明。现在欧盟 28 个国家，如果英国退出之后，还有 27 个国家，基本上都有广义的基督教背景，包括东正教的背景。第二个条件是它们都是民主国家。因此，人权记录不良的土耳其一直无法加入欧盟，这次政变失败之后，土耳其加入欧盟的机会更小了。儒家本来可以担当类似基督教在欧洲整合中的角色，但是我们还欠缺一个民主化的条件。所以，“大陆新儒家”的脑筋不清楚，因为没有民主化，就无法整合。他们想自己关起门来做皇帝，抱持特殊主义，而非普遍主义。所以我今天要特别强调：我们对民族主义的思考还不够深刻。

（主持人）黄俊杰教授：

好，我们感谢李明辉的发言！还是虎虎生风，可见身体状况是不用担心了。李明辉的发言给我很大启发，虽然再有几个月我就要退休了，但是看来我们这个学术研讨会“东亚儒学研究的视野与方法：论辩与省思”，以后恐怕要继续办。好，陶德民教授？

陶德民教授：

刚才纪霖兄说到，儒学与东亚历史上的霸权主义实体往往有一些联系，确实如此。记得有一次别人问我，现在中国在世界各国办孔子学院，如果日本要办世界上类似的文化机构，办什么好呢？我不假思索地说（请绪形康鉴定一下，这个主意好不好？），日本要办的话，不要去办那种民族主义性质的，如本居宣长学院，而应该办芭蕉学院，就是那个深受庄子影响的行吟诗人芭蕉。他们都听了大笑，觉得非常好。昨天王晓波先生也说到，儒学融合并提炼了百家思想，成为中国思想的主要代表，但其实它背后有很雄厚的思想资源。我也认为，重新提倡“儒术”固然重要，但是可以也应该找到一种有效的方法，把中国的几个主要的传统思想资源综合性地介绍和推展出去。例如在日本的企业家看来，《论语》固然展示了很重要的道德准则，但同时，他们在商战中主要运用的是《孙子兵法》，也喜欢阅读对人性和人际关系有深刻分析的《荀子》和《韩非子》。本来，从孔孟到程朱这个儒学的道统是宋代的一种建构，对于这样的一种叙事方式，我们是须要加以批判地继承的。如果我们将以儒学为代表的中国的丰富思想资源展示给世界，包括把可以引发无限遐想的老庄的思考法一起加以推展的话，对世界各国了解中国多姿多彩的本来面貌也许反而会起到更好的效果。

（主持人）黄俊杰教授：

好，谢谢陶德民教授。陶德民教授今年已经是去国三十年（陶德民插话：对，出国三十年。如果借用梁启超的话说，是“去国”三十年），苟全性命于乱世，不求闻达于“日本”。讲到日本，神户大学中国研究中心主任，我们的好朋友绪形康教授请发表一下高见，绪形康教授是我们尊敬的沟口先生的弟子。

绪形康教授：

谢谢黄俊杰教授。今天最后发表论文的“中央研究院”的林维杰先生提到东亚儒教的研究，是否应和那个基督教的宗教的真理与历史的关系结合起来思考，这个问题对我来说非常有启发。因为日本非常著名的丸山真男在1996年去世以后，他的许多作品后来慢慢出版了。2014年，丸山真男一百周年诞辰的时候，岩波书店出版了他的作品。另外三民书局也出版过他的书。其中有关于江户时代的。我们看过这些作品，他的东西主要是对江户时代的思想和日本政治思想的研究，以获生徂徕为中心，探讨新武士结构的日本思想，或者说自然历史观。知性的丸山对比较思想比较重视，从今天的正统或者从儒教的观点来说是道统，来思考江户时代，非常有意思。他说有两种结构，在基督教西方有非常强烈的中心，而在日本没有。但是大家都知道，所有的外来思想一到了日本以后，肯定会发生日本化，所以存在一种看不见的中心，相当于西方的正统，另外也有日本国家思想的传统（即道统）。丸山是从这个角度来看日本思想史的，我想中国专家也应该看过他的书，应该把他的这个作品翻译出来。我们应该共同把丸山真男的江户思想史研究的书翻译出来。请大家考虑一下，明年有没有东亚儒学的会，可以探讨一下这个正统的问题，希望我们一起来讨论。

（主持人）黄俊杰教授：

好，谢谢，谢谢绪形康教授！再有请吴震教授。

吴震教授：

谢谢！我就利用最后的时间跟大家做一个预告。复旦大学将举办上海儒学院的成立大会，邀请了黄俊杰教授，但是他这次不能来，非常遗憾。这是作为复旦大学校级平台而成立的，接下去我们会有许多计划，其中包括东亚儒学研究的工作。

这是一点,另外我就非常简单地讲几句。

我对刚才许纪霖教授的发言感到很“意外”,因为我对他的印象以前不是这样的。在我的印象中,他跟我们搞儒学的是不沾边的。但是我们今天的这个儒学会议的讨论,实际上跟他的观点非常契合,互相之间不存在什么隔阂,包括他谈到的文化的问题、儒学的问题、价值观的问题等等,他的说法好像就是今天我们早上发言报告时达成的一个共识。比如文明与文化的区分,儒教是一种文明体系,而不仅仅是文化,这个说法是我历来所赞同的。还有关于普遍和特殊的问题,其实我以前写过这方面的文章,我在讨论东亚儒学的时候,就从普遍主义和特殊主义的角度来谈这个问题,我最近出版的《当“中国儒学”遭遇日本》一书中也涉及这个问题。我觉得儒家是讲普遍的,儒家价值观也是普遍性取向的,但是日本文化在历史上却喜欢突出特殊性,江户时代有一个“风土论”非常流行,强调日本的“历史风土”与中国的差异性。他们往往固守自己的特殊性,因此可以不听其他人的那一套,而且因为特殊所以他们觉得自己的文化传统很了不起,特别是在第二次世界大战期间,正是这种特殊主义最为泛滥的时期,以为日本特殊优越于西方普遍。这种想法导致了严重的后果,大家都已清楚。

我跟神户大学的绪形康教授是初次见面,不很熟悉,但是我读过他的论文。他方才提到的岩波书店最近出版的丸山真男的那些书,其实我也已经略有关注,还有这里的韩东育教授也应该关注到。另外,我有一篇关于丸山真男的研究论文也已经发表,我们以后可以再做深入的个别的交流。是的,我觉得丸山真男的确非常了不起,很值得进一步研究。我就简单讲这些。

(主持人)黄俊杰教授:

好,谢谢吴震教授!上海儒学院是什么时候举行揭牌典礼?(吴震插话:2016年9月3日)。在座的朋友有时间可以去。接下来,张昆将教授要不要讲讲看法?

张昆将教授:

我简单讲一下。刚才听了各位老师的讨论,特别是谈到东亚儒学的多边主义问题,我有一点感触。因为我自己常年研究日本近世到近代儒学的发展,有一个深深的体会,就是为什么明治维新以后,日本一步步地迈向民族主义或帝国主义。日本应该还有那样一种可能,在明治维新之后不会一步步地走向民族主义、帝国主义。从这个过程当中我们看到,在明治维新以前,还是有很多理性的江户时代的儒学家像佐久间象山这样的朱子学者。他提出“东洋道德，西洋艺术”的观点，在尊王攘夷的风潮当中，他是主张公共性的，不是一个民族主义者；他是一个学者、一个儒者，但是这样一位具有理性的儒者，却被暗杀了。明治维新以后，很多理性的儒者或者用现在的词来讲就是知识分子，他们慢慢在公共领域里边的声音越来越消减，取而代之的是很多在公共领域支持民族主义的声音，而且运用的都是儒家所讲的“道”，谈的是忠孝一体，如果不假思索的话，会以为它就是儒教的语言。可是，我们要检证儒教为什么会成为民族主义者或帝国主义者的工具。在这个过程当中，正如刚才李明辉老师的发言，确实会引发我们作为公共知识分子的思考。整个中国大陆在崛起的过程当中，如果自己本身没有思考，那么公共知识分子的角色很容易就成为民族主义的工具。否则的话，现在也不会有谈东亚儒学而被误解的问题。所以，我就提出这样的一个观点，请大家探讨。

（主持人）黄俊杰教授：

谢谢张教授！最后有请陶德民教授，他说要讲最后一分钟。

陶德民教授：

谢谢，我想补充的是关于昆将刚才提出的话题，因为最近我刚刚了解到非常重要的一个学者的判断。他叫宫地正人（1944 年生），是东京大学史料编纂所的前所长，也曾经担任过国立民俗历史博物馆的馆长，主要研究幕末维新。我 1986 年进入大阪大学研修博士课程时就有幸听过他的集中讲演，以后也多次到东京拜访他，有将近三十年的交情。今年初，我还提请我们关西大学研究生院东亚文学研究科请他来做了为期一周的集中讲演。他说：儒学思想其实对明治维新时代的学者和政治家都有深刻的影响，在甲午战争，也就是日本说的日清战争时期，还有很多讨论关于这个战争是不是“义战”的问题。因为“春秋无义战”这样一种孟子的说法，在当时日本的知识分子当中还有广泛的影响，所以会有那样的讨论。但是到了日俄战争时期，关于这场战争是否是“义战”已经没有任何讨论了。就是说在这十年之间，发生了一种很大的变化。经过 19 世纪末 20 世纪初的转折，日本人完全按照西方的逻辑来思考了，再也没有人去考虑这场战争到底是正义还是非正义的问题了。如果我不打的话，我就会被打，弥漫着的就是这么一种弱肉强食、优胜劣汰的思维。宫地先生最近还寄给我他的最新著作，题为《从地域的视角洞察通史》，其中指出朱子学的普遍主义被甲午战争后的天皇制国家从教育上加以抹杀的事实。就是说，之前的1891年《小学校教则大纲》中还有“启培(即启发培养)儿童的良心,涵养其德性,授以人道实践之方法”等字句,到1900年修订该教则大纲时,这些字句都被删除了。他认为“启培”是朱子学的重要伦理概念,和孟子的“义战”一样是儒学的重要术语。这些观念的消失,是当时日本帝国政府为跻身列强而刻意抹杀的。我觉得,这些历史经验教训对我们思考中国今后的发展道路也是非常重要的参考材料。

(主持人)黄俊杰教授:

好,谢谢陶德民教授!谢谢各位朋友,大家都很辛苦了。我们今天的活动基本上邀请的是青年学者以及本年度的海外学者与台湾学者,我们没有贴海报,没有宣传,只有私下邀请,还有少数台湾学者是以前本院的访问学者。撑到现在已经5点45分了,大家已经都很疲累了,但是个个眼睛还在发亮。我们大家现在去晚餐。

再次谢谢大家的参与!

专题论文　朱子学与东亚儒学

韩国儒学研究的视野与反思*

林月惠

一、前言

韩国儒学研究，以朝鲜时代（1392—1910）为主干①，发展五百余年，无论性理学，或是阳明学、实学，都立论深刻而展现出独特的哲学思考与思想的丰富性，有别于中国与日本的儒学，值得关注。尤其现今韩国学界的韩国儒学研究成果汗牛充栋，许多儒者的思想与哲学议题，都得到充分的讨论。在此研究成果上，若能打开比较视野（comparative perspectives）的研究，应能使韩国儒学研究更为深入与多元。

笔者近十余年来，从中国宋明理学研究（主要是朱子学与阳明学）转入韩国儒学研究，因而开拓了研究视野。研究之际，非常庆幸自己有机会能与朝鲜名儒的伟大灵魂相遇，也能进入他们的思想世界参与思考，进而发现韩国儒学的独特性，及其对中国儒学的启发。笔者此文，将基于研究之所思、所得，先反省日本学者高桥亨（1878—1967）的韩国儒学解释框架之限制，指出韩国儒学史内部有必要进行"概念史"（Geschichte des Begriffs，history of concepts）的厘清工作。其次，分别从韩国儒学与中国儒学、东亚儒学、西方哲学等比较视野，进行反思。最后，期待韩国儒

* 本文曾宣读于韩国首尔大学人文学院主办之 Rethinking Korean Confucianism：Adaptation under the Joseon Dynasty and Reaction to Modernization 国际学术会议（2014 年 11 月 22 日），承蒙与会学者指正；又本文所参考的韩国学界研究成果，亦蒙韩国西江大学哲学系讲师郑宗模博士、台湾大学哲学研究所博士候选人金玟同学协助译读与讨论，谨申谢忱。

① 本文所讨论的韩国儒学，指涉朝鲜时代儒学，但因行文之便，或用朝鲜儒学。

学的诸多论题，能得到更好的理解，也能成为东、西方哲学可以共同探究的哲学议题，重新具有活力。

二、韩国儒学研究的解释框架与概念史清理

韩国儒学研究不易，儒者文本积累数百年，义理辨析入微；研究者不仅要有汉学(sinology)的基本功，更需要哲学(philosophy)的敏锐度与思辨力，否则难以进入韩国儒学的精神世界，也难以掌握韩国儒学的精髓。依笔者管见，韩国儒学研究所凭借的"文本"(text)，就有其独特性。因为，研究者首先面对的就是多重文本的交错[①]，如果研究者无法对此多重文本的来源与义理脉络有清楚的掌握，便可能如堕五里雾中，摸不着头绪，而转说转糊涂。更值得注意的是，韩国儒学的思想内容多以"论争"(debate)方式进行，参与的儒者众多，各有不同的学派或政治立场，动辄往复辩论多回，甚至论辩数百年而不息。如何在对立的论争中，以严谨的逻辑与论证，分辨双方思路与论点的不同，又能彼此连接与统合，这需要哲学的概念分析与思辨训练。仅以朝鲜性理学的论争为例，表面上起因于朱熹(号晦庵，1130—1200)诸多文本的不一致，但实际上涉及诸儒者对朱熹思想的理解与诠释。一旦涉及论争，双方便以朱熹思想为坐标，展开两方面的攻防：一是朱熹文本的根据，一是朱熹思想的内在逻辑性。就此而言，韩国儒学研究既须要尊重且掌握多重文本的解读(不能绕过文本，凭空立说)，也须要辨析诸哲学概念与论题的异同，以思考普遍的哲学问题。换言之，就韩国儒学研究而言，精读文本与哲学分析、脉络化(contextualization)与去脉络化(de-contextualization)[②]，缺一不可。

不可否认，自日本学者高桥亨于1929年发表《李朝儒学史に於ける主理派主氣

① 以性理学为例，对朝鲜时代的儒者而言，先秦儒学如四书、五经等儒学经典，是第一重文本；而朱熹对四书、五经的理解与诠释，便构成第二重文本。重要的是，李退溪(名滉，1501—1571)与李栗谷(名珥，1536—1584)对朱熹思想的理解与诠释，又构成第三重文本。此三重文本都具有权威与经典的地位，如何在此三重文本中，取得经典文本与朱熹思想的一致性或融贯性，主导着朝鲜性理学者的思想世界。

② 李明辉于《中西比较哲学的方法论省思》中指出：比较方法必然包含两个表面上相互对立、实则相互补充的特性，即"脉络化"与"去脉络化"。(《东亚文明研究通讯》第3期，2004年4月，第31页)笔者认为此方法也适用于韩国儒学研究。

派の発達》后，“主理派/主气派”的解释框架（framework）影响韩国儒学研究甚大①。但随着韩国学界对于韩国儒学研究的累积与深入，20 世纪 90 年代左右，开始出现批判的声音，如李东熙、崔英辰、韩亨祚、赵南浩等学者，皆认为高桥亨之说有待商榷。近年来，高桥亨的解释框架也再度在韩国学界引发讨论，2005 年与 2011 年韩国学界皆出版高桥亨的专辑②，2012 年 9 月台湾大学也举办“东亚视域中的韩国儒学研究”国际学术研讨会③，皆聚焦于高桥亨的解释框架，进行客观的学术批判，并寻求新的解释框架。

笔者认为，高桥亨以“主理派/主气派”的框架来解释朝鲜儒学，相较于以往以“人物”“学派”为主的朝鲜儒学研究，在方法论的自觉上，有其创新之功。尤其他以汉文学科的学术训练，在文献资料的搜集与考证上扎下深厚的基础，是其优点，也是今日韩国儒学研究者所应具备的基本功。然而，韩国儒学思想研究，不等于汉学研究，除基本功外，还须具备哲学性的思维才能入其堂奥，彰显韩国儒学思想的深度。高桥亨的问题，就在于他缺乏哲学的思辨与敏锐度。简言之，高桥亨以朝鲜儒学重要的“主理”“主气”概念为理论判准，将朝鲜儒学分为“主理派/主气派”。问题是，朝鲜儒者的“主理”“主气”概念，并不等同于高桥亨所杜撰的“主理派”“主气派”（韩国儒学文本从未出现此概念）④。前者是朝鲜儒学本有的重要概念，具有理论简别的意义，且有多义性（polysemy）；后者是高桥亨在概念不清的情况下所虚构的分派，在义理简别与描述功能上，都不能精准地掌握朝鲜儒学。但因高桥亨“主理派/主气派”的分类以“主理/主气”概念为根据，致使韩国学者检讨高桥亨之说时，将“主理派/主气派”等同于“主理/主气”，产生不少混淆。

严格地说，朝鲜性理学的发展，有岭南学派与畿湖学派之别，而没有“主理派”

---

① 从殖民地时期至今，如韩国学者玄相允的《朝鲜儒学史》（1949 年）、裴宗镐的《韩国儒学史》（1974 年）、刘明钟的《韩国哲学史》（1979 年）、李丙焘的《韩国儒学史略》（1986 年）等，多采取高桥亨“主理派/主气派”（“主理/主气”）的解释框架。

② 参 2005 年 9 月《오늘의 동양사상》（《今日的东洋思想》，艺文东洋思想研究院）第 13 号，以“해방 60 년，우리 속의 식민지 한국철학”（“解放 60 年，我们内部的殖民地韩国哲学”）为专辑，检讨高桥亨之说；2010 年 6 月《大同哲学》（大同哲学会）第 55 辑也出版了高桥亨专辑。

③ 2012 年 9 月 28 日，台湾大学人文社会高等研究院主办“东亚视域中的韩国儒学研究”国际学术研讨会。该论文集以《高桥亨与韩国儒学研究》为名，于 2015 年 7 月出版。

④ 高丽大学金炯瓒教授提醒笔者：“朝鲜时代‘主理/主气’用语的使用，是在强调‘主理’倾向的前提下，对理气关系的相对评价。故‘主理派/主气派’的问题应该与‘主理/主气’的概念用语问题区分来看。”笔者同意此见，谨致谢忱。

与“主气派”的区分。当然，岭南学派与畿湖学派激烈对立，岭南学派的李葛庵（名玄逸，1627—1704）与畿湖学派的宋尤庵（名时烈，1607—1689）都是关键性人物。李栗谷或畿湖学派并未自称自己为“主气派”，但岭南学派柳稷（号百拙庵，1602—1662）曾批评栗谷的理气说是主气论，且是异端。如此一来，“主理”为正学，“主气”为异端，就带有价值评判，“主气”乃带有负面评价。不过，在朝鲜性理学尊重性理的共识下，不论岭南学派或畿湖学派，都无法接受“主气派”的标签。更重要的是，若仔细检视高桥亨“主理派/主气派”解释框架的“论据”（reasons for justification），就可以发现，高桥亨因为无法掌握朱熹的哲学思想，遂无法理解“四七论争”的哲学思辨性，且又泯除朝鲜儒者“主理”“主气”的多义性，致使其解释框架无法使诸多重要核心概念有清楚的定位，也无法简别不同儒学系统的根本差异，毫无理论效力可言，反而混淆并曲解了朝鲜儒学史。因此，高桥亨的解释框架，该是寿终正寝的时候了[①]。

虽然韩国儒学研究者已经意识到高桥亨解释框架的限制，但笔者认为在提出新的解释框架前，仍有必要在韩国儒学的脉络内，对于诸多具有多义性的重要概念，进行概念史的清理，以呈现韩国儒学细致、复杂、丰富的思想内核，进而从中汲取思想资源，回应当代的问题，或普遍哲学问题的提问。一般而言，韩国儒学的研究者在解读多重文本时不难发现，诸儒者所使用的核心概念，如心、性、理、气、理发、气发、主理、主气、道心、人心、四端、七情等，在诸儒者的理论建构与工夫实践中，各有不同的含义与联结，其意义结构也有差异。这种概念的多义性，也显示了哲学思考向度与焦点的不同，故对韩国儒学概念史的逐步清理，有其必要性与重要性。笔者以“主理”与“主气”、“理发”与“气发”为例，做简要的分析。

就韩国儒学的发展而言，“主理”“主气”此对概念从李退溪开始直至韩末，虽是固有的传统术语，但在诸多朝鲜儒者的文本中，各自有不同的含义，有其多义性。如退溪将“主理”“主气”与“理发”“气发”相对应，其含义着重在“性发为情”的根源处，故“理发”（四端理发而气随之）＝“主理”（四端主于理而气随之），“气发”（七情气

① 笔者对高桥亨解释框架的分析与批判，参拙文《韩国儒学史“主理派/主气派”的解释框架之检讨：兼论东亚宋明理学研究》，收入钟彩钧主编：《东亚视域中的儒学：传统的诠释》，“中央研究院”，2013年，第201—256页；又参拙文《论中、韩新儒学的解释框架：以牟宗三与高桥亨为例》，收入郑宗义、林月惠合编：《全球与本土之间的哲学探索：刘述先先生八秩寿庆论文集》，学生书局，2014年，第375—406页。

发而理乘之)＝“主气”(七情主于气而理乘之)[①]。然而,栗谷反对退溪的“理气互发”,认为仅从“气发”(气发理乘)的方向发展,才有所谓“主理”“主气”可言,故“气发”包含“主理”与“主气”[②]。又如韩末崔惠冈(名汉绮,1803—1877),也使用“主理”“主气”此对概念,但其含义乃在指涉“性理学”(主理)与其自身的“气学”(主气)[③]。故若无视于“主理”“主气”概念的多义性,将无法简别诸儒思想的异同,而流于一偏之见。例如,即使我们采取退溪“主理”“主气”相互对立的含义,但“主气”并不意味着否定理的实在性,“主理”也不意味着否定气的活动性。又如,虽然栗谷的“气发”包含“主理”“主气”,但仍然重视“理无为”的根源性。不论退溪或栗谷,皆以体现人性之善,性理之价值为归趣。即使岭南学派与畿湖学派,皆不背离此种性理的思想主旋律。

另就“理发”“气发”来说,这两个概念也是韩国儒学的核心概念,对于退溪与栗谷思想的理解,最为关键。然而,“理发”“气发”之“发”,也有多义性,须视诸儒者使用的文本脉络与义理系统而定。举例而言,退溪、奇高峰(名大升,1527—1572)、栗谷等儒者在讨论理气、心性问题时,他们主要使用的词汇是“发”或“发见”。值得注意的是,他们沿用古汉语的用法,将“发见”等同“发现”,含义相同,意味着理、气[④]或心[⑤]、

---

① 李退溪云:“七情之发,虽不可谓不由于五性,然与四端之发对举而言,则四端主于理而气随之,七情主于气而理乘之。”见《退溪集》卷十一《答李仲永》,第6a頁,收入《韓國文集叢刊》第29輯,景仁文化社,1997年,第304頁。

② 李栗谷云:“且四端谓之主理可也,七情谓之主气则不可也。七情包理气而言,非主气也。人心道心,可作主理主气之说,四端七情则不可如此说。以四端在七情中,而七情兼理气故也。”又云:“人心、道心俱是气发,……气顺乎本然之理者,固是气发,而气听命于理,故所重在理,而以主理言。气变乎本然之理者,固是原于理而已,非气之本然,则不可谓听命于理也,故所重在气,而以主气言。”分别见《栗谷全書》卷十《答成浩原》(第二書)、《答成浩原》(第六書),收入《韓國文集叢刊》第44輯,第201—202、212頁。

③ 崔汉绮云:“烛中自有照物之理,主理者之言也。火明乃是照物之气,主气者言之也。主理者,推测之虚影。主气者,推测之实践也。”《推測緣》《推氣測理》,見《增補明南樓叢書》,大東文化研究院,동아시아學術院,2002年。

④ 如奇高峰云:“但理弱气强,理无朕而气有迹,故其流行发见之际,不能无过不及之差。此所以七情之发,或善或恶,而性之本体,或有不能全也。”见《高峰集》第3輯《高峰上退溪四端七情説》,民族文化推進會,1988/1989年,第102頁。又李退溪云:“今之所辩则异于是,喜同而恶离,乐浑全而厌剖析,不究四端、七情之所从来,概以为兼理气,有善恶,深以分别言之为不可。……至于其末,则乃以气之自然发见为理之本体然也,是则遂以理、气为一物,而无所别矣。”见《退溪集》卷十六《答奇明彦論四端七情》(第一書),第11b頁,收入《韓國文集叢刊》第29輯,第409頁。

⑤ 李栗谷云:“朱子曰‘良心’者,本然之善心,即所谓仁义之心也。平旦之气,谓未与物接之时清明之气也。……故平旦未与物接,其气清明之际,良心犹必有发见者。”见《栗谷全書》卷二十一《聖學輯要·修己第二》,第16a頁,收入《韓國文集叢刊》第44輯,第427頁。

性、情[1]的显现、呈现。即使有些儒者使用"发现"，其含义也同于"发见"。不过，在退溪与高峰论辩"理发""气发"时，双方皆用"发用"一词[2]。而栗谷在辩驳退溪"理气互发"时，也常使用"发用"一词[3]。再者，"发动"一词，本来出现于朱熹之文，而栗谷在说明"气发"时，也使用此一词汇[4]。因此，就古代汉语（或朝鲜儒者的用法）而言，"理发""气发"之"发"，可以意味着"发见"（同"发现"）、"发用"、"发动"诸义。后两者与动力（活动性、能动性）有关，而"发见"就有歧义，既可以指（理、气）的主动显现（呈现），也可以指（理、气）的被动显现（呈现）。在解读"气发"之"发"时，"发见"（发现）、"发用"、"发动"相连接，明显地指出"气"的主动显现具有活动性、能动性，较无疑义。但涉及"理发"之"发"时，仅就"发见"而言，就有两种解读与理解。一是"理"主动显现，具有活动性、能动性；一是"理"无活动性、能动性，必须借由"气"才能显现，在这个意义下，"理"是被动显现的。如此一来，就涉及退溪的"理发"："理"是否能活动？

不过，令当今学者混淆的是，现代汉语中，保留且使用"发现"，而无"发见"，其含义并非古代汉语的显现、呈现之义。但在现代韩语与日语中，虽保留"发见"（발견、はつけん）与"发现"（発顯、발현、はつげん）两词，但其用法与含义已经与古代汉语不同了，两个词的含义有别。若用英文来表达，现代韩语的"发见"，意指 discover，find；"发现"（发显），意指 present，reveal，manifest。对比之下，现代汉语的"发现"与现代韩语的"发见"含义相近，而不同于现代韩语的"发现"。因此，现代汉语与韩语的学者虽以同一词汇"发现"来理解退溪的"理发"，但其含义却不同。另就"发用"一词来说，古今汉语的含义相近，意指 generate。

职是之故，就使用古今汉语的台湾学者而言，退溪的"理气互发"或栗谷的"气发理乘"两者之"发"（理发、气发），都有活动义、能动性、主宰性，故多以"发用"理解

---

① 李栗谷曰："浮云蔽月，而光辉或闯发于云间。义之间架，虽有物欲之蔽，而羞恶之情，时或发见，亦犹是也。"见《栗谷全書》卷三十一《語録》，第 9a 頁，收入《韓國文集叢刊》第 45 輯，第 233 頁。

② 李退溪《答奇明彦论四端七情第二书》："盖人之一身，理与气合而生，故两者互有发用，而其发又相须也。互发，则各有所主可知；相须，则互在其中可知。"见《退溪集》卷十六，第 30b(418)頁。又奇高峰《答退溪再论四端七情书》："今曰'互有发用，而其发又相须'，则理却是有情意，有计度，有造作矣。又似理、气两者，如两人然，分据一心之内，迭出用事，而互为首从也。"见《高峰集》第 3 輯，第 138 頁。

③ 李栗谷云："况理气之混沦不离者，乃有相对互发之理乎？若朱子真以为理气互有发用，相对各出，则是朱子亦误也，何以为朱子乎？"见《栗谷全書》卷十《答成浩原》（第四書），第 12b(204)頁。

④ 李栗谷云："人之喜怒哀乐，犹天之春夏秋冬也。春夏秋冬，乃气之流行也。所以行是气者，乃理也。喜怒哀乐，亦气之发动也。……是故：性，理也。心，气也。情，是心之动也。"见《栗谷全書》卷十二《答安應休》，第 20b(250)頁。

之，少用“发见”（显现、呈现）之义。因此，根据朱熹“气则能凝结造作，理却无情意，无计度，无造作”①之思路，台湾研究韩国儒学的学者多有共识，即朱熹之“理”作为“存在之理”，是“只存有而不活动”（merely being but not at the same time activity）②，是万物存在的存有论根据；而真正化生万物（能凝聚生物）的是“气”，气有活动义、能动性。在此理解下，栗谷的“发之者，气也。所以发者，理也。非气则不能发，非理则无所发”，“理无为而气有为，故气发而理乘”（气发理乘一途说）等论述，相当准确地诠释了朱熹的理气论，故栗谷是朱熹思想的忠实继承者。另一方面，退溪的就四端七情之讨论所揭示的“理气互发”（四端之情，理发而气随之……七者之情，气发而理乘之），则显示“理发”之“理”能“发用”，具有活动义、能动性、主宰性。若再参照退溪的“理动”“理到”诸说，就发现退溪的见解超越朱熹的理气论而有所发明，是朱熹思想的创造性转化者。

然而，在韩国学界，学者对退溪“理发”之“发”的解读，多从古代“发见”（现代韩语“发现”“发显”）来理解，意味着“理”之显现、呈现（理自身显现或理在气上显现）。据此，退溪之“理发”不涉及“理能否活动”之问题③。退溪与朱熹一样，在论及四端七情时，都聚焦于情之根源（所从来）问题，而不是理之活动。在这个意义上，退溪之理发、气发，只是揭示四端与七情在价值论上各有不同来源，其立场与观点与朱熹相同，退溪才是朱熹的继承者。相对地，栗谷错解朱熹与退溪对于四端七情的讨论，直接从存有论的角度来质问，可说偏离朱熹、退溪的论题了。另一种解读是，退溪之“理发”虽也从“理之发见”来理解，但着重在理自身的显现，而理之所以能显现，乃因其自身能活动、能发用，故退溪之“理发”，意味着“理能活动”④。借此彰显

---

① 朱熹著，黎靖德编：《朱子语类》卷一，文津出版社，1986年，第3页。

② 此乃牟宗三（1909—1995）对朱熹之理的判定，见氏著：《心体与性体》第1册，正中书局，1987年，第58—59页。

③ 如李承焕认为，退溪的“发”没有“能动性”的意义，而只有“呈现”“实现”之义，所以并不违背朱子的理气论。参氏著：《횡설과 수설》（《横说与竖说》），휴머니스트，2012年，第208、322、364頁。又文锡胤认为，“理发”与理的“能动性”“活动性”无关。在他看来，退溪晚年的“理到说”才具有“能动性”的含义。参见氏著：《퇴계에서 리발과 리동，리도의 의미에 대하여——리의 능동성 문제》（《退溪哲学中的“理发”“理动”“理到”的意义——理的能动性问题》），收入《退溪學報》第110輯（2001年），第161—201頁。

④ 崔一凡《퇴계철학에서 리의 활동성 문제에 관한 연구》（《对退溪哲学之“理的活动性”的研究》）一文，整理退溪主张“理的活动性”有三种模式：1. 李光虎、崔英辰从“体用论”的角度解释“理发”与“理的活动性”；2. 李东熙从“尊理”的宗教性角度解释“理发”之意义，即以“崇高的、宗教性绝对者”的地位来解释“理发”之功能：3. 杜维明、成中英认为，“理发”是肯定理的“既存有又活动”的（转下页）

四端作为道德主体的纯粹性、超越性、能动性，此乃退溪对朱熹思想的进一步发展。

事实上，有关“理发”“气发”的多义性，不仅显现在当今韩国与台湾学者的不同理解上，还见于朝鲜时代儒者更为细密的解析。如退溪学派的李寒洲（名震相，1818—1886）以“横说”来诠释退溪的“理气互发”说（理之所发、气之所发），又以“竖说”来阐释四端七情都是“理发一途”。[①] 而栗谷学派的田艮斋（名愚，1841—1922）认为“气发理乘一途说”才是四端七情的本旨，以此为逻辑前提，从情之根源上说，四七都可说是“理发”；从以情之作用者为中心看，四七都可说是“气发”。[②] 由此可见，面对五百余年的韩国儒学思想之积淀，当今研究者有必要内在于韩国儒学的脉络，逐步进行概念史的清理工作。

三、对比视野下的韩国儒学研究

近十年来，台湾的韩国儒学研究者在研究韩国儒学之前，已经是中国哲学与西方哲学的研究者。由于此前理解经验与研究专业之故，在进行韩国儒学研究时，往往就立足于比较的视野。兹就以下三种对比视野反思之。

1. 韩、中儒学的比较研究

对台湾的韩国儒学研究者言，韩国儒学研究打开了中国宋明理学的研究视野，激荡起更深的思考；也在对比研究下，意识到“他者”的重要性，进而正视韩国儒学的主体性与独特性。因此，如何进入韩国儒学思想的内在脉络，一直是台湾韩国儒学研究者需要努力之处。同样地，这样的研究经验与所得，应该也适用于韩国学者。笔者发现，韩国学界的韩国儒学研究者也试图以韩、中儒学的对比研究来深化

（接上页）命题，所以是退溪暗地里离开朱子而接近孟子学、阳明学的模式。韩国的李相殷也指出这种可能性。又安载晧在《퇴계 리발설 재론:“리의 능동성”의심과 부정에 대한 반성》（《再论退溪的理发说：检讨对“理的能动性”的怀疑与否定》）一文（2011年）批判文锡胤对“理发说”的怀疑，以及李承焕对“理发说”的否定。

① 参金文镕：《한주 이진상의 사단칠정론》（《寒洲李震相的四端七情论》），收入民族과思想研究會編：《四端七情論》，民族과思想研究會，1992年，第422—426頁。

② 参張淑必：《전간재의 사단칠정론》（《田艮斋的四端七情论》），收入《四端七情論》，第456—466頁。

韩国儒学，也提出了独特见解。

如赵南浩的博士论文《罗钦顺的哲学与朝鲜儒者的论辩》①，对于罗钦顺的哲学思想如理气论、心性论、理一分殊论等，皆内在于中国明清思想的脉络与朱熹思想，有细致的分析与精准的把握。更重要的是，他进一步分析罗钦顺哲学对韩国儒学的影响与两者的内在关联。且分别从退溪学派与栗谷学派的人心道心论辩、金昌协与韩元震的智与知觉论辩、任圣周与吴熙常的理一分殊论辩等，展开论述。这样的比较研究，借由朝鲜儒者的哲学论辩，深化罗钦顺“理气论”与“心性论”的可能意涵，也展现了韩国朱子学的特色，值得关注。

又如丁垣在的博士论文《根据知觉说的李珥哲学之解释》②，虽以栗谷哲学为主题，但也约略采取韩、中儒学的比较研究。此论文主要以知觉说来解释栗谷的思想，并重新为栗谷哲学定位。丁垣在认为知觉说是将知觉视为心的核心功能，此乃中国哲学传统的思维倾向，且出现在先秦的荀子、《礼记》的《乐记》《大学》、《易·系辞》等文献中，更在周敦颐、张载、胡宏、罗钦顺、王廷相、王夫之、戴震的理论里反复出现。在此论文中，丁垣在也借栗谷知觉说的立论，辨析栗谷所理解的“心统性情”“气发理乘”“理通气局”“人心道心”“理一分殊”都与朱熹不同，因而主张栗谷哲学并非朱子学。此说一出，自然引起韩国学界的争论③。这样的论述从中国哲学的研究者看来，则有所保留。仅以朱熹与胡五峰（名宏，1105—1161）的“知觉”为例，朱熹的“知觉”是就“心之虚灵知觉”而言，与栗谷的“心是气”的义理脉络相承，心既可知觉理，也可知觉欲。而胡宏则继承程明道（名颢，1032—1085）以降“以觉训仁”的传统来阐释“心之知”，故此心不是气，而是理的发用，而心之“知”（自知）即是心之“觉”（自觉），具有“感通”的能力，而非对外物刺激的“反应”。就此而言，栗谷之“知觉”同于朱子，而与胡宏迥然有别。由此可见，在此韩、中儒学的比较研究上，研究者必须进入且熟悉韩国儒学与中国儒学的思想脉络，才能得到双赢的收获。

① 趙南浩：《羅欽順의 철학과 조선학자들의 논변》，首爾大學哲學研究所，博士論文，1999年。
② 丁垣在：《지각설에 입각한 이이 철학의 해석》，首爾大學哲學研究所，博士論文，2001年。
③ 如李相益就数度撰文批评丁垣在的论点，而孙英植也参与论辩，支持丁垣在的见解。赵南浩在《지각설，경험론 그리고 철학사》（《知觉说、经验论与哲学史》）一文中，批评孙英植过于忽视中国哲学传统中所出现的“知觉说”带有互相不同的脉络或蕴含。

2. 东亚儒学视野下的韩国儒学研究

目前韩国儒学研究从东亚儒学的视野切入，逐渐受到重视。据笔者所知，以往韩国、日本、中国大陆、台湾等地的学者对于韩国儒学的研究多是孤军奋斗，鲜有交流的机会。但自2000年以来，由于台湾大学黄俊杰积极推动东亚文明与东亚儒学的研究，加上台湾大学人文社会高等研究院的成立，提供了从事东亚儒学研究者学术交流的平台，也促成东亚地区儒学研究者的学术交流合作。影响所及，韩国学界与日本学界都深感韩国儒学的研究必须放在东亚儒学的整体视域中来考察。其中，素来在韩国儒学研究领域起步较早、学术积累较多的日本学界，乃自觉对于韩国儒学的研究必须充分整合东亚地区学者的研究实力，才能卓然有成。因而，日本岛根县立大学的井上厚史，乃以"東アジアにおける朝鮮儒教の位相に関する研究"（东亚朝鲜儒教的位相之研究）为主题，加入日本文部科学省为期五年（2011—2015）的研究计划（基盘研究A：课题番号23242009）。这是一个以日本学者为主，整合东亚各地区韩国儒学研究者的共同研究计划。由于笔者多年来参与台湾与日本的韩国儒学研究计划，略陈以下反思。

台湾学界将韩国儒学置于东亚视野研究时，虽也注意到中、日、韩的儒学发展差异，但却偏向"异中求同"的论述。如台湾学者杨儒宾的《异议的意义——近世东亚的反理学思潮》[①]，就将丁若镛（号茶山，1762—1836）所代表的朝鲜时代实学，与中国乾嘉学者如戴震、阮元，以及日本古学派的伊藤仁斋、荻生徂徕视为同一思维形态，都纳入东亚"反理学"（反朱子学）的思潮。固然回归六经先秦儒学、重视经世致用、喜用文字训诂或经史考证方法等，以上三国儒者有其相似处。然而，笔者认为，孕育于性理学土壤的韩国实学，从李瀷（号星湖，1681—1763）到丁若镛，并未泯除其"经之以心性之学，纬之以经济之业"的学术性格，故与中国乾嘉学者或日本古学派学者的立论根基迥然有别。因为，后两者摒弃了儒学的超越面，而韩国实学者虽然强调经世致用，但仍保有儒学的超越面。若深入朝鲜儒学的脉络来看，丁若镛所代表的实学果真与性理学对立？两者的关系是矛盾，还是相容？是断裂，还是连续？抑或是批判地转化？在此思考下，丁若镛的实学与其说是"反朱子学"，不如说是"脱朱子学"。

---

① 参杨儒宾：《异议的意义——近世东亚的反理学思潮》，台大出版中心，2012年。

又如日本学者泽井启一，在其《荻生徂徕と丁若鏞の"古學"的プラクテイス》[①]一文中，反省丸山真男"近代化论"式的评价不应全然接受地应用于荻生徂徕与丁若镛的研究上，而须注意到两者各有其日本与韩国儒教发展的特殊脉络。相较于东亚儒学中"实学"的模糊定义，他重新提出"古学"，来为日本的古学派、朝鲜的实学、中国明清的"经世致用之学"的不同方法论之间搭建研究讨论的平台。他虽意识到"古学"概念充满日本色彩，但在论述"古学"作为方法论时，也未忽略中、日、韩儒者的差异。例如丁若镛"以经证经"的经学方法论，就与徂徕的"古文辞学"不同；他们两者虽未曾否定古来儒教的有效性，但他们对理想社会的想象与制度的设计，也存在相当大的差异。

因此，当从东亚儒学的视野研究韩国儒学时，在"同中有异""异中有同"的对比下，更能丰富并突显韩国儒学的特色。只是研究者必须努力地进入韩、中、日儒学的内在脉络，意识到不能陷入"见林不见树"的化约论，也不能止于"见树不见林"的自我限制。

3. 比较哲学视野下的韩国儒学研究

如同中国哲学所面临的挑战一样，韩国儒学研究也必须正视比较哲学的视野。相对于东亚儒学的视野，比较哲学的视野充满更大的思想异质性，但其意义不在于以西方哲学的框架或思考强加于韩国儒学研究，而是在于厘清或思考韩国儒学的开放因素(open element)[②]。

2012年瑞士现象学家耿宁(Iso Kern，1937—　)出版德文专著 *Das Wichtigste im Leben: Wang Yangming (1472—1529) und seine Nachfolger über die 《Verwirklichung des ursprünglichen Wissens》*，中文译本《人生第一等事——王阳明及其后学论"致良知"》也在2014年出版[③]。耿宁既是现象学专家，又长期从事佛教唯识学、中国儒家心学的研究。此书以深厚的汉学功力与敏锐的哲学思考，用现象学的意识分析来研究中国的阳明学，为现象学与中国哲学研究开启相互发明与内在连接的可能性，也将中国儒学的精神传统带到当代中西方哲学的论域里，使它重

① 沢井啓一：《荻生徂徕と丁若鏞の"古學"的プラクテイス》，"東アジアにおける朝鮮儒教の位相に関する研究"第五回研究発表會"記念講演"(2013年12月20日，埼玉大學)。

② 此乃劳思光在论及中国哲学的回顾与展望时所提出的观念。参氏著：《中国哲学的回顾与展望》，收入刘国英编：《虚境与希望——论当代哲学与文化》，香港中文大学出版社，2003年，第166页。

③ 耿宁著，倪梁康译：《人生第一等事——王阳明及其后学论"致良知"》上、下册，商务印书馆，2014年。

新具有活力。依笔者管见，韩国儒学研究在比较哲学视野下，也能开放更多东、西方哲学对话的可能性。①

如台湾学者李明辉，他本身是康德研究专家，又是中国哲学的研究者，也从事韩国儒学研究十余年。他的韩国儒学研究专著《四端与七情——关于道德情感的比较哲学探讨》，就紧扣“道德情感”这一问题意识，将韩国儒学最重要、最独特的哲学论题——四端七情，与德国伦理学、中国哲学加以比较，指出不同文化传统之间有共同的伦理学问题，而四端七情也涉及“对于道德价值的‘领会’属于何种性质”之哲学问题。就此而言，舍勒（Max Scheler，1874—1928）所开启的现象学伦理学（价值伦理学）对“价值感”的说明，也许更能丰富或打开韩国儒学与西方哲学的对话空间。

又如韩国学者金炯孝，也采取比较哲学的视野研究韩国思想。他在《从元晓到茶山——韩国思想的比较哲学解释》②一书中，择取韩国佛教的元晓（617—686）、知讷（1158—1210），儒学的退溪、栗谷、茶山为代表，以比较哲学的视野进行研究，见解独到。如他从自然神学的观点来看退溪思想，指出退溪思想中“理学”“上帝学”“心学”的三位一体，并对退溪的“理到”（理自到）说、“敬”的工夫，从“超越的上帝学”之建立来阐释。又如他也从现象学的角度，来诠释栗谷的“四端七情”“人心道心”，借由梅洛庞蒂（Maurice Merleau-Ponty，1908—1961）的知觉现象学，来分析栗谷思想中“心”“性”“身”三者融合的关系。此外，他也敏锐地指出茶山思想“焦点不一致”的现象，分别从“知性的实用学”（心身一元论）与“意志的实践学”（心身二元论）来阐释茶山的“实学”。又高丽大学李承焕近著《横说与竖说》，也以西方道德心理学（moral psychology）与分析哲学的“乘伴”（supervenience）关系来理解退溪与栗谷的思想，虽有争议，但也值得参照。

四、结语

在中国哲学的研究上，劳思光（1927—2012）屡屡强调“在世界中的中国”（China

① 耿宁的一本现象学专书有韩文翻译，是以他的博士论文为基础。배의용 譯：《후설과 칸트》（*Husserl und Kant*），哲學과 現實社，2001年。

② 金炯孝：《원효에서 다산까지——한국 사상의 비교철학적 해석》（《从元晓到茶山——韩国思想的比较哲学解释》），清溪出版社，2000年。

in the world)[1],呼吁中国哲学研究须与世界其他哲学传统对话,以取得其学术的立足点。笔者认为,重新思考韩国儒学研究,也会有“在世界中的韩国儒学”(Korean Confucianism in the world)之期待与展望。韩国学界在韩国儒学研究的学术累积上独步东亚,人才辈出,有其优势。然而,从比较视野来进行韩国儒学研究,将韩国儒学的诸多哲学论题“主题化”(thematize),成为东、西方哲学可以共同探究的哲学议题,是亟待努力的。虽然不同观看方式或使用的哲学语言,不免令传统韩国儒学研究者感到“陌生”,但却也带来既有分析与思考模式的“摇晃”与“位移”,它将要求研究者对韩国儒学进行更好的理解或重新诠释。这可说是激发我们再深入韩国儒学研究,使其活化的“动力”所在!

(作者单位:“台湾中央研究院”中国文哲研究所)

① 参劳思光:《旨趣与希望》,收入刘国英编:《虚境与希望——论当代哲学与文化》,第221页。

韩儒宋时烈《朱子言论同异考》论四七论辩

蔡家和

一、前言

研究朱子学时，学者常会为朱子言论之不一而感到困扰，例如，关于“心”的意涵：心是气之灵，所以要归属于气，还是心本具性理？心究是本心抑或气心？历来各家的诠释也不相同。[①] 又如，冯友兰曾言：朱子需要两个世界。[②] 而刘蕺山、黄宗羲等人也以朱子“有物先天地”[③]之说，而判朱子似有割裂理气之嫌。朱子自己曾言：“山河大地陷了，理还在。”[④]如此看来，理与气应当可以分属两个世界，然而朱子又说理气不离，那么好像又只有一个世界。此外，朱子判理、气的先后，有时是理先气后，有时是理气同时。而朱子谈论孟告之辩时，认为告子四变其说，即所谓诐辞、淫辞、邪辞、遁辞，[⑤]不过朱子也说告子的错谬根源在于“生之谓性”的主张。[⑥]

---

① “心是气之灵之心，而非超越的道德的自发自律之本心，其本性是知觉，其自身是中性的、无色的，是形而下者，是实然的，也是一个实然之存在。”见牟宗三，《牟宗三全集》七，联经出版事业公司，2003 年，第 272 页。牟先生认为朱子的心是气，而唐君毅先生则认为，心不只是气，可以有理的成分，称为“本心”亦无不可。

② “理学与心学之差别之一，即理学需要二世界，心学只需要一世界。或可谓理学为二元论的，心学为一元论的。”见冯友兰：《中国哲学史》，商务印书馆，1934 年，第 982 页。

③ 刘蕺山认为朱子之学有求理于天地之外之嫌。

④ “要之，也先有理。只不可说是今日有是理，明日却有是气；也须有先后。且如万一山河大地都陷了，毕竟理却只在这里。”见黎靖德编，王星贤点校：《朱子语类》卷一，中华书局，1999 年，第 4 页。

⑤ “自篇首至此四章，告子之辩屡屈，而屡变其说以求胜，卒不闻其能自反而有所疑也。此正其所谓不得于言勿求于心者，所以卒于卤莽而不得其正也。”见朱熹：《四书章句集注》，鹅湖出版社，1984 年，第 327 页。

⑥ “告子不知性之为理，而以所谓气者当之，是以杞柳湍水之喻，食色无善无不善之说，纵横缪（转下页）

当面对朱子言论前后不一致的时候该当如何解读？何者才是朱子的定论？关于朱子所留下的文献，或整理自《大全》①，或整理自书信，或出于《四书章句集注》，又或者出于《朱子语类》等，彼此间各有各的谈论重点，而这便是在研究朱子学时所必须面对的方法学问题。② 虽然从大方向来看，朱子学整体体系的宗旨相当一致，但是论述之间若干不一致也是存在的。当此之时，也就须要寻求解决方法，以下试举几种：

1. 思想前后期的改变。可将朱子思想内涵视如一持续变动的有机体，或者，当朱子建构学说体系时，也有可能前、后时期出现差异。如朱子中和旧说的"性体心用"与新说的"心统性情"，此可视为前、后期的思想改变。③ 又如阳明《朱子晚年定论》也是使用前、后期思想改变的原则方法。④

2. 视诠释对象而有不同的说法。例如，关于"心"的定义，在面对佛学时，由于佛家也重视"心"，朱子此时便视"心"的地位居次，而以"性"为重，心即是气，即是佛家所言之"心"只到气这一形下之层面；然而，如果面对《孟子》的"本心"时，心便不只是气，而是理气合、心性合的"本心"，涵具形上之层面。

3. 从文献的创作背景来衡量。例如，当《四书章句集注》与《语类》冲突时，则当以《集注》为主。因为《语类》是上课学生的笔记，可以推论这样的记载比起《集注》而言，应当还属思索当中，《集注》则由朱子亲自执笔，可视为朱子认真思考后的作品。又由于《语类》是学生笔记，出现讹误的可能性也较大。

4. 无法从单一文本而判为定论。例如，当朱子在文章中强调"理气不离"时，却不能因此认定"理气不离"即是定说，亦须考虑到朱子在其他文章中也谈"理气不杂"，也就是说，朱子可能兼采二说，此二说于朱子学说中各有妙用，各代表着朱子思想的不同层面。

5. 谈论的次数多寡。例如，朱子有时言"知觉是智之事"，此属形上；有时则言

(接上页)戾，纷纭舛错，而此章之误乃其本根。"见朱熹：《四书章句集注》，第 326 页。

① 韩国儒学所言朱子的《大全》，指的是《朱子文集》。

② 朱子学说的建构有其自身的方法，如"以义理领导训诂"、《格致补传》的置入、理学的置入等。本文在此不讨论朱子自身治学的方法，而是学者该如何研究朱子学的方法。

③ 朱子著《知言疑义》以怀疑胡宏的《知言》一书，即是站在"新说"立场以反对"旧说"，因其"旧说"正是受到胡宏影响。

④ 也许书中阳明对朱子的评论未必正确，甚至可能是明知而故意。

“知觉不可训仁”，此属形下。[①] “知觉”究属形上抑或形下？这可以透过搜录相关言论，从中分析朱子讲述时的次数多寡，来判定何者较接近朱子心目中的想法或是主要意思，其中谈论次数较少的便要尊重次数较多的说法。

6. 对朱子学说纲领、精神的掌握。有些争议是朱子学说内部的问题，例如韩儒论争的“四七之辩”，未发心体是属纯善或有善有恶，朱子学是否也有“心即理”之说等，这些问题主要仍须透过对朱子学说的理解与掌握，才能得到比较清晰的结论，当然也可辅以其他或前述各种方法而归纳、整理出头绪。

在当代新儒家中，研究朱子学较具代表性者，当推牟宗三与唐君毅两位先生。牟先生认为朱子是别子为宗[②]，而唐先生虽也见及朱子的援引外学[③]，却以“伟大”来形容朱子之学。唐先生亦不去分别宋明儒学之中谁是正统，谁是别子，而牟先生则认为阳明为正统，朱子为别子。牟先生认定朱子的心是气，而唐先生却不如此看。[④] 唐、牟二先生的看法会有如此差别并不意外，这在韩国儒学史上也是存在已久的论争，如韩儒“四七之辩”之中，李滉（字景浩，号退溪，1501—1570）依着陈淳的见解，视心是理气合；[⑤]而李珥（字叔献，号栗谷，1536—1584）则认为心是气，发者是气发，而理乘气，理不活动；双方阵营也都有朱子文本以为根据，而难以得出定论。以下，先透过唐君毅先生之文，来对韩儒面对朱子言论不一的因应之道进行了解。先谈韩

① “问：‘知觉是心之灵固如此，抑气之为邪？’曰：‘不专是气，是先有知觉之理。理未知觉，气聚成形，理与气合，便能知觉。譬如这烛火，是因得这脂膏，便有许多光焰。’问：‘心之发处是气否？’曰：‘也只是知觉。’”见黎靖德编，王星贤点校：《朱子语类》卷五，第 85 页。

② “此直线的分解思考之清楚割截所确定的‘但理’是超越的静态的所以然，而不是超越的动态的所以然。此静态的所以然之理只摆在那里，只摆在气后面而规律之以为其超越的所以然，而实际在生者化者变者动者俱是气，而超越的所以然之形上之理却并无创生妙运之神用。”见牟宗三：《心体与性体》一，正中书局，1990 年，第 369 页。

③ “按此心为虚灵知觉之一义，初导源于庄子、荀子，而魏晋思想之言体无致虚，与佛家之言空，以及圭峰之以灵昭不昧之知言心，皆在义理上为一线索之思想。”见唐君毅：《中国哲学原论・原性篇》，学生书局，2006 年，第 428—429 页。

④ “人之特有心，即原其气之灵，心亦即指此气之灵而言。此所谓其气之灵，亦其气之清，气之中正，而恒能运行不滞，无昏暗，无偏，故能动能静，能寂能感，而使此天理性理，直接呈现于心，而人乃得有尽心知性等事。然所谓气之灵者，当即不外就气之依理而生，复能回头反照其所依之理而立名。”见唐君毅：《中国哲学原论・导论篇》，学生书局，1986 年，第 501 页。

⑤ 李滉言：“心者理气之合，非滉说，先儒已言之，所谓‘气之精爽’，先生就兼包中而指出知觉运用之妙言，故独以为气之精爽耳。”《答金而精》（1564 年 9 月 21 日），《退溪先生文集》卷二十九，收於《韓國文集叢刊》三十，景仁文化社，1997 年。又陈淳言：“理与气合，方成个心，有个虚灵知觉，便是身之所以为主宰处。”陈淳撰，熊国祯、高流水点校：《北溪字义》，中华书局，1983 年，第 11 页。

元震。

二、韩元震《朱子言论同异考序》

朱子文本之中常有论述前后不一的情形，此前辈早已见及。如唐君毅先生言："韩元震《朱书同异考》，尝谓其前后有四说。兹本其言，更加以引申而论之。大率朱子初以'人心为私欲，道心为天理'（答张敬夫书）……至于其答吕子约书，谓'操舍存亡，虽是人心之危；然只操之而存，则道心之微，便亦在此'，此则以由人心之操而存，即见道心之微。……"①唐先生认为，朱子人心、道心之说，前后历经四变（此处未全抄出），而此一灵感的抒发，则是来自韩国儒者韩元震（字德昭，号南塘，1682—1751）《朱子言论同异考》之作。②

在韩国儒学发展史上，朝鲜一朝之学风大致对朱子相当崇敬，主流即是程朱学，陆王心学反而不显，甚至还会被视为异端。韩国儒者对朱子言论考究得相当精细，依着唐先生的介绍，可以发现韩元震已注意到朱子言论不一致的问题，以下抄出韩元震《朱子言论同异考序》之文：

前圣而作经莫盛于孔子，后贤而传义又莫备于朱子，故学者必读孔子之书

---

① 唐君毅：《中国哲学原论·原性篇》，第419—421页。

② 韩儒"四七之辩"之中，以李滉为首者，称为东人；以李珥为首者，称为西人。西人又分老论与少论，老论代表人物为宋时烈，而宋时烈的老论又分为湖论与洛论，韩元震（南塘）则属湖论，也可上溯到李珥一脉。参见崔英辰：《韩国朱子学的心说论争研究现况及展望》，朱人求、乐爱国主编：《百年东亚朱子学》，商务印书馆，2016年，第3页（图解）。又韩元震举朱子四变说法如下："窃观朱子之言，果有前后之不同。始则以人心为人欲（一说），而既而改之以为饮食男女之欲，可善可恶者，始则曰：'道心为人心之理。'又曰：'道心性理之发，人心形气之发。'（二说）既而改之，以为：'或生于形气之私，或原于性命之正。'其曰或生或原者，乃即其已发而立论也。（三说）……其于《禹谟解》则曰：'指其生于形气之私者而谓之人心，指其发于义理之公者而谓之道心。'于形气，不下'发'字；于义理，虽下'发'字，而亦以义理字换性命字，则其义亦自不同。谓之义理，则亦公共言者也，非就发处分别理气而言也。又于性命则虽下'发'字亦无妨，以其道心虽是气发，然直由仁义礼智之性而发故也，若形气则终不可下'发'字，谓人心由耳目口体而生则可，谓人心即乎耳目口体而发之则不可。耳目口体果是自发之物耶？此朱子所以于形气则终不肯下'发'字，而此乃晚年定论也。（四说）"（案：一说、二说……为笔者所加）《南塘先生文集》，收於《韓國文集叢刊》二〇二，第143頁。在此韩元震认为，《中庸章句序》并不是朱子最后定论，朱子的定论应是在形气之私不下"发"字，而于性命之正改为义理之公，则下"发"字。又对于"发"字的重视，应与李退溪、栗谷所重视的"理发"或"气发"有关。

而后可以尽天下之义理，又必读朱子之书而后可以读孔子之书也。然孔子生而知者也，故其言无初晚之可择；朱子学而知者也，故其言不能无初晚之异同，而学者各以其意之所向为之取舍，往往有以初为晚、以晚为初而失其本指者多矣。朱子之书多失其指，则孔子之书亦不可读也，而道于是乎不明不行矣。尤翁晚岁深以此为忧，既释《大全》之书，又欲考论其同异而辨正之，既始，其功才到十余条而止，呜呼，其可恨也已！元震自早岁即已受读朱子书，反复通考，盖用一生之力，其于异同之辨，庶几得其八九于十。于是悉疏而出，或考其日月之先后，或参以证左之判合，或断以义理之当否，以别其初晚，表其定论，而言异指同者，亦皆疏释而会通之。编为一书以续成尤翁之志，僭猥则有之矣，而学者或有取焉，亦庶几乎为读是书之一助耳。元震于此重有感焉，孔子，天地间一人而已矣，朱子，孔子后一人而已矣，有孔子则不可无朱子，而尊朱子者乃所以尊孔子也。不幸世衰道微，邪说并起，甚有以侵侮朱子，改易其说为能事，是诚不知尊孔子也，而其祸将至于率兽食人，人将相食。吁，亦痛矣！[①]

韩元震谓：孔子作经最盛。然而，考察典籍所载，应该说孔子述经、删经而不是作经，一般依《礼记》："作者之谓圣，述者之谓明。"[②]《论语》中孔子则自明："述而不作。"[③]但《孟子》一书却说：孔子"作《春秋》"而乱臣贼子惧。[④] 如果孟子所言是真，那么孔子至多也只是作《春秋》，而无他经之作，应也不至于"作经莫盛于孔子"。

然而，韩氏之语当是别有旨趣。韩氏所属时代时值中国清朝，在当时，不仅《五经》，包括《四书》也称得上是"经"，此时《四书》业已经过朱子的编订批注。[⑤] 其中，《论语》记载孔子言语，《大学》的《经一章》依于朱子，亦是孔子的话而曾子述记，《中庸》则为子思所编，内容甚多"子曰"之处。另外，如《易传》，一般也被尊奉为孔子及其后学所完成。因此，韩氏认为孔子作经最盛，亦诚有所本。

韩氏又谓：后贤传义莫备于朱子！此指朱子之遍注群经，居功厥伟而可称为道

---

① 《宋子别集叢刊・朱子言論同异考》，奎章閣，2008 年，第 1 頁。

② "作者之谓圣，述者之谓明；明圣者，述作之谓也。"（《礼记・乐记》）

③ 《论语・述而》。

④ "世衰道微，邪说暴行有作。臣弑其君者有之，子弑其父者有之。孔子惧，作《春秋》。《春秋》，天子之事也。"（《孟子・滕文公下》）

⑤ "《四书》在 13 世纪末成了新圣经以后……"见杨儒宾：《从五经到新五经》，台大出版中心，2013 年，第 11 页。

统的接续者。[①] 又曰:“必读孔子之书而后可以尽天下之义理,又必读朱子之书而后可以读孔子之书。”[②]这是站在朝鲜朝之尊孔、尊朱思想上来说的。然而,对于孔子或《四书》之言,众家的诠释不尽相同,以宋明理学为例,便有心学、理学与气学等不同学派的诠释。而韩氏则以为,朱子之说最为正统,以朱子诠解《论语》最为准确,此外的心学、气学则不可信。

韩氏又说明,在阅读孔子与朱子的文献时需有不同的切入方法,理由是孔子与朱子不同。孔子是生而知者——这是程朱与韩氏对孔子的尊称,虽然孔子自言:“我非生而知之者,好古,敏以求之者也。”[③]又言:“学而不厌,诲人不倦。”[④]不过对于《八佾》“子入太庙,每事问”之叙述,朱子则引尹和靖之语而谓:“礼者,敬而已矣。虽知亦问,谨之至也,其为敬莫大于此。谓之不知礼者,岂足以知孔子哉?”[⑤]此指孔子是生而知者。又如《论语》:“十室之邑,必有忠信如丘者焉,不如丘之好学也。”[⑥]朱子则诠释为:“忠信如圣人,生质之美者也。夫子生知而未尝不好学,故言此以勉人。”[⑦]亦是在说孔子为生而知者。朱子是引《中庸》“生知、安行”之说来赞美孔子。

韩氏之所以先说孔子是生而知者,显是语带玄机,这是为了要与朱子做一对比,其问题意识便是,孔子是生知之圣,而朱子是学而后得,是“学知、利行”一流,于是在学知的过程里便会经常转变说法,以致有前后不一的论调。孔子言语未尝有异,朱子则非,而《朱子言论同异考》的著作便是要替朱子的话语爬梳条理。

朱子既为“学知、利行”者,思想有其前后转变,那么当该如何得出定见?韩氏认为,这非得经过一番翔实考证不可,不可各凭己意来解读朱子,否则若将朱子前期说法视为后期,后期视为前期,则离朱子本意愈来愈远;最好能够依着朱子年谱或是书信上所注时间等数据,来进行各种说法的时间考证,这样才能判读出何者为前期或后期之说。

---

① 韩元震之如此认为亦其来有自,如朱子:“天运循环,无往不复。宋德隆盛,治教休明。于是河南程氏两夫子出,而有以接乎孟氏之传。”《四书章句集注》,第2页。朱子指出,二程才能真正上接孔孟,而自己则是二程的继承者。

② 日本儒者伊藤仁斋(1627—1705)也尊奉孔子的《论语》为“宇宙第一书”,然而伊藤反对朱子,与韩元震之尊朱不同。

③《论语·述而》。

④《论语·述而》。

⑤ 朱熹:《四书章句集注》,第65页。

⑥《论语·公冶长》。

⑦ 朱熹:《四书章句集注》,第83页。

韩氏此处有可能是在批评王阳明的《朱子晚年定论》。同书以为，朱子晚年有所悔悟而转向良知说，举朱子主张心可以顿悟以及“本心”的相关说法等，而视朱子晚年归宗到了王阳明的心学。王阳明此举也许是明知而故意；朱子早期的“中和旧说”因受胡宏影响，而有性体心用、心能顿悟的说法，不过这也已是朱子早期的文献，后来也有“新说”提出，王阳明把朱子早期说法当作晚年定论，令人不解。又“本心”二字本是孟子提出，只是在朱子“心具理”的义理下也可论及“本心”，这仍是放在朱子理学体系下来谈论，与王阳明的良知学有段距离。

又韩氏所讥嫌的，也有可能是继王阳明之后的李绂（1675—1750）。李绂的代表著作《朱子晚年全论》，内容即是顺着王阳明《朱子晚年定论》的说法，而且更为激烈；王阳明只抄出朱子的少数文字，李绂却摘录了大量的朱子言论，以证明朱子晚年悔悟而改正为心学。李绂的说法同样不足为信，而韩氏的生年（1682）较李绂稍晚，当时中韩之间的文化传播极为便利，有可能韩氏已接收到李绂的作品内容，所以提出贬斥。

那么，为何一定要对朱子思想之前期后期做出判定？韩氏以为，朱子的思想若不考据出前、后期之分野，则容易产生误解，而朱子思想真意既不可得，也就无法确切地理解孔子，如此真正的大道、真理也就无从得知。这也是韩氏念兹在兹、用心再三的原因。

韩氏又说，这并非是自己个人的担忧，早在师辈级宋时烈（初名圣赉，字英甫，号尤庵，1607—1689）时便已发现这一问题。[①] 宋时烈是在阅读《大全》[②]、《朱子语类》时，有感于因为各书之间或是同一书中本身论述的不一致，以致造成后学的纷乱与争论，于是着手编撰《朱子言论同异考》一作，不过由于年纪太大，只编列了十几条。[③] 而韩氏感念于此，遂接续宋时烈之慧命，编撰《朱子言论同异考》。

因此，《朱子言论同异考》一书有两个版本，一是宋时烈所编，只有二十多条，另一为韩氏所编，内容较多。不过，韩氏所编版本迄今未收入《韩国文集丛刊》。

---

① 韩元震的老师为权尚夏，权尚夏的老师为宋时烈。另外值得一提的是，韩元震编撰的《朱子言论同异考》（奎章阁本），其中由赵钟业所写《序》文谈道：此书是“宋子命韩元震编”。不过，宋子（宋时烈）去世之时，考韩元震也只七岁，是否真为宋时烈命令韩元震接续编撰，可能有待考证。

② 这里的《大全》，指的是《朱子文集》，而非《四书大全》《性理大全》等书。

③ 韩元震认为宋时烈只编了十几条，不过根据所留下的数据显示，则共有二十余条。可参见《宋子大全》卷一三〇《雜著·朱子言論同异考》，收於《韓國文集叢刊》一一二，第 414 頁。

而当面对朱子言论不一之时，韩氏如何解决？在此韩氏对自己的方法学做了简述。韩氏说，自己早年便对朱子学熟读再三，对于朱子思想奥义颇为精熟，此为理解朱子思想的基本条件之一，若非如此，则欲处理朱子文献前后之不同，反而容易失误；而以自己积累的能力来查考朱子言论的异同，大致可以判准出十之八九。①

关于韩氏之方法论，依序有如下步骤：

1. 考查年代为基本功。如中国清代的王白田有《朱子年谱》之考查，而今人束景南也有《朱子大传》《朱子年谱长编》等作品，这些都是为了研究朱子学所下的深功夫。即是从朱子的书信中进行年代的分析与条理，以推断朱子言论的改变。

2. 就考查出的证据研究彼此之间的异同。即韩氏所言“参以证左之判合”。

3. 就文献的义理来推断前期或后期思想。不过，在这一点上，很容易流为各说各话，例如湖、洛论争之时，韩氏与李柬（字公举，号巍岩，1677—1727）两人便对朱子学的未发心体究为纯善或有善有恶、人性与物性为异或同等问题进行争辩。

4. 精熟于朱子学才能不为所惑。即是说，朱子的言论乍看之下显得矛盾，不过这仅是表面的冲突，无关于前后期思想的不同，如果能熟悉朱子学说，也就不会随着字面上的互斥而感到困惑。例如，朱子既言理同气异，也言气同理异。理同者，指人、物皆分受同一天理，无有偏倚；而气异者，则指人、物之气禀彼此不同。又气同者，指人、物皆有其动物性，有其知觉；而理异者，指由于气质的不同，人、物的气质之性也不同。

在此，笔者亦补充几点方法如下：第一，若《语类》之言论则不如朱子自注的《章句集注》来得重要。第二，文献证据数量较少者，便要尊重数量较多者。例如李滉的“理发、理到”之说，虽然朱子也提过，但若与朱子理学整体之相关论述来比较的话，则见出朱子提及“理发、理到”的场合极少，这可能就不能作为朱子的定论。② 第

---

① 韩元震身处朝鲜朝，当时是研究朱子学最盛的年代，且其师为权尚夏，权尚夏又师宋时烈，宋时烈属老派，师从金沙溪父子，而金沙溪又是栗谷（李珥）的弟子。这些都是当时研究朱子的韩国大儒，韩元震既师承名家，加上自己的殚精竭虑，因此有此自信。另外，关于当时韩儒的分派：李滉为东人，李珥为西人，其中东人分裂为南人、北人，而西人则又分为老论与少论。老论代表人物为宋时烈，老论又分为湖论与洛论，韩元震及其师权尚夏则属湖论，也可说上溯到李珥一脉。见崔英辰：《韩国朱子学的心说论争研究现况及展望》，朱人求、乐爱国主编：《百年东亚朱子学》，商务印书馆，2016 年，第 3 页（图解）。

② “‘四端是理之发，七情是气之发。’问：‘看得来如喜怒爱恶欲，却似近仁义。’曰：‘固有相似处。’”黎靖德编，王星贤点校：《朱子语类》卷五十三，第 1297 页。此处所举“理发”的说法，在《语类》中出现不多，再者，也可能与李滉“理发”的意涵不尽相同。

三，尽量做到不受派系情结之影响，而让文献自行说话。

以上是韩氏研究朱子说法歧义时的方法论，后文韩氏再度尊朱，强调必须尊朱才能尊孔。韩氏之尊朱，并与尊孔做一连接，有其时代之背景，若是说要透过阳明学以切入、遵奉孔子，亦无不可。然究实而言，朱子以其学术贡献与对《四书》的发扬而受到后世的推崇，亦是当之无愧。

三、宋时烈《朱子言论同异考》论四七之辩

本文写作动机实以宋时烈《朱子言论同异考》一书为主题，特别针对韩儒如何因朱子言论之不一而引发“四七之辩”，究其个中原委与韩儒之因应策略，来做一番了解与探讨。宋氏此书中只编写二十余条，之后则由韩元震续成遗志。兹借书中相关于“四七之辩”处来进行讨论[①]，而在正式编写二十余条之前，宋氏有简单的序言：

> 《大全》与《语类》异同者固多，而二书之中，各自有异同焉。盖《大全》有初晚之分，而至于《语类》则记者非一手，其如此无怪也。余读二书，随见拈出，以为互相参考之地。而老病侵寻，有始无终，可叹也已。苟有同志之士，续而卒业，则于学者穷格之事，或不无所补云。[②]

宋氏此书的问题意识，在于阅读《大全》与《语类》时彼此间甚多的矛盾，甚至《语类》或《大全》自身所论也有不同，这便造成学者很难适切地掌握朱子学。朱子的言论可说四平八稳，常为了两端照应而正反面兼述，读者若非具有一定的精熟程度，很容易对此感到困扰。例如，关于理与气，有时说两者不离，有时也说两者不杂，这便容易启人疑窦。

宋氏认为《大全》有初晚之分[③]，版本不同，内容也随之不同。而《语类》是朱子

① 宋时烈论辩“四七之辩”的文章甚多，然与本文方向不全相合，无法将其相关文章一并罗列而进行讨论，或许将来可补一文，以见宋时烈论辩之全貌。

② 《宋子大全》卷一三〇《雜著・朱子言論同异考》，第414頁。

③ 《大全》指《朱子文集》，“初晚之分”指《朱子文集》的编排、出版时间不一，内容也就不同。

弟子的笔记，更是容易引起争议，因为即使是同一堂课，学生个人体会不同，笔记内容也就不同，例如黄干所记内容不会与陈淳全同。况且朱子的学生甚多而流动频繁，并非一直都待在武夷山，若欲透过学生笔记而窥见朱子思想全貌并不容易。

于是宋氏着手编写此书，对比朱子言论之间的异同而求取真意。当此之际，自己已是垂垂老矣、老病缠身，于是劝勉后进，若有愿意接续此志业者，则对朱子格物致知之学能有一番了解，一方面能够习得学术知识，另一方面也能穷通天理，有益于个人的修身处世。

以下，专就书中论列“四七之辩”之条来做讨论。文甚长，分为三段而逐一解析。第二十条第一段，宋氏曰：

> 《语类》论《大学·正心章》。问：“意与情如何？”曰：“欲为这事是意，能为这事是情。”此与先生前后议论全然不同，盖喜怒哀乐闯然发出者是情，是最初由性而发者。[①] 意是于喜怒哀乐发出后因以计较商量者，先生前后论此不翅丁宁，而与此相反如此，必是记者之误也。大抵《语类》如此等处甚多，不可不审问而明辨之也。理气说，退溪与高峰、栗谷与牛溪反复论辩，不可胜记。退溪所主只是朱子所谓四端理之发、七情气之发。栗谷解之曰：“四端纯善而不杂于气故谓之理之发，七情或杂于不善故谓之气之发。”然于七情中如“舜之喜、文王之怒”岂非纯善乎？大抵《礼记》及子思统言七情，是七情皆出于性者也。性即理也，其出于性也，皆“气发而理乘之”。孟子于七情中摭出纯善者谓之四端，今乃因朱子说而分四端七情以为“理之发”“气之发”，安知朱子之说或出于记者之误也？[②]

因《语类》对情与意的解说异于朱子一般的定义，宋氏于是举《大学·正心章》来做说明。《正心章》言：心若有所忿懥、恐惧、好乐、忧患，则不得其正。这里谈的正是情感。又《大学》于此的前一章谈论“诚意”，因而引起问者的质疑：意与情当该如何分别？宋氏认为，《语类》所载与朱子平时所论大不相同，这时也很难用前、后期来做区分，因而推断此应是笔记者之误。理由在于，朱子视心发为意，性发为情；其中

---

① 李珥（栗谷）有情意二歧之说，宋时烈因对李珥此说的重视，而注意到朱子言情、言意有所不同。

②《宋子大全》卷一三〇《雜著·朱子言論同异考》，第414頁。

“心发为意”是指计较、商量，此平常业已考虑、计算在心；至于“性发为情”，则如同乍见孺子坠井之瞬间突发的情感，此属形下，发源于仁义礼智（形上）之性而非事先忖度、计较者，称为恻隐、羞恶等情（形下）。此为朱子对心、意、性、情的定说，而于《语类》中却另有见解。

根据《语类》，朱子言：“欲为这事是意，能为这事是情。”其中，“欲为这事是意”之说尚无太大偏差，如阳明言：“意之所在为物。”程子言：“心有所向便是欲。”皆指“意”为意图。至于“能为这事是情”一句，则与朱子一般对“情”的定义不同，“能为”者是“才”，不该是“情”。

当然，也可采取较圆融的方式来合会朱子的说法。情属形下，形上之理若无形下之情、气作为挂搭，事情则无有作为、无法实践，那么，就把情与气相连，而说“能为这事是情”，如此一来，笔记者未有误记，而朱子《语类》说法与向来的定说也无特别不同，朱子在此只是大致分判意与情，而非精确定义。

而宋氏对此，则是推论概为笔记者的失误，并指出朱子文献中像这样彼此不一的地方甚多，之后宋氏话锋一转提及“四七之辩”。此系由“情”“意”之辨而转向理气之辨、性情之辨。

韩国儒学的“四七之辩”主要有两场论辩，不只一场。虽然目前大致将双方阵营划分为李滉（退溪）一派（东人）、李珥（栗谷）一派（西人），不过，当时和李滉书信往返辩论的是奇大升（字明彦，号高峰，1527—1572），至于李珥则较李滉为晚，对手则是成浑（字浩原，号牛溪，1535—1598）。双方阵营主要的不同在于，李滉认为，理也有活动性，主张理发、理到；而李珥则坚守“气发理乘一途”之说，发者皆是气发，理只是乘气之机而随之有动、静之异，理是无造作、无计度、无情意而不活动者。

而宋氏属于西人栗谷一脉，西人一派后来又分出老论与少论，宋氏属老论，与尹拯（字子仁，号明斋、西峰，1629—1714）所属少论分庭抗礼。宋氏大致宗于栗谷。李滉认为，四端是理之发，七情是气之发，而李珥修正李滉，认为：所谓的“理之发”，并非理真的在活动，只是四端之情不为气所杂，而表现出纯善，因此称为“理之发”。其实，李珥这里是把李滉的“理之发”转为自己的意思，李珥应该不会认同。

至于宋氏则以为，其实不必特别区分四端、七情或是理发、气发，因为七情——喜、怒、哀、惧、爱、恶、欲等，有时也可以是纯善（如文王之怒），即如同“四端”；七情可以不离四端，不消于七情之外又分析出四端，七情发端于性，为天性中所不可无，任何人皆有七情。又“七情”不仅《礼记》曾言——在《中庸》虽然只言四情，并不代表不言“七情”，且此“七情”都是气发、理乘。再如《孟子》，只是特别挑出纯善的“四端”，并非将“四端”析分于“七情”之外。因此，只言“七情”便已足够，不须再分四端与七情，李滉区分以“理发、气发”，实是多此一举，因为都是“气发、理乘”。

第二十条第二段提到：

> 栗谷曰：“四端亦气发而理乘之。退溪谓：‘四端理发而气随之，七情气发而理乘之。’殊不知四端七情皆气发而理乘之之妙也。”又曰：“退溪‘理发而气随之’此一句大误，理是无情意运用造作之物，理在气中，故气能运用作为而理亦赋焉。观于《中庸》首章章句可见矣。”又曰：“退溪理发气随之误，以《太极说》观之则尤晓然。闻太极乘阴阳而流行，未闻阴阳乘太极而行也。故朱子曰：‘太极者本然之妙也，动静者所乘之机也。’动静即阴阳也。”①

此段是宋氏站在李珥的观点而批评李滉，共举了李珥的三段话来做说明。第一段话，李珥认为，“四端”仍是“气发、理乘”，非如李滉所言“理发、气随”；理只是本然之妙，自己不活动而随气活动，如同人骑马，马一出一入，人也跟着一出一入，活动的是马，人不活动。人可以有主宰性，却非就活动性来说。因此，于理处不可言发。

第二段话，李珥继续批评李滉的“理发、气随”，引朱子语：理是无情意、无造作之物，因此不可言发。继引《中庸》首章以及朱子对此的批注以为佐证。《中庸》首章：“天命之谓性，率性之谓道，修道之谓教。”朱子注释：“命，犹令也。性，即理也。天以阴阳五行化生万物，气以成形，而理亦赋焉，犹命令也。于是人物之生，因各得其所赋之理，以为健顺五常之德，所谓性也。”②李珥认为，朱子言“气以成形，而理亦赋焉”，即是指理附于气上，理犹如骑马之人，自身不活动，能活动是因气而生，因此人、物之生是气生而理赋于其中。

第三段话，李珥举朱子所解《太极图说》以反对李滉。太极是本然之妙，而阴阳

---

① 《宋子大全》卷一三〇《雜著·朱子言論同异考》，第414頁。

② 朱熹：《四书章句集注》，第17页。

是动静所乘之机，[①]言动者、静者，是气在动或静，不是理；《太极图说》言一动一静互为其根，分阴分阳而两仪立焉，动、静乃阴阳之气所致。李珥强调，只听过朱子说“太极乘阴阳而流行”，而未尝听闻“阴阳乘太极而行”。只有人骑马，岂有马骑人！若言发，都是气发，理是主宰而不活动！

至此，可知宋氏系以李珥为宗，而其中也有自己的发明。面对四位前贤大儒，包括李滉、奇大升、李珥、成浑等，宋氏提出自己的看法，而独以朱子为宗，如第二十条第三段：

> 于此别有所疑而不敢言矣。退溪、高峰、栗谷、牛溪皆以四端为纯善，朱子以为四端亦有不善者，未知四先生皆未见此说乎？夫四端何以亦有不善乎？四端亦气发而理乘之故也。发之之时，其气清明则理亦纯善，其气纷杂则理亦为之所掩而然也。此说愚于《进御心经讲录》，敢妄僭易之罪而辨订焉。厥后闻有大言斥之者，不胜惶恐。[②]

宋氏指出，朱子亦曾言四端也有不善。[③] 此韩儒前贤也曾提及，宋氏非第一人。[④] 朱子谓有“恻隐其所不当恻隐”，如妇人之仁或辄闻井中有人便信以为真等，此则容易误事或遭人利用，则此恻隐之情未必都是善。

而宋氏之如此说明，则是为了强调，其实四端与七情之间不用区分太甚，七情未必就是恶，而四端也未必就是善！既然都是情，也就可能有善、有恶，那么可以用七情统摄四端，不消多做分割。意思是，若如李滉“四端理发、七情气发”的说法，则是分割太甚，失去朱子的宗旨；因为四端也有不当之处，未必是纯善，而与七情之可

---

① 周敦颐言：“盖太极者，本然之妙也；动静者，所乘之机也。太极，形而上之道也；阴阳，形而下之器也。”《周敦颐集》，中华书局，1990 年，第 3 页。

② 《宋子大全》卷一三〇《雜著·朱子言論同异考》，第 414 頁。

③ “恻隐羞恶，也有中节、不中节。若不当恻隐而恻隐，不当羞恶而羞恶，便是不中节。（淳）”见黎靖德编，王星贤点校：《朱子语类》卷五十三，第 1285 页。

④ 如韩儒郑汝昌（字伯勖，号一蠹，1450—1504）言：“于不当恻隐处恻隐，则是恶。”《一蠹先生續集》，收於《韓國文集叢刊》十五，第 506 頁。又如李滉（退溪）言：“性本纯善，而才发则气始用事，故恻隐、羞恶、辞让、是非或有不得其正者，如不当恻隐而恻隐，不当羞恶而羞恶，便是不得其正者。要之，亦不可不谓之四端也。”《退溪答李公浩》，《韓國文集叢刊》三十，第 382 頁。这里提到于不当恻隐而恻隐，可见郑汝昌与李滉都早于宋时烈而有此论。又奇大升（高峰）与李滉的“四七之辩”中，奇大升也先于李滉提到类似说法，李滉则建议暂不讨论此说，之后两人也就没有多做讨论。

善、可恶相似。此是宋氏的新诠。

不过,要提醒的是,宋氏如此之解,其中对四端、七情概念的定义可能与李珥等前贤诸家已有不同。

四、结语与反思

本文虽欲阐发韩儒宋时烈(尤庵)“四七之辩”之论,然而碍于未能将宋氏相关论著通盘地做一研读,因此只能将题目锁定于宋氏《朱子言论同异考》之研究朱学的方法论以及同书所载对“四七之辩”见解的讨论。就同书所载而论,宋氏对于“四七之辩”争论的解决,即认为李滉(退溪)“理发、理到”此一不正确的说法,系源于《朱子语类》笔记者的失误所致。

宋氏于此的论学特色,除了宗于李珥(栗谷)之外,也有自己的体会;宋氏以为,李珥等前贤诸家未能意识到“恻隐其所不当恻隐”之弊,否则,则得借此而解消李滉“四端理发、七情气发”的分割太甚。又宋氏因见及朱子言论不一的情况,而有《朱子言论同异考》的创发与编写,对于朱子学之研究可说是一大贡献。

本文的写作亦是针对朱子言论之不 ·致,而该如何会归于一,来提出一些浅见;除了前贤业已提出的方法,诸如思想前后期的划分、字义上表面的冲突等,这里想特别补充的,便是在进行朱子文献之解读时,容易发生个人派系见解或情感纠葛其中,对此则应尽量避免。

以韩元震(南塘)为例,虽然早已意识到朱子言论容易引起纷争的情形,后来还是不免和李柬(巍岩)激发争论,所争辩者以未发之心体究为纯善还是有善有恶、人性与物性的异同等为主。即是说,韩元震与宋时烈等人都容易依着师承李珥一派的说法而发言,纵使依笔者之见,李珥一派的说法似较合乎朱子原意,不过却也难保不会有个人派系情感的介入,若能尽量降低派系色彩,将会使议论更加公正而令人信服。

朱子的思想可谓宏大精细,所留下的著作、语录等相当丰富,要在这些作品之中条理出朱子思想的正宗实非易事,即使如韩国儒者大家毕其一生精力,亦难以得出定论。个中原因之一,拿朱子本身的诠释工作来说,即尽管面对着不同重点、脉络或作者的诸部经典,却又欲将其通通会归于自家理气论之统一体系之下,于是只能努力回护、疏通、贯合，左右照顾、正反皆言，这一过程中也就容易产生言论不一的情况。当然，或者如宋时烈所指出，义理间的互斥可能源于笔记者的误记或体会不同所致。

这些在在说明研究朱子学的不易，另一方面，也显示出朱子如大海之融会百川的企图心以及学识精深的实力。对此，本文也提出几个研究方法以供参考，例如《集注》会较《语类》来得重要，更符合朱子之原意；朱子思想有其前、后期的区分等。当然，对于朱子思想精熟的研究与掌握，则是学者面对朱子言论不一时的基本功。又如在面对争端时，最好先能找出彼此的共识，才来进行更多的论辩，也许也可以作为达成共识的起点。

至于“四七之辩”究竟何说为正，心是否该为气？这里建议，不如就开放解答，视为朱子后学的一种开展与诠释，借此丰富朱子学的生命。

参考文献：

一、古籍

1. 朱熹：《四书章句集注》，鹅湖出版社，1984 年。
2. 李滉：《退溪先生文集》，收於《韓國文集叢刊》三十，景仁文化社，1997 年。
3. 宋時烈：《朱子言論同异考》，收於《韓國文集叢刊》一一二，景仁文化社，1997 年。
4. 周敦颐：《周敦颐集》，中华书局，1990 年。
5. 韓元震：《南塘先生文集》，收於《韓國文集叢刊》二〇二，景仁文化社，1997 年。
6. 韓元震：《朱子言論同异考》，收於《宋子别集叢刊》，奎章閣，2008 年。
7. 陈淳撰，熊国祯、高流水点校：《北溪字义》，中华书局，1983 年。
8. 鄭汝昌：《一蠹先生續集》，收於《韓國文集叢刊》十五，景仁文化社，1997 年。
9. 黎靖德编，王星贤点校：《朱子语类》，中华书局，1999 年。

二、专书、论文

1. 牟宗三：《牟宗三全集》，联经出版事业公司，2003 年。
2. 牟宗三：《心体与性体》，正中书局，1990 年。
3. 冯友兰：《中国哲学史》，商务印书馆，1934 年。
4. 唐君毅：《中国哲学原论・原性篇》，学生书局，2006 年。
5. 唐君毅：《中国哲学原论・导论篇》，学生书局，1986 年。
6. 程树德撰，程俊英、蒋见元点校：《论语集释》，中华书局，1990 年。
7. 杨儒宾：《从五经到新五经》，台大出版社中心，2013 年。
8. 吴雁南、秦学颀、李禹阶主编：《中国经学史》，五南图书公司，2005 年。
9. 崔英辰：《韩国朱子学的心说论争研究现况及展望》，朱人求、乐爱国主编：《百年东亚朱子学》，商务印书馆，2016 年。

10. 王时玮：《论明初〈四书大全〉的纂修意义》，《东华汉学》第 18 期，2013 年 12 月，第 275—304 页。

（作者单位：台湾东海大学哲学系）

朝鲜儒学的“心学”之位相

井上厚史

一、把握朝鲜儒学的三条路径：性理学、实学、心学

朝鲜儒学大致可分为两类：以李退溪为代表的“性理学”和以丁若镛为代表的“实学”。例如1990年韩国出版的《儒教大事典》中，对“性理学”有如下定义：

> （性理学）是关于性命与理气的学问。儒教经典最初由与日常生活密切相关的实际经验教训构成。时至宋代，其中加入形而上学的理论体系而得以重新构建，此即为性理学。……性理学通过以理气的概念为中心解释宇宙与人类的形成和构造，深入探索人类在社会中的正确道理，进而开拓出以往训诂学所未能触及的领域。性理学是贯穿宇宙与人生、普遍与特殊的庞大而深邃的学问体系。其核心内容可大致分为太极论、理气论、心性论、诚敬论等。[①]

这是说，这一“性理学”的学问体系，是以理气概念为中心阐明了宇宙、人类的生成与构造，深入思考了人在社会中的正确道理，大致可分为太极论、理气论、心性论、诚敬论等。该思想体系在日本和中国被普遍称为“宋学”或“朱子学”[②]，然而何以在

---

① 儒教事典編纂委員會：《儒教大事典》，1990年，第713—714頁。

②《岩波哲學・思想事典》（岩波書店，1998年，第996頁）对“宋学”一词的解释是：“宋学之名有狭义和广义之分，存在多种说法，如理学、性理学、义理学、程朱学、英语的Neo-Confucianism（新儒教），等等”，性理学只是宋学的别名。

韩国却被称作“性理学”呢？

尹丝淳对此做出了如下解释：

> 这是因为朝鲜性理学有不同于中国朱子学的自身特点及其独特性。首先，仅从术语来看，中国多使用“理学”“道学”，在近代与西欧频繁接触后，更喜欢使用“新儒学”。而韩国虽然也多用“理学”“道学”，但“性理学”一词使用得更为普遍。在思想内容方面，中国“阳明学”得到了兴盛，它作为广义的性理学，即宋明哲学范畴中的“心学”，代表了明代的思想。然而，在韩国却未看到阳明学的兴盛。韩国是以“程朱学”为中心的性理学得到了显著的发展。虽然被称作程朱一系的性理学，但在韩国关于“四端七情论”等心性论的研究比中国更要深入。①

“朝鲜的性理学”具有区别于中国性理学的“特点与独特性”，诸如“四端七情论”等心性论的研究比中国的还要更深入，这一点就体现了其意义。换句话说，朝鲜的性理学不同于中国宋代的“理学”“道学”以及明代的“心学”，它是对“四端七情论”等心性论做深入研究的学问。的确，在中国与日本并没有产生关于“四端七情论”这种心性论的激烈论争。因此，此说法本身并无欠妥之处，但尽管如此，为何朝鲜又要将心性论的研究称为“性理学”呢？

“性理学”一词原本并没有被用于宋明哲学的研究中。朝鲜儒学中首次出现“性理学”一词，大概见于柳成龙（1542—1607，字而见，号西厓，师从李退溪）《西厓先生文集》卷十七《睡轩集跋》中的记载，即“郑汝昌字伯勖，河东人，号一蠹。以孝行荐为参奉，辞不就。登第为翰林，官至安阴县监。与金宏弼同志，师金宗直，事性理学”。然而，如果不是“性理学”而是“性理之学”的说法，则可追溯到更早的时代。金宗瑞（1390—1453）等编写的《高丽史节要》卷二十四“忠肃王丁巳四年（1452）”条有如下记述：

> 夏四月，检校佥议政丞闵渍，撰进本朝编年纲目，上起国初，下讫高宗，书凡四十二卷。渍稍有文藻，而心术不正，不知性理之学，其论昭穆，至以朱子之

① 尹絲淳：《韓國儒學論究》，玄岩社，1980年，第31—32頁。

> 议为非，所见之偏，类此。[1]

似乎自高丽时代开始，有关“性理”的学问就已经以“性理之学”的名称被广泛使用。在众多的用例中，最著名的是李栗谷(1536—1584)《石潭日记》卷上隆庆四年庚午关于李退溪的如下记载，它不仅是朝鲜时代“性理之学”的一个用例，而且对后世产生了深远影响：

> 十二月辛丑，崇政大夫判中枢府事李滉卒。滉字景浩，性度温醇，少以科第发身，晚乃志于性理之学，不乐仕宦。乙巳之难，李芑忌其名，奏削官爵，人多称枉。芑还奏复爵，滉见权奸执柄，尤无立朝之意，拜官多辞不就。明庙嘉其恬退，累加其阶，以至资宪。滉下居于礼安之退溪，因以自号。衣食仅足味于淡泊，势利芬华视之若浮云。然季年筑室于陶山，颇有林泉之趣。明宗末，屡下召命，滉固辞不至。明庙以贤士不至叹为题，命近臣赋之，又命画工，模滉所居陶山为图而进之，其景慕如此。滉之学因文入道，义理精密，一遵朱子之训，诸说之异同，亦得曲畅旁通，而莫不折中于朱子。

这段记述之所以有名，是因为在近代《石潭日记》中被多次发现。首先，李肯翊《燃藜室记述》(1911)卷十八关于宣祖朝儒贤李滉的部分，从《石潭日记》引用了这样一句话：“性度温顺，粹然如玉，少以科第发身，晚乃志乎性理之学，不乐仕宦。”[2]这是近代“性理之学”之名的首次出现。其次，张志渊《朝鲜儒教渊源》(1922)则有这样一段记载：“吾东儒教性理之学，自丽季郑圃隐始倡，而历数百年传道继统者，虽不无其人，或遭罹史狱，或遭士祸，其遗言微旨多不传于世，惟退陶先生深探性理之源，始有四七理气之发明，而于是诸家异同之论起矣。”[3]又载：“朝鲜儒教界，程朱氏性理之学，至退溪而始集大成，已有先儒氏定论矣。学于退溪以道学、文章、德行、事业，为一世名公者甚多。”[4]这是将“性理之学”视作大学问而加以强调的。他指出，

---

① 本文中所引朝鲜儒学者的研究，均引自韩国古典翻译院的网站，韩国古典综合 DB http://db.itkc.or.kr/itkcdb/mainIndexIframe.jsp。

② 고전국역총서 4:《국역 연려실기술》，민족문화추진회，1996 年，第 838 頁。

③ 張志淵著，柳正東譯：《朝鮮儒教淵源(下篇)》，三星美術文化財團，1979 年，第 520 頁。

④ 同上书，第 557 页。

韩国人自高丽时代就已经将朱子学作为“性理之学”加以接受，而且李退溪深入探讨了“性理之源”而引发了各种议论，李退溪才是“性理之学”的集大成者。此外，玄相允《朝鲜儒学史》(1948)第5章探讨了“性理学在朝鲜儒学史上所占的位置”“性理学兴盛的原因”“性理学的学风”“朝鲜性理学的内容”①等等问题，并将李退溪与李栗谷确定为“性理学家”。以下《儒教大事典》(1990)“韩国性理学”条，解释了“性理学”一词的含义，被认为非常恰当地表达了朝鲜儒学的特征：

> 【韩国的性理学】高丽时期接受元代的性理学作为合理且伦理的思想掀起了新的思潮。李穑、郑梦周、吉再等指出当时佛教的弊病，主张推崇儒教。郑道传、权近等不仅批判佛教的弊病，进而站在性理学的立场，从学术上批判佛教的教理。由此，思想的历史完成了从佛教到性理学的转化。尤其是郑道传、权近等人在帮助李成桂建立以儒教为国教的朝鲜国，制定法律与国家的基本政策等方面，发挥了关键作用。另一方面，吉再继承了反对朝鲜建国的郑梦周的学风，建立了义理学的学统，该学风由金叔滋、金宗直、金宏弼、赵光祖等继承发扬。但是，性理学迎来学术繁荣，则是在进入16世纪之后。李彦迪阐发了太极即理，徐敬德解释了太虚之气。李滉与李珥则是韩国性理学之双璧，他们分别与奇大升、成浑就四端七情问题展开了详密精深的辩论。②

通过回顾“性理学”这一概念的历史，我们会发现朝鲜儒者自高丽时代就已经将宋学(程朱学)视作“性理之学”加以接受与学习。然而，直至16世纪柳成龙的时代，“性理学”才作为学术用语得以固定下来，到了近代，作为近代的“性理学”被重新解释而备受关注。将李退溪与李栗谷视为“韩国性理学之双璧”，这无疑是近代的解释，在朝鲜王朝时代，“性理学”一词并不是频繁使用的术语。③

另一方面，一般认为从高丽朝到李退溪、李栗谷的“性理学”流派形成之后，以丁若镛为代表的作为新儒学流派而兴起的则是“实学”。关于“实学”，《儒教大事典》有如下解释：

---

① 玄相允：《朝鲜儒學史》，玄音社，1982年，第60—65頁。

② 《儒教大事典》，第716—717頁。

③ 韩国古典综合DB发行的《韩国文集丛刊》的热门检索中，“性理学”有39项，而“性理之学”高达746项。“性理之学”作为“性理学”而固定下来应该还是近代以来的事情。

>（“实学”）反对宋明理学的空理性，是一种将实证、实用精神作为学问之真谛而兴起的儒学学风。这种学风不论是在中国还是在我国，随着近代意识的萌芽而产生，尤其是在我国，于壬辰倭乱之后萌芽，英、正祖时迎来全盛期。在中国，始发于明末清初，大致盛行了约3个世纪。“实学”是一种通过充分理解当时的王朝社会，发展儒学的经世理念，提出典型的社会、经世政策以及支撑这些政策的理论体系，目的在于试图调整面临危机的封建社会的思想体系。“实学”一词所指向的这种学风，在我国，是由20世纪30年代郑寅普、崔南善、文一平等民族主义史学家完成的。他们在朝鲜固有的学术意义上，确定了“朝鲜学”这一概念，同时将上述朝鲜后期的学术倾向命名为“实学”。①

“实学”这一术语现在已经完全确定下来，然而将其解释为将实证、实用精神作为学问核心而出现的儒学或者伴随近代意识的萌芽而形成的儒学，其实是在近代之后由日本学者提出的。权纯哲指出，稻叶岩吉（1876—1940）发表在《朝鲜》（166号，1929年）上的《圭斎遺構を手にして——実学派の表彰如何》一文最早提到“实学（派）”的资料，并介绍了稻叶的如下观点：

>不只是圭斋一人，在高丽，包括把棉花种子从中国带回朝鲜的文益渐、于创制谚文（朝鲜文字）有功的申叔舟、改革大同法这种纳税体系的赵翼，还有推行钱法的金堉、深入探究土地制度的朴趾源等人，仔细算来即使在李朝五百年的近代，致力于经世济民，并取得不菲成绩的人应该为数不少。……但是，在我看来，十八先贤中大部分都不属于实学者，他们以谈诗说赋、熟知礼论见长，不同于给百姓生活带来影响的实学派。一方面动辄像口头禅一样谈论现代朝鲜人缺乏经世济民思想而倍感困扰，另一方面，又在表彰善于文章诗赋之人之后，说他们还不及这种实学派，持论自相矛盾。②

稻叶将高丽时代以后的“致力于经世济民”，不“谈诗说赋、熟知礼论”，“给百姓生活

---

① 《儒教大事典》，第849頁。

② 權純哲：《韓國思想史における“実學”の殖民地近代性——韓國思想史再考 I》，《日本アジア研究》第2號，2005年3月，第13—14頁。

带来影响”的儒学者全部看作“实学者”。但是,其后的崔南善(1890—1957)在《朝鲜历史》(1931)中认为柳馨远、李瀷、安鼎福、申景浚、柳得恭、韩致奫、李重焕、李肯翊、郑恒龄、丁若镛、朴趾源、洪大容、李德懋、朴齐家等人有“实学之风”,他们的学问是“实证实用之学”,指出他们作为于“英祖、正祖时期兴起的实事求是之学,是李朝思想史上值得关注的现象”。崔南善的这一观点为玄相允的《朝鲜儒学史》所继承,成了当今理解“实学”的基础。① 不过,需要注意的是,稻叶只是将柳馨远之后的儒学家排除出“实学者”之列。按照稻叶的观点,应该把自高丽时代直至朝鲜王朝时代所有的“致力于实学以经邦济世”的儒学家都看作“实学者”。稻叶与崔南善的观点之所以不同,这是源自两人对“实学”概念的不同理解。稻叶以所有前现代的朝鲜王朝儒学家为对象,而崔南善则将“实学”限定于具备推动朝鲜现代化这一要素的儒家学者。在此意义上可以说,对崔南善而言,“实学”是一个极为现代主义的概念。

最后须指出的是,有时也有人会从“心学”的角度来理解朝鲜儒教。《儒教大事典》对“心学”的定义是:“以‘心’为基本概念的思想。心学始于孔孟,吸收了一部分神仙思想与禅学的学术方法,兴盛于宋代的陆九渊、明代的王守仁。广义而言,心学是一门修养心的学问,有时也指全体儒学。一般而言,以性为最高原理的程朱哲学称作性理学,与之相对,心学指将心作为最高原理的陆九渊、王守仁的哲学。”②这个定义的依据是,在宋明理学史上,人们一般都把陆象山和王阳明的学问看作“心学”。

然而众所周知,李退溪喜欢读真西山的《心经》,这说明朝鲜儒者对“心”的问题抱有非同寻常的关心。例如在《朝鲜工朝实录》中曾多次提到“心学”③,例如:

① 太祖十五卷,七年(1398 年戊寅/明洪武三十一年)十二月十七日(己未)

己未/左政丞赵浚、兼大司宪赵璞、政堂文学河仑、中枢院学士李詹、左谏议大夫赵庸、奉常少卿郑以吾等,撰《四书切要(四书节要)》以进。笺曰:人主

---

① 権純哲:《韓國思想史における“実學”の殖民地近代性——韓國思想史再考 I》,《日本アジア研究》第 2 號,第 9 頁。

② 《儒教大事典》,第 866 頁。

③ 本文所引《朝鲜王朝实录》,均引自国史编纂委员会的《朝鲜王朝实录》网站 http://sillok.history.go.kr/main/main.jsp。《朝鲜王朝实录》中检索“心学”一词,数量达 143 项。

之治，系于心学，当精一执中，涵养扩充，以为修齐治平之本。历选圣贤之书，《语》《孟》《庸》《学》，盖尽之矣。……伏望清燕之间，时赐睿览，以正心学，由约而博，以尽四书之大旨，温故而知新，日就而月将，则将见终始浃洽，德业隆崇，圣贤之道复明，雍熙之治可致矣。

② 中宗二十六卷，十一年（1516年丙子/明正德十一年）十月八日（丙辰）

御夜对，讲《近思录》。参赞官金安国曰："文宗于理学，用力潜心，究不怠，至于《近思录》《大学衍义》，亲自参考，以御笔释义，或加点切，沉潜玩味，探其微奥。上若体念笃行，则治化自此而生矣。"说经奇遵曰："文宗尝曰：'自见《近思录》，所得甚多。'于此，可以知先王沉潜性理之学也。《近思录》乃心学之阶梯，至为要约，于此用功而存养省察，先知治心之要，则自然日就高明，万事万务，洞达无碍，所当穷究玩解。自古三代以下之君，孰不欲善治？然未能善治者，以其道学不明，驰心于末务也。帝王当尽其心学，无少间断。"上曰："理学，所当用力。"侍读官韩效元曰："上于理学，向意如此，侍从之人，孰不致意？自上终始如一，以至诚开导，则自然有兴起者矣。"上曰："近来无理学之人，予意则欲其崇尚理学耳。"

③ 明宗四卷，一年（1546年丙午/明嘉靖二十五年）七月二十八日（壬午）

壬午/上御朝讲。侍讲官周世鹏曰："伊川作四箴，而皆主于礼，朱子曰：'礼者，画出一个天理，可尊则尊，可敬则敬，事事物物，皆随处合理者也。'二帝、三王皆以礼而合于天理，故人欲不行。人主一身，先明天理，以合于礼，则天下争慕之，贤者乐而行之，愚者畏而从之，天下皆入于天理。此帝王所以重天理者也。夫学术有三，一曰心学，二曰训诂之学，三曰词章之学。是三者，兼行于后世，训诂词章独为之主，而心学则微暗而不行者久矣，是天理不明而然也。后之帝王，不及古昔圣贤者，亦由于舍本而务末也。愿上沉潜玩索，日与经幄大臣，研究探讨，使四方观瞻取则焉。"

④ 仁祖二卷，一年（1623年癸亥/明天启三年）七月二十四日（壬子）

上昼讲《论语》于文政殿。右赞成李贵曰："李元翼今方呈病，右相若遇重事，则必云当议于领相，故无一事成就者。今之急务，须择一相臣而委任，使之主断国事可也。"李晬光曰："李贵之言甚当。今有两大臣，而无一担当国事者，恐殿下委任之诚，有所未尽也。殿下即位以来，励精图治，筵臣日进嘉猷，而尚未臻至治者，岂殿下虽有从谏之名，而未尽用言之实耶！书云尔言底可绩，禹拜昌言者，非但嘉其言也，必用其言也。帝王之学，以治心为本，方今所讲《论语》《大学衍义》虽好，犹不若《近思录》《心经》《性理大全》等书也。儒臣中从事学问者，宜常常顾问也。臣恐殿下图治之心，或未免始勤终怠。若以心学为本，则必无是患矣。”

由上可见，太祖、中宗、明宗、仁祖等历代君主共同遵守的是“人主之治系于心学”这一原则。需注意的是，中宗十一年十月八日有一条记述：“文宗（朝鲜朝第五代王，1414—1452）尝曰：‘自见《近思录》，所得甚多。’于此，可以知先王沉潜性理之学也。《近思录》乃心学之阶梯，至为要约，于此用功而存养省察，先知治心之要，则自然日就高明，万事万务，洞达无碍，所当穷究玩解。”虽然文宗学习的是《近思录》，这说明他潜心研习“性理之学”，但更重要的是，文宗主张《近思录》乃是“心学之阶梯”，又是“治心之要”，这就说明“性理之学”与“心学”被认为是具有同等价值的学问。

此外，明宗一年七月二十八日条载：“人主一身，先明天理，以合于礼，则天下争慕之，贤者乐而行之，愚者畏而从之，天下皆入于天理。此帝王所以重天理者也。夫学术有三，一曰心学，二曰训诂之学，三曰词章之学。”由此可以看出，人主即“帝王”必须重视“天理”，修习“心学”。

正如下文将要详细探讨的那样，朝鲜王朝从建国之初起，儒学就被视作“帝王之学”，亦即为政者的学问，而绝不是普通大众的学问。这一点与江户时代的日本儒学有本质上的不同。例如同样被称为“心学”，石田梅岩所创的“石门心学”在理论构思上就与其正相对立。毋庸赘述，它也不同于中国的象山心学、阳明心学。“朝鲜心学”说到底并未超出宋学的范围，它是在宋学范围内，强调体认“天理”“性理”，并致力于“治心”的学问体系。而且，其直接的思想根源在于阐发“帝王之学”的真西山的《大学衍义》。

朝鲜儒学通用的性理学、实学或心学，有其各自的概念变迁史，并且在经历了近代的再解释之后，一直使用至今。本文并不否定性理学、实学这些术语对于我们理解朝鲜儒学的有效性，笔者只是想指出，这两个术语是在近代的再解释过程中突显出来的。相比之下，迄今为止对于朝鲜儒学的解释，却很少关注“心学”一词，然而这其实是朝鲜王朝时代儒者所频繁使用的概念。[①] 因此，接下来本文试从“心学”的角度来揭示朝鲜儒学的特征。

二、宋学（程朱学）与“心学”

《中国哲学辞典大全》（1997）有关“心学”的定义，反映了现代中国哲学研究者对心学的一般认知。该辞典对“心学”的解释是：

> 韩愈（768—824）纳凉联句云：“谁言摈朋老，犹自将心学。”（《昌黎先生集》八）此为“心”“学”两字连词之始。然指修心之学，非指心学也。邵子（邵雍，1012—1077）《皇极经世》卷八下以“心学第十二”为题，首句即云：“心为太极。”以“心学”名一学说之系统，当以邵子为始。其他宋儒均用“圣学”，即朱子每言传心，亦未用“心学”也。至王阳明（王守仁，1472—1529）《象山文集序》，则谓“圣人之学，心学也。尧舜禹之相授受曰：‘人心惟危，道心惟微，惟精惟一，允执厥中。’此心学之源也。中也者，道心之谓也。道心精一之谓仁，所谓中也”（《王文成公全书》七）。象山（陆九渊，1139—1193）之学与王阳明之学，均以为心即是理。故谓圣学即心学，亦至自然。陈建（1497—1567）著《学蔀通辨》，专击阳明。其言曰：“圣贤之学，心学也。禅学、陆学亦皆自谓心学也。殊不知心之名同而所以言心则异也。……孔孟皆以义理言心，至禅学则以知觉言心也。……王阳明曰：‘心之良知是谓圣。’皆是以精神知觉言心也。……近世不知此而徒诜诜曰：‘彼心学也，此亦心学也。陆氏之学，是即孔孟之学也。’呜呼！惑也久矣。”（卷十《终篇上》）此可知心学之名，明代已通行而又与圣学不分矣。于是儒释思想混合，心学乃染禅宗色彩。故顾宪成（1550—1612）叹曰：“无声无臭，吾儒之所谓空也。无善无恶，释氏之所谓空也。两者之分，毫厘千里。混而不察，概以释氏之所谓空，当吾儒之所谓空，而心学且大乱于天下，非细故也。”（《顾端文公集》六《心学宗序》）[②]

---

① 韩国古典综合DB发行的《韩国文集丛刊》中，“心学”一词的检索数量是1546项。

② 韦政通主编：《中国哲学辞典大全》，水牛出版社，1997年，第112—113页。

在宋明哲学中，提起“心学”，人们一般会联想到陆象山与王阳明的思想。不过，从“心学”的观点分析以朱子为中心的宋学传统（程朱学），其实在日本亦曾流行。其中，荒木见悟是从“心学”角度来分析朱子学的先驱，他指出：

> 朱子自己似乎并未有将自己的立场称作心学的例子。但私淑朱子的黄东发称赞朱子之师李延平的学问说：“心学虽易流于禅，而自有心学之正者焉。”（《黄氏日抄》卷四十二）罗大经所辑《心学经传》十卷（《鹤林玉露》卷十八“文章性理”条）说明，把朱子学称作“心学”的惯例是在朱子没后不久便形成的。以这一趋势为背景，作为典型用法固定下来的是，见于真西山所编《心经》的开篇赞语：“舜禹授受，十有六言，万世心学，此其渊源。”此处的“十有六言”，不言自明，指的就是《书经·大禹谟》的“人心惟危，道心惟微，惟精惟一，允执厥中”。西山此书原本就是将其他书中所载有关治心存养的关键语句汇编而成的一部经书，但是，由于该书缺乏对朱子学另一重要原则即格物致知的考虑，所以可见西山对格物致知的原则也是有所非议的。然而，他力图展示朱子学具有理学与心学两个方面的要素，不仅得到了那些愿意灵活接受朱子学的人们的支持，而且当站在反对朱子学立场的人提及心学时，他也为他们提供了上述十六言以作为依据。罗整庵所说的“危微精一四语乃心学之源”（和刻本《困知记》附录《答黄筠溪亚卿》）即属于前一情形。而王阳明在《象山文集序》（《王文成公全书》卷七）中，引用上述十六言，称其为“心学之源”，则属于后一情形。也就是说，心学路线在此发生了“串线”，并且随之发生的事态是，异质性的东西有可能被归入心学一词当中。①

正如荒木所述，把朱子学称作心学的惯例是在朱子去世后不久即开始的。他还指出，真西山《心经》开篇收录的十六字心传，即《尚书·大禹谟》的“人心惟危，道心惟微，惟精惟一，允执厥中”，是朱子学“心学侧面”的一个象征，并且受到灵活接受朱子学之人以及持反朱子学立场的人们的同时关注。也就是说，将朱子学作为“心学”来理解的传统在历史上就已存在，而开创者正是真西山。关于真西山，过去已有大量的研究积累，这里介绍一下佐野公治的一个解释：

---

① 荒木見悟：《序章——心學と理學》，《明末宗教思想研究》，創文社，1979年，第13頁。

> 私淑朱子的真德秀(西山,1178—1235)在被后世用于帝王学教科书的《大学衍义》(卷二《帝王为学之序》)中指出,“人心惟危以下十六字,乃尧舜禹传授之心法、万世圣学之渊源。欲学人主尧舜,亦惟学此”。三圣所传授的“心法”在这十六个字中得到体现,而圣学就是学习此十六言。换言之,所谓心学就是学习圣人之心。毕竟,他本人亦说:“舜禹授受,十有六字,万世心学,此其渊源。”(《心经赞》,《真文忠公全集》所收)可以认为这是继承了朱子的主张“相传授之心”“相传之心法”,也是宋明时期所谓“心学”的早期用例。此外也能见到当时的如下评论:“(西山)先生之心学由考亭而溯濂洛洙泗之源,存养之功至矣。”(颜若愚《心经附注》后记,端平元年,1234)。于是,学习由朱子所阐明的三圣传授之心法,便被称之为“心学”。①

真西山所著《大学衍义》第一卷的标题是“帝王为学之序”,第二卷至第四卷是“帝王为学之本”,《大学衍义》被看作“帝王”的教科书。另一方面,“学习朱子阐述的三圣传授之心法”在《大学衍义》中被认为是“尧、舜、禹传授之心法,万世圣学之渊源”而接受,此“心法”后来即被作为“心学”加以认识。

真西山以后,三圣传授心法作为“心学”的观点得到继承。明代初期永乐年间编纂颁布的《性理大全》《五经大全》《四书大全》等三本大全,作为遵照程朱学规定了经书理解、儒教教理的国定教科书被广泛使用。其中的《性理大全》采用和摘录了真西山与吴澄(草庐)关于“心学”的言论,这说明在明代初期“心学”曾被频繁论及。例如,薛瑄认为元代儒者许衡(鲁斋)是朱子“心学”的继承者,陈真晟(剩夫)则编纂集成了先儒阐明有益于帝王学的“心学之正教”相关言论的《程朱正学纂要》。另外,程敏政(篁墩)主张孔孟“心学”得到了自北宋诸儒直至朱子的阐发。魏校(庄渠)不仅将“心学”用于人物评价,更提出了所谓“朱子心学”的三变说。他们论述的“心学”内容未必相同,从元、明朱陆思想的调和、融合的倾向开始逐渐带有象山学的色彩。但不管怎样,他们论述了包含朱子学的“心学”,并没有将“心学”限定于象山学。②

---

① 佐野公治:《宋明時代のいわゆる“心學”について》,《山下龍二教授退官紀念　中國學論集》,研文出版,1990 年,第 138 頁。

② 同上书,第 140—141 页。

明永乐帝于1415年敕命编纂《性理大全》《五经大全》《四书大全》三部大全，事实上，在更早一些时候，便完成了他亲自下令编纂的《圣学心法》(1408)一书。可以说，三部大全是基于《圣学心法》的理念而创作的教科书。关于《圣学心法》，三浦秀一有详细探讨，他指出：

> 《圣学心法》自“心学”(即王遂《心学》)中引用了北宋五子，即周、邵、二程、张，以及南宋张栻、吕祖谦、朱熹、刘清之(号静春，1134—1190)的言论与编者自己的文章。“心学”的编者将宋代道学系人士的思想理解为心学，不过，关于心学的基础与方法等，《圣学心法》认为四书已对之进行了恰到好处的阐述，认为“《中庸》是心学之精微，《大学》乃心学之次第，《论语》即尧舜孔颜之心法，无不在焉。《孟子》则千变万化，皆说从心上来”(《圣学心法》卷二/三五)。值得注意的是，不是六经，而是四书被作为解释心学之书而得到推荐。此外，心学并非仅以个人的内在修养为主题，它亦被定位于直接关系到经邦治国的学问。“心学应以事功立，心学应以治道明。”(《圣学心法》卷二/三四)
>
> “心学者，统性情，制形气，厚彝伦，明理义，辨物我，合天人，通上下，亘古今，该静动，贯显微。”(《圣学心法》卷二/三三)不只是修己、治人，它亦是统摄一切的存在、建立秩序的根据，这一表述强烈意识到心的整体性与根源性。①

在此须要留意以下两点：首先，正如“《中庸》是心学之精微，《大学》乃心学之次第，《论语》即尧舜孔颜之心法，无不在焉。《孟子》则千变万化，皆说从心上来”所述，整部四书都被视作有关“心学”(心法)的文本；其次，“心学并非仅以个人的内在修养为主题，它亦被定位于直接关系到经邦治国的学问”，这是说《圣学心法》是把心学看作修己治人乃至统摄一切的学问，而且是建立秩序的根据，强调了心的整体性与根源性，是一部“心学”解释的文本。这种观念后来为三部《大全》的编纂者所继承。

三浦指出，明初对心学的强烈关心，与金朝灭亡后中国北方地区的心学运动在重新接受程朱学的过程中不断收缩构成鲜明的对照，并且与宋末元初的心学运动发生了立场上的激烈交锋，这两种立场分别是作为圣贤之学的继承者的特定的尊

① 三浦秀一：《中國心學の稜線——元朝の知識人と儒道仏三教》，研文出版，2003年，第16—17頁。

朱立场,以及原封不动显现自心便是心学的立场。① 考虑到朝鲜儒学的主流是将王阳明作为异端加以排斥,可以认为朝鲜所接受的"心学"明显采取了前一立场,即"作为圣贤心学的继承者所特定的尊朱立场"。②

因此,朝鲜儒学自建国之初就将宋学(程朱学)作为"心学"加以吸收,并在此过程中展开自身的思想运动,亦即"朝鲜心学"。

三、传入朝鲜的"心学"关联文本之特征

以上我们确认了一点:在宋末元初之际圣贤心学的继承者在特定情况下采取的是尊崇朱熹的立场,相应地,朝鲜心学也继承了这一立场。那么,朝鲜儒学是否就只是单纯接受了中国儒学?为了说明这个问题,有必要对影响朝鲜儒学的"心学"相关文本的特征进行确认。以下列举的文本共有《大学衍义》《四书章图》《圣学心法》《性理大全》《心经附注》五种③。

1.《大学衍义》

由于元朝同高丽曾有密切联系,明太祖朱元璋一直特别警戒朝鲜王朝同蒙古的联系动向。④ 因此,在朝鲜王朝建国初期的太祖元年(1392)、三年、四年,朱元璋就接连颁发了《大学衍义》,与此同时,要求弃用高丽时代所使用的"直译体"(受蒙古语影响的口语体而并非正规汉文)而改用正规汉语,并在太祖二年就设置了司译

---

① 三浦秀一:《中國心學の稜線——元朝の知識人と儒道仏三教》,第10—19頁。

② 吉田公平以为"心学原产于中国,而在中国,宋元明清时代尤其在心性论领域留下了丰富的思想资源。而且有关心学心性论的问题,在晚明清初的讲学或聚会的场所也有深入讨论。这些讨论并非为了理论而理论,而是为了在现场'让心学发挥作用'而展开的理论探讨。其确实的例证便是王阳明后学频繁举行的讲学聚会活动,他们相互进行批评"。但是,吉田所说的"心学"是指三浦所讲的后一种心学类型,即"认为将自己的内心毫不掩饰地展现出来才是心学的立场",这与朝鲜心学是有所不同的。参见吉田公平:《中國近世の心學思想》,研文出版,2012年,第15—17頁。

③ 据韩国古典综合数据库显示,《韩国文集丛刊》中各文本的检索点击量分别为《大学衍义》383件、《四书章图》16件、《圣学心法》3件、《性理大全》506件、《心经附注》111件。而《朝鲜王朝实录》中的各文本检索点击量分别为《大学衍义》449件、《四书章图》5件、《圣学心法》2件、《性理大全》90件、《心经附注》2件。点击量的数字虽不同,但可以确定的是,这些文本都是被广范围阅读的文本。

④ 宫紀子:《モンゴル時代の出版文化》,名古屋大學出版會,2006年,第235頁。

院，加速推进了汉语教育的准备工作。① 对于十分重视同明朝关系的朝鲜王朝来说，比起世宗时代所颁布的《四书大全》《五经大全》《性理大全》，建国初期颁发的真西山《大学衍义》是必须学习的最重要文本。②

作为南宋朱子学派的代表性儒者之一，真西山在反抗韩侂胄(1152—1207)所实行的伪学逆党之禁(将朱熹及二程之书列为禁书)的同时，致力于道学的复兴。③ 除了《大学衍义》四十三卷之外，真西山还著有为李退溪所爱读的《心经》及《西山读书记》六十一卷等书，对朝鲜儒教产生了莫大的影响。

真西山的思想特征在于主张把“端庄静一”作为修养工夫；与致知工夫相比，他更强调诚意工夫；同样，他更强调存养工夫而不是穷理工夫；他把“用敬”作为第一工夫，对理的相关问题也有自己的见解。《心经》引证了《尚书・大禹谟》“人心惟危，道心惟微”、朱熹《敬斋箴》《求放心斋铭》《尊德性斋铭》等有关“心”的圣贤格言；在正文开头，真德秀把《尚书・大禹谟》“人心惟危，道心惟微，惟精惟一，允执厥中”十六字称作“万世心学”④，并把抑制人心且坚持道心的学问称作“心学”。自此以后，朱子后学逐渐习惯把朱子学称作“心学”，于是，关注朱子学的心学面相便逐渐蔚为潮流。⑤

《大学衍义》开头的《帝王为治之序》中，记有“盖人君一身，实天下国家之本，而谨之一言，又修身之本也。‘思永’者，欲其悠久而不息也。为人君者，孰不知身之

① 宫紀子：《モンゴル時代の出版文化》，名古屋大學出版會，2006 年，第 211—228 頁。另，孟淑慧认为：“元明清三代，随着帝王的高度重视，《大学衍义》成为经筵必讲之书以及帝王学的教材。可以说，真德秀的正君心理论与王权强固思想对后世政治思想产生了重要影响。”孟淑慧：《朱熹及其门人的教化理念与实践》，台湾大学文史丛刊，2003 年，第 333—334 页。

② 정재훈：《조선전기 유교 정치사상 연구》，태학사，2005 年，第 8 頁。参看權純哲：《朝鮮儒學史における〈大學衍義〉と〈大學衍義補〉の意義——李珥の〈聖學輯要〉と柳馨遠の〈磻溪隨録〉と関連して》，《埼玉大學紀要(教養學部)》第 42 卷第 1 號，2006 年。又，关于《大学衍义》的历史影响，朱人求介绍了一个事例：“元仁宗称‘治天下此一书足矣’(《元史》卷二四)，下令将此书全部译成蒙古文，刊行分赠朝臣。朱元璋于立国之初，曾问宋濂：‘帝王之学，何书为要？’宋濂便推荐《大学衍义》一书，朱元璋即‘命书《大学衍义》于两庑壁间’(《御批历代通鉴辑览》卷九九)，并率百官在此听宋濂解部分章节。”(真德秀撰，朱人求校点：《大学衍义》，华东师范大学出版社，2010 年，第 13 页)

③ 日原利國編：《中國思想辭典》，研文出版，1984 年，第 235 頁。

④ 阿部吉雄編：《日本刻版李退渓全集(下)》，螢雪出版，1983 年，第 425 頁。

⑤ 参见荒木見悟：《序章——心學と理學》。荒木认为：“心的浮上，不过是为了使作为内核的性(理)具有活性，并非给予心可以改变内核或抛弃内核的权限。……有理才有心，这个顺序不能反过来。此便是朱子学的特色，同时也表明了心学的界限。”(同上书，第 15 页)在此场合，心学不过是把“性等同于理”的一种学问。

当修，然此心一放，则能暂而不能久必也。常思所以致其谨者，今日如是，明日亦如是，以至无往而不如是，夫然后谓之永”①。因为人君一身是天下国家之本，所以成为人君者，无论何时都不能大意，都必须永远把“谨”也就是修身放在心上。

另外，《帝王为学之本》载：“臣按，人心惟危以下十六字，乃尧、舜、禹传授之心法，万世圣学之渊源。人主欲学尧舜，亦学此而已矣。”②正因为“人心惟危，道心惟微”，抑制人心且坚持道心才是“尧、舜、禹传授之心法，万世圣学之渊源”。而对于帝王来说，“修身”是十分必要的，这一点被反复提及。可以说，《大学衍义》是王者必须时常挂在心头的修身解说之文本③。

2.《四书章图》(1337?)

在14世纪初的元朝，为二程后裔的程复心(1257—1340)著有《四书章图》(1337?)，此书是通过图解来阐释四书的文本，是作为这一风潮中的一环而诞生的读物。④

在《四书章图》书前《檃括总要》的“圣贤论心之要”中，关于“敬”有如下说明：

> 盖心者一身之主宰，而敬又一心之主宰也。学者熟究于主一无适之说、整齐严肃之说，与夫其心收敛、常惺惺法之说，则其为工夫也。尽而优入于圣，亦不难矣。⑤

“一身之主宰”是为心，“一心之主宰”是为敬。学者如果掌握了“主一无适”的内里工夫(《近思录》存养篇第四十八章)、“整齐严肃”的外面工夫(《近思录》存养篇

① 真德秀编：《大學衍義》，民昌文化社，1994年，第12頁；真德秀撰，朱人求校点：《大学衍义》，第11页。

② 真德秀编：《大學衍義》，民昌文化社版《大學衍義》，第20頁；华东师范大学出版社版《大学衍义》，第26页。

③ 孟淑慧认为：“《大学衍义》的目标是非常明确的，发挥《大学》的本义，即教育帝王，穷尽人臣正君之法，并帮助帝王了解治道之根源。换句话说，《大学衍义》是真德秀为了正君心而写的著作。”(孟淑慧：《朱熹及其门人的教化理念与实践》，台湾大学文史丛刊，2003年，第331页)

④ 参见宫紀子：《モンゴル時代の出版文化》第7章“程復心《四書章図》出版始末攷”。且李退溪在《圣学十图》第二“西铭图”、第六“心统性情图”、第八“心学图”三个地方，引用了“林隐程氏作”的图，说明李退溪对《四书章图》给予了高度评价。

⑤ 名古屋市蓬左文庫所藏：《四書輯釈章図通義大成》[明正统八年(1443)建昌府儒学丘锡序，隆庆四年(1570)宣赐]，朝鮮古活字印版一二行本《性理大全》，保景文化社，1994年，第69頁。

第四十五章)、"其心收敛"不容一物(尹和靖)以及"常惺惺"之法(《上蔡先生语录》卷中),那么,就不难进入圣域了。

然而,"心"与"天理"的关系究竟如何呢?程复心继"圣贤论心之要"之后,又以"论心之虚灵"为题,指出:

> 《朱子语类》曰:"虚灵自是心之本体,非我所能虚也。耳目之视听,所以视听者即其心也,岂有形象?然有耳目以视听之,则犹有形象也。若心之虚灵,何尝有物?"(卷五,人杰录)窃谓心之本体虚,故具众理,而仁义礼智之性,无不全备,寂然不动者是也。心之本体灵,故应万事,而恻隐羞恶辞逊是非之情,随事发见,感而遂通者是也。[①]

从《朱子语类》中,程复心引用了心的本体是为"虚灵"的观点,并将心定义成"具众理"且"感而遂通"之物。程复心更是在"论心之神明"的末尾指出:"主吾身统性情,天也,道也,性也,心也,皆一理也。其妙于无迹者,则言天;其托于有形者,则言道;其赋予于人者,则言性;其存主于人者,则言心。"[②]认为在"主吾身统性情"这一行为特点上,天、道、性及心是相通的。也就是说,为什么"敬"(活敬)的修养会带来"心"与"天理"相合这一问题,程复心试图用所谓"妙",即神秘主义的观点来进行解释。

3.《圣学心法》(1409)

《圣学心法》是明成祖永乐帝(1403—1424在位)在永乐七年(1409)时,为了训诫子孙(实际上是皇太子朱高炽)而编纂的一部书。[③] 从各种经传里所记载的圣贤言语中,选择整理了与《大学》的理论——"正心、修身、齐家、治国、平天下"相关的内容。特别是选取了王遂《心学》中所载北宋五子(周、邵、二程、张)的语录,以及南宋张栻、吕祖谦、朱熹、刘清之的语录,同时编者还引用了自己的文章。[④] 这本书在

---

① 名古屋市蓬左文庫所藏:《四書輯釈章図通義大成》,第71頁。

② 同上书,第73页。

③ 檀上寛:《永樂帝》,講談社"現代新書",2012年(原刊於1997年),第214頁。

④ 前揭三浦秀一之书,第16页。据三浦所言,元末编纂的《宋史·艺文志》中并没有著录王遂《心学》。进入明代以后,虽然可以从一些书目中发现此书名目,但现在此书本身已然亡佚。又,据陈 (转下页)

中国被批评为“模糊事实的欺骗之书”[①],但在朝鲜却被广泛地接受[②]。

与自我修养的“敬”相比,“永保天命”的“敬天”之“敬”更被重视。天的“视听”时常监视着人类,因为天与人是“相为感通”的,所以人心若是无视敬天,那么天命就会离他而去。由此,象山心学所主张的“人君之心,莫重于敬天”,被广泛引用而且受到了重视。至于永乐帝编撰该书的意图,也体现出对“敬”的重视,但是,明初帝王所强调的“敬”并非仅仅是为了修己,也是为了不失去天命或者说王权,因此他们才非常重视“敬”。这是长期以来就已存在的一般解释。这表明按照《圣学心法》的说法,所谓的“敬以直内”正在向“敬天”发生转化,或许可以说,“性理之学”正在向“心学”转化。

4.《性理大全》(1415)

明代永乐帝命人编纂了《四书大全》《五经大全》《性理大全》,即所谓的三大全。三大全的刊行与传播,带来了儒学史上的一次变革,即科举考试全以此为据,排斥除此以外的所有其他各家的解释。另一方面,对于逐渐固定化的朱子学解释,也开始出现了批判的声音。同时,又随着阳明学的出现以及显学化,明末出版了大量的四书解释书。在这一过程中,关于心的修养问题也受到了莫大的关注。[③]

实际上,《性理大全》看上去虽然好像收录了各种学说,但若仔细阅读,便会发现多数收录的还是真西山及吴澄等人心学的言论。在《性理大全》的“圣学”一项

(接上页)荣捷所言,如诸桥所编的《大汉和辞典》一样,日本人把“心法”作为心的修养方法,解释为“修心之道”“存养心之体,省察心之用之道”。这是受佛教的影响,本来应解释为“要法”,因此《圣学心法》中也指出:“包括圣学全面,所谓要法,是也。”(陈荣捷:《朱子新探索》,学生书局,1988 年,第 336—338 页)

① 前揭檀上宽之书,第 214—215 页。另外,除了三部《大全》之外,成祖自己还编有《圣学心法》四卷(1409 年),三浦秀一认为这是“初期心学运动的产物”(前揭三浦秀一之书,第 32 页)。

② 前揭정재훈之书,第 177—179 页。

③ 参见戸川芳郎、蜂屋邦夫、溝口雄三:《儒教史》,山川出版社,1987 年,第 294 頁。又,关于《性理大全》的重要性,吾妻重二认为:“第一,……三大全是国家教学的主心骨,……且三大全作为……官方指定的正统学说,同样发挥了作用。第二,直至明末的二百余年间,三大全作为科举判定基准而被广泛运用。对于三大全中的解释,无论是承认还是批判,这依然是明代士人不得不参照的书籍。……第三,后世出现了各种各样的类书。……第四,在朝鲜与日本,三大全被不断翻刻,读者也因此层出不穷。该书不仅是在中国国内,还在近世东亚地域内成为构成知识分子思想的基础,这一点不容忽视。”(吾妻重二:《宋代思想の研究——儒教・道教・仏教をめぐる考察》,関西大學出版部,2009 年,第 122 頁)

中,作为"朱子曰"的内容,采录了如下言论:

天下之事其本在于一人,而一人之身其主在于一心。故人主之心一正,则天下之事无有不正。人主之心一邪,则天下之事无有不邪。①

帝王之学虽与韦布不同,经纶之业固与章句有异,然其本末之序,窃以为无二道也。圣贤之言平铺放着,自有无穷之味。于此从容潜玩默识而心通焉,则学之根本于是乎立,而用可得而推矣。②

人主所以制天下之事者本乎一心。③

这些言说所指示的是,借由"人主"即"帝王"的"一心"之状态,可决定"天下之事",这个被重新构筑起来的学问就是"圣学"。以下所采录的无论作为"西山真曰"的言说,还是作为"临川吴氏曰"的言说,都很明显是在进一步补充加强这一论述结构:

西山真曰:惟学可以养此心,惟敬可以存心,惟亲近君子可以维持此心。④

○ 人主之学,其要在于诚意正心修身齐家,以为出治之本。⑤

临川吴氏曰:心学之妙,自周子程子发其秘学者,始有所悟,以致其存存之功。周子云无欲故静,程子云有主则虚。此二言者,万世心学之纲要也。⑥

○ 伊洛大儒,嗣圣传于已绝。提敬之一字为作圣之梯阶。汉唐诸儒所不得而闻也。新安大儒继之,直指此为一心之主宰,万事之本根,其示学者切矣。夫人之一身,心为之主,人之一心,敬为之主。主于敬,则心常虚。虚者物不入也。主于敬,则心常实。实者我不出也。敬也者当若何而用力耶?必有事焉,非但守此一言而可得也。⑦

《性理大全》这一庞大的选集,是为了指示"圣学"即"人主之学"乃致力于"敬"之"存

---

① 《性理大全》卷六十五《聖學》,保景文化社,1994年,第999頁。
② 同上。
③ 同上。
④ 同上书,第1000页。
⑤ 同上。
⑥ 同上书,卷三十二《性理四》,第547頁。
⑦ 同上书,卷四十七《學五·存養》,第749頁。

心”的学问而编成的文X本。而且忠实地沿袭了《圣学心法》的理念。由于《性理大全》,学习“圣学”成为朝鲜儒学家们的义务,他们也因此不得不特别关注“心”与“敬”的问题。李退溪把收录于《性理大全》中的朱子《仁说》,几乎全文[①]引用在他的《圣学十图》第七《仁说图》中,这个典型例子充分说明《性理大全》给朝鲜儒学带来了极大影响。[②]

5.《心经附注》(1492)

程敏政(号篁墩,1444—1499)出身于徽州(现安徽省)。受“和会朱陆”的新安理学派的影响,对于陆象山心学有极大关注。程敏政曾给元代徽州婺源(朱子故乡)的学者程复心《心学图》作注,撰有《心经附注》(1492)。[③] 此书被李退溪视作一生的学术指南而备受喜爱。在该书的前序中,程敏政对于“敬”有如下叙述:

> 盖尝反复紬绎,得程子之说,曰:“天德王道,其要只在谨独。”亦曰:“学者须是将敬以直内涵养,直内是本。”朱子亦曰:“程先生有功于后学,最是‘敬’之一字。敬者,圣学始终之要也。”盖是《经》所训不出“敬”之一言。[④]

程敏政在此引用了朱子的“敬者,圣学始终之要”之说,并称经书之教应以“敬之一言”为基础。同时在文中,针对真德秀“《易》坤之六二曰:君子敬以直内,义以方外。敬义立,而德不孤。直方大,不习无不利,则不疑其所行也”的说法,《附注》用“程子曰”的方式,引用了程子的一个观点:“尹和靖尝言,(程子)先生教人,只是专令敬以直内。若用此理,则百事不敢妄作,不愧屋漏矣。习之既久,自然直所得也。”而且程敏政还加上了按语:“易言敬以直内,义以方外。诚学者希圣之枢要。然敬以直

① “盖仁之为道,乃天地生物之心即物而在。情之未发而此体已具,情之既发而其用不穷。诚能体而存之,则众善之源,百行之本,莫不在是。此孔门之教,所以必使学者汲汲于求仁也。其言有曰克己复礼为仁。言能克去己私,复乎天理,则此心之体无不在,而此心之用无不行也。又曰:‘居处恭,执事敬,与人忠。’则亦所以存此心也。又曰:‘事亲孝,事兄弟,及物恕。’则亦所以行此心也。”(《性理大全》卷三十五《性理七》,第578頁)

② 关于李退溪为什么引用朱子《仁说》,可参见井上厚史:《李退渓の“誠”と王陽明の“誠”——二人の思想の异同をめぐって》,島根県立大學北東アジア地域研究センター《北東アジア研究》第21號,2011年,第1—21頁。

③ 解光宇:《朱子学与徽学》,岳麓书社,2010年,第239—240页。

④ 前揭《日本刻版李退渓全集(下)》,第417頁。

内，其本也。”[①]认为“敬以直内”才是根本。又引“朱子曰”：“问，人有专务敬以直内，不务方外何如？程子曰，有诸中者必形诸外。惟恐不直内，内直则外必方。”并加按语：“敬义之说，先儒多对举而互言之。考程子此言及胡氏朱子之说，又有宾主轻重之辨。学者详之。”[②]可以看出，程敏政认为，敬与义的“宾主轻重”之区别是必要的，而敬才是最为主要的。

至此，我们概览了《大学衍义》《四书章图》《圣学心法》《性理大全》《心经附注》的特征，从这些文本中可抽出共通的“心学”命题。正如《四书章图》“心者一身之主宰，而敬又一心之主宰”、《性理大全》“人之一身，心为之主，人之一心，敬为之主”等语句所示，由对“心”的极大关注，进而强调了对“敬”之德目的关注。对于人来说，最为重要的修养即是作为一身之主的“心”之修养。这意味着，在朝鲜儒学家面前提示出了“心”之修养是以“敬”为主的命题。

朝鲜受同时代中国，即元明时代成为主流的带有“心学”倾向思潮的强烈影响，在熟读“心学”关联文本的过程中，朝鲜儒者们产生出了各自的思想。换言之，受同时代中国思想的影响，引导出了其对于人主，即王的“治心”的强烈要求。引导出了对于作为德目之“敬”的关注之后，朝鲜儒学家们共同致力于“心之修养在于敬之修养”的共通命题。

四、朝鲜儒学的“心学”与“敬”

那么，朝鲜儒学家们对于“心”之修养应以“敬”为主这一命题，究竟进行了哪些实际工作？接着，我们就以权近《入学图说》、李退溪《圣学十图》、李睟光《芝峰类说》、朴世采《心学至诀》作为代表事例，概览其基本特征。

首先，权近（1352—1409）的《入学图说》（197）载有“天人心性分释之图”，在对于“心”的解说文中，叙述道：“其（命）端微而难见，故曰道心惟微，必当主敬以扩充之。其生于形气者谓之人心，而属乎意，其几有善有恶，其势危而欲坠，故曰人心惟危，

① 前揭《日本刻版李退渓全集（下）》，第419頁。

② 前揭《日本刻版李退渓全集（下）》，第426頁。

尤必当主敬以克治之。”[①]引用《尚书·大禹谟》中“人心惟危，道心惟微”之句，经由“主敬”来作为修养的解决方法。

接着，李退溪（1501—1570）的《圣学十图》（1568）中，“第九《敬斋箴图》”引用了“西山真氏曰：敬之为义，至是无复余蕴。有志于圣学者，宜熟复之”[②]之语。且第四图《大学图》并不是朱子的《大学图》（收录于《语类》卷十五卷末），反而采用了朝鲜儒学家权近的《大学图》。至于其中缘由，陈荣捷认为：“朱子之图，乃为《大学》整个思想而作。退溪所用之图，乃为人主修养而作。其目的不同，故所采之图亦异。《十图》皆根据于朱子思想，则退溪诚忠于朱子者也。”[③]退溪基于朱子思想的同时，又因为关注著作为人主之王的“治心”，故而采用了权近的《大学图》。众所周知，对于退溪而言，“敬”是最为重要的概念，其核心即《戊辰六条疏》“其三曰敦圣学以立治本”条中所言：“或曰，帝王之学，不与经生学子同。此谓拘文义工缀缉之类云耳。至如敬以为本，而穷理以致知，反躬以践实，此乃妙心法，而传道学之要。帝王之与恒人，岂有异哉？”[④]退溪主张“道学之要”即在于帝王与“恒人”（常人、凡人）不存在差异。“帝王之学”即是把真西山在《大学衍义》中所展开论述的“敬”作为核心，而退溪则把“帝王之学”作为适用于千万人的普遍性教育，并进行了再解释。《圣学十图》即是如实表现了退溪独特性的著作。

其次，李睟光（号芝峰，1563—1628）的《芝峰类说》（1614）卷五儒道部“心学”条载：“薛文清曰，人有斯须之不敬，则暴慢之心生而非礼矣。有斯须之不和，则乖戾之心生而非乐矣。赵静庵曰，持己当使严中有泰，泰中有严，此所谓礼乐不可斯须去身者也，此言好。夫存心之法，自有持敬工夫，先儒言之尽矣。”薛文清（名瑄，号敬轩，谥文清，1389—1464）的“人有斯须之不敬”之语取自于赵静庵（光祖）的“礼乐不可斯须去身者”，主张“存心之法”在于“持敬”工夫之中。看上去似乎忠实于朱子的解释，但李睟光在此文章后半段叙述道：“王阳明曰，此心廓然，与太虚同体。太虚之中，何物不有，而无一物能为太虚之障碍。凡富贵贫贱得丧爱憎之相值，即飘风浮靄之往来变化于太虚，而太虚之体，固常廓然无碍也。余谓此言固善，但从佛

---

① 裴宗鎬編：《韓國儒學數據集成》上，延世大學校出版部，1980年，第6頁。

② 《退溪學叢書》第Ⅱ部第一卷《陶山全書一》所收《退溪先生全書》卷第七《進聖學十圖》，退溪学研究院，1988年，第202頁。

③ 前揭《朱子新探索》，第367—370页。

④ 《退溪學叢書》第Ⅱ部第一卷《陶山全書一》，第179頁。

语中来。"对王阳明的太虚说显示出了好感，因此其在主张"持敬"的同时也提出了折中的解释。

最后，朴世采（1631—1695）的《心学至诀》（1683）是从经典或先儒之说中抽选了有关"敬"的言说编集而成。卷一中收录了敬之纲、敬之工夫五项之事义十项目、敬之病痛七项目、敬之地头十四项目，卷二中收录了敬之配合三项目、敬之管摄十九项目、敬之功效三项目。书中认为中国古代的传统思想从唐虞的"执中"到孔子的"为人"，最终表现于宋代的"居敬"。朴氏还认为，居敬是宋代心学最为核心的部分，卷一中论及了"敬"之工夫的要点、病弊以及方法。且多载有来自真西山《心经》的引用文，并坚定认为"心学"至诀在于"敬"的修养。[①]

如此看来，朝鲜儒学家不仅被称作性理学派泰斗的李退溪，连从建国期的权近起，到实学派的李睟光及少论派的朴世采，即使他们的学问立场并不相同，也总是对"心学"（或者说是心法）保持关注，且经常把"敬"的修养方法作为议论对象。

五、"朝鲜心学"的特征

从以上的考察中，我们可以发现"朝鲜心学"的三点特征。

第一，朝鲜儒学在朝鲜王朝时代并非被分类为"性理学"派或"实学"派，而是在被称为"心学"的学问领域内进行钻研。为什么从正式开始接受宋学（程朱学）的朝鲜王朝建国时起，朝鲜儒学家对"心学"持有关注了呢？这是因为在同时代的中国思潮，即元明时代宋学（程朱学）的心学化潮流中，《大学衍义》及《性理大全》开始被明代帝王作为必读文献。朝鲜帝王也要求朝鲜儒学家们进行"人主之治在于心学"这一命题的研究。在实行科举制度的朝鲜王朝，侍奉帝王的儒学家们为了能够成为王的智囊，一定会与这个命题相周旋。但《尚书·大禹谟》"人心惟危，道心惟微，惟精惟一，允执厥中"十六字言与同时代的政治状况并不一致，促使朝鲜儒学家们致力于如何合理且整合性地解释这一难题的工作。在此"心学"的思潮中，作为"心"之修养而被重视的就是"敬"。对于"敬"的思索，并非只有李退溪在进行，从权近以来直至朝鲜王朝末期，这是所有儒学家们共通的思想课题。

---

① 前揭《儒教大事典》，第867頁。

因此，不能否定的是，若动辄以“性理学”或“实学”这样近代才成立的学问范畴为依据来通观朝鲜儒学，往往会产生看错其特征的危险。同时，若过于强调这两个学问范畴，则会有丧失与中国及日本的关联性的危险。因此，我们理应有必要把朝鲜儒学作为“朝鲜心学”进行一次重新认知。

第二，关于朝鲜儒学中阳明学的发展，曾经有过把朝鲜儒教特性定义为“朱子学一尊主义”而无视阳明学的时代。近年来，陆续出现了如中纯夫《朝鲜の阳明学》(2013)等扎实的研究成果。据中氏所言：“阳明学传入朝鲜应在王守仁(1472—1528)生前的1521年。因此朝鲜阳明学具有可同中国相匹敌的历史时长。但正式且体系化地接受阳明学，应该要等到阳明学传来百年以上之后，即郑齐斗(号霞谷，1649—1736)出现之时。”[1]中氏认为，对于阳明学的关注，是从17世纪末才开始出现的。

但是，如上所述，李睟光《芝峰类说》中已表现出对阳明学的好感。可以明确的是，在“正式接受阳明学”之前，朝鲜对于王阳明已有一定程度的关注。三浦秀一曾说：“宋末元初的心学运动具有两个立场。其一，作为圣贤心学继承者，特别尊崇朱熹的立场；其二，如实地体现自我内心才算是心学的立场。这两个立场具有在其内部互相对立争斗的特性。”[2]朝鲜王朝建国时所传入的“心学”化的宋元哲学，本来就是一个与阳明学有着高度亲和性的思想体系。因此在朝鲜王朝，陆象山及王阳明的文本并非是不能阅读的禁书。另一方面，《性理大全》中指示出了学习“圣学”即“心”与“敬”的问题，同时也收录了许多陆象山的学说。可以说在如何解释“心学”的这一问题上，根据儒学家们各自关注点或解释方法的不同，如将朱子学(宋学)与陆王心学进行同化、折中、排斥等，有着各种各样的模式。

第三，李退溪曾写过针对王阳明的批判文章，这是在研究朝鲜心学时颇为有趣的文本。作为性理学派代表的李退溪，留下了批判王阳明的文本著作，这可成为把朝鲜儒学看作“朱子学一尊主义”的重要根据。在李退溪对王阳明的批判当中，值得引起注意的是《退溪先生文集》卷四十一“传习录论辩”中的第三个“辩曰”部分：

辩曰：不本诸心而但外讲仪节者，诚无异于扮戏子。独不闻民彝物则，莫非天衷真至之理乎？亦不闻朱子所谓主敬以立其本，穷理以致其知乎？心主

① 中純夫：《朝鮮の陽明學》，汲古書院，2013年，第3頁。

② 三浦秀一：《中國心學の稜線——元朝の知識人と儒道仏三教》，第18—19頁。

> 于敬,而究事物真至之理,心喻于理义,目中无全牛。内外融彻,精粗一致。由是而诚意正心修身,推之家国,达之天下,沛乎不可御。若是者,亦可谓扮戏子乎?阳明徒患外物之为心累,不知民彝物则真至之理,即吾心本具之理,讲学穷理,正所以明本心之体,达本心之用。顾乃欲事事物物一切扫除,皆揽入本心衮说了。此与释氏之见何异?而时出言稍攻释氏,以自明其学之不出于释氏,是不亦自欺以诬人乎?彼其徒之始明者,不觉其堕坑落堑于邪说,乃曰言下有省,亦可哀哉!

这里李退溪所猛烈批判的是,对于朱子"主敬以立其本,穷理以致其知"以及"心主于敬,而究事物真至之理",即"敬"才是"心"之主的教诲,阳明完全没有理解。关于李退溪对阳明的这段批判,友枝龙太郎说:"阳明学说中,完全没有显示出朱子所言的理与气、性与情、心与理、心知与物理、知与行等对立面。继承朱子学的退溪,反对阳明是理所当然的。我们通过这些批判论点可以看出,'理气不离不杂,妙凝对待'的辩证论是退溪学说的核心。"①这个看法只能说是一面之词。因为阳明所主张的"心即理"这一命题,对于主张"心主于敬"的李退溪来说,是绝对不能忍让的对立面。这两者的对立正如三浦所言,在"宋末元初心学运动"的系谱中,最具有"在其内部互相对立争斗"的特性。李退溪与王阳明的哲学是在"心"之实践修养上,从完全相对的立场上所提出的解答。

稻叶岩吉指出:"在李朝五百年的近代历史中,可列举出相当多的致力于实学经济(亦即民生)并取得相当成绩的人物。"如果这个说法是正确的话,"致力于实学经济(亦即民生)"的儒学家们,并不是从"性理学"或"实学"的立场来进行努力,而是从作为王之"治心"学问("圣学""心学")的具体实践出发,构思出了"实学经济"及"民生",并写下了具体策略。可以认为,所谓的"朝鲜心学",不过是与王者的治世密切相关并被发展起来的学问体系。

参考文献:

一、原典资料

韩国古典综合 DB http://db.itkc.or.kr/itkcdb/mainIndexIframe.jsp

① 友枝龍太郎:《李退渓——その生涯と思想》,東洋書院,1985年,第144頁。

朝鲜王朝实录 http://sillok.history.go.kr/main/main.jsp
裴宗鎬編:《韓國儒學數據集成》上,延世大學校出版部,1980年。
고전국역총서 4:《국역 연려실기술》,민족문화추진회,1996年。
阿部吉雄編:《日本刻版李退渓全集(下)》,螢雪出版,1983年。
真德秀編:《大學衍義》,民昌文化社,1994年。
名古屋市蓬左文庫所藏:《四書輯釈章図通義大成》,朝鮮古活字印版一二行本。
《性理大全》,保景文化社,1994年。

二、韩语文献

儒教事典編纂委員會:《儒教大事典》,1990年。
尹絲淳:《韓國儒學論究》,玄岩社,1980年。
張志淵著,柳正東譯:《朝鮮儒教淵源(下篇)》,三星美術文化財團,1979年。
玄相允:《朝鮮儒學史》,玄音社,1982年。
정재훈:《조선전기 유교정치사상 연구》,태학사,2005年。

三、汉语文献

韦政通主编:《中国哲学辞典大全》,水牛出版社,1997年。
真德秀撰,朱人求校点:《大学衍义》,华东师范大学出版社,2010年。
陈荣捷:《朱子新探索》,学生书局,1988年。
孟淑慧:《朱熹及其门人的教化理念与实践》,台湾大学文史丛刊,2003年。
解光宇:《朱子学与徽学》,岳麓书社,2010年。

四、日语文献

《岩波哲學・思想事典》,岩波書店,1998年。
日原利國編:《中國思想辭典》,研文出版,1984年。
吾妻重二:《宋代思想の研究——儒教・道教・仏教をめぐる考察》,関西大學出版部,2009年。
荒木見悟:《序章——心學と理學》,《明末宗教思想研究》,創文社,1979年。
井上厚史:《李退渓の"誠"と王陽明の"誠"——二人の思想の異同をめぐって》,島根県立大學北東アジア地域研究センター《北東アジア研究》第21號,2011年。
権純哲:《韓國思想史における"実學"の殖民地近代性——韓國思想史再考Ⅰ》,《日本アジア研究》第2號,2005年。
権純哲:《朝鮮儒學史における〈大學衍義〉と〈大學衍義補〉の意義——李珥の〈聖學輯要〉と柳馨遠の〈磻渓隨録〉と関連して》,《埼玉大學紀要(教養學部)》第42巻第1號,2006年。
佐野公治:《宋明時代のいわゆる"心學"について》,《山下龍二教授退官紀念　中國學論集》,研文出版,1990年。
檀上寛:《永楽帝》,講談社現代新書,2012年(原刊於1997年)。
戸川芳郎、蜂屋邦夫、溝口雄三:《儒教史》,山川出版社,1987年。

友枝龍太郎:《李退渓——その生涯と思想》,東洋書院,1985 年。
中純夫:《朝鮮の陽明學》,汲古書院,2013 年。
三浦秀一:《中國心學の稜線——元朝の知識人と儒道仏三教》,研文出版,2003 年。
宮紀子:《モンゴル時代の出版文化》,名古屋大學出版會,2006 年。
吉田公平:《中國近世の心學思想》,研文出版,2012 年。

(作者单位:日本岛根县立大学综合政策学部)

(程朝侠、戚子君　译)

仁斋学的“天人合一”理论

——江户儒学中“儒学主体”的一个位相

山本正身

本文的目的是对江户前期儒者伊藤仁斋(1627—1705)的思想体系,从“天人合一”说的视点出发予以再讨论、再评价。

有关仁斋学的思想史评价,目前已经形成“定说”。主要是1. 以《论语》《孟子》为标准建立文献实证的儒学思想解释体系(“古义学”的构建);2. 对于江户初期思想界产生持续影响的朱子学思想予以正面的批判(与朱子学的对立);3. 构建在日常生活的“人伦世界”中追求“道”的独特的儒学体系(提倡“人伦日用之道”);4. 使原本为外来思想的儒学被江户社会接受(儒学的日本化),等等。[①] 在这些以往的评价中,几乎没有从“天人合一”的视角出发讨论仁斋学的。我想其原因在于,一般认为仁斋学的基本立场是“天道”与“人道”的分离,所以相关论述中亦不会涉及“天人合一”说。

但是,所谓“唐虞三代之道”,是源于与天地合其德的圣人之治,无疑“天人合一”说乃儒学思想的核心。[②] 而仁斋学作为儒学思想体系之一,亦很难想象其会否定“天人合一”说,或者外于其学问的关心范围。笔者认为,仁斋学中一个重要的思

---

① 有关仁斋学的思想史评价,具体参见渡辺浩:《近世日本社會と宋學》,東京大學出版會,2010年增補新裝版;黒住真:《近世日本社會と儒教》,ぺりかん社,2003年;子安宣邦:《伊藤仁斎の世界》,ぺりかん社,2004年;土田健次郎:《江戸の朱子學》,築摩書房,2014年。

② 原本儒学所说的“圣人之道”,是通过尧、舜、禹、汤、文王、武王等先王的事迹而被理解,指的是具备“与天地为一体”之德的圣人治理下充满秩序与和谐的盛世。这一观念在尧传舜的“咨尔舜,天之历数在尔躬,允执其中,四海困穷,天禄永终”(《论语·尧曰第二十》)与舜传禹的“予懋乃德,嘉乃丕绩。天之历数在汝躬,汝终陟元后。人心惟危,道心惟微,惟精惟一,允执厥中”(《书经·虞书·大禹谟》)等话语中,有明确的描述。

想特质，即是基于独自的立论重新定义“天人合一”说。另外据此可以说，包含一般庶民的众人皆可被认为“天地”的担当者，有关“儒学的主体”构建了独自的学说，在这一点上可以肯定仁斋学的思想史意义。

那么，仁斋尝试重新定义“天人合一”，具体如何做呢？以下，本文将不仅论述这一尝试在江户思想史中的地位，还将对仁斋学的思想体系予以再讨论、再评价。

一、朱子学的“天人合一”说

“天人合一”说广泛地影响日本江户社会，是通过朱子学的普及带来的。在此，本文希望首先大致地确认一下朱子学是基于何种理论而讨论“天人合一”的。

第一，朱子学思想中，只有“天地”才是秩序与和谐的象征。若看一下“天地”的变化，则繁星的运行，昼夜、日月、四季的交替，总是基于一定的规则。在这一“天地”中所孕育的各种各样的生命活动，亦总是展现出和谐、充实的生机。所有的生命，包括茂盛的草木、飞鸟游鱼，以各种各样应有的状态生长、繁殖。如此，朱子学中所谓“天地”，其本身就是一切秩序与和谐的根源，同时也是一切秩序与和谐所呈现的现实世界。①

第二，为了带给人类世界秩序与和谐，人的活动与“天地”变化为一体，这是最为重要的。与“天地”的变化充满秩序与和谐相对，人类世界的现实被混沌与昏迷所笼罩。每一个个人的前途、社会的命运都是未知数、不透明的。因此，若要赋予混沌的人类世界以正当的规则，则必须将其纳入“天地”的秩序之中，这是必要的前提。

第三，其“人与天地为一体”，通过对《中庸》“诚者，天之道也。诚之者，人之道

---

① 有关充满秩序与和谐的“天地”变化，朱子高足陈北溪（1159—1223）提出，“天道流行，自古及今无一毫之妄。暑往则寒来，日往则月来。春生了便夏长，秋杀了便冬藏。元亨利贞终始循环万古常如此。……如天行一日一夜一周而又过一度，与日月星辰之运行躔度万古差”。参见《北溪先生性理字義》卷之下“誠字”，中野市右衛門刊行本，寛永九年（1623）。

天地宇宙的万物都有其内在规定的原理和法则，而这被认为是天之所予的观念，如《诗经》所言“天生烝民，有物有则。民之秉彝，好是懿德”（《大雅・荡・烝民》）是不限于朱子学的儒学整体的最基本认识。

也”(第二十章)的注释,[1]可以在以下的三个层次中予以讨论:1.“天道”乃“诚”之本身,即作为“天理之本然”的“真实无妄”;2. 圣人之德是与“天道”完全相同的“诚”,因此圣人能够自然且必然地与“天地”为一体;3. 未能达到圣人境界的普通人,能够通过行为的努力(学问的培养)达到与“天道”参。

如此虽说是“天人合一”,但是圣人与一般人存在着这样的差异。因为虽然圣人与一般人中由“天”所赋予的“理”是没有差别的,但是形成一般人之肉体与心性的“气”则有着过与不及的偏差,由此人欲之生就会妨碍“理”之发现。不过,重要的是,这一观点表明即使是一般人只要通过学问的积累,都可以达到道德的真实无妄,其最终所获得的“德”就可达到“诚”的层次,故与圣人无异。[2]

可见,在朱子学看来,人无论是谁都能通过学问达到“与天地为一体”,这至少在理论上是可能的。于是,“圣人必可学而至”[3]的观点,在理论上得以确立。这一理论在现实的社会中,可以推动众人从事学习,追求“与天地为一体”。

确实在中国社会,通过“科举”制度,具备德性修养的士大夫阶层作为“天人合一”的实践主体发挥着重要的政治作用,在一定程度上形成了这样的社会环境。但是即便如此,学习朱子学的士大夫们,实际上到底在何种程度上能够发挥与圣人匹配的政治作用呢?不得不说,这是难以确定的。另外,追求普通生活的庶民作为实践“天人合一”的主体,在具体的社会历史环境中也是不可能完全具备的,即便在朱子学所植根的中国社会。

总而言之,“天人合一”在理论上是向众人开放的,但在现实的社会实践层面中,不得不仅限于对一部分人的期待。如何理解并克服朱子学这一内在的思想矛盾,在江户社会接受儒学的过程中,是江户儒者不得不面对的难题。本文将尝试回答这一问题,以考察仁斋学在江户儒学发展过程中的地位。

---

① “诚者,真实无妄之谓,天理之本然也。诚之者,未能真实无妄,而欲其真实无妄之谓,人事之当然也。圣人之德,浑然天理,真实无妄,不待思勉而从容中道,则亦天之道也。未至于圣,则不能无人欲之私,而其为德不能皆实。故未能不思而得,则必择善,然后可以明善。未能不勉而中,则必固执,然后可以诚身。此则所谓人之道也。”(朱熹:《中庸章句》第二十章,《朱子全书》第6册,第48页)

② “惟圣人能举其性之全体而尽之。其次,则必自其善端发见之偏,而悉推致之,以各造其极也。曲无不致,则德无不实,而形、著、动、变之功自不能已。积而至于能化,则其至诚之妙,亦不异于圣人矣。”(同上书第二十三章,第50页)

③ 朱熹:《近思录》卷二,《朱子全书》第13册,第176页。

二、江户社会与江户儒学的“天人合一”

儒学作为实现太平之世的思想根据，受到了将军家以及有力大名的欢迎。德川家康提出，德川家居于天子（将军）的地位是基于“天道”。幕藩体制确立期的有力大名，亦在“天道”中发现了天子、诸侯身份的根据。① 他们基于幕藩体制的政治统治，要在朱子学中追求法“天道”的理论根据。为此，只有以内心自觉到“天理”之所在，对外展开以“天理”为法则的实践，才能实现与“天地”并立的政治效果。这即是对于他们而言的“天人合一”。

但是，这意味着朱子学所说“天人合一”的担当者，在江户社会的现实中，仅限于天子、诸侯等被赋予卓越品德的一部分人。实际上，相比一般庶民和下级武士，对于讲解儒学的多数儒者而言，他们同样认为自己的日常生活情感以及实践活动是与“天人合一”说相隔绝的。

当然，江户初期朱子学的主要人物，在理论上就是如此直接地接受“天人合一”论的。从代表人物藤原惺窝所表达的以下见解中即可看出这一点：

> 夫天道者理也。此理在天，未赋于物曰天道。此理具于人心，未应于事曰性。性亦理也。……凡人顺理，则天道在其中，而天人如一者也。徇欲，则人欲胜其德，而天是天，人是人也。②

人性中具备天所赋予的“理”，因此只要遵循“理”，则“天人合一”就是可能的，而顺从“气”的过与不及产生的人欲，则人就会远离天。这一基于朱子学“性即理”原则的“天人合一”说，被林罗山、松永尺五等惺窝门人（京学派）与山崎闇斋及其门人

---

① 德川家康有关基于天道的为政认识，记载于其重臣本多正信的《本佐録》（日本思想大系 28《藤原惺窩・林羅山》，岩波書店，1975 年）、本多平八郎的《本多平八郎聞書》（日本思想大系 38《近世政道論》，岩波書店，1976 年）。另外，有关拥有相当实力的武家，可参见《池田光政日記》（同上书所收）、《黒田長政遺言》（日本思想大系 27《近世武家思想》，岩波書店，1974 年）等。在幕藩体制的确立期，作为诸侯对儒学的重视，可由以下案例得到确认：会津藩主保科正之聘请山崎闇斋，尾张藩主德川义直聘请崛杏庵，冈山藩主池田光政聘请熊泽蕃山，水户藩主德川光圀聘请朱舜水，加贺藩主前田纲纪聘请木下顺庵，等等。

②《惺窩先生文集》，日本思想大系 28《藤原惺窩・林羅山》，第 92 頁。

(闇斋学派)所继承。

但是,“天人合一”作为对于众人可能的“理论”,与其实践主体不得不被限定于天子、诸侯等上层武家的“现实”之间,存在着难以逾越的鸿沟。能否对此问题予以完整的回答,这是江户儒学所预设的重大课题。江户儒学提出的回答,大致有以下三种类型。

第一,提出生育万物的“天地之心”与奉行仁义礼智的“人心”为一体。这是从林罗山、松永尺五等“京学”主要人物的讨论中所能看到的一个典型。如春萌(元)、夏茂(亨)、秋实(利)、冬藏(贞)的生育“天地”万物之心,即人所具有的“仁”“义”“礼”“智”之心。人无论是谁都要努力践行“仁义礼智”,以此即能实现“与天地为一体”。

第二,同样提倡“天地之心”与“人心”为一体,但是强调某一象征性的儒学价值的概念作为两者联结的媒介。山崎闇斋的“敬”、晚年接触阳明学之前的中江藤树的“孝”,皆被赋予媒介的作用。通过“敬”与“孝”所传达的道德含义在于,已经充分地将一般庶民的存在考虑在内。

第三,基于“事天地”的解释重新定义“人与天地为一体”,这一立场的代表即贝原益轩的思想。益轩提出只有“天地”才是生长、发育万物的根源,对于人而言最大的努力即是报其大恩。通过“事天地”而阐发“天人合一”的理论,将一般庶民的存在亦考虑在内,可以说这是益轩独特的理论。

以上三种类型,可以说基本上都是根据朱子的学说,认为“天人合一”的可能性向万民开放。与此相对,在根本上批判朱子学的“天人合一”说,通过与朱子学说不同的思想观念理解“人”与“天地”的关系,这即是江户儒学中所谓的“古学”思想一派。

特别是荻生徂徕基于以下立论:1.“天地”的变化是不可知的;2.但是“天地”给予圣人聪明睿智之德,圣人亦敬畏“天地”;3.借助这样的圣人治世,其德与“天地”之德为伍,重新解读了儒学的“天人合一”说。① 徂徕将追求“与天地为一体”的实践主体限定于天子、诸侯,他在充分认识德川时代的现实政治、社会管理体制的基础

① 徂徕的“天人合一”说可以集中地表述为:“盖上古伏羲、神农、黄帝、颛顼、帝喾,田渔、农桑、衣服、宫室、车马、舟楫、书契之道,亘万古不坠,民日用之。视以为人道之常,而不复知其所由始。日月所照,霜露所坠,蛮貊夷狄之邦,视效流传,莫不被其德。虽万世之后,人类未灭,莫之能废者,是其与天地同功德,广大悠久,孰得而比之?故后世圣人,祀之合诸天,名曰帝。”(《弁名》下,日本思想大係 36《荻生徂徠》,岩波書店,1973 年,第 237 頁)

上，重新定义了儒学的“天人合一”说。

那么，同样被认作“古学”派的儒者伊藤仁斋，如何回应这一问题呢？另外，其思想态度中具有哪些特点，在此体现出什么样的思想史意义呢？以下我们将结合上述江户儒学史，来分析仁斋学的“天人合一”理论。

三、仁斋学的“天人合一”

1. 仁斋学的“天地”含义

如上所述，朱子学在“天地”的变化中发现万物的秩序与和谐。因此，朱子学中所谓的“天地”就意味着第一义的自然世界。所谓“天人合一”就意味着使自然世界中存在的秩序与和谐在人类世界中实现。

与此相对，仁斋学将“天地”解读为“人伦世界”。仁斋明确地提出：

> 夫有人伦，则天地立。无人伦，则天地不立，日月亦不明，四时亦不行。无人伦，则虽有犹无。（童下50）

以人与人之间的道德关系形成的“人伦世界”理解“天地”，这一仁斋的观点在其著作中随处可见。“盖天地之道存于人，人之道莫切于孝弟忠信”（论古・学而4，论注），“天地之间，唯一实理而已，更无奇特。自有生民以来，有君臣，有父子，有夫妇，有昆弟，有朋友”（童上8），“夫有充满天地、贯彻古今、自不磨灭之至理，此为仁义礼智之道，又此为仁义礼智之德”（字义下・学2）等等。可见，仁斋所说的构成“天地”之本质的“孝弟忠信”“五伦”“仁义礼智”，显然都是作为“人伦世界”之基础的儒学道德观念。

当然，也应看到仁斋又把“天地”视为自然世界，下面即是一个例证：

> 日月星辰，东升西没，昼夜旋转，无一息停机。日月相推而明生焉，寒暑相推而岁成焉。天地日月，皆莫不乘斯气而行。（童中69）

但是，按照“盖天者，专出于自然，而非人力之所能为也”（字义上・天命 2）的说法，在仁斋看来，这一自然世界的变化是人力所不能操控和改变的。仁斋认为“天有必然之理，人有自取之道”（论古・述而 22，论注），因此，自然世界（天道）中存在“必然之理”，与此相对的人伦世界（人道）中则必有“自取之道”。仁斋强调，与人之当为所相关的不是“必然之理”，而是能够自主选取的“自取之道”。对于仁斋而言，所谓“天地”就意味着人作为人而生存的世界；不是日月星辰的运行、时间季节的推移和各种生命成长而展现的世界，而是由君臣、父子、夫妇、兄弟、朋友的关系而成立的人伦日用世界。①

2. 仁斋学中“天人合一”的实践主体

仁斋并不认为人伦世界的“天地”秩序以及和谐，只能由所谓的天子或诸侯来承担，从根本上说，这应当是社会大众所能承担的任务。因为人之本性已经具备天之所与的“四端之心”（恻隐、善恶、辞让、是非之心），基于此，任何人都具备担当“天地”秩序的能力。仁斋提出：

> 人必有恻隐羞恶辞让是非之心，是四者人之性而善者也。而仁义礼智天下之德，而善之至极者也。苟以性之善而行天下之德焉，则其易也犹以地种树、以薪燃火，自无所窒碍。（字义・仁义礼智 3）

强调只有众人本有的“四端之心”才是天下之达德“仁义礼智”的起点，即只有以“四端之心”才有可能践行“仁义礼智”。所以说：“四端之心，人人固有，而至于仁义礼智之本根也。”（孟古・告子上，篇注）因此，在仁斋看来，“天地”正是以“仁义礼智”为基础而成立的“人伦世界”，由于人人都具备“仁义礼智之本根”，因此，包括一般平民在内的所有人都应当是担当“与天地为一体”的实践主体。

但是，仁斋并不认为，由于众人具有“四端之心”的本来能力，就可自然地承担建构“天地”的秩序与和谐。正如仁斋所言“人性虽善，然不充之，不足以事父母，则

---

① 最为直接地表明仁斋这一观念的立论是：“人伦之外无道，仁义之外无学。人之所当务力者，人伦而已矣；人之所当竭力者，仁义而已矣。夫天运于上，地载于下，日月代明，四时错行。人不能为力于其间。在君惟当尽君之道，在臣惟当尽臣之道，在父惟当尽父之道，在子惟当尽子之道。人人尽己之道，而天下平矣。”（字义下附・邪说）

性之善不可恃焉”（字义下，学 2），他特别强调“四端之心”的能力其实是非常微弱的，仅以天之所与的“善”而不加以扩充，那么，连侍奉自己的父母都难以做到。因此，善的能力须要通过学问来加以“扩充”。仁斋明确指出：

> 夫四端吾心之所固有者也，仁义礼智天下之大德也。四端之心虽微，然扩而充之，则仁义礼智之德至以放乎四海。……所谓扩充云者即学问之事也。（孟古·公孙丑上 6，章注）

在仁斋学的系统中，所谓“天人合一”的担当者，并不由地位、身份、才能、境遇所决定，而唯有通过学问的培养，才能逐渐养成。

3. 仁斋学中实践主体的形成——仁斋学的学问论

如上所述，仁斋认为人之善性（四端之心）的扩充是以学问的培养为必要条件的。关于学问的基本内容，仁斋提出：

> 学有本体，有修为。本体者，仁义礼智是也。修为者，忠信敬恕之类是也。盖仁义礼智，天下之达德，故谓之本体。圣人教学者由此而行之，非待修为而后有。忠信敬恕力行之要，就人用工夫上立名，非本然之德，故谓之修为。（字义下·忠信 5）

获得“道”之真义之知的“本体之学”，与个体通过“道”的行为实践的“修为之学”有很大的不同。

仁斋以“仁义”（或者是以此总括的仁义礼智）为“本体之学”，“学者，求人之所以为人之道焉耳。而人之所以为人之道者，仁义而已”（孟古·告子上 11，章注），自然将学问的目标集中于对“仁义”的追求。但是，所谓“仁义”是应当在“天下”践行的理念，每个人对于“仁义”的态度应为“由”此而非“行”此。“由仁义行，非行仁义也。”（《孟子·离娄下》第十九章）孟子所说的意义就在于此。由作为“本体”的“仁义”出发，个人实际所进行的道德实践即是“修为”。为了“天地”的秩序与和谐，不可或缺的是获得作为其根本的“仁义”之知，进而在个人实际的“修为”中实现其秩序与和谐。没有“本体之学”则不可能理解道德的真义，没有“修为之学”则不可能实际地践行道德。①

"修为"可以被解说成各种各样的工夫论,其中以孔子所说的"主忠信"尤为"学之根本"。所谓"忠信",是指对他人彻底地融合展露自己的理解②,是达到人与人之间人伦关系和谐与充实的行为实践起点。"忠信"在一切"修为"中的位置,就相当于"仁义"在一切"道德"中的位置。

仁斋为了进一步地确证众人"天人合一"的实践可能性,在孔子的"主忠信"以外,又强调孟子所说的"扩充四端之心"的意义。③ 仁斋认为无论是谁都本有"同情他人之心",其心由亲近之人渐渐地推及疏远之人,这一"易知易行"的学说是使一般庶民成为"天人合一"之担当者的思想根据。

仁斋学中,所谓"道"就是个人的"四端之心"向"仁义礼智"的扩充,"仁义礼智"即意味着"人伦世界"中的交往,但其终点并非是永恒固定的。仁斋提出"天下之道无穷"(童上 21),其原因即在于此。虽然是"易知易行",但其终点是不易窥见的"道"的特点,要求其担当者要不断地予以"扩充"。

4. "扩充"的主体性与自律性

仁斋要求人人践行扩充"四端之心"的行为,其自律的行为努力是达到"天地"秩序与和谐的必要前提。其学说中为了使人人都成为自律的主体,有着完整的思想方法。

第一,仁斋主张人无论是谁都具备向"善"的本质(四端之心),但是其作用非常微弱。正因为非常微弱,故须要每个人发展、扩充这一本质。人自主地、自律地向善,这样的素质是必需的。但是,假如这一素质已经圆满,那么就不需要人自力的

① 例如有关"本体"的"仁义"和"修为"的"忠恕"的关系,仁斋论述道:"仁义固道之本体,虽忠恕之功亦不能不以仁义为本。然至于待人接物,必以忠恕为要。"(字义下・忠恕 4)

② 仁斋解说"忠信"的字义为:"夫做人之事,如做己之事,谋人之事,如谋己之事,无一毫不尽,方是忠。凡与人说,有便曰有,无便曰无,多以为多,寡以为寡,不一分增,方是信。"(字义下・忠信 1)

③ 有关孔子之教与孟子之教,仁斋提出:"孟子之书,为万世启孔门之关钥者也。盖孔子之言,平正明白似浅而实深,似易而实难。……孟子谆谆然指其向方,示其目标,使学者知源委之所穷。……呜呼!孟子之书,实后世之指南夜烛也。"(孟古・总论,纲领 4)如此所论,孟子的"扩充四端之心"说作为孔子"主忠信"说的"指南夜烛",有着思想史的作用。由此有关孔孟之说的关系,仁斋认为"扩充四端之心"的意义为:"人之性有限,而天下之德无穷。欲以有限之性尽无穷之德,非由学问其能之乎?然非性之善,则虽学问之功亦无所施。故性之善可贵焉,学问之功大矣。是孔子所以不以率性为言,专以学问教人,而孟子所以屡道性善,而以扩充之功为其要也。"(字义下・学 2)

培养。对此问题，仁斋以“四端之心”的本有及其扩充的必要予以克服。

第二，虽说是自主地、自律地，但其“学”的作用并非不需要任何前提或约束即可进行，而是不断地须要“由”圣人之教，即“由”作为道德之本体的“仁义”，这是其必要的条件。换言之，仁斋所理解的自主性、自律性，意味着个人内发的、能动的行为实践，而其行为实践的目标亦不过是所谓“仁义”的普遍价值。

第三，个体的学的工夫是不断地由“本体”而求，给予其实质意义的“修为”实践，并非基于外在的强制与干涉而为，不过是以个人的“自得”为宗旨。① 按照仁斋的理解，本来圣人之教是“易知易行”的，因此并不仅限于部分的聪敏之人，在根本上其具备唤醒所有人之自主性与自律性的特征。

> 盖学者之进道，其初学问与日用扞格龃龉，不能相入。及乎真积力久自有所得，则向视之以为远者，今始得近；向视之以为难者，今始得易。渐次近前，非学问不乐，非学问不言，及乎愈熟，殆如布帛菽粟不可须臾离焉。（童中 61）

从上述可看出，虽是经过时间的积累以达到“自得”，但学问的内容就是身边的平易之事；并且其强调切实感受到学问与衣服、饮食一样是日常生活所必需的，这样的境界无论是谁都能够达到。

为“天地”带来秩序与和谐，以“仁义”之德联结人与人之间的人伦关系是必要的，为此各人不得不做自主地、自律地担当“道”的培养的学问。这可能想想都是困难的，但圣人在提出众人可能的同时，也以平易地形式向众人展示其实践之“教”。因此，只要个人立“志”学圣人之“教”就足够了，这完全具备实践的可能性。② 如此，从一般庶民的立场上说明基于为学工夫的“天人合一”，可以说正是仁斋学的思想特征之所在。

---

① 例如有关孔子之教的“主忠信”，仁斋提出：“盖道之广大，何所执守？故唯要主忠信，而不要强为。主忠信则虽不中不远，强为则外似而内实非。圣人之道，优优洋洋，不得促迫，不得牵强。”（童下 25）强调“主忠信”是各人内发的、能动的行为实践。

② 仁斋的这一思想可以提炼为：“人若立志不回，力学不倦，则可以为圣为贤，而可以尽人物之性，而赞天地之化育。”（童上 21）

四、结语：仁斋学中“儒学主体”的含义

如上所述，仁斋重新定义作为儒学思想之核心的“天人合一”，将众人看作通过学问培养足以担当“人伦世界”的实践主体。将“天人合一”的实践主体设定为众人的架构，已经融入“圣人必可学而至”的朱子学。但是“自然世界”的原理（“天理”）在自己内心之中自觉，践行以“天理”为准则的朱子学说，不能否认对于一般庶民而言过于遥远且感觉难知难行。此外，在以士农工商的身份秩序为社会结构核心的江户社会中，期待成为“天人合一”之担当者的，现实中只不过是上层武士的成员，或者说一部分卓越的有德之人。

实际上，古学一系的徂徕学提出，“天人合一”的担当者仅限于天子和诸侯。徂徕学（以及一般江户儒学）所设想的“天地”，是对作为现实统治体制的“政治世界”而描述。“天地”的含义只能在“政治世界”中寻求，那么要求一般庶民发挥担当这一世界的作用，在江户封建社会中是不现实的。

与此相对，仁斋学将“天地”的含义解读为“人伦世界”，明确提出使众人都能够成为世界之担当者的理论。仁斋提到：“人心之所同然谓之道，制一时之宜谓之权。”（孟古・梁惠王下8，大注）作为基于“人心所同然”而形成社会的“道”，与由于为政者而一时形成社会秩序的“权”相对。在此之上仁斋提出，为了“道”的实现，众人参与“人伦世界”的构建是必要的条件。① 在此，“天地”不是被看作一个“政治世界”，而是被解读为“人伦世界”，可以说这是仁斋学最重要的思想特征。

须要强调的是，仁斋在江户封建社会中，对“天地”的含义不是在政治语境（以为政者为核心形成的秩序）中，而是在人伦语境（人与人之间结成的人伦关系）中重新解读，大力提倡众人是担当“天地”秩序与和谐的实践主体。有关“天人合一”的实践主体，将其设定为包含一般庶民的所有人的思想，是着眼于人与人之间人伦关

① 仁斋有关众人是“天地”之担当者的观念，在“凡欲治天下者，当与天下之人共治之。欲治一国者，当与一国之人共治之。欲治一家者，当与一家之人共治之”（论古・子路2，大注），“所谓大路者，贵贱尊卑之所通行……上自王公大人，下至于贩夫马卒、跛奚瞽者，皆莫不由此而行。唯王公大人得行，而匹夫匹妇不得行，则非道；贤知者得行，而愚不肖者不得行，则非道”（字义上・道3）与“至于子女臧获之贱，米盐柴薪之细，大凡接乎耳目，施乎日用者，总是莫非道。俗外无道，道外无俗”（童中61）等论中皆可确定。

系的广泛联结，在学理和实际中建构起来的，这大概是仁斋学中最值得注意的独特性。

〔附注〕

一、本文所用伊藤仁斋的著作，原则上依据天理大学附属天理图书馆古义堂文库所藏的仁斋生前的最终稿本，引文末尾所附的括号内，以如下形式略记出处：

《论语古义》学而第一·第四章“论注”→（论古·学而 4，论注）

《孟子古义》尽心章句上·第十五章“小注”→（孟古·尽心上 15，小注）

《语孟字义》卷之上“道”第一条→（字义上·道 1）

《语孟字义》附“论尧舜既没邪说暴行又作”→（字义附·邪说）

《童子问》卷之上·第二十一章→（童上 21）。

二、本文所用朱熹的著作，原则上依据朱熹撰，朱杰人、严佐之、刘永翔主编：《朱子全书》全 27 册，上海古籍出版社、安徽教育出版社，2002 年。简称《朱子全书》。

参考文献：

一、论著

石田一良：《伊藤仁斎》(人物叢書 39)，吉川弘文館，1960 年。
加地伸行：《儒教とは何か》，中央公論社，1990 年。
片岡龍、金泰昌編：《公共する人間Ⅰ：伊藤仁斎——天下公共の道を講究した文人學者》，東京大學出版會，2011 年。
黒住真：《近世日本社會と儒教》，ぺりかん社，2003 年。
子安宣邦：《伊藤仁斎の世界》，ぺりかん社，2004 年。
子安宣邦：《仁斎學講義——〈語孟字義〉を読む》，ぺりかん社，2015 年。
相良亨：《伊藤仁斎》，ぺりかん社，1998 年。
田尻祐一郎：《江戸の思想史——人物・方法・連環》，中央公論新社，2011 年。
土田健次郎：《江戸の朱子學》，築摩書房，2014 年。
土田健次郎：《儒教入門》，東京大學出版會，2011 年。
三宅正彦：《京都町衆伊藤仁斎の思想形成》，思文閣出版，1987 年。
山本正身：《伊藤仁斎の思想世界——仁斎學における“天人合一”の論理》，慶應義塾大學三田哲學會，2015 年。
山本正身：《仁斎學の教育思想史的研究——近世教育思想の思惟構造とその思想史的展開》，慶應義塾大學出版會，2010 年。
渡辺浩：《近世日本社會と宋學》，東京大學出版會，2010 增補新裝版(原刊於 1985 年)。

二、仁斋、东涯著作

伊藤仁斎:《易經古義》(林本,约元禄十六年成书)、《古學先生文集》(东涯、东所批注本,宝永三年)、《語孟字義》(林本,约宝永二年成书)、《仁斎先生文集》(各本成书年见目录记载)、《大學定本》(元禄十六年冬校本)、《童子問》(林本,宝永三年)、《孟子古義》(林本,约宝永三年成书,唯卷二为宝永元年本)、《論語古義》(林本,约宝永二年成书),以上均藏于天理大學附屬天理図書館古義堂文庫。

伊藤仁斎:《中庸発揮》全一册,京兆玉樹堂発行,正徳四年(1714)刊。

伊藤東涯:《盍簪録》(手稿本,无笔写年记载),慶應義塾大學図書館所藏。

伊藤東涯:《先府君古學先生行狀》(《古學先生文集》所收)。

三、朱熹以及朱子学

朱熹:《晦庵先生朱文公文集》(《朱子全书》第20—25册)。

朱熹:《近思录》(《朱子全书》第13册)。

朱熹:《朱子语类》(《朱子全书》第14—18册)。

朱熹:《大学或问》《中庸章句》《孟子集注》《论语集注》(《朱子全书》第6册)。

陳北溪:《北溪先生性理字義》,中野市右衛門刊行本,寛永九年(1632),慶應義塾大學図書館所藏。

四、江户思想史

淺見絅斎:《劄録》,日本思想大係31《山崎暗斎學派》,岩波書店,1980年。

荻生徂徠:《太平策》《弁道》《弁名》,日本思想大係36《荻生徂徠》,岩波書店,1973年。

荻生徂徠:《蘐園隨筆》,《荻生徂徠全集》第十七卷,みすず書房,1976年。

荻生徂徠:《中庸解》,《荻生徂徠全集》第二卷,河出書房新社,1978年。

貝原益軒:《君子訓》《初學訓》《大和俗訓》,益軒會編:《益軒全集》第三卷,國書刊行會,1973年。

貝原益軒:《大疑録》(同前《益軒全集》第二卷)。

佐藤直方:《學談雜録》(日本思想大係31《山崎暗斎學派》)。

中江藤樹:《翁問答》,日本思想大係29《中江藤樹》,岩波書店,1974年。

那波魯堂:《學問源流》,大坂崇高堂藏板,寛政十一年(1799),慶應義塾大學図書館所藏。

林羅山:《春鑑抄》,日本思想大係28《藤原惺窩・林羅山》,岩波書店,1975年。

林羅山:《理氣辨》,日本教育思想大係13《林羅山・室鳩巣》,日本図書センター,1979年。

藤原惺窩:《惺窩先生文集》(日本思想大係28《藤原惺窩・林羅山》)。

鬆永尺五:《彝倫抄》(日本思想大係28《藤原惺窩・林羅山》)。

山崎闇斎:《敬斎箴講義》《大學垂加先生講義》《仁説問答》(日本思想大係31《山崎闇斎學派》)。

山崎闇斎:《闢異》,《新編山崎闇斎全集》第三卷,ぺりかん社,1978年。

五、其他著作

市來津由彦他編:《江戸儒學の中庸注釈》,汲古書院,2012年。

伊東倫厚:《伊藤仁斎(附)伊藤東涯》(《叢書日本の思想家》10),明徳出版社,1983年。
井上哲次郎:《日本古學派之哲學》,冨山房,1902年。
荻生茂博:《近代・アジア・陽明學》,ぺりかん社,2008年。
加藤仁平:《伊藤仁斎の學問と教育》,第一書房,1979年(原著为目黒書店刊于1940年)。
竹内鬆治:《伊藤仁斎》(偉人史叢第三巻),裳華書房,1896年。
土田健次郎編:《近世儒學研究の方法と課題》,汲古書院,2006年。
増沢淑:《伊藤仁斎と其教育》,明治出版,1919年。
丸山真男:《日本政治思想史研究》,東京大學出版會,1952年。
宮城公子:《幕末期の思想と習俗》,ぺりかん社,2004年。
山本正身:《仁斎と益軒——近世儒者における知の位相》,山本英史編著:《アジアの文人が見た民衆とその文化》,慶應義塾大學言語文化研究所,2010年。
渡辺浩:《日本政治思想史:17—19世紀》,東京大學出版會,2012年。

(作者单位:日本庆应义塾大学文学部)

(申绪璐　译)

读书评论

境界与生态：儒家哲学的终极关怀

——读蒙培元《人与自然——中国哲学生态观》

丁为祥

蒙培元先生《人与自然——中国哲学生态观》（人民出版社，2004年）一书出版时即送了我一本，当时以为是由于中国经济的起飞所导致之自然生态问题的恶化引起了蒙先生的现实关切，所以才有此书之著。直到该书问世12年之后，蒙先生高足黄玉顺兄为庆贺先生八十大寿来函邀文，这才重新拿起《人与自然》一书。而稍读“绪言”，即懊悔不已，当时以为该书只是蒙先生对于现实的自然生态问题发言，却根本不曾想到这其实是蒙先生对其一生儒学研究与中国哲学探索的一个系统总结；更不曾想到，对于当今的儒学研究来说，这既是其所面临的一个急迫的现实问题，同时也是一个关涉儒学未来发展走向之重大的历史问题。所以，刚一终卷，该文的题目也就跃然而出了：“境界与生态：儒家哲学的终极关怀”，从而既作为对蒙先生八十大寿的庆贺之文，也作为儒学研究者对于关涉儒学未来发展走向问题的一点思考。

记得蒙先生七十寿庆时，笔者曾作《从逻辑理性到情感理性——简论蒙培元对冯友兰思想的继承与发展》一文，其中着重分析了蒙培元对冯友兰逻辑理性的继承以及其由主体性转向对情感理性的探讨与对儒家主体性精神的回归；而在该文的最后一部分，也曾谈到蒙先生“对传统之定位与生态思想的阐发”。当时所谓“生态思想的阐发”主要是指儒家人生主体精神的自然延伸或者说是对现实生态危机问题的一种随缘发用。今天看来，蒙先生的《人与自然——中国哲学生态观》一书涉及的不仅是儒学形成过程中所必然关涉的一个历史性话题，而且更是一个关涉儒学未来发展走向的究极归向问题。由于蒙先生的生态观是从儒学史谈起的，所以笔者这里也努力从思想史的角度做出回应，并沿着蒙先生的思路，阐发生态关怀对于儒学未来走向的重大意义。

一、“究天人之际”——中国哲学的重大主题

还在刚刚告别先秦诸子的汉代，司马迁就为自己提出了“绍明世，正《易传》，继《春秋》，本《诗》《书》《礼》《乐》之际”(《史记·太史公自序》)的任务。但是，在遭逢李陵之祸后，司马迁又为自己提出了如下重大使命：

> 仆窃不逊，近自托于无能之辞，网罗天下放失旧闻，考之行事，稽其成败兴坏之理……亦欲以究天人之际，通古今之变，成一家之言。(《汉书·司马迁传》)

在司马迁的语境中，所谓“究天人之际”绝不仅仅是一个泛泛的宏大誓言，而是体现着其对天道性命——人生命运问题之贯通古今的一种沉重思考。因为自“天”或“天命”这个观念提出以来，它就一直是作为人生世界之最高主宰出现的，所以才有所谓“自天降康，丰年穰穰”与“天命玄鸟，降而生商”的《商颂》(《尚书·商颂》)，也才有了殷纣的“呜呼！我生不有命在天”的《西伯戡黎》(《尚书·西伯戡黎》)。这说明，对于中国文化而言，“天”这个观念本来就是因应人间事物之最高主宰与最后根源才得以提出的，又因为农业开发之“生生”关怀而得以真正形成；至于现实人生中的一切遭际、命运，也无不存在着天命与天道的根源。从司马谈之未能参与汉武帝的封禅之行到司马迁之遭逢李陵之祸，他们父子实际上都是将其诉之于命而归结于天的。

从这个意义上看，所谓“究天人之际”实际上也就是探讨人生世界的最高主宰与最后根源之意；而所谓“通古今之变”与“成一家之言”，说到底又不过是“究天人之际”的一种历史表现与个体落实而已。这样看来，所谓“究天人之际”其实也就可以说是司马迁对整个中国上古文化核心观念及其根荄问题的一个系统总结。

但“天”或“天命”观念不仅在先秦与两汉文化中有其不同的含义，就是在几乎同时崛起的儒道两家(当然也可以包括接踵而起的墨家)中也有其完全不同的指谓。不过，即使如此，“究天人之际”仍然可以说是贯通儒道墨三家的一种共同追

求。概而言之，上古所谓的“天”是指“神性主宰”“道德禀赋”与“自然生化”三层含义的统一，而这三层含义则在道家的自然生化义、墨家的神性主宰义以及儒家的道德超越与道德根源义中获得了其各自不同的落实。

在一般的中国思想史叙述中，道家往往被置于儒家之前，这主要是由于老子年长于孔子的缘故。实际上，如果就思想之形成以及其所发挥的社会作用与历史影响而言，儒家才是西周以来中国礼乐文明的继承主体与精神担当者，而这一点也就恰恰表现在孔子对殷周以来所谓“天”与“天命”观念的全面承接上；至于作为道家思想开创者的老子，反倒是作为儒家思想的补充与纠偏者出现的。儒道之间的这一关系，首先也就表现在孔子对殷周以来中国传统天命观的全面继承与对周礼的积极维护上，比如在《论语》中，“天”就既具有神性主宰的含义，又具有道德根源与自然生化的含义，如“获罪于天，无所祷也”（《论语·八佾》）与“不怨天，不尤人，下学而上达，知我者其天乎”（《论语·宪问》）；至于作为人之道德根源的含义，则又有“天生德于予，桓魋其如予何”（《论语·述而》）以及“文王既没，文不在兹乎”（《论语·子罕》）；而在自然生化方面，则又有所谓“天何言哉？四时行焉，百物生焉，天何言哉”（《论语·阳货》）。所有这些，都说明儒家作为中国文化的主体，是全面地继承了殷周以来的传统天命观的。

至于作为道家开创者的老子，其思想则始终是作为儒家思想或传统天命观的批评者出现的。比如在司马迁关于孔子与老子相会的两处记载中，其前一记载侧重于老子对孔子“危其身”的告诫：“聪明深察而近于死者，好议人者也。博辩广大危其身者，发人之恶也”（《史记·孔子世家》）；至于后一记载，则又明确提示孔子：“去子之骄气与多欲，态色与淫志，是皆无益于子之身。”（《史记·老庄申韩列传》）这两处记载，言说角度容或有所不同，但却明显地表现了老子的关注视角，即始终聚焦在作为人之现实存在之有“身”的层面。所以，在其所著的《道德经》中，就有所谓“吾所以有大患者，为吾有身。及吾无身，吾有何患”（《道德经》第十三章）之类的感慨，而在这一基础上形成的“存身”与“治国”方略，也就是所谓“贵以身为天下，若可寄天下；爱以身为天下，若可托天下”（《道德经》第十三章）。这样一来，在如何“存身”的视角下，老子的世界也就呈现为如下情形：

> 天地不仁，以万物为刍狗。圣人不仁，以百姓为刍狗。（《道德经》第五章）
>
> 大道废，有仁义。智慧出，有大伪。六亲不和，有孝慈；国家昏乱，有忠臣。

(《道德经》第十八章)

失道而后德,失德而后仁,失仁而后义,失义而后礼。夫礼者,忠信之薄而乱之首。(《道德经》第三十八章)

对于这些议论,我们可以暂且抛开老子对于儒家仁义道德之说的嘲笑心态,仅从其"天地不仁""圣人不仁"之明确的断言来看,其所表现的也就只能说是一种自然性质的天道观或世界观,而这种自然性质的世界观也与其对人之"有身"的关注与"存身"的探讨侧重保持着视角的一贯性;至于其"人法地,地法天,天法道,道法自然"(《道德经》第二十五章)以及"反者道之动,弱者道之用"(《道德经》第四十章)之类的阐发,也都是老子对天道人伦自然性质的恰切描述与准确表达。

墨家不仅是继儒道而起的中国思想领域的后来者,而且也是沿着儒家的拯救愿望并以更为激进的心态崛起的。但是,在道家以自然之天消解了儒家所继承并作为人生道德的最后根源之天后,墨家则以更为激进的心态来发挥其对人伦社会的拯救愿望,这就使其必然要极力阐发"天"的另一种功能——神性主宰义,并通过天能赏罚、鬼能报应的方式,将墨家的拯救愿望以"天志"的方式下贯于整个人伦社会与实践生活。在墨家看来,当时的社会危机主要表现为下层民众的生存危机,是即所谓"民有三患,饥者不得食,寒者不得衣,劳者不得息,三者民之巨患也"(《墨子·非乐上》)。而造成这种"巨患"的原因,又主要在于人与人的不相爱,对于这样一种危机,墨子明确指出:"弟自爱,不爱兄,故亏兄而自利;臣自爱,不爱君,故亏君而自利。此所谓乱也。"(《墨子·兼爱上》)为了克服这种人人自利而不相爱的现象,墨子不仅以"兼相爱"作为其救世的基本主张,而且还专门组织了准军事化的教团,以作为人们"兼相爱,交相利"的第一推动者。由于当时社会上存在着大量的人人自利而不相爱的现象,所以墨子不得不借助天的意志,首先肯定"天"对天下之人是"兼而食之""兼而爱之";继而认为,天下之人也必须无条件地服从或遵循"天意"所规定的人间行为逻辑,这就是:"顺天意者,兼相爱,交相利,必得赏;反天意者,别相恶,交相贼,必得罚。"(《墨子·天志上》)墨子还以禹汤文武之"顺天意而得赏"与桀纣幽厉"反天意而得罚"作为社会历史的经验与证明。为了确保"兼相爱"主张的真正落实,墨子甚至还动员了"天鬼"的力量,认为天鬼既是无所不在的,也是无所不知的:"鬼神之明,不可为幽间广泽,山林深谷,鬼神之明必知之"(《墨子·明鬼下》);不仅如此,鬼神似乎还是无所不能的,所以他又说:"鬼神之所赏,无小必赏之；鬼神之所罚，无大必罚之。”（《墨子·明鬼下》）这样一来，上有作为“天志”“天意”的神性主宰之倡导，下有“天鬼”无幽不照的监督，墨子也就通过“天志”与“明鬼”两路，充分发挥了“天”的神性主宰义。

这样看来，殷周以来的天命观也就在中国最早的思想流派——儒道墨三家中得到了全面落实。由于儒家的文化主体地位以及其自觉的担当精神，因而“天”的道德超越或道德根源与自然生化义也就在战国时代的儒家思想中得到了积极的继承与阐发，至于其神性主宰含义则随着辨墨的思想转型①也就暗而不彰了。从前一方面来看，思孟学派与易荀的思路实际上正围绕着“天”的道德超越与自然生化两种含义而展开——从子思的“天命之谓性”（《礼记·中庸》）到孟子的“此天之所与我者”（《孟子·告子上》），明确地彰显了“天”对人之道德根源与道德赋予的含义；至于从《易传》的“有天地然后有万物，有万物然后有男女”（《易传·序卦》）再到荀子对“水火有气而无生，草木有生而无知”（《荀子·王制》）之存在特征的分析，又表现了“天”对宇宙万物的自然生化含义。这样看来，“天”的神性主宰含义似乎随着战国时代的结束也就退出历史舞台了。

但实际历史的发展却并非如此。随着秦汉大一统专制政权的形成，儒家因为其“罢黜百家，独尊儒术”的建议而成为官民双方共同尊奉的国家意识形态，但儒学与专制皇权之互不相容的矛盾也就同时爆发了：对于专制皇权来说，从秦始皇到汉武帝，政治权力的极度膨胀以及其宰制宇宙万物的雄心使他必然要将“天”作为示威与征服的对象，比如在秦始皇一生的唯一一次南巡中，“浮江，至湘山祠。逢大风，几不得渡。上问博士曰：‘湘君何神？’博士对曰：‘闻之，尧女，舜之妻，而葬此。’于是始皇大怒，使刑徒三千人皆伐湘山树，赭其山……”（《史记·秦始皇本纪》）秦始皇的“大怒”以及其“伐湘山树，赭其山”的举措，自然可以说是专制皇权对于“天”连同上古以来一直被尊为圣君楷模之尧舜的示威；至于汉武帝之连年征战，则是驱赶亿万百姓进入杀或被杀的战争机器，以实现其个人称霸寰宇的雄心。面对这样的专制皇权，儒者能有何为？而儒家以仁义礼乐为核心的道德教化之说又有什么作用？所以，对于秦王朝来说，焚书坑儒也就成为其必然的走向，但对汉代而言，儒

① 《韩非子·显学》云：“故孔墨之后，儒分为八，墨离为三。”但韩非的“墨离为三”是指“有相里氏之墨，有相夫氏之墨，有邓陵氏之墨”（同上）而言的，今人则从历史演变的角度指出墨家历史上依次出现的是“仕墨”“侠墨”与“辨墨”。请参阅邢兆良《墨子评传》中的“墨家三派”一节，南京大学出版社，1993 年。

家会否再次重复焚书坑儒的悲剧呢?

正是在这一背景下,作为汉代“群儒之宗”的董仲舒也就不得不再次扬起“天”的神性主宰含义,并希望能够以此来抗衡专制皇权的肆意妄为,或者说起码要让专制皇权有所收敛。显然,这一点实际上也正是在根本就没有宗教神学的中国文化中出现所谓“神学目的论”的历史文化背景;而在神性主宰之天的观照下,所有的自然现象也就完全成为神秘天意的具体表现了。所以,在董仲舒的笔下,“天”首先是作为“百神之大君”出现的:

天者,百神之大君也。事天不备,虽百神犹无益也。(《春秋繁露·郊祭》)

天者,万物之祖,万物非天不生。(《春秋繁露·顺命》)

人之为人本于天,天亦人之曾祖父也。此人之所以乃上类天也。人之形体,化天数而成;人之血气,化天志而仁;人之德行,化天理而义……(《春秋繁露·为人者天》)

天之生民,非为王也,而天立王,以为民也。故其德足以安乐民者,天予之;其恶足以贼害民者,天夺之。(《春秋繁露·尧舜不擅移汤武不专杀》)

在董仲舒的这些论证中,既突显了“天”作为“百神之大君”的神性主宰含义,同时又以自然生化的宇宙论规模彰显了传统天人合一的宏大主题,这就是“人之形体,化天数而成;人之血气,化天志而仁;人之德行,化天理而义”。在这里,我们暂且不管这些比附性的论证是否合理,但其所要突出的则主要在于“人之为人本于天”这一点上,而这一点也正是董仲舒对于儒家天人合一主题之神性主宰与自然生化相统一的言说与论证。而其所谓“天之生民,非为王也,而天立王,以为民也”,则又明确地突出了儒家传统的民本关怀;至于所谓“其德足以安乐民者,天予之;其恶足以贼害民者,天夺之”等说法,显然又是“天”之神性主宰作用对于专制皇权的明确提示。在儒家传统中,虽然孔子的“天”也存在着神性主宰的含义,但在当时的儒道墨三家中,毕竟只有墨家明确地以所谓“天意”“天志”的方式来宣传自家的思想主张。所以说,对于董仲舒的“神学目的论”,既要从当时专制皇权的肆意妄为中寻找其现实上的成因,同时还必须从儒道墨三家的思想传统中说明其所以形成的历史根源。

至于司马迁父子,则属于史家传统中的个体思想家,而且也完全是从其个体人生际遇的角度展开对“天人之际”的认知的。而他们对自身命运的感叹与对人生际遇的认知之所以要诉之于命而又归因于天，也正是在这一背景下才得以成立的。

二、境界与生态的交错及其互补

当秦汉儒者以天人合一之“命”来表达其各种不同的人生诉求时，这种生化、禀赋式的天人合一也就不仅仅止于对人之道德进行“天命”式的追根溯源，同时也必然关涉到人生中的具体遭际，关涉到人与自然或道德与自然的关系问题。而沿着这一方向的探讨，也就必然会展现出儒家的生态关怀。在宋代理学崛起以前，虽然儒家从产生起就明确肯定了自然界是人的生命之源，而在《左传》《礼记》包括《孟子》中，也有许多保护自然、关爱生命之类的训条与戒律，诸如作战中的“不杀二毛”、狩猎时的“不杀母兽”以及礼制与重大政治活动处处都要符合天道等等，但这些只属于儒家仁本思想的主体延伸或自然投射，并不能算作严格的关于自然生态的思想。大体说来，从中国最早形成思想流派的儒道墨三家包括后来所谓的“九流十家”一直到汉唐儒家，基本上都是从万物之祖与生命之源的角度来尊重自然、关爱自然的，这可以说是人类自我关爱思想的一种自然延伸，还说不上是真正的保护自然、保护生态的思想。但在宋代理学崛起后，随着人对人与自然关系的充分自觉，自然与人也就成为一种同生共长的关系了。在这一背景下，自然生态才真正成为儒学发展中的一个重大问题。而这一点，恰恰又是通过人对人与自然关系的深入认识实现的。

在从先秦到两汉儒家关于人和自然关系的论述中，虽然也会表现出儒者一定程度上的关爱自然、保护生态的情怀（比如《礼记・月令》中的“天地和同，草木萌动”以及“禁止伐木”“毋杀孩虫”之类），但这种关爱说到底只是人之主体生命的延伸或投射，只是因为人的自爱而不得不追溯于自然，并不得不将人类的自爱情怀投射或移情于自然。所以，这种思想虽然也可以作为今天生态思想的萌芽与资源，但还不能算作严格的生态意识，不能算作从自然出发并有意识地保护自然的生态思想。

儒家生态思想的真正形成是从人对自然的认识以及承认自然存在的独立性开始的，而这种思想又必须以承认自然有其独立存在的价值为前提，或者说必须通过摒弃秦汉以来儒学关于“天”的神性主宰含义而实现。这样的思想只有到宋代理学中才开始形成，比如张载就明确指出：

> 天无心，心都在人之心。一人私见固不足尽，至于众人之心同一则却是义理，总之则却是天。故曰天曰帝者，皆民之情然也，讴歌讼狱之不之为，人也而以为天命。[①]
>
> 天本无心，及其生成万物，则须归功于天，曰：此天地之仁也。[②]

从“天无心”到“天本无心”，清楚地表明张载对于自然存在之独立性以及其无目的性的明确认知，这说明，到了宋代，国人已经认识到自然是一个独立的系统，也应当有其独立存在的价值与意义。正是在这一基础上，儒家的生态思想才得以真正形成。不过，即使客观存在的独立性及其无目的性是自然生态学所以成立的前提，但对人与自然关系以及其各自的特性而言，当时所谓的自然生态也仍然是从“人”之主体性的角度延伸过来的，并且也是从“人”之主体性的角度给自然以关爱与尊重。实际上，这一点仍然可以从“人”自身以及其长远利益与持续发展的角度得到说明。

但在张载的上述表达中，既然已经明确认识到“天本无心”，为何他却一定要坚持“及其生成万物，则须归功于天，曰：此天地之仁”呢？这说明，在张载看来，所谓精神、意识等种种表明“人”之自觉的现象，实际上也都是“人之心”——人之精神自觉的表现，但为什么一定要“归功于天”呢？而且还一定要“讴歌讼狱之”呢？这说明，即使是张载，也明确承认“天无心，心都在人之心。一人私见固不足尽，至于众人之心同一则却是义理，总之则却是天”。张载的这一说法，一方面表明其承认自然就代表着人的生命之源；另一方面也说明，所谓自然同时也代表着人生最高或最根本的追求，因而所谓“天人合一”[③]也就成为张载对于儒家根本使命之一种最明确的表达：“天人异用，不足以言诚；天人异知，不足以尽明。所谓诚明者，性与天道不

① 张载：《经学理窟·诗书》，《张载集》，中华书局，1978年，第256页。

② 张载：《经学理窟·气质》，《张载集》，第266页。

③ 张载云：“儒者则因明致诚，因诚致明，故天人合一，致学而可以成圣，得天而未始遗人，《易》所谓不遗、不流、不过者也。”（《正蒙·乾称》，《张载集》，第65页）这可以说是儒学史上对天人合一追求的第一次明确表达。

见乎小大之别也。”[①]在这一基础上，由于“天本无心”，因而所谓天人合一似乎也就成为作为社会历史主体的“人”之单方面的责任与义务了。

张载的这一说法，既可以说是对儒家天人合一追求的一种明确表达，当然也可以说是儒家生态思想走向成熟的表现。所以，就在张载哲学中，天人合一的追求也就被他做了如下明确的表达：

乾称父，坤称母；予兹藐焉，乃混然中处。故天地之塞，吾其体；天地之帅，吾其性。民吾同胞，物吾与也。[②]

在张载的这一表达中，天地不仅是人的大父母，而且由于人“混然中处”于天地之间，因而凡充塞天地之间的事物，即是与“吾”同一之体；而所谓“天地之帅”，则又可以说是与“吾”同一之性。正是在这一基础上，才能有所谓“民吾同胞，物吾与也”，即所有的“民”都是“吾”的同胞，而天地间的万事万物也都是“吾”的党与和伙伴。因而，所谓“民胞物与”也就成为张载对儒家万物一体观念的一种明确表达。而在张载的这一表达中，虽然并不排除自然独立存在的价值与意义，但由于有了“吾”，有了“乾称父，坤称母”的自我定位，因而天地万物与“吾”也就成为一种“民胞物与”的关系，成了从“吾”出发的万物一体关系。这当然包含着一种明确的人与自然和谐相处的生态思想。

由此之后，从程颢的“仁者，浑然与物同体”[③]到王阳明的万物一体之仁，也就连成了一个整体，并成为宋明六百年间官民双方共同尊奉的人生信仰。而对这种信仰的最好表达，又莫过于王阳明的《大学问》：

大人者，以天地万物为一体者也，其视天下犹一家，中国犹一人焉……是故见孺子之入井，而必有怵惕恻隐之心焉，是其仁之于孺子之为一体也；孺子犹同类者也，见鸟兽之哀鸣觳觫，而必有不忍之心焉，是其仁之于鸟兽而为一体也；鸟兽犹有知觉者也，见草木之摧折而必有悯恤之心焉，是其仁之于草木

① 张载：《正蒙·诚明》，《张载集》，第20页。
② 张载：《正蒙·乾称》，《张载集》，第62页。
③ 程颢、程颐：《程氏遗书》卷二上，《二程集》，中华书局，1981年，第16页。

而为一体也；草木犹有生意也，见瓦石之毁坏而必有顾惜之心焉，是其仁之于瓦石而为一体也……①

显然，阳明这里的论述不仅展现了儒家万物一体之仁的宇宙论规模，而且也具体说明了其所以能够实现的实践必然性或内在必然性，也就是儒家的内在之仁必然要不容已地发用流行于天地万物之间。因而，这种万物一体之仁的实现本质上又是一种“非意之也，其心之仁本若是，其与天地万物而为一也”②，也就是说，所谓万物一体之仁并不是人的刻意为之或有意夸饰之谈，而是受其内在之仁的推动而必然如此的。

但这种万物一体之仁的生态观是否也就代表着客观自然界发展的必然与实际呢？这就涉及儒家自然生态观的一个非常重要的问题。虽然儒家将“万物一体之仁”作为人与自然关系发展之一种根本性的方向，但却并不代表客观的自然界就真正能够体现万物一体之仁的关系，万物之间由生存竞争所导致的相生相克——所谓狩猎、杀戮每日都在进行；即便是人，如果离开了对其他生命体的消费，自身也就无从存在了。那么，儒家所谓的万物一体之仁究竟指什么呢？这就是境界，而儒家的生态观也首先是通过其境界观加以表达的。

在这里，我们有必要对境界加以说明。所谓境界，是指人以自己的精神对外在世界包括自然事物加以观照，在这种观照之下，整个外在世界对人明确的呈现就是境界。所以，从一定意义上说，境界也就是人之精神的产物，是人之精神对外在世界的投射或观照，同时也可以说是外在世界对人之精神的一种反射或回馈。为了理解境界的这一特征，让我们借助宋代理学的理论与文人之诗篇加以说明：

天地以生物为心者也，而人物之生，又各得夫天地之心以为心者也。③

应怜屐齿印苍苔，
小扣柴扉久不开。

① 王守仁：《大学问》，《王阳明全集》，上海古籍出版社，1992 年，第 968 页。
② 王守仁：《大学问》，《王阳明全集》，第 968 页。
③ 朱熹：《仁说》，《朱熹集》卷六十七，四川教育出版社，1996 年，第 3542 页。

春色满园关不住，
一枝红杏出墙来。

这一文一诗，前者是朱子对其“仁说”的论述，后者则是叶绍翁的诗——《游园不值》，却共同说明了什么叫作境界。从前者来看，自张载提出“天本无心”以来，自然界之无目的性就已经成为理学的一种共识了，但朱子这里为什么要明确主张“天地以生物为心”呢？从学理的角度看，这无疑是朱子对自然界之无目的所表现出来之目的性的一种将自然人化的阐发，但实际上，这只是朱子以其自身之“生生”观念对自然界加以观照的产物；正是其对“生生”的重视，从而也就有了“天地以生物为心者也”。实际上，这也就是张载所谓的“及其生成万物，则须归功于天，曰：此天地之仁也”。因为如果完全从客观的自然界出发，那么自然界就不仅是“生生”，同时也存在着大量的“灭灭”，为什么朱子就只看到“生”的价值却根本没有看到“灭”的价值呢？显然，正是朱子的“生生”观念及其投射或观照，使自然界不能不向他呈现为“天地以生物为心者也”。至于叶绍翁的《游园不值》，也完全是人之追求自然及其心态的一种投射，从而才使所谓“屐齿”“苍苔”呈现出一种“应怜”的色彩；至于所谓“柴扉”“红杏”，自然也就显现出“满园”的“春色”来。当然，这并不是说自然界就没有春色，但自然界的“春色”也只有经过人之心态与目光的过滤，才能显现出“满园”的“春色”与“应怜”的色彩。

这样一来，能否说境界就完全是人之主观精神的产物呢？只能说只有在一定条件下才是如此，或者说人的精神就是境界所以形成的必要前提。之所以说境界是人之主观精神的产物，是因为所谓境界根本离不开人的精神；但境界又不完全是主观的，而是确有其客观性或客观基础的，所以也可以说是主客观有机地融而为一的产物。就像上面这两个案例，无论是朱子的“天地以生物为心”还是叶绍翁由“柴扉”“红杏”所表现出来的“满园”“春色”，对于他们来说，无疑都是一种客观性的存在，也确有其不可否认的客观基础。但境界又因为不同的主观精神而有其不同的表现；而境界的特色，也就在于这种由“主观”而“客观”又由“客观”而“主观”，并以最具体、最真切之形式所表现出来的客观性上。

那么，境界这种由“主观”而“客观”又由“客观”而“主观”的客观性是否就是自然生态所要求的客观性呢？显然，两者在主体或出发点上原本就存在着一个重大区别。一般说来，境界必须是以“人”这个主体作为根本出发点的，而自然生态则必须完全以自然作为主体，并且也必须是以客观的自然界作为出发点的。就此而言，境界的客观性与自然生态的客观性无疑是存在着很大的区别的：自然生态的客观性是一种非人的独立自在的客观性，而境界则只具有对作为主体的"人"才具有其客观性。但是，如果就对人的作用而言，则境界的客观性甚至又要远远大于自然生态的客观性：基本无人烟的南极洲以及其他星体虽然也具有无可否认的客观性，但其对人的作用却微乎其微；而冰天雪地的境界，却完全可以从精神上将人"冻"死，就像沙漠中的镜像完全可以将人"渴"死一样。这样，如果我们承认自然生态确实是人类所以存在、发展的基础，那么境界与生态不同的客观性以及其不同的作用也就很值得辨析了。

由于生态问题完全是以自然作为主体或出发点的，因而我们这里也必须以境界为出发点，来讨论境界将如何引导我们走向自然生态的客观性。在中国传统文化中，无论什么样的境界，都必须无条件地承认人首先是自然界长期发展的产物，而儒家从《易传》的"有天地然后有万物，有万物然后有男女"再到荀子的"水火有气而无生，草木有生而无知，禽兽有知而无义。人有气有生有知亦且有义，故最为天下贵也"（《荀子·王制》），也明确地证明了这一点。就这一点而言，境界虽然也有因其主体而生成的特点，但境界所以生成的前提基础，则仍然具有无条件的客观性。其次，对于具体主体而言，境界又具有极强的客观性，这种客观性的作用甚至强于完全非人的客观性存在。最后，既然生态的客观性完全是以自然作为主体或出发点的，而境界则是以人之精神作为主体或出发点的，那么境界的客观性能否对自然生态之客观性有所促进或起到一定的引导作用呢？这也就是我们下来所要讨论的问题。

三、中西文化以及人与自然的双向纠偏

自然生态问题或关注自然生态的思想确实为西方文化所提出，因而从这个角度说，从蒙培元先生之著《人与自然——中国哲学生态观》一书到笔者受蒙先生的启发而作这篇短文，其实也都可以说是以中国文化或儒学所表现的主体性精神来回答西方文化所提出的问题的。这样看来，对于自然生态的问题，也就不仅有西方文化的回答与处理方式，而且中西文化之异也使对自然生态问题可以完全采取不同的处理方式。如此一来，对待自然生态问题上的中西文化之异也就成为我们所

必须关注的问题了。

与以主体性见长并以内在超越为特征的中国文化相比，西方文化可以说是以对象认知与外在超越见长的文化，因而这种文化也往往是以其客观的对象性视角来处理自然生态方面的问题的。就是说，他们是从客观的对象性视角来认知自然生态方面所存在的问题，然后加以客观的分析和研究，最后再根据自己的认识提出解决问题的进路与方法。但这种进路与方法往往又存在着自身所无法克服的缺陷和毛病。据说南非摄影师凯文·卡特为了表现非洲苏丹战乱所造成的人道灾难，特意选择了一个濒临饿死而在地上蜷缩的非洲小女孩，而在不远处就是一只时刻等待小孩死亡以啄其肉的秃鹫。这样的题材确实具有震撼性的作用，也足以表现种族战乱所导致的"率兽食人"之灾难性的后果，因而这一摄影作品也获得了该年度的普利策奖。但不久，该记者却在公众的谴责声与自我之良心的拷问下自杀了。公众的指责在于，面对这样的人道灾难，该记者首先不是作为人以进行人道的援助，而是采取了一种冷漠的客观记载的对象性立场。也许这个记者确实无法逃避这样的指责连同来自其内在良心的拷问，所以他选择自杀以谢罪。对于对象性立场而言，客观记载当时的人道灾难当然是记者的天职，这也符合西方文化对象认知的客观性立场，但他却无法排除自己面对人道灾难时的彼岸性，因而也就无法逃避作为人之内在良心的指责，所以这个记者最后只能以自杀谢罪。

同样的情形甚至也表现在对伤残动物的保护和救助活动中。笔者曾从电视上的"动物世界"节目中看到，西方一个动物保护组织在非洲大草原上考察动物需要保护和救助的情况，这时一只落单的小象遭到鬣狗的袭击，小象本能地感到只有坐人的汽车能够救它，所以拼命向汽车跑来。而车上正坐着五六位动物保护专家，但最先发现小象身处险境的却是非洲向导，他试探性地说他非常喜欢大象(实际上是在询问专家可不可以救小象)，其中两位负领导责任的专家，一位明确表示："我们不能干预自然界的原有秩序"；而另一位则马上命令司机开车以逃避小象的追赶。于是鬣狗似乎也明白了专家们的暗示，所以就向小象发起了更猛烈的攻击，小象则对汽车穷追不舍，一直追到动物救护站的大门前。这时，鬣狗撤退了，而小象则身负重伤、奄奄一息；至于那些专家，则纷纷下车，并以专家的目光评估小象的伤势，认为该小象已经达到了应当接受救助的标准……笔者完整地观看了这一过程，十分愤怒，但事后再想，觉得在客观的对象性立场上，这种先放任攻击然后加以救助的现象几乎是不可避免的，而且也确实符合对象性立场上之客观认知的结论，就像那位先拍照存真的记者一样。所以说，这种对象性立场所体现的客观性，实际上是对自然生态问题采取了一种隔岸观火的立场。

那么，以主体性见长并以万物一体之仁作为追求指向的儒家文化就能避免这样的悖论吗？非也，而且它也同样存在着自身所无法回避的问题。比如在《孟子》一书中，不忍看见衅钟之牛的“觳觫”而坚持“以羊易牛”的梁惠王就秉持着一种“见其生，不忍见其死”（《孟子·梁惠王上》）的传统，梁惠王的这一表现，也足以证明这是中国人超越于庶民君子之别的一种文化心理传统。但启发梁惠王对此事进行反思的孟子却同样坚持着一种“闻其生，不忍食其肉”之所谓“君子远庖厨”（《孟子·梁惠王上》）的选择。那么，在这种条件下，所谓“君子远庖厨”究竟是根本不食牛羊之肉呢，还是将宰杀牛羊的工作让他人去做？显然，从孔孟老庄到程朱陆王，其共同的“君子远庖厨”实际上是将这类工作让给他人来做的。至于此中的原因，则一如王阳明与其弟子的一段关于花草与善恶的讨论：

> 天地生意，花草一般，何曾有善恶之分？子欲观花，则以花为善，以草为恶；如欲用草时，复以草为善矣。此等善恶，皆由汝心好恶所生，故知是错……圣人无善无恶，只是无有作好，无有作恶，不动于气。然遵王之道，会有其极，便自一循天理，便有个裁成辅相……谓之不作者，只是好恶一循于理，不去又着一分意思。如此，即是不曾好恶一般。[①]

在阳明的这一分辨中，“花草”与“善恶”的问题首先被归结为一个“人”的“好恶”选择问题，但“人”的“好恶”又不能着一分“人”的意思，而必须是“好恶一循于理”。如此一来，由“人”之“好恶”所表现出来的“花草”与“善恶”问题，由于必须“一循于理，不去又着一分意思”，因而说到底也就是在天人合一基础上之“一循天理”了。但在阳明的这一分辨中，所谓“好恶一循于理”，实际上也就是一循于人的道德理性。因为在“天本无心”的背景下，所谓“一循天理”其实也就是一循人的道德理性，所以才有“裁成辅相”的选择。就此而言，儒家的道德理性虽然以天人合一为基础，但由于“天不言，以行与事示之而已”（《孟子·万章上》），因而实际上并没有摆脱人类中心主义的嫌疑。

---

① 王守仁：《语录》上，《王阳明全集》，第29页。

从这些案例来看，应当说无论是从对象理性基础上的客观生态关怀出发，还是在天人合一基础上从人的道德理性出发，似乎都无法摆脱主客两截而又两不足的毛病，也都存在着一定的照察不到之处。但之所以如此，又是因为这一问题本身就是由人与自然的关系所引发的，并且也是由对人与自然关系之中西文化的不同反应所导致。从这个角度看，与其从中西文化之不同关注侧重的角度讨论其对于自然生态问题之不同的处理方式，不如直接从人与自然关系的角度来比较中西文化处理自然生态问题的不同效果，并由此探讨人类面临自然生态问题所应当采取的进路与方法。

不过，与其说是从人与自然关系的角度来比较中西文化对于自然生态问题之不同的处置效果，不如说也就是直接从其如何解决自然生态问题的角度来对中西文化进行比照性的选择。当问题转向这一角度之后，则所谓中西文化之别及其互补、人与自然关系之互动也就成为一个必然的结论了。当然，这又必须从中西文化对于自然生态问题之不同的处置进路与方法入手。

一般说来，作为一种主体性文化，以儒学为代表的中国文化始终难免人类中心主义的批评，应当承认，这种批评是确有一定道理的。因为作为主体性文化，虽然儒学很早就注意到自然生态问题，但严格说来，所有这些对自然生态的关注实际上主要是从人之生存之长远利益的角度延伸过来的，一如阳明所谓的"子欲观花，则以花为善，以草为恶；如欲用草时，复以草为善"一样；理学崛起后，虽然那种仅仅从宇宙生化角度论证的天人合一思路遭到扬弃，或者说不被作为主要论证方式，但理学无论是形上思辨的进路还是工夫境界的进路，却从来都没有放弃从人之主体性出发的关注视角。这样一来，以儒学为主体的中国文化及其处置自然生态问题的角度也就始终是主体性的，并且也总是从人之主体性的角度来解决自然生态问题。与中国文化的主体性进路不同，西方文化对于自然生态问题的关注虽然也是从人之生存条件的角度发现问题的，但其对问题的认识，却是通过指向客观之对象性认知；而其文化之外在超越的指向，也必然会使其对自然生态问题采取一种客观的手段；也就是说，西方文化对于自然生态问题的解决必然会采取客观自然的进路与方法。

如果从自然生态的角度看，那么它本身不仅是一个客观性问题，而且也必须从客观性的角度才能使问题得到彻底解决。就此而言，西方文化客观对象性的立场与方法本身也就决定了其在解决自然生态问题上的优先性或优势地位。但是，如果从人类解决自然生态问题的历史及其实际效果来看，则西方文化对象认知的客观性立场及其方法却未必优长；即便是西方人，也未必就纯粹采取西方文化之客观对象性的立场与方法。相反，以儒学为代表的中国文化及其主体性立场也未必就不能很好地作用于自然，而其作用也未必就明显地表现出所谓的弱势或劣势。

这究竟是为什么呢？这是因为，当人们从对象认知的角度发现人类生存所面临的生态问题时，西方文化的对象认知理性及其外在超越的客观性指向所导致的对自然之征服与改造其实正构成了对自然界的最大伤害，而中国文化的天人合一观念也就成为其对人与自然关系的一种最大启示。这样，当人类面临自然生态的危机时，其解决问题的进路与方法也就不纯粹是西方或东方的进路与方法，而是以整个人类的智慧来解决人类所面临的生态危机。这样一来，无论是东方还是西方，其解决生态问题的思路也就绝不仅仅限于其文化传统，而是以整个人类的智慧来选择性地应对。因而，对所谓生态危机问题的解决虽然可以分为东方进路或西方进路，但却并不存在东西方泾渭分明的进路与方法。

让我们从动物保护的角度来说明这种情况。20 世纪 80 年代以来，中国形成了许多环境保护法规，而划保护区则是一种最常用的方法。在这方面，爱护森林、保护动物已经成为中国国民的一种基本共识了。而从效果来看，则中国对藏羚羊、大熊猫以及朱鹮的保护，也都取得了卓有成效的成绩。在这里，自觉地发起保护性政策无疑是人的主体精神的表现，但其划分保护区的方法却完全是来自或主要取决于对象理性基础上的客观性认知，至于其具体方法也是采取了完全自然的方式。这就不再是人之主体性精神的自然延伸，而是使人之主体性精神以自然的方式表现出来，并以自然的方式作用于自然。所以，作为一种政策法规，它无疑体现着人的主体性精神，但划分保护区以及以自然作用于自然的方式方法又取决于对自然现象及其因果关联的客观性认知；中西方文化的不同特色，在人类所面临的共同危机与共同任务面前结成了一个有机的整体。

这当然是让人欣喜的一面。但我们也要看到另一面，这就是在中西文化融合的基础上来对治整个人类所面临的自然生态问题的同时，还存在着来自人与自然两个方面所必然导致的危机性后果的一面。比如美国很早就建立了黄石国家公园，这也可以说是一种自然保护区，其中养了大量的鹿。显然，这不仅是人在自觉地保护自然，而且也同样是通过自然的方式来表达人们保护自然的愿望。就这一点而言，它无疑是人之目的理性与自然手段的有机结合。但这种体现人之保护自然的理想又受到了来自自然因素的挑战：由于这里的鹿群缺乏天敌，因而起初鹿群发展得非常快，但很快就陷入了老弱病残充斥的局面；而在自然的条件下，这些老弱病残本来是通过狼群来解决的。所以，鹿群与狼群的天敌关系恰恰证明了其相互之间是一种共生与动态平衡的关系。于是，从20世纪90年代起，黄石公园特意引进狼群，以保证鹿群与狼群之间的生态平衡。

但相反的完全一任自然选择的做法也未必就是正确的。在非洲大草原，有一处因为地理条件——火山、峡谷的阻隔而独处的狮群叫恩格罗恩格罗狮群。对狮群而言，这里的自然条件特别好，有野牛、角马与数不清的瞪羚，因而这里的狮子个个都长得膘肥体壮，仅从外形上就会发现其远远大于其他地方的狮子；又因为地理条件的阻隔，因而其他狮群也无法来这里竞争；所以，对恩格罗恩格罗狮群来说，这里简直就是天堂。但这个天堂却正在被狮群自身的原因所摧毁：其一，经过遗传的分化与递进，这个狮群及其所属的“部落”很快遍布整个地区，因而新出生的小雄狮必须外出以寻找自身的领地，但当它来到其他地方，要么因为饥饿而死——它根本无法适应外面的艰苦环境，要么就去捕猎牧民的牛羊，而其结果自然是遭到牧民的猎杀；其二，最要紧的还在于，这个地方所有的狮子从血缘上都源于同一位雄狮，因而近亲繁殖正带领他们走向灭绝的境地……在这里，无论是地理条件还是血缘因素，都完全是自然因素造成的，但却无法改变其走向灭绝的现实。所以，恩格罗恩格罗狮群的命运，恰恰寄托在作为“万物之灵”（《尚书·泰誓上》）的“人”身上；而且可能也只有来自人类的干预，其狮群才能避免灭绝的命运。

这就提出了一个非常重要的问题：对于人类所面临的自然生态危机，虽然我们也可以通过东西方文化的融合与互补来谋求解决问题的出路，但由于这一问题本质上是由“人”所引发的，而问题的解决又必须从“人”与“自然”两个不同的方向入手，因而作为“万物之灵”且“最为天下贵”的人，无疑肩负着解决自然生态问题的第一责任。[①] 而从人类解决自然生态问题的经验来看，我们不仅需要中西文化的融

① 这里所谓“第一责任”，主要是从“人与自然”关系上说的，因为“人”不仅是自然问题的发现者，而且也是“人与自然”关系的主动调节者。这当然是从宏观的角度而言。从微观的角度看，声音固然可以说是一种纯客观的现象，但人对声音之“听”以及其对自我声音之表达，却首先取决于自我之主体结构及其听觉功能。当一个少年在听觉神经受到损坏之后，尽管此前其语言表达已经非常标准，但由于其听觉神经损坏使其失去了自我矫正能力，因而就会逐步发展到无法正常表达的地步。农村人常将这种现象称为“咬舌”，实际上，这主要是因为其主体失去了对声音的自我矫正功能，所以其说话也就越来越远离正常的表达。这种从宏观到微观两个角度的证据，说明儒家主体性的“天人合一”将会在应对、解决人类所面临的自然生态危机方面发挥出更大的作用，因而其自身也肩负着重新诠释以推陈出新的使命。

合——齐心协力来解决整个人类所面临的生存危机，而且还需要“人”与“自然”的两路并进，并从自然的角度，以自然的方法来求得问题的彻底解决。这就使得中华民族传统的人生信仰——天人合一面临着被重新解读、重新诠释以推陈出新的命运。

〔**附记**〕蒙培元先生《人与自然——中国哲学生态观》一书2004年即由人民出版社出版问世，作为蒙先生的西北老乡与探索精神的追随者，笔者一直未能认真拜读蒙先生此书，当然也未能看出该书实际上是代表着蒙先生一生探讨的收官之作，所以也就有了“弟子不读先生书”之强烈感愧。但在准备此文时，两遍认真的拜读又使笔者在书上画满了沟沟道道，检索自己所勾画，觉得完全不须要自己动笔，仅蒙先生书中的论断就可以连缀成一篇精深的关于自然生态问题的论文，而这篇论文又是和中国历史上的思想家之论述紧密相连的。但刚一动手，又发现自己是从一个极端跳到另一个极端，而且还隐含着一种大不敬：蒙先生之著此书，不仅代表着其一生哲学探索的总结，而且也是希望通过自己的收官之作以唤醒整个民族对这一问题的思索和探讨，如果笔者仅仅通过蒙先生的论断连缀成文，恰恰是放弃了自己的思索和探讨。想到这里，笔者干脆用胶带封住了蒙先生的书，而仅凭自己记忆中的问题意识与儒家基本观点来作此文。所以这篇文章虽未征引蒙先生一句话，但从《论语》《孟子》到张载、阳明，却构成了我们所共同面对的文本；而儒家主体性的天人合一，又构成了我们的共同立场；所谓人类中心主义的缺陷以及“移情说”“投射说”等等，也都构成了我们所共同分析的话题。至于其中所引证的来自自然界的案例，则主要得自笔者所喜欢的动物世界……笔者希望以此文继承蒙先生的思考，并以自己的思考来庆贺蒙先生的八十大寿。

（作者单位：陕西师范大学哲学系）

在学脉传承与学术批评之间

——杨泽波先生之牟宗三思想研究述评

曾海龙

牟宗三先生是现代新儒家第二代最为重要的代表人物，“是王阳明以后继承熊十力理路而足以代表现代中国哲学真正水平的第一人”①。其学其著在海内外有很大影响，相关研究早已成为显学。自 20 世纪 80 年代以来，大陆学界对牟先生思想的研究逐渐深入，研究成果亦数不胜数。凡研究儒学尤其是现代新儒学者，几乎无有不论及牟先生之思想。即便如研究西方哲学、佛学（家）、道学（家）、伦理学等方面的学者，对牟先生之思想也多有借鉴。然三十年来，对牟先生之思想，尊崇者有之，批评者有之，而有同情之理解且从儒学之理路直陈其问题并试图解决者，亦不少见。牟先生著作等身，思想甚为复杂，所引出之问题则学界各有侧重，莫衷一是，故亦生出诸多笔墨口水。对牟先生思想进行通盘解读并厘清其主要脉络，成为现时儒学研究尤其是心性儒学研究向前推进的一个重要条件。

在上述背景下，杨泽波先生花费 15 年心血撰写的巨著《贡献与终结：牟宗三儒学思想研究》（以下简称《贡献与终结》）于 2014 年 9 月由上海人民出版社出版。该著共分五大卷、240 余万字，将牟先生的相关论述分疏为五个方面：一是通过坎陷开出科学和民主的思想，是为“坎陷论”；二是将朱子从至高的位置上拉下来，定为旁出，并打破传统中理学心学二分格局，另立五峰、蕺山为一系的思想，是为“三系论”；三是强调道德之心不仅可以创生道德善行，同时也可以赋予宇宙万物以价值和意义的思想，是为“存有论”；四是以中国哲学特别是儒学智慧为基础解决康德德福关系问题的思想，是为“圆善论”；五是破除康德以判断力沟通理论理性与实践理

① 傅伟勋：《从西方哲学到禅佛教》，生活·读书·新知三联书店，1989 年，第 25 页。

性的做法，强调真善美原本就相即相融没有罅隙，无须沟通的思想，是为“合一论”。《贡献与终结》分别以分疏与衡定其中之一部分为一卷，每卷又分为两个部分，卷上是论衡，卷下是学案。论衡部分主要是解析概念，梳理思路，进而做出评判；学案部分则仿照钱穆先生《朱子新学案》的形式，对相关论述进行收集、点评。另外，著者还做了七个与研究相关的附录，其中两个附录非常有学术价值。其一是近80页的《牟宗三儒学思想辞典》，集释创辟性极强的一些概念，并注明其单行本与全集本出处。其二是近120页的《牟宗三研究书目汇编》，全面收录1978—2012年间大陆、港台等地的相关学术专著、析出文献、报刊论文、未出版的会议论文和学位论文。该著对牟先生儒学思想分疏之全面，论述之严谨，收集资料之详尽，为近年来个案思想研究所仅见。五卷本《贡献与终结》与其后续成果《〈心体与性体〉解读（含〈从陆象山到刘蕺山〉）》一书（上海人民出版社，2016年3月），代表了杨先生研究牟先生儒学思想的综合性成果，将为今后的相关研究提供极大便利，必将对学界的“牟学”乃至心性儒学研究产生重要的推动作用。

杨泽波先生在从事牟先生儒学思想研究的过程中，一方面抱着继承十力学派学脉之使命，着力在现代哲学的背景下阐扬十力学派尤其是牟先生思想之真精神；另一方面始终以客观平实的心态了解、分疏并衡定牟先生的思想，对牟先生既不盲目推崇，也不一味贬低；既充分肯定其意义，又不避讳其缺陷。杨先生以《贡献与终结》为是著命名，可见其对牟先生的思想有赞有弹。所赞者，在牟先生所传承之心学尤其是十力学派之道统；所弹者，在牟先生之具体立论。然学以载道，如何立论事关道统之正当与传承。

一、对十力学派之传承

杨泽波先生对牟宗三先生思想研究之鹄的，乃在传十力学派之道。杨先生认为十力学派因两方面的原因特别值得关注。第一个原因是十力学派的理论有很高的学术价值。十力学派的思想内核可以“一体两现”来概括。“一体”即熊十力先生所言“吾学贵在见体”之“体”，熊先生因重见体而主“良知是个呈现”。呈现又分为两层意义：一是道德践行意义的呈现，一是道德存有意义的呈现。杨先生说：“我入儒家的门，就是从懂得‘一体两现’开始的。这个问题是‘十力学派’的学术命脉，不可轻视。”[①]第二个原因是因为十力学派的学理有生命的力量，能为人提供精神的支撑。杨先生说：“我之所以特别关注牟宗三，是因为读他的著作内心常常有一种感动的情绪，于心有戚戚然，感觉它不是死学问，其间有一个活泼泼的道德生命，好像上面有一个东西在拎着你，让你不敢往下堕落。”[②]读牟先生等港台新儒家的著作使杨先生意识到：“传统儒学从本质上说是一种伦理道德哲学，即所谓的心性之学，从心性之学入手才是研究儒家哲学的进路。”[③]可见，在杨先生看来，从熊十力先生到牟先生，所重在见体，此乃为儒学之正宗，见体之学乃是现代新儒家尤其是十力学派之血脉。十力学派所重见体呈现之道，亦是杨先生志在所传之道。

道统重以心传和神传为核心的生命之间的直接授受和智慧的传承，是一种生命的传承。熊十力先生开山的十力学派，是为现代新儒家的主要力量，余英时甚至认为“新儒家”即是指熊十力所开创的哲学流派[④]。张君劢、唐君毅、牟宗三、徐复观四人所发表的《为中国文化敬告世界人士宣言——我们对中国学术研究及中国文化与世界文化前途之共同认识》中所言“心性之学，乃中国文化之神髓所在”，即为十力学派之根本特征。牟先生则“由熊先生的霹雳一声”，“提升到了宋明儒的层次”。从熊先生到牟先生的十力学派，师生相接，薪火不断，在现代学术史上有着特殊的意义。在杨先生看来，牟先生对熊先生思想的继承，主要有两个方面：一是对心学精神的继承，坚持“良知是个呈现”，接上了心学的不二法门；二是对新唯识论的继承，讲本心仁体之“充其极”，以存有宇宙万物的道德价值。牟先生在继承熊先生思想的基础上，通过各种办法加以阐发，才成为“古今无两”的思想家与哲学家。

牟先生因熊先生而得道，熊先生因牟先生而传道，杨先生亦以继承并发扬十力学派的道统为己任。杨先生明言：

> 我不止一次讲过，牟宗三对我影响很大，我非常感谢他；也深感上天对我不薄，在自己人生关键转折时期接触到了他的著作。是他的著作将我带入了儒学之门，体悟了儒学的精妙，感受了儒学的庞大，认同了儒学的价值。牟宗三学理的宏大气度，精辟入微，深深吸引着我。尤其是他从熊十力那里传承的

---

① 《〈心体与性体〉解读》，第 6 页。

② 同上书，第 7 页。

③ 杨泽波：《孟子性善论研究》，中国社会科学出版社，1995 年，第 10 页。

④ 参见余英时：《钱穆与新儒家》，载《现代学人与学术》，广西师范大学出版社，2014 年。

> 学术精神，让我懂得了呈现，懂得了心学，懂得了儒学，进而懂得了道德理想主义的重要意义。那种救人于水火，解人于倒悬的切身之感，是其他著作很难给我的。由于这个原因，我一直自诩为牟宗三的私淑弟子，将继承十力学派之衣钵作为自己的学术立场，将弘扬道德理想主义作为自己的历史责任。①

以上这段话，与牟先生在《五十自述》中所述感受熊十力先生之"狮子吼"与听闻"良知是呈现"之感受极为相似。与牟先生宣称受熊先生影响最大一样，杨先生亦明言自己受牟先生的影响最大。牟先生所给予杨先生的，与熊先生之予牟先生的一样，都是生命和价值的意义，所学都是生命的学问，所张都是道德的理想主义，所孤往继承的都是十力学派的血脉。杨先生认为"牟宗三很好地传了熊十力的道"②，自己亦以传牟先生的道为己任。他说：

> 我自出道以来，一直把自己视为牟宗三的私淑弟子，对自己的定位非常清楚。我没有缘分见牟宗三的面，只是读他的书，喜欢他的学问，拜他为师，故为私淑弟子，就好像孟子自称是孔子的私淑弟子一样。我在研究牟宗三思想过程中，对其也有一些批评，有些批评还比较尖锐，港台牟门弟子因此对我多有不满和指责。但是他们并不了解，我之所以对牟宗三有批评，恰恰是为了将其中一些不够清楚的部分讲清楚，弥补其中的缺陷，从而能够真正继承"十力学派"，将这一学派的学理和精神发扬光大。这是不可推卸的历史责任，同时也是我为自己所做的定位。③

可见，杨先生将继承十力学派之衣钵作为自己的学术立场和终身使命。他"为自己规定的任务，就是尽最大的努力继承这一血脉，为将其发扬光大付出自己的绵薄之力"④。

杨先生对十力学派衣钵的继承，不仅体现在学术研究上，更体现在他带学生做学问上。他说：

---

① 《贡献与终结》卷一，"总序"，第 42—43 页。
② 同上书，第 3 页。
③ 《〈心体与性体〉解读》，第 7—8 页。
④ 同上书，第 369 页。

> 读硕士或博士，如果能找到一个好的老师，学术就成功了一半。这个问题应该引起足够的重视。根据我的观察，现在不少老师带研究生只是带一个学位出来。若你是硕士，老师三年以后带你把硕士论文写出来；若你是博士，老师三年以后带你把博士论文写出来。至于你应该怎样继承老师的思想，怎样学习老师做人的学问，明白为人的道理，一般不大管。这种做法只是教学，不是传道。我写《〈心体与性体〉解读》，不仅是学习牟宗三《心体与性体》这本书，更重要的是希望接续一种师承。①

杨先生所授儒门之学，以追问“何为良心”与“何谓良心”为法门，前者是指要通过生命体验体悟到良心的存在，后者则是从理论上说明良心为何。此亦是心性儒学更是十力学派之核心课题。自三十年前研究孟子开始，杨先生于孟子性善之义，不仅作为学问研究之对象，亦作为其人生信念至今不曾动摇；自三十年前接触牟先生著作开始，杨先生于十力学派之“良知是个呈现”与“万物一体之仁”，不仅以其为学问研究之对象，亦作为学术信念不曾动摇。三十年来，杨先生所念兹在兹者，唯此为大。其为心性儒学尤其是十力学派传道之热情与紧迫感，三十年来亦不曾有一刻消退。

治现代儒学者，如未读牟先生之著，多半会被讥学有不足。甚至有学者认为，牟先生的思想代表心性儒学的顶峰，牟先生之后心性儒学很难有大的发展。近四十年来对牟先生思想之直接批评，亦多出于治西学者，其间亦多只牵涉牟先生对西学之理解及对西学与儒学之沟通。而从心性儒学之理路批评牟先生者，实凤毛麟角。批评或出于申辩，或出于尊重，内在理路是批评，更是出于对正统之肯定。② 杨先生以继承“十力学派”之道统为己任，自然亦非常看重熊十力到牟宗三之学统。他对牟先生思想之批评，全然出于肯定牟先生是为儒家正统的基础上。杨先生“一直自诩为牟宗三的私淑弟子”，且坦言：“我批评牟宗三恰恰是出于对他的敬重。”③面对学界对牟先生思想的质疑，杨先生又认为，“对广大读者来说，当前最迫切的任

---

① 《〈心体与性体〉解读》，第 7 页。

② 陈来先生《仁学本体论》对牟先生之思想完全保持沉默，似可见其对牟宗三之定位。丁耘教授对此曾言：“建立正统依靠的不是‘论证’（因为论证就带入了争辩的可能性），而是‘历史叙述’。在这种哲学中，最彻底的批评不是激烈争辩，而是不齿、不提及，也就是不列入正统。”（丁耘：《哲学与体用——评陈来教授新著〈仁学本体论〉》，载复旦大学上海儒学院编：《儒学与古今中西问题》，生活·读书·新知三联书店，2016 年）此评论可谓一针见血。

③ 《贡献与终结》卷一，“总序”，第 45 页。

务可能不是批评牟宗三，超越牟宗三，而是理解牟宗三，继承牟宗三”[1]。批评乃出于学理，继承乃在于道统。杨先生既重传道，又重传学。然因道无定体，学可探究，杨先生因对道之认定而不拘泥于前人之学。因此，他在对十力学派尤其是牟先生所传之道充分肯定的同时，对其学则有相当多的批评。钱穆先生对牟先生将朱子定为旁出甚为不满，认为根本不能说朱子不重视心，作《朱子新学案》以反驳之：“故纵谓朱子之学彻头彻尾乃是一项圆密宏大之心学，亦无不可。”[2]但是，钱先生亦只是表明了自己的立场和看法而已，对牟先生判定朱子为旁出的内在逻辑理路，没有任何直接置评。而杨先生对牟先生思想之批评却非细枝末节或浮于门面之纠结，而是深入清理牟先生理路的内在逻辑，对牟先生之体系亦有理论上颠覆之可能。

近十年来，杨先生对牟先生思想之研究与衡定的早期成果如《牟宗三三系论论衡》（复旦大学出版社，2006 年）一书及多篇学术论文，在《贡献与终结》出版之前，多引起港台牟门弟子的激烈批评，大陆学界亦有龃龉之论，批评者中不乏以杨先生不了解牟先生思想又刻意批评而视之者。[3]《贡献与终结》一著面世，学界或于杨先生之立场与进路多所了解，原来的批评之声多销声匿迹。然学界中原来对杨先生思想抱有成见的学者似乎亦不知如何面对杨先生此五卷本巨著，又多以沉默处之。客观说来，大陆学界对港台儒学的研究已经进入了一个新的阶段。无论是陈来所著《仁学本体论》之不论牟先生，还是以“新康有为主义”为代表的大陆新儒家所论“超越牟宗三，回到康有为”，以牟宗三思想为代表的港台儒学不再如前成为焦点已成趋势。但只要还研究心性儒学尤其是牟先生的思想，《贡献与终结》一著就无论如何也无法绕过，杨先生之立论亦无法被忽视。

二、伦理心境与三分方法

杨先生儒学研究的问题意识就是对道德本体的追问。他对十力学派道统之传承，亦是要立足于“现代”的背景来思考并重建十力学派所主张之良知学说。也就

---

① 《贡献与终结》卷一，“总序”，第 43 页。

② 钱穆：《朱子新学案》（上），巴蜀书社，1986 年，第 39 页。

③ 参见《贡献与终结》卷一，“总序”，第 40—42 页。

是说，杨先生是站在现代哲学的背景下来思考熊先生、牟先生之良心与天理问题的，故理论的入路与熊先生和牟先生便有了不同。因入路的不同，对牟先生便有赞有弹。所赞者，在牟先生从熊先生那里继承下来的道德传统，在牟先生所坚守的道德理想主义。杨先生认为牟先生在西风凛冽的背景下能够始终高举道德理想主义的大旗，与当时轻议道德的各种言论相比，高下立判。所弹者，首在牟先生对良知本心之解读依旧属传统之方式，以致其努力一则未能解决心学之流弊，二则立伊川、朱子为"旁出"而有争论；次在以康德之智的直觉解儒家之"无限智心"，又误解混淆康德之物自体一义，导致存有论、圆善论、合一论曲折纠结而又徒添困扰。

杨先生对牟先生儒学思想之所赞所弹，基于其研究儒学的独特方法，这些方法多是其早年在研究孟之性善论时确立的。其中最重要者当有两个方面：一是以"伦理心境"解说孟子的良心本心；二是指出孔子心性之学的三个不同部分，确立心性儒学研究的"三分方法"。

杨先生早年在研究孟子性善论时，以伦理心境解说孟子之良心本心。

> 伦理心境是伦理道德领域中社会生活和智性思维在内心的结晶，是人处理伦理道德问题时特有的心理境况和境界。①

伦理心境又必须以"人性中的自然生长倾向"为基础，它既是伦理心境最初的那个附着地，又是伦理心境对人自然具有吸引力的最初源头。作为伦理心境的良心本心虽然是后天的，但却是先在的，即良心本心总是先于伦理道德问题而存在——人在处理道德问题的时候良心本心已经存在了。"后天的"与"先在的"形成一个"时间之叉"，理解这个"时间之叉"，就能理解良心本心为"天之所与我者"——只是对天的借用。"伦理心境"是主观的，为人的主观倾向，又是客观的，因是社会生活和智性思维的结晶而具有客观性和普遍性。杨先生由此论牟先生之心体与性体，指出心体是从良心本心的主观性而言，而性体是从良心本心的客观性和普遍性而言，性体之来源并不是天。在这样的架构中，良心本心之客观性与普遍性来源只能是社会生活与理性思维，而不是如先儒或牟先生所言之"天"或"道体""性体"。

杨先生认为，"孔子心性之学有欲性、仁性、智性三个不同的部分，三者缺一不

① 杨泽波：《孟子性善论研究》(再修订版)，上海人民出版社，2016年，第81页。

可，共同组成孔子心性之学的结构”①。在此基础上他提出儒学研究的三分法。

> 所谓三分法，是将人与道德相关的因素划分为欲性、仁性、智性三个部分，而不是感性、理性两个部分。②

欲性部分处理的是利欲问题，仁性就是“社会生活和理性思维在内心结晶而成的伦理心境”，智性约相当于西方道德哲学中的理性。在这三者中，欲性较为简单，不是道德的根据，重要性次一些，重要的是安排仁性与智性的关系。杨先生认为：

> 仁性和智性相互为须，不可分离。光有仁性不行，还要有智性，否则不能提高。但智性需要以仁性作为基础，否则智性的发展很可能无助于成德，甚至走到邪道上去。③

也就是说，“以其境界而言，以智性为上”，“以其所本而言，以仁性为重”。仁性与智性这种关系的安排，对于理解孟荀之争、宋学与理学之争乃至衡定牟先生思想有着重要的作用。三分法是杨先生研究儒学的基本方法，并不仅仅限于道德结构。在进行牟宗三思想研究的过程中，杨先生更进一步发展了三分法。他认为，人有认知、道德、审美三层结构。与道德结构又有三层结构一样，认知和审美亦同样还有三层结构。而道德结构、认知结构、审美结构又是一个“生命层级构成”的有机整体，生命层级之由下而上又分体欲、认知、道德三个层面。社会范围内这三个层面又综合为一个有机整体，称之为“社会层级构成”。因此三分法又称为“多重三分方法”。

杨先生从自己的理路用伦理心境这一概念解释了儒家道德本体的来源问题，对儒家以天为道德根据的思想传统产生了解构作用。杨先生在指出良心本心就是伦理心境的基础上，对儒家的天论传统也做了恰当的安顿。他通过分疏先秦的天论传统，认为儒家的天论在孔子之后实质上是“以天论德”，即借助先秦“以德论天”的传统习惯，重新以天作为道德的终极根据。也就是说，将道德的根据推给上天，

---

① 《孟子性善论研究》（再修订版），第1页。杨先生对孔子心性之学中有关欲性、仁性、智性关系的看法，经历了三个阶段，进行了两次调整。参见《孟子性善论研究》（再修订版）“再修订序”。

② 《孟子性善论研究》（再修订版），“再修订序”。

③ 同上书，第14页。

不过是借助先前天论的思维习惯，为道德寻找一个形上根据，即所谓“借天为说”罢了。杨先生论证，天不可能是良心的真正来源，良知的真正来源只能从社会生活和智性思维中去寻找（“人性中的自然生长倾向”虽然可以在广义上归于自然意义的天，但它并不是性善论最关键的部分）。这样一来，道德本体为天就是虚说，道德本体为心才是实说。在此架构中，就只能以道德秩序论宇宙秩序，而不是如宋明诸儒所言肯定一实体之天以宇宙秩序论道德秩序。杨先生这一立论将对牟先生的道德形而上学架构产生颠覆性的影响。

杨先生对孔子仁学思想之欲性、仁性、智性三分，包含了对良知本心何以有力量促使人去为善的思考，即对牟先生所欲肯定之“即存有即活动”的理论说明。《贡献与终结》一著将牟宗三的活动论中的“即存有即活动”问题视为休谟伦理难题的中国版。杨先生注意到麦金泰尔借助亚里士多德目的论体系来解决休谟的“是”与“应该”的难题。他指出儒家主张欲性、仁性、智性三分，仁性可以为智性提供动能，其实就包含了解决休谟伦理难题的考虑。而按照欲性、仁性、智性的三分法，则孔子创立仁学之始，就既重仁，又重礼。重仁为仁性，重礼为智性。智性解决的是“是”的问题，仁性解决的是“应该”的问题。而“伦理心境”作为仁性，智性所认识之内容已经先在于其中了。在发生具体的道德行为时，仁性统摄了智性，“应该”统摄了“是”，“是”与“应该”并不背离。这一解释就解决了休谟伦理难题中“是”与“应该”分离的问题。孔子之后，孟子发展了孔子的仁学思想，不自觉地丢掉了智性。而荀子创立性恶论，发展了孔子智性的思想，希望以礼学解决孟子学的不足。到了宋明，朱陆之争的实质依然是荀孟之争。孟子、象山及阳明与荀子、伊川及朱子各是一偏，都没有完整继承孔子的仁学思想。

伦理心境与三分法是杨先生梳理与衡定儒家心性思想的两把尺子。在其早年所著《孟子性善论研究》一书中，杨先生以这两把尺子衡定了孟子的性善论与宋明理学。而后秉持对伦理心境之解说与三方法，杨先生踏入研究牟先生儒学思想的漫漫征程。

三、论坎陷与三系

坎陷论是牟先生最早提出来的系统性理论。在牟先生看来，中国文化与西方文化是两种不同的文化形态。中国文化重视道德，重视直觉，是一个仁的系统；西方文化强调认知，重视逻辑，是一个智的系统或认知的系统。由于中国文化本身的特点，中国文化一直走的是道德的路线，科学和民主未能得到很好的发展。近代以来，中国文明遭受西方文明的挑战，中国文化亦未能幸免。因现代西方文化以民主与科学为旗帜，中国文化在面对其挑战时亦须对此做出回应。牟先生对这个问题的解决思路是，道德要来一个自我否定，暂时退让一下，不再发展自己，这就是良知的自我坎陷。后来牟宗三更借用康德与《大乘起信论》来阐发这一思想。在他看来，一心可以开二门，一是真如之门，二是现象之门。真如之门在上，现象之门在下。要发展科学和民主，必须由真如之门向下走，来一个向下的大开大合。更值得注意的是，牟先生在论述科学和民主时，认为中国文化在价值层面上并不低于西方，甚至强调民主科学“卑之无甚高论”，中国文化对科学与民主是“超过的不能，不是不及的不能”。

牟先生之坎陷问题，在学界争论颇多。杨先生则提出以“多重三分方法”理解并衡定坎陷论。从横向结构上讲，道德结构包括欲性、仁性、智性三个部分，这种情况在认知结构和审美结构中同样存在。审美结构、认知结构、道德结构又构成了人的生命层级，并进而推广到社会层级。生命层级与社会层级自下而上都包括体欲、认知、道德这三个层面。我们的传统是道德发达，认知不发达；西方则恰好相反，是认知发展，道德不发达。这个特点决定了西方走的是认知的路，科学民主发达；中国走的是道德的路，科学民主发展不起来。要发展科学民主，道德层面必须“让开一步”，按牟先生的说法是“下降凝聚”，发展道德层面下的认知和体欲层面。杨先生认为中国文化的中心在道德，道德高于认知，要发展科学，仁性就要让出身段，发展出智性的层面。但智性不能成为无头苍蝇，必须有仁性来统摄，故坎陷还必将“摄智归仁”。更重要的是在这个过程中，一定含有“摄智归仁”的内容，也就是说，认知层面与体欲层面最终还是要受道德层面的主导。这就是杨先生以三分法理解牟先生的坎陷问题的思路。

杨先生站在心性儒学的立场对牟先生的坎陷论做了价值上的肯定，他说：

> 一段时间以来，一些人以为只有民主有价值，值得提倡，政治必须与道德分离开来。内圣外王老调“可以休矣”，内圣外王已成“已陈刍狗”成了最时髦的话语。牟宗三不是这样，他建构坎陷论一方面自然是希望能以这种方式开

出民主，跟上形势的发展，另一方面又强调必须在这个过程中保持儒家政治传统的优势。外王是要开的，但内圣也不能丢。不丢掉内圣就是不丢掉儒家的政治传统，不丢掉道德理想主义。这是“摄智归仁”最值得关注的部分。也许只有从这个视角才能真正看清牟宗三创立坎陷论的意义。[1]

在对坎陷论做出总体肯定的同时，杨先生亦指出了牟先生坎陷论在表述上的问题：一是牟先生讲坎陷本意是指要大力发展认知，发展理论理性。而其反复用“良知坎陷”，以致学界误解其主体是良知，而不是道德。二是牟先生早年将儒家思想与黑格尔联系在一起，把儒家之仁比作黑格尔之绝对精神，绝对精神之自我否定犹如良知之坎陷。三是牟先生用“坎陷”之意在说明要发展科学民主必须往下讲，但对早期以黑格尔思想论坎陷与后期以康德思想论坎陷之关系无有论述，故康德之道德理性优于理论理性之缘由不得而知，且民主问题必然与道德问题相关而不仅仅是理论理性之问题。应该说，杨先生所论，只是以三分方法对牟先生坎陷论提出了论述上的补充，无有根本的批评。

牟先生关于宋明儒学三系的论述，主要在其著《心体与性体》中。杨先生通过对《心体与性体》的分疏，将牟先生的三个问题意识点了出来：一是解决朱子学理的内在困境，二是克服心学的流弊，三是建构和阐发道德存有论。在杨先生看来，围绕解决这三个问题，牟先生以三论来展开论述，这就是活动论、形著论、存有论。活动论从肯定本体“即存有即活动”之立场衡定朱子之理“只存有而不活动”，故认定其为“歧出之旁枝”；形著论以性体的客观性原则来保障心体的客观性，乃欲解决心学之流弊；存有论则继承了熊十力的新唯识论，强调道德之心因有“充其极”的特性必“涵盖乾坤”，以道德之心创生存有。在这三论中，活动论、形著论是道德实践的主线，而存有论则构成道德存有的辅线。在杨先生看来，《心体与性体》表现了牟宗三的主要思想，“牢牢抓住这一主一辅两条线索，是读懂这部著作的必经之路”[2]。这两条线索与蕴涵其中的三个问题意识——如何保障道德理性的有效性、如何保障道德理性的客观性、如何说明道德之心可以对宇宙万物发生影响，不仅是《心体与性体》的命脉，亦是牟宗三思想最有价值的部分，是十力学派的血脉。

---

① 《贡献与终结》卷一，第 242 页。

② 《〈心体与性体〉解读》，第 369 页。

牟先生在《心体与性体》中的三个问题意识，对心性儒学而言都具有根本性的意义，其对宋明理学三系之划分主要依据活动论与形著论。对牟先生的三系所牵涉的问题意识，杨先生亦给予了高度的评价。但对牟先生以活动论与形著论为标准划分三系，杨先生则不能同意。首先是牟先生套用康德道德自律与道德他律的框架，以活动论判朱子为道德他律，使其“即存有即活动”这一重要思想完全淹没在自律与他律的争论当中。杨先生认为朱子同儒学的其他学派一样，并不以利欲为目的，即使朱子所重在格物致知，亦只能说其在重视道德本心或心体作用方面有所欠缺，使其道德无力而已。其次是牟先生受刘蕺山启发，将心体与性体划分开来，规定性体是客观之主，心体是主观之主，以性体形著心体，以性体保障心体的客观性。杨先生认为牟宗三这种做法源于儒家对天道的理解，但这一做法实际上并不能说明性体是客观的，亦不能杜绝心学之流弊。最后是牟先生借用明道之“一本”，强调天人无隔，天是创生实体，心体亦为创生实体。杨先生认为，儒家讲天的创生有两方面的意义：对人的创生是使人有心性，对物的创生是使物存在，而心体的创生只能创生善相的存有而不能创生物的存在，故混淆两者并无助于问题的解决且会导致混乱。

杨先生以伦理心境解说良心，可以衡定牟先生三系论的两个理论支点是否成立。一是道德理性何以有动能的问题，即活动论如何可能；二是设定性体是否真能保障心体客观性的形著论。“人性中的自然生长倾向”与以此为基础的“伦理心境”，同时决定人原本即是一个道德的存有，又有道德的要求。杨先生早期的研究在基础上提出分析心性结构的三分方法，仁性就是孔子之仁、孟子之良心；智性认识到正确的事物，仁性会充当发动机，决定其必然去行。这样，杨先生找到了牟先生以心体保障性体活动的内在原因和运行机理，在其基础上向前走了一步。由此，牟先生所据以立论的形著论在杨先生这里也不能成立了。更进一步，牟先生超越存有论将天视为形上实体，规定为“创造性自己”，直接将天作为道德存有的主体论述也受到了挑战。在杨先生的理论架构中，因天是“虚说”，心才是“实说”，故创生道德存有的主体只能是人的道德之心。

杨先生做了上述衡定后总结说：

牟宗三在创立三系论过程中处处显露出超人的问题意识和洞察能力。他所提出的杜绝心学发展过程中的双重流弊，道德理性如何才能具有有效性这

> 两大问题，具有深远的理论意义，不愧为学术大家，足以赢得人们的尊敬。遗憾的是，他只看对了病，但开错了药方，也叫错了病名。所谓“开错了药方”，是说由于不明白杜绝心学流弊的根本之法，把解决问题的办法完全归到天道和性体上去了；所谓“叫错了病名”，是说因为在自律问题上读错了康德，误把“道德无力”叫成了“道德他律”。这些教训十分深刻。它明确告诉我们，牟宗三停滞于传统方式对良心本心的解说，将良心本心等同于康德的道德理性，亦即由此沿用的感性、理性的两分方法，既不足以杜绝心学发展过程中的流弊，也难以避免在自律和他律问题上遭遇的尴尬，无法将理性如何保证道德成为可能这一极有价值的理论初衷表达清楚，更不能达至其所希望的圆成之境。①

杨先生站在三分的立场以“伦理心境”对良心本心加以解说，既不同意牟先生将五峰、蕺山独立为一系，也不赞成将伊川、朱子判定为旁出。他认为，沿着孔子的仁性发展出孟子、象山、阳明，沿着孔子的智性发展出荀子和朱子。“合理的做法是以仁性统摄心学，以智性统摄理学，最终形成一个车有两轮、鸟有两翼的完满格局。”②牟先生以心学与康德的标准划分三系，判定朱子为旁出，当然不足为取。杨先生从对孔子的心性结构之三分出发，从而得出对三系的这种判定，在理据上比一般在牟先生理论中打转的学者得出的结论，当然要更有说服力。在杨先生看来，牟先生思想存在这些问题，原因很多，其中有一点就是其研究方法是传统的，过于陈旧。牟先生从熊先生那里懂得了良知是呈现，反复申说，但他亦只是用传统的方法大讲良知是“天之所与我者”，同时直接以天作为形上创生实体，建构超越的存有论，而没有对良心究竟来自何处进行分析——杨先生认为这是牟先生理论层面中的最大不足。

四、智的直觉与物自身

智的直觉一题，在牟先生的思想当中是个颇为关键的问题，这一思想来源于康

---

① 《贡献与终结》卷二，第 282—283 页。

② 《贡献与终结》卷一，“总序”，第 44 页。

德。牟先生不满于康德因无法肯定智的直觉故只有道德的神学而无道德的形而上学，他从中国哲学的立场出发，认为建立道德的形而上学之关键即在肯定智的直觉一义。而牟先生之智的直觉与物自身之义能否稳立，直接关系到其存有论及引申出来的圆善论、合一论能否建立。学界的研究已多有指出牟先生所言之智的直觉一义，与康德之本意不符①，并因此生出诸多枝蔓。杨先生在学界研究的基础上，通过对牟先生理论体系的梳理，通盘指出了牟先生由于误用康德智的直觉一义及其引申的物自身在其理论体系中产生的问题。

康德所论"智的直觉"，是一个与感性直觉相对的概念，即不依靠对象刺激，单凭自身就能得到质料杂多以形成认识的"本源性"的直觉。我们可以设想(不能证明)上帝具有这种直觉，但人作为有限的存在者并不具有这种直觉，而只具有感性直觉。牟先生则认为，依据中国哲学，人既有限又无限，因而既有感性直觉，又有"智的直觉"。有限是说其能达到现象，而无限则可以直达物自身。牟先生所言中国哲学中"智的直觉"之基础完全在于道德，其又有"自觉"与"觉他"之分。本心仁体是成就道德的根据，遇事自己呈现自己，发而为道德的行为，这是"自觉"。而道德之心又有绝对的普遍性，必然涉及存有界，是为存有之源，必"充其极"与天地万物一体，即道德之心通过智的直觉对宇宙万物赋予价值和意义的活动，这就是"觉他"。

心性儒学重直觉，是为其特点或优点，亦是其理论缺点。熊十力点出"良知是呈现"一义时，冯友兰不置可否，可见其从理论上至难说明。康德所论智的直觉，也只归于上帝而不能归于有限的存在者，只有消极的意义。因此智的直觉一义，在康德那里只能是一设想，而不能是一"呈现"。牟先生则认为儒家之"知体明觉""无限智心"就是康德所言的智的直觉。在儒家，"良知是呈现"即表良知是直觉，直觉之即呈现之。呈现者何？吾人之良心或良心之判断也！杨先生指出，在牟先生的体系中，道德之心不仅可以决定人的善行，同时也可以对宇宙发生影响，创生道德意义的存有。前者为"自觉"，孔子论仁，孟子论本心，王龙溪论"见在良知"，均指此。后者为"觉他"，是讲本心仁体有遍润遍照之功。"自觉"之义，在康德因不能确立"真我"而不能成立，但在儒家却是不言自明的。"觉他"一义，在儒家可理解为道德

① 参见谢遐龄：《直感判断力：理解儒学的心之能力》，《复旦学报》2007年第5期。又见邓晓芒：《牟宗三对康德之误读举要(之二)》，《康德哲学诸问题》，生活·读书·新知三联书店，2006年。

之心创生道德存有——杨先生说为“善相”。杨先生肯定作为“自觉”的智的直觉的理论意义，并认为其是儒家高于康德之处，是为儒家心性学之真义，且从此种意义上可以肯定智的直觉。而于“觉他”，则须做新的判断。在杨先生看来，“觉他”的思维并不属于康德的智的直觉，而只相当于“胡塞尔现象学意向性的直接性”，亦即“此智的直觉非彼智的直觉”。杨先生说：

> 我们可以承认人在“自觉”意义上有牟先生所诠释的康德意义的智的直觉（尽管康德本人并不承认这一点），但不能承认人在“觉他”意义上有这种智的直觉。①

我们将看到，此一评判将直接瓦解牟先生关于存有论、圆善论与合一论建构之努力。

由智的直觉所引出的与存有论相关的是牟先生关于物自身的概念。牟先生认为，一物与主体发生关系，显现于主体之上，即为现象。一旦与主体没有任何关系而回归其自己，便为物自身，或叫“物之在其自己”(thing in itself)。杨先生认为，康德哲学中的物自身有三层意义：一是作为质料之源的物自身，一是作为真如之相的物自身，再是作为先验理念的物自身。杨先生在著作中花了大量的篇幅来说明康德的物自身概念所指，意在说明，物自体(thing in itself)与本体(noumena)概念不能等同来看。首先，作为质料之源的物自身不是本体。其次真如之相的物自身作为本体，与先验理念的物自身作为本体，并不是同一种本体，而是两种本体。在牟先生的理解中，作为物之在其自己之本体是实的，而作为先验对象的本体是虚的。因牟先生讲本体是实体，将先验对象这类本体取消掉了，故先验理念作为本体的地位亦被取消了。但与此同时，牟先生又以先验理念的内涵来说明真如之相物自身的内涵，故真如之相一方面作为实体，另一方面其内涵又与作为先验理念的本体一致了。因先验理念的物自身是一个与实践相关的有价值意味的概念，而作为真如之相的物自身则无论如何都与事实相关，可以说是一个事实的概念。牟先生因以先验理念的内涵取代了真如之相物自身的内涵，故其否认本体是一个事实概念，而认为本体只是一个价值概念。

---

①《贡献与终结》卷五，第 141 页。

杨先生更进一步指出，牟先生认为物自身不是一个事实概念而是一个价值概念，其原因在于牟先生认为“物自身是对无限心的智的直觉而说的”。牟先生将物自身理解为智的直觉的对象，智的直觉源于自由无限心，而自由无限心与道德相关，包含着价值意义，所谓物自身是一个价值概念。又因本体之概念在儒家为实体，作为真如之相的物自体亦为实体，牟先生以实体之实加上先验理念如上帝、自由、灵魂作为本体的虚之内涵，因而其所论本体之意涵与康德和传统儒学都不相同。在牟先生看来，可以由人之自由无限心而有智的直觉，直觉之即存有论地实现之、创造之。这种创造不单纯创造一种现象，而是创造一种价值。这种价值就是物之实相，也就是物自身——一种价值意味的物自身。因其中纠结颇多，杨先生花了大量的篇幅来说明牟先生为何认定物自身不是一个事实的概念，并从其逻辑结构指出，“牟宗三所谓价值意味物自身其实只是一种‘善相’，绝不能以物自身称之”。杨先生说：

> 牟宗三讲的智的直觉与康德意义的智的直觉是两个本不相同的问题，属于两个不同的领域，只有语句的相似性，而无内容的相同性。……去除层层的缠绕混乱，牟宗三这一套说法真正要表达的意思无非是，如同认知之心可以创生现相一样，道德之心同样可以创生一种现相，当然这是一种特殊的现相。这种特殊的现象就是我所说的“善相”。①

也就是说，牟先生所说的由道德之心创生的那个存有的对象，并不是康德意义的任何一种物自身，究其实不过是一种特殊的现象，即所谓“善相”罢了——“此物自身非彼物自身”。

在牟先生《智的直觉与中国哲学》《现象与物自身》《圆善论》等代表其后期主要思想的著作中，智的直觉与物自身是其理论建构的关键概念。杨先生则通过对这个两个概念的仔细清理，指出“牟宗三一再强调的道德之心创生存有的思维方式，既不是康德意义的智的直觉，也不是牟宗三自己所理解的智的直觉，其对象根本不是什么物自身，只是一种特殊的现象即所谓善相罢了”②，就为厘清与衡定牟先生之

---

① 《贡献与终结》卷三，第 323 页。

② 同上书，第 369 页。

存有论、圆善论与合一论扫清了障碍。

五、论存有、圆善与合一

存有论即牟先生所欲证成之道德的形而上学（道德形而上学），圆善论是在存有论的基础上讨论至善或最高善的问题，合一论也是在存有论基础上讨论真、善、美合一的问题。应该说，牟先生所建构之存有论是其圆善论与合一论的基础，而其存有论的基础又在于其所论智的直觉与物自身之义的稳立。杨先生对牟先生有关存有论、圆善论、合一论的衡定也是基于其对智的直觉与物自身概念的解读。下面分别述之。

1. 存有论

应该说，《贡献与终结》一著，杨先生用功最甚者、理论难度最大者，当属“第三卷·存有论”。此卷处理牟先生所论存有论问题，分为超越存有论与无执存有论。超越存有论所言的是道德的超越的根据，即“宇宙秩序即道德秩序”，涉及古代天论。无执存有论涉及康德之智的直觉与物自身等相关思想，即所谓“道德秩序即宇宙秩序”，其中智的直觉与物自身一义是否稳立不仅直接决定无执存有论是否成立，亦决定牟先生之圆善论与合一论是否成立。杨先生的三分方法与伦理心境不仅是梳理牟先生坎陷论与三系论的两把刷子，也是衡定存有论能否证成的尺子。而杨先生对智的直觉与物自身之义的清理则直接瓦解了牟先生无执存有论、圆善论、合一论的根基，使其理论在内在理路上受到了严峻的挑战。

牟先生以儒家天论构建起超越存有论，基于其对传统儒家天论的理解。在牟先生的理解中，作为於穆不已、寂感真几的创生实体不仅指天，同时也指心，是天与心的合一之体，牟先生有时将其称为“天心”。在《圆善论》中，牟先生将这一思想概括为“超越存有论”。与西方哲学之“内在存有论”或“执的存有论”不同，超越存有论的特点是“必须见本源”，“此种存有论亦涵着宇宙生生不息之动源之宇宙论，故吾常亦合言而曰本体宇宙论”[1]，即越出现象存在而肯定一个“能创造万物”的存有，

① 牟宗三：《圆善论》，《牟宗三先生全集》卷二十二，第328页。

这就属于超越的存有论。在西方，这“能创造万物”者，即是上帝，此存有论就成了神学。在中国哲学，可用无限智心取代上帝，把西方的神学还原为超越的存有论。这种存有论的最终根据是无限智心，而这个无限智心就是超越存有必须见的那个“本源”。在牟先生的超越存有论的框架中，首先须有对超越实体之肯定，此超越实体既是“维天之命，於穆不已”之天，又是圣人赞天地化育之心，合之曰“天心”。“天心”不仅超越于事物之上，而且内在人的心里。超越的创生实体的任务是实现创生，“说明天地万物之存在”。

在杨先生看来，牟先生所论超越的创生实体究其实即是圣人之心，圣人之心与超越之创生实体完全为一，圣人之创造就是天之创造，反之亦然。由这个超越的创生实体所形成的理论因具有超越性，所以叫作“超越存有论”。杨先生对先秦天论有自己的理解，认为先秦天论经历了一个“以德论天”到“以天论德”的发展过程。先秦天论发展到儒家那里，天实质上不是道德的根据，把道德的根据挂到天上讲，是“借天为说”，即将道德的终极根据归到天上只是对天的一种借用。杨先生说：

> 一言以蔽之，虽然儒家历来重视超越问题，“天心”这一说法由来已久，但如孔颖达所说，那不过是“以人事之心，托天地以示法尔”，我们绝不能将天视为一个形上实体，直接以其所为创生道德存有的主体。①

也就是说，在杨先生看来，牟先生所论超越之天虽然在存有论中具有重要作用，但无论如何不能将其视为一个形上的创生实体。

杨先生认为，尽管牟先生也敏感地察觉到天在某种意义上只是一种“虚说”，真正发挥作用的是仁心，但受传统思维方式的限制，仍然把天实体化，以天作为超越存有论的创生主体，从而造成其学“虚”与“实”的根本冲突。从另一个角度上讲“宇宙秩序即道德秩序”之命题不能视为一实有之命题。杨先生所要彰显者，乃在“道德秩序即宇宙秩序”，即肯定牟先生所说“仁心无外”，以仁心赋予外物以价值和意义。在杨先生这样的结构中，“宇宙秩序即道德秩序”与“道德秩序即宇宙秩序”成了两个不同性质的命题。“道德秩序即宇宙秩序”是实说；“宇宙秩序即道德秩序”是虚说，或曰是“借说”，借宇宙来说道德，即是“借天为说”。杨先生认为，“借天为

---

①《贡献与终结》卷三，第 147 页。

说”虽是虚说，但并不妨碍以此建立道德的形而上学。杨先生以康德所论从实践的角度来“认其为真”的说法，认为儒家的“借天为说”即可证成道德的形而上学。杨先生将“借天为说”与“认其为真”两步称为“儒家心性之学的形上玄机”。除此之外，杨先生引入“自我投射”概念，认为在以“借天为说”和“认其为真”确立自己的形上基础之后，儒家又将自己的情感和意愿投射到天上，认为天似乎也有情感和意志。不明其理者，则以“天心”为实；明其理者，方知这不过是以仁心比作“天心”而已。故在道德存有论或道德形而上学的问题上，“仁心无外”是实说，“天心无外”是虚说，人借宇宙来说道德而又“认其为真”，故证成“超越的存有论”——实则超越的存有论即是“仁心无外”。

无执的存有是牟先生道德形而上学的另一面向。是从无限智心出发，肯定人的无限性，以知体明觉为出发点，不受现象的限制，直达物自身。无限智心就是智的直觉，可以创立本体界的存有、物自身的存有、无执的存有。应该说，牟先生所言无执的存有，是从心学的角度出发的，其受阳明的影响尤其大。牟先生说：“言及儒家的‘无执’的存有论，则当集中于阳明所言之‘知体明觉’而言之。本书开始由道德的进路展露本体，本即是依阳明而言的。”[①]此完全从道德意识出发，由道德而展露本体。这种道德实体，不仅是道德的，而且是形而上学的。就此意义而言，道德实体可以创生万事万物，其中既有行为物，又有存在物。行为物比较简单，即具体的德行。存在物即是知体明觉感应处，即是物。此物不是现象的存有，而是无执的存有。仁心之感通必“以天地万物为一体者也”，所创生的存有即是无执的存有，由此所论即为道德的存有论。其中，以无限智心论智的直觉创生物自身的存有向来号称难解，被称为“牟宗三儒学思想之谜”。

牟先生不同意康德将人视为有限的存在，他认为人有无限智心或智的直觉，“虽有限而可无限”。有限心是识心，无限心是真心。识心创生的是现象的存有，真心创生的是物自身的存有。执的存有与无执的存有，就是所谓的两层的存有论。杨先生认为，作为识心的执的存有自无问题，但作为真心的物自身的存有之表述，则有相当多的问题。康德认为智的直觉并不能为有限的存有者所有，那么物自身之存有对有限的存在者而言根本无法证成。故牟先生认为，康德没有道德的形而上学而只有道德的神学。而就中国哲学之无限智心或自由无限心而言，并未有康

① 《现象与物自身》，《牟宗三先生全集》卷二十一，第451页。

德设想的智的直觉之内涵——并不能直觉或创造物自身。即儒家道德的形而上学或道德存有论，只能证成"善相"的存有，而不能证成物自身的存有。故儒家意义上的道德的形而上学与牟先生所须证成的存有或创造物自身意义上的道德的形而上学又为两个不同的概念。在儒家，两层存有亦只是"善相"的存有和"识相"的存有。"识相"不是物自身，"善相"亦不是康德意义上的物自身。在中国哲学中，自由无限心只能证成"善相"的存有，而不能证成物自身的存有。故对存有论而言，此两层是"善相"与"识相"之两层，而不是物自身与现象之两层，故杨先生衡定儒家之两层存有非牟先生所言之执的存有与无执的存有，即"此两层非彼两层"。杨先生说：

> 不属于认知意义的现相未必就属于物自身，完全可以属于"善相"。不执于认识意义的现相未必属于无执，也可能执于"善相"。在这诸多的环节中，"善相"概念居中枢地位。通过建立这个概念以及将其与牟宗三相关思想一一比照，至少我愿意相信，我已经破解了"牟宗三儒学思想之谜"。①

牟先生以康德所言之智的直觉取代儒家之无限智心或自由无限心，又以物自身（thing in itself）取代"善相"，故其在智的直觉与物自身意义上所言的道德存有论或道德的形而上学与儒家之本义有了根本之不同，更无理论上的可行性。在杨先生看来，早期牟宗三更忠实地继承了熊十力先生的新唯识论思想，以道德本体为其整个学说的根基，强调会物归己、摄所归能，实现境不离心、心外无境，本无大的问题。而后来当牟先生借鉴康德哲学来论述儒家之心物（境）关系时，由于对康德之智的直觉与物自身问题把握不准，引起了相当多的理论混乱。而牟先生又顺着其思路，在其所言的存有论思路下谈康德之圆善与真、善、美合一之问题，则更与儒家之本义相隔天渊。

2. 圆善论

在康德哲学中，有两种不同的善：一是无条件的纯善极善，或曰纯德之善；二是整全而圆满的善，这配享幸福的善，康德称之为"最高善"，牟先生称之为"圆善"。康德讲圆善，先从意志自律开始，讲什么是善，然后再依基督教的传统，设定一个人

---

①《贡献与终结》卷三，第368页。

格神的上帝保障幸福，两者综合起来，既有德又有福，德福配享，就是圆善。牟先生一方面将康德之圆善问题引入中国哲学，一方面又以无限智心取代上帝以解决康德意义的圆善问题。康德不承认人如上帝一样有智的直觉，只能以西方宗教为背景设定灵魂不朽，通过合目的性的论证来解决现实世界中德和福的分离或背反问题，以希望在生命的无限延长中达到德福一致；也就是，康德无法解决德和福在现实世界中的分离问题，而只能从超验的角度设想上帝存在以证成圆善或至善。此点为牟先生所不满。牟先生所论儒家之圆善，是从孟子有关天爵人爵讲起的，天爵为德之一面，人爵为福之一面，两方面如是配享，即成圆善。牟先生因肯定人可有无限智心或智的直觉，故在儒家，证成圆善并不须假定上帝和灵魂不朽。

无限智心之所以无限，是因为其有绝对的普遍性，不仅能决定道德，而且可以创生和觉润存在，能使天地万物为一，“开德福一致所以可能之机”，进而使圆善成为可能。杨先生通过梳理，认为牟先生用无限智心解决康德圆善问题主要是通过“诡谲的即”和“纵贯纵讲”这两个步骤进行的。“诡谲的即”是牟先生借用天台宗与道家的说法，表明无限智心即如来藏自性清净心、玄智。所谓“无明即于法性”，道即于“迹”即是此意。无限智心在具体事物中表现，此为圆善“德”之一面，而一切存在都随无限智心而转，无不顺适而调畅，此即为圆善中“福”之一面。这就是“诡谲的即”，是牟先生圆善论思路的第一个步骤。牟先生的第二个步骤紧扣儒家的仁，由道德意识入手，以“敬以直内，义以方外”为宗骨，讲道德润生与道德创造系统，这就是“纵贯纵讲”。因佛道二家没有一个道德的创造系统，其圆教只能通过“解心无染”或“无为无执”的作用，用诡谲的相即来讲，所以只为“纵者横讲”。儒家的自由无限心有创生性，可以润泽一切，调适一切，在这种润泽和调适中，仁者与天地万物为一体，故可以“纵贯纵讲”。牟先生在阐述儒家的圆教思想时，把重点放在了“纵贯纵讲”上，即试图以儒家的存有论来解决康德的圆善问题。他引用阳明“有心俱是实，无心俱是幻”来说明儒家无限智心之创生为实有。在“纵贯纵讲”系统中，一方面人们依心意知天之理而行成德，另一方面明觉感应为物而使“物随心转”，因“有心俱是实”，则“物边顺心即是福”。既有德，又有福，便有了德福一致，圆善由此而成。

这里最关键是如何理解牟先生由阐述“物随心转”而证成德福一致。杨先生认为，在牟先生的思想中，“物随心转”之“心”和“转”理解起来难度不大。但人们对于“物”这一词的理解，则错乱百出，牟先生的存有论和圆善论、合一论都是在这里出了问题，导致其立论无法成立。在牟先生看来，"'意之所在为物'是经验层上的物；'明觉感应为物'则是超越层上的物。此明觉感应即为无限智心，其思维方式是智的直觉，通过无限智心创生存在(物自体)，让道德负责存在，就能使福得到保障，就能达到德福一致之圆善。若用康德之语说之，前者是实践中现象义的物，相应于有善恶相之意而说者；后者是实践中物自身义的物，相应于明觉之感应而说者"。"物随心转"之"物"不是"意之所在"之"物"。意之所在之物并不涉及存在，与圆善无关，只有涉及存在才可谈圆善。解决圆善问题，也不能只在现象界做文章，必须在物自身上做文章。牟先生强调要解决圆善问题，必须从本体界着手，而不能停留在现象界。因"明觉感应为物"是超越层上的物，用康德的话说，是"物自身义的物"(thing in itself)。故与明觉感应相对的，不是现象的物，而是物自身了。而在牟先生的观念中，本体(noumena)与物自身(thing in itself)是同等的概念，所以在这里所说的本体界也就是物自身了。

在杨先生看来，以无限智心所论道德存有论之实质是价值与意义上之存有，而不是物自身之存有。他说：

> 我承认明觉感应可以有存有论的意义，可以将道德之心的价值和意义赋予宇宙万物，但明觉感应如何能创生物自身，又如何能使这种意义的物自身转化为福，从而解决康德意义的圆善问题呢？①

也就是说，无限智心可以创生道德的"善相"，存有宇宙和万物的道德价值和意义。在这个过程中，内心产生一种愉悦、一种幸福。杨先生将牟先生所论能达到这种幸福的思想称之为"赋予说"，此种思想的基础是道德的存有论。牟先生以存有论为基础论圆善亦只能达成此种幸福。在杨先生看来，这种说法虽有一定的意义，但站在儒学的立场，"满足说"要更为深入合理。"满足说"即良心善行遇事呈现道德的命令，人们按照此命令行事后良心本心产生的一种愉悦感，这种愉悦感就是道德幸福。但无论是"赋予说"还是"满足说"，所能达成的幸福都不是康德意义上的圆善或至善。也就是说，儒家的幸福与康德所言的幸福是两个内涵不同的概念。以儒家之无限智心能创生存在(物自身)来保证康德意义上的德福一致，不能为无限智

---

①《贡献与终结》卷四，第77页。

心所许——因无限智心不能创生物自身，亦不能达成目标，无限智心所能保证的只是儒家意义的幸福。

牟宗三所论至善，是以其存有论为前提的。如前所述，因其对智的直觉与物自身问题理解之失误，导致其存有论本身即不能成立。在圆善论中，亦因对智的直觉一义理解有误，因而导致其在"物"之理解上也产生了问题。牟先生认为上帝有智的直觉（康德并不承认智的直觉之正面意义），能创造物自身；在儒家看来，人因有无限智心而亦有智的直觉，亦能创造物自身之"物"。而在杨先生看来，上帝之创造与无限智心之创造并非同一"物"，无限智心并非如上帝那样创造物自身，而只能创造"善相"。既然无限智心只能创造"善相"而不能创造存在或"物自身义的物"，也就是说，无限智心所创造之"善相"并不涉及自然因果——物自身（thing in itself），那么，作为自由因果之"德"与作为"自然因果相和谐"之"福"就不能在无限智心之中得到统一，康德意义上的德与福之相配就不能由儒家所言之无限智心得到保证。在"物"与智的直觉问题上的失误，直接导致了其存有论和圆善论的问题。故杨先生认为，即使我们接受牟先生"纵贯纵讲"肯定以无限智心解说圆善的思路，也仍然不能解决康德意义的圆善问题。

另外，在杨先生看来，儒家实际上并没有康德意义的圆善问题，或者说儒家并不关注康德意义的圆善问题。儒家一贯提倡的幸福即"孔颜乐处"，"孔颜乐处"必须在成就道德的过程中产生，单独的"孔颜乐处"没有意义，也不能存在；另外，"孔颜乐处"不可能直接得到，必须经过转化。即成就道德过程中的付出和牺牲，只有通过辩证的视角，才能转化为成就道德的满足和逾越，转化为一种幸福。这种转化就是"诡谲的即"，由"孔颜乐处"所得到的只是一种道德幸福，这种幸福即是康德在幸福领域所要排除的道德的愉悦，因而与康德的幸福含义完全不同。故牟先生将智的直觉概念引入中国哲学，且欲以儒家之理路解决康德所论之圆善问题，可谓两头出错。

3. 合一论

牟先生以康德之智的直觉阐发儒家"仁心无外"之意，意在以道德存有之理路解决康德无法建立的道德的形而上学之课题；在此基础上，牟先生不仅欲解决上述之圆善问题，亦欲进而从根本上解决康德有关真、善、美合一的问题。

合一论以真、善、美之合一为鹄的。杨先生将牟先生合一论的思想分疏为早期圆成论与后期合一论。早期圆成论与后期合一论关于审美论述的重点虽有所不同,但总的原则并没有改变,都不同意康德以判断力作为媒介来沟通理论理性与实践理性的做法。在早期圆成论中,本体是一个活泼泼的创造实体,可以创造命题世界和道德世界,且本体可以欣趣自己的创造。即本体一方面创造,一方面欣赏自己的创造。就本体而言,命题世界和道德世界是融贯为一的,都是"天心之贯彻","天心之下贯",这种状态就叫圆成世界。这融贯为一之主即为"天心",或曰"形上的心"。从本体的角度而言,世界是本然圆成的,并不需要一个判断力来沟通道德界与自然界。"若按照儒家的'道德的形上学'说,'诚者物之始终,不诚无物',诚体从自由直贯下来,而彻至于自然,这也用不着以判断力来作媒介。"①

在后期的合一论中,牟先生对美的概念重新进行了定义,认为美"是气化底子中人类这一'既有动物性又有理性'的存有经由其特有的妙慧而与那气化之多余的光彩相遇而成的'审美之品味'"。也就是说,真、善、美从分别的角度虽可有独立的意义,但从本体的角度来说则彼此不分,浑然为一。同一事"即善即美""即善即真",是为"即真即美即善",亦为"相即式合一"。因不满于康德将审美与目的论结合在一起,牟先生批评康德变"内合"为"外离","未臻通透圆熟之境",即是就康德之审美一定要在合目的性原则下论述而言。杨先生认为牟先生后期对美的此一界定与其早期并没有原则性的不同,而只有侧重点的不同。比如在用语方面,早期用"圆成"的说法,后期用"合一"的说法;早期多用"天心"概念,后期多用"道心"与"天垂象"概念。在内容方面,早期批评康德的目的论原则虚而不实,后期则批评康德"外离"。而圆成论与合一论最大的不同,则是早期圆成论是本体"如如之观照""如如的欣趣";到后期合一论中,则引入智的直觉的概念将这一说法发展为"无相",以"无认知相""无道德相""无审美相"为"化境",这种"无相"即实现了"即真即善即美"之"相即式合一"。牟宗三的理路是以"无向"论"无相"。"无向"是妙慧妙感之静观直感,既无关利害,又无关概念。"无相"是物之对象在其自己,即是物之"无相"。牟先生以"无相"为儒家三层理境的最高境界,是为化境。在此化境中,不仅道德的相被化除,认知的相被化除,独立的美相也被化掉了。三者通过"无相"彼此相融,合为一体,从而形成了一种与康德不同的新式的合一,即所谓"相即式合一"。有了这种合一,真善美自然一体打通,不再需要康德那样劳神费力讲什么媒介式综合了。

---

①《康德〈判断力之批判〉》,《牟宗三先生全集》卷十六,第31页。

杨先生认为牟先生"将其一以贯之的道德理想主义贯彻到美学领域，把美学牢牢建立在本体基础之上，彰显了儒家伦理美学的思想传统"①，而提出一种与康德完全不同的综合方式，则是牟先生更重要的理论贡献。就牟先生的理论缺陷而言，杨先生认为有以下几点：一是早期圆成论与后期合一论都对康德的第三批判理解有欠深入。牟先生批评康德为"外离"，杨先生认为其"仍是学界不明白审美判断力和目的论判断力的内在关联，将康德第三批判视为美学著作这一做法的变形产物"②，无法深入理解康德讲美何以一定要讲一个目的性，也没有对目的论判断力予以足够的重视。此乃点出牟先生对康德《判断力批判》解读之偏失。二是与早期圆成论相比，后期合一论以"无相"论综合，以"无向"论证"无相"，证明"无相"就是达至物自身，亦是以肯定人作为有限的存在者又有智的直觉而言。牟宗三从本体创造或下贯之角度理解真、善、美的关系问题，自然与康德以判断力沟通理论理性与实践理性之思路全然不同。其中包含了牟宗三与康德对人之有限性或无限性看法之不同。康德因强调人的有限性，认为人无智的直觉，无法认识物自身，故只以判断力为媒介沟通理论理性与实践理性，以反思性判断力来证成自然的合目的性，以期无限接近本体世界。而牟先生则认为人因有智的直觉，虽有限而可无限。而人从本体创造之角度来看待真、善、美，则其为一，自亦成为圆满或圆成。但杨先生认为，牟先生合一论的根本问题在于其以"无相原则"建构"相即式合一"的理路。

在上述分析的基础上，杨先生指出，虽然后期合一论的思想层面更高，但理论缺陷也更多。与学界多肯定牟先生后期合一论不同，杨先生则对早期圆成论评价更高，原因有二：一是早期圆成论包含了后期合一论的基本原则，从本体论的立场提出天心如如欣趣其所发即是审美，已经从儒家之角度提出了一种与康德完全不同的审美思想，牟先生后期合一论所论从原则上而言亦不出此一理路。二是先生后期合一论经由"无向"到"无相"，因牵扯智的直觉与物自身等概念，反而显得混乱不堪。杨先生揭示之问题为"无关乎概念是否等同于'无向'"，"无关乎概念能否等同于'无相'"。在牟先生看来，无关乎概念即是"无向"，即是智的直觉，其对象就不再是现象，而是物自身，就是"无相"。杨先生则认为，无关于概念未必是"无向"，其对象也未必是"无相"。审美没有概念，但审美将主体之意识赋予对象，即是一种

---

① 《贡献与终结》卷五，第 52 页。

② 同上书，第 85 页。

"向",但很明显,审美不是智的直觉。这种"向"的对象被赋予了本体的色彩,带有了本体的意义,不再是物自身(thing in itself),自然也不是"无相"了。这里的关键环节还在于智的直觉之有无及其是否能创造物自身。牟宗三认为康德无法合理解决审美判断的普遍性问题、必然性和辩证问题,是因为他不相信人有智的直觉。在牟先生看来,人如果有智的直觉,便可以去除时空和概念限制,以"无向"达至"无相"——物自身。物自身是"一"而不是"多",当然也就是普遍必然的,更无所谓辩证问题。如前所论,杨先生认为牟先生对智的直觉与物自身之概念的理解与运用皆存在问题,故当不认同牟先生以"无向"达至"无相"之合一论的思路。另外,牟先生从客观面用"天垂象"论证"无相"之说,以与主观之"化境"相契合,此思路亦与其道德的形而上学中"宇宙秩序即道德秩序"之思路相同。杨先生因主张天只是虚说,亦当不认同牟先生此一思路。

六、余论

杨先生对牟宗三思想之研究,衡定了牟宗三思想乃至哲学的根本问题。坎陷论所论及的道德与民主、科学,乃是古代中国思想与现代西方思想之分野,亦是中国现代思想界产生重大分歧的主要议题。三系论不仅牵涉道统,亦牵涉对儒家思想之整体定位。存有论则关涉牟宗三之沟通儒家与康德乃至其所欲建立之道德的形而上学及引申之圆善论与合一论是否成立。历来学界对这些问题之探讨莫衷一是。此固然是出于各家不同之背景与立场,更重要者,乃在于各家未能对儒学、牟宗三思想乃至康德哲学做整体之掌握。杨先生早年从孔孟心性之学的分歧出发,掘发出孔子心性之学的三分结构并推而广之,由对先秦天论之论述指出儒家的道德形而上学之实质是"借天为说",并提出道德本体实质上是"伦理心境"。应该说,杨先生对牟先生思想之衡定的尺子在早年研究孟子之时就已经成型了,后来虽有小的调整,但无根本的差异。这就决定了杨先生对牟先生思想之研究已有一定的"先入之见"。其分疏牟宗三之坎陷论,乃运用其三分之方法并做出了补充;所衡定牟先生之三系论,亦以三分方法与"伦理心境"为基石,指出心学与理学都只继承了孔子仁学结构的一个方面,都是一偏,因而伊川、朱子亦不能判定为旁出。杨先生所论,比学界单从史实与文献角度反驳牟先生之立论,当然要更有力量与针对性。

在对牟宗三思想进行研究时，杨先生又充分借鉴了学界关于康德哲学及牟宗三所论康德哲学的研究成果，对牟宗三思想与康德哲学之纠结处进行了一一清理，尤其针对智的直觉与物自身等涉及存有论及圆善论、合一论的关键概念进行了辨析。因杨先生认为牟宗三所论智的直觉与物自身存在严重的问题，故其建立道德的形而上学之思路亦需全盘检讨，以儒家思想解决康德圆善问题之思路与真、善、美合一之论亦不可能达成。这些分疏与批评，对牟先生欲建立道德形而上学及其相关立论之根本理路构成了威胁，有釜底抽薪之虞。杨先生是著面世，牟门后学乃至牟学研究者多沉默以对，虽有牟宗三研究热在当下逐渐消退的原因，但更重要的与相关研究者还须花相当长的时间来清理并消化杨先生之牟宗三思想研究有关。这不仅关涉到杨先生自己所立之“三分方法”“伦理心境”及引申出来的先秦“借天为说”之传统，亦牵涉到学界所论牟宗三对康德哲学理解之失误。牟宗三思想已甚难明，而要厘清中间之纠结更非短时之功。

杨先生以三分方法阐释牟先生之坎陷论，在理论上更为清晰且将问题意识拉回孔子之仁学，虽认为牟先生在表述上有不尽如人意的地方，但却是其五论中问题最少的部分。杨先生指牟宗三“摄智归仁”为坎陷论最有价值的部分，亦是其基于三分方法之视角肯定仁性高于欲性与智性两个层面，又肯定心性儒学“内圣而外王”之理路所致。在此基础上，杨先生以三分方法对李约瑟难题与余英时所著《朱熹的历史世界》之分析，分别对坎陷如何开出科学与坎陷如何开出民主制问题进行了解析，并为牟先生之观点在学界所受之批评进行了仔细的辩护。因学界对牟先生之坎陷论多有不同看法，故此一问题所引起之争论还将延续下去。

三系论是杨先生花费笔墨与精力最多的地方之一，因有“伦理心境”及引申出来的“借天为说”之立论。杨先生首先打掉了以天(性体)来保证心体客观性原则的形著论，又以儒家与康德关于道德情感之态度的区别否定了牟先生认朱子为道德他律，只承认朱子为道德无力。这样，立三系并判朱子为儒学之歧出的两块基石便无法稳立。应该说，杨先生所论，从理论上解决了学界面对牟先生立论所产生的尴尬局面，从理论上将朱子拉回原位，亦是儒学发展所乐见之局面。然此立论之基础在于对“伦理心境”概念的认同，应该说，学界在此一问题上还未取得共识，而此立论所牵涉之问题实关乎心性儒学之根基，故引起争论亦在所难免。

对坎陷论之基本肯定与对三系论之否定，基于杨先生早期之理论建构。而无论是伦理心境、三分方法，还是引申出来的借天为说，学界虽未有强烈反对者，然要全盘接受并以此衡定牟先生之思想乃至传统儒学，亦非容易之事。而杨先生对存有论、圆善论与合一论之衡定，则因学界有对牟宗三之康德研究之有关失误的论述，其立论所得到之支持比衡定三系论要有力得多。但杨先生既已论述康德并无儒家意义的良知之"知体明觉"，牟宗三所论之"智的直觉能创造物自身"与康德之义又完全不同，则智的直觉一义在康德与牟宗三处之内涵便全不相同。杨先生既然不同意牟先生有关"觉他"之义，且认为儒家之"知体明觉""无限智心"既非康德意义上的智的直觉，亦非全如牟先生所论的智的直觉。在此情境下，杨先生还沿用智的直觉一词表示儒家之"知体明觉""无限智心"，则既非康德之所认，亦非牟先生之所论，似有不可取之处。

与人们普遍重视《智的直觉与中国哲学》《现象与物自身》及《圆善论》不同，杨先生始终认为牟先生写得最好，也最能表达其思想的著作当属《心体与性体》(含《从陆象山到刘蕺山》)，故其以《心体与性体》为牟先生的代表作。其主要原因有二：一是《心体与性体》所提出的活动论、形著论、存有论极为重要，深入儒学两千年发展过程中最具根本性的问题；二是《心体与性体》尚未涉及康德有关智的直觉的问题，后者引出了相当多的理论混乱。杨先生此论，从宋明儒学发展之脉络而言可谓至理。然牟先生之问题意识在普遍的道德形而上学之构建，《智的直觉与中国哲学》《现象与物自身》及《圆善论》三书沟通中西，建立超越文化系统之形而上学，以期解决人类文化普遍期待之思路甚为明显；圆善论与合一论更表明牟先生致力于建立人类之普遍价值与信仰，牟先生所认为康德未言及者，亦在此也。故《智的直觉与中国哲学》《现象与物自身》及《圆善论》三书虽有诸多的理论问题，却可说代表了牟先生的终极思考。其立论是否成立先不说，其问题意识却比他写作《心体与性体》时要普遍深刻得多。

杨先生虽以孔子仁学结构之立论为基础来展开其儒学论述，但从其早年研究孟子性善论之思路来看，亦很早就受到牟先生思想之影响。无论是三分方法还是伦理心境，都是站在心性儒学的立场来建构的；其用"借天为说"并"认其为真"来重新建构道德的存有论或道德的形而上学，更是彻底的心学立场。可以说，杨先生打掉了天或天道、性体作为心体之客观性的来源和保证，其理路亦可归之于牟宗三有所批评的"一心之朗现，一心之伸展，一心之遍润"之象山与阳明心学路向。实际上，就道德存有论或道德的形而上学而言，杨先生在总体上肯定了宋明心学并对其做了现代的解读，而对于《周易》《中庸》和《大学》之理路则有隐晦的否定。杨先生于牟先生之“良知坎陷”只有理论上之补充，亦是从象山与阳明之心学立场出发的，故不仅与牟先生所论不同，亦与学界所论多有不同。在杨先生的理论架构中，作为“伦理心境”的良知本体，固然有“人性中的自然生长倾向”和“社会生活与理性事实”的来源，但在其发生作用时，却具有先在的意义。就“当下呈现”而言道德实践或道德存有，杨先生之理路则完全是心学的了。其对牟先生三系论之否定虽有为朱子正名之功，对朱子“道德无力”之评判虽比牟先生对朱子之“道德他律”之批评有所修正，但如以杨先生之理路来论，其对朱子之定位未必比牟先生所论要高。

牟先生虽认可儒家理路，然其目的在于沟通儒家与康德乃至西学，而杨先生之研究乃证明儒家与康德有别。牟先生以道德理性、智的直觉来建构儒学，其不言自明的目的乃在证明儒家与西方的理性主义传统可以相容且能沟通。虽主张儒家之思想价值高于西方，然受制于近代中国之命运与个人之遭遇，其潜意识中中国文化相对于西方文化的弱势自不待言。今日中国之处境，与牟先生所生活之民国时期或港台之时自不可同日而语。今日大陆之学人，对20世纪80年代以来自由主义盛行所产生的不良影响多有顾忌。在此背景下，杨先生虽以读牟先生的书而入儒门，然所面对之历史现实与个人之处境与牟先生相比有了很大的变化，花果飘零的弱势心态在这一代学人身上甚为微弱，对待古今中西问题自不如牟先生一代掺杂复杂的情感。然心学在制度建构方面之弱势，无论在牟先生之体系中，还是在杨先生之体系中都甚为明显。牟先生以“良知坎陷”开出科学民主自不待论，杨先生对此一问题之衡定亦可见其于制度建构论述之阙如——或待进一步申论。

（作者单位：同济大学哲学系）

编后记

当下中国的“文化热”与20世纪80年代的“文化热”相比，已经不可同日而语，因为我们显然已经告别“河殇情结”，回归到弘扬中国传统文化的主题上来了。自近代以来，中国传统文化遭逢了曲折的命运，尤其是一度被斥为“游魂”的儒学，与“香火不断”的佛道两教相比，一直处于弱势的尴尬境地，难以走上真正的复兴之途。在当今21世纪，作为传统文化主流之一的儒学能否通过创造性转化，在当下中国重新发挥安身立命的精神作用，进而成为构建文化中国的助推因素？这应当是当代中国在新形势下的时代课题。原因很显然，因为我们没有理由将关乎人心的精神领域问题完全托付给佛道两教，反将传统儒学视若“敝屣”而欲弃之为快。

从历史上看，儒学形态大致可以三分：精神儒学、政治儒学、民间儒学（刘述先语）。三者之间的关系不是冲突的而是互动的，因为精神儒学在指向秩序重建的政治儒学或起着日常教化作用的民间儒学中必然得以呈现其精神价值。如果从地域文化史的角度看，儒学另有一种历史形态，至少从近世起，儒学就不断向外传播扩展，逐步形成了各具特色的朝鲜（韩国）儒学、日本儒学和越南儒学等地域性儒学形态。这表明儒学在相当长的一段历史时期，不仅是中华文明，而且是东亚文明的主要形态之一。只是文化传播必伴随异文化间的冲突、融合乃至转化等复杂的过程，儒学的东亚传播也经历了异域文化的“在地化”转化，这就表明儒家文化具有开放性而非排他性的思想特质。须指出的是，自20世纪末以来，经济全球化浪潮的日益高涨也推动了文化多元化观念的转变，引发人们对自身文化认同的迫切感，促使人们对本土文化传统的重视。于是，在东亚地域得以传承与发展的儒学传统进入了不少传统文化研究者的视野，不仅在东亚内部，甚至有些西方学者也积极参与东亚儒学传统的研究，由此形成了儒学研究的新领域——东亚儒学。

2016年8月4日，在台湾大学人文社会科学高等研究院的主持下，召开了“东亚儒学研究的视野与方法：论辩与省思”研讨会，本“专辑”便是此次会议发表的全部论文以及现场讨论的发言整理稿之集合。须说明的是，此次会议的组织方别出心裁，事先将已经公开发表的三篇论文作为“靶子论文”（现改为“标靶论文”）转发给其他各位与会者，让他们利用充分的时间来针对三篇“靶子论文”撰写批判性论文或准备发言稿，这就使得会议主题十分鲜明，并产生了互相批评的效应，会场上不断迸发出智慧碰撞的火花。这是近年来少见的学术会议形式，可以说，本“专辑”完整重现了当时会场的争辩场景。作为编者更希望借此机会，深化有关东亚儒学问题的探讨，以使“儒学复兴”成为两岸学界的共同愿景。而且我深信在全球化已成不可逆转之势的今天，儒学研究不能再以地域框架画地自限，我们更应立足于中国传统文化的立场以应对全球性问题。

我首先要感谢时任台大人文高研院院长的黄俊杰教授独具匠心的设想和安排，同时也要感谢各位与会者同意将他们的论文以及发言提供给《现代儒学》第二辑全文发表。最后值得一提的是，本辑“特稿”所收的陈来教授的论文对于美国左翼学者德里克基于“后现代”立场的“儒学批评”提出了全面和严肃的回应，深入探讨了中国的“儒学复兴”乃至世界范围内的“传统复兴”等极富时代性的理论问题，无疑具有重要的现实意义。至于“朱子学与东亚儒学”所收四篇论文，则分别就东亚儒学视域中的朱子学问题展开了专题性的讨论，各有独到且富有创见的学术观点，从中可以窥见中国朱子学在东亚地域产生的普遍影响，也很值得一读。

本辑主编　吴　震

2017年7月20日